纪念铁人王进喜诞辰100周年
纪念工业学大庆60周年

会战红色家谱

第一卷

徐伏虎　陈立勇◎著

石油工业出版社

图书在版编目（CIP）数据

会战红色家谱.第一卷/徐伏虎,陈立勇著.—北京：石油工业出版社，2023.11
ISBN 978-7-5183-6454-1

Ⅰ.①会… Ⅱ.①徐… ②陈… Ⅲ.①石油工业—工业史—大庆 Ⅳ.①F426.22

中国国家版本馆CIP数据核字（2023）第211896号

会战红色家谱　第一卷
徐伏虎　陈立勇　著

出版发行：石油工业出版社
（北京安定门外安华里2区1号楼 100011）
网　　址：www.petropub.com
编辑部：（010）64523611　64523691
图书营销中心：（010）64523633
经　　销：全国新华书店
印　　刷：北京晨旭印刷厂

2023年11月第1版　2023年11月第1次印刷
740毫米×1060毫米　开本：1/16　印张：25.5
字数：460千字

定　价：99.00元
（如出现印装质量问题，我社图书营销中心负责调换）
版权所有，翻印必究

序言

在记录中传承精神

  1958年2月,党中央做出石油勘探战略东移的重大决策,广大石油地质工作者满怀豪情从祖国四面八方来到广袤的松嫩平原,展开艰苦的地质勘探,终于在中华人民共和国成立10周年前夕发现了大庆油田。1960年2月20日,党中央批准了石油工业部党组《关于东北松辽地区石油勘探情况和今后工作部署的报告》,一场声势浩大的大庆石油会战拉开帷幕。大庆油田的开发建设,甩掉了中国贫油落后的帽子,实现了我国石油基本自给,从根本上改变了中国石油工业的落后面貌,开辟了新中国石油工业发展的新局面。大庆石油会战所取得的成果永载史册,留下的宝贵经验、铸就的大庆精神铁人精神,具有不朽的价值和永恒的力量。习近平总书记在致大庆油田发现60周年的贺信中强调指出,大庆油田的卓越贡献已经镌刻在伟大祖国的历史丰碑上,大庆精神、铁人精神已经成为中华民族伟大精神的重要组成部分。

  "老会战"是对在1960年初至1963年底,参加大庆石油会战的57000余名会战职工的统称和敬称。作为大庆油田勘探、开发、建设的开拓者和奠基人,他们的会战经历和集体记忆是大庆油田历史乃至中国石油工业发展史上最耀眼的篇章,是留给后人弥足珍贵的精神财富。为了更好地传承和弘扬大庆精神铁人精神,抢救"老会战"的珍贵记忆,推进大庆石油会战史的挖掘、阐释和宣传,大庆师范学院大庆精神研究基地与大庆晚报合作创办以普通"老会战"为视角,两代石油人传承弘扬大庆精神铁人精神为主基调的"会战红色家谱"专栏系列纪实作品,在《大庆晚报》连载至今。这些默默无闻的

"老会战"积极配合，倾情讲述，让我们在感动中重温那段激情燃烧的岁月，使得大庆精神铁人精神更加鲜活和具象化。他们的一言一行春风化雨、润物无声，影响着"油二代""油三代"的工作和生活，推动大庆精神铁人精神和会战优良传统与作风薪火相传，生生不息。2022年，"会战红色家谱"专栏被黑龙江省委宣传部、黑龙江省新闻工作者协会评为黑龙江省新闻名专栏。

2023年是铁人王进喜诞辰100周年，2024年是工业学大庆60周年。在中共大庆市委宣传部和大庆师范学院党委的大力支持下，大庆师范学院大庆精神研究基地与大庆晚报通力合作，会同石油工业出版社精心编辑、结集出版《会战红色家谱》（第一卷）（第二卷），这是合作各方深入学习贯彻习近平文化思想，推进红色文化传承发展，大力弘扬大庆精神铁人精神的重要举措和标志成果。

记录是为不被遗忘，传承就是最好的纪念。《会战红色家谱》（第一卷）（第二卷）的编辑出版既是一场记录、一次纪念，更是一种传承。真诚希望广大读者在本书中感悟到以铁人王进喜为代表的会战职工充盈着的爱党忧国的忠诚信念、忘我拼搏的创业激情、艰苦奋斗的生命底色、科学求实的工作态度和无私奉献的道德情操，以此凝聚起当好标杆旗帜、建设百年油田、推动新时代龙江振兴发展、实现中华民族伟大复兴中国梦的磅礴伟力。

目录

姥爷龚占涛是我心目中的会战英雄 001

"大工匠"孙广宽的陈年小故事 005

在铁人身边实习　让他铭记一生 009

康部长救了我老伴一条命 013

老会战张清杰的两次"改行" 017

我在野狼的"陪伴"下完成巡井 021

父亲的"八字箴言"鞭策我一生 024

一对教育拓荒者的会战轶事 028

学生被她"拽"进考场改变一生 032

那个寒夜　铁人将车让给了她们 036

党培养我走上光荣的三尺讲台 040

会战首位报务员日记中的芳华 044

回首"白衣铁军"的会战岁月 048

一把"会战管钳"陪他走过58年 052

两辈人都成了1205队的"铁粉" 056

老会战张学斌的人生三部曲 060

孙铁森与三矿五队的不解之缘 064

忘不了铁人那碗羊奶的醇香 068

与郭宝义"面对面"追忆往事 072

警嫂杨俊芳手表总"快"5分钟 076

当年他三次前往核试验场 080

张启华镜头中的石油大会战 085

别样王启民 089
父亲心中流淌出的石油赞歌 093
孙兆利和经典话剧《初升的太阳》 097
大庆市歌昂扬旋律背后的故事 102
守着千件皮衣 却把自己冻感冒 106
"一捆、一口、一个漏斗"真管用 110
自力更生精神让会战职工吃饱肚子 114
陌生人的一碗茄子仍是回忆里的温暖 119
1205之"谜":干干净净杠杠服 124
蚊子咬人不能打 棉裤冻僵站起来 128
西油库那场浪漫的"秀恩"爱 133
听到铁人的声音 曲贵金"蒙圈"了 137
总理接见的"假小子"原是大辫子姑娘 141
野狼是我消除寂寞的旅伴 145
周总理帮我化解小尴尬 149
蒋纯亮"三无讲台"传真知 152
救命的"面包"差点要了人命 156
当年我们8人 一天建一栋干打垒 160
娃娃"连长"张雪玲的苦乐往昔 164
零下40摄氏度穿棉袄冲"澡" 167
"大才子"盯上"最拉风姑娘" 171
胡文乐的会战记忆都是正能量 174
缝补厂精神通过她的嘴传遍全国 178
豪横"女汉子"刘培芬 182
张月娥"搭错车" 开启燃情岁月 186
铁人牵红线 成就一桩好姻缘 189
刘新生的3个会战特殊记忆 193
湘妹子到油田 "没有遭不了的罪" 197

"闪婚"姑娘邹黔清的跳跃人生……………………………………202

"老庞小庞"和铁人的故事……………………………………………206

功劳最大的薛队长"缺席"了…………………………………………210

没有一分钱奖励 却倍感自豪…………………………………………214

他曾是周总理临时通联专员……………………………………………218

焊花飞溅中上演谁说女子不如男………………………………………222

"油田新手"造出威武"龙门吊"………………………………………226

"顺风耳"避免了一起重大停产事故…………………………………230

每人3个特制饺子好"奢侈"…………………………………………233

当天我背着教材走了上百里……………………………………………237

让每一个数据都经得住历史检验………………………………………241

铁人触景生情与观众一起流泪…………………………………………245

我差点成了铁人的兵……………………………………………………249

"嘎嘣脆"的"小丫蛋"刘书勤………………………………………252

美丽姑娘一生"嫁给"大庆……………………………………………256

王秀文的幸运与缺憾……………………………………………………260

孟晓汉热血青春的两场大战……………………………………………264

当年他挎枪吓跑偷油人…………………………………………………268

枕头下的饭票 一张也没丢……………………………………………272

王如义铭刻一生的"三把火"…………………………………………276

老会战黄义成的"人生三部曲"………………………………………280

她是当年西油库唯一的女电工…………………………………………283

为抢工时 困得栽进"水泥堆"………………………………………287

"限量版红旗"诞生记…………………………………………………291

国宝级专家为了会战搞"副业"………………………………………294

做一枝杨柳 插在哪里都生根…………………………………………298

苦练半个月 "降服"小焊珠…………………………………………302

从不向工作认输的董庆云………………………………………………306

见困难就上的"拼命三郎"李有春 309

为看《红色娘子军》误了火车 313

一个瞌睡　让吕成林铭记一生 317

"昂贵的"馒头　一毛钱一个 321

为洗把脸　上演偷冰囧途 324

女宿舍的夜间大保镖 328

铁人就像自家大哥 332

"会战黄继光"　扑向燃烧的油罐 336

部长让"刘福"有了更深寓意 340

"泵爷"的旅"油"奋斗史 344

我的孩子生在会战年代 348

老师先过筛子当"考生" 352

二十勇士的"管道之战" 356

王思钧凭双脚走成油田"活地图" 360

好司机步行接妻女出院 364

张新兰的天平　总是偏向事业 368

"愣小伙"被吓到"腿发软" 372

临时救场　范桂林成了女主角 376

"孩子王"建起延安式"保育院" 380

他的事迹　上了《人民日报》.. 384

李广余是油田上的"蓝领发明家" 388

才子徐志良的"红歌记忆" 392

后记 397

姥爷龚占涛是我心目中的会战英雄

老人在时,我们往往觉得还有时间,心里的一些疑问,不必那么急着去找到答案。然而,当他们突然离去,我们又后悔当时为什么不问,以至于许多问题都因当事人的逝去,成了模糊不清的遗憾……

"锦绣河山美如画,祖国建设跨骏马,我当个石油工人多荣耀,头戴铝盔走天涯……"每次听到这首歌的时候,总会想起姥爷,想起他眉飞色舞、带着口音放声高歌。因为这首歌唱的既是他,也是那些和他一样头戴铝盔走天涯的石油工友。

龚占涛

姥爷名叫龚占涛,我是他的外孙王晟琦。

神秘的老头

可能有人要问了,你记录家谱,应该打王家开始,怎么扯到姥爷那去了?一是我从小在姥爷身边长大,总想为已故的姥爷做点什么;再一个,我是个"80后",对姥爷参加大庆石油会战的事了解甚少,在他的身上,有许多待解之谜没有弄清楚,这也是我想追忆姥爷这样一个普通石油人会战印迹的缘由吧。

小时候,曾无数次前往铁人王进喜纪念馆,仔细地看每一张照片上的每一个人,希望在上面找到姥爷当年的身影,但每次都非常失望。

有一次,我终于忍不住问姥爷:"你不是老会战吗?为啥那些照片里看不到你呢?为什么你没当上标兵?"

听我这么说,姥爷都笑出了眼泪。他摸摸我的头说:"好小子,你这脑袋里想得还真多。"他告诉我:"标兵啊,是我们石油工人中优秀的代表,是我们学习的榜样。我呢,和大多数石油工人一样,默默无闻,努力在自己的岗位上发光发热,这就是我应该做出的贡献。"

当时我不咋听得懂,总觉得姥爷"不上进"。邻居家满墙的奖状,和姥爷家见不到一张奖状的白墙,这成了年幼的我心里的一个疙瘩。

直到姥爷去世，在整理他的遗物时我才发现，在一个箱子底，压着厚厚一沓红旗手、工作积极分子等奖状。我当时就想，姥爷这不也是个先进人物吗？但他为什么如此低调呢？从那时起，我就有了要探寻姥爷"神秘"经历的打算。

钢铁与黑金

为了这事，我特意去了姥爷的单位，查了一下他的档案。在那里，我找到了一些答案。

1952年，怀着工业报国的理想，姥爷考入了鞍钢技工学校。1955年毕业时，国家号召支援大西北，到祖国最需要的地方去，原本应该成为炼钢工人的姥爷，在新疆克拉玛依当上了石油钻井工人。

那时候的人，从不讲条件，干一行爱一行，讲究"自己是块砖，哪里需要哪里搬"。

当年的克拉玛依，工作环境特别艰苦。《克拉玛依之歌》就是真实的写照："啊，克拉玛依，我不愿意走进你，你没有草也没有水，连鸟儿也不飞。啊，克拉玛依，我不愿意走进你，你没有歌声没有鲜花没有人迹。啊，克拉玛依，你这荒凉的土地，我转过脸向别处去。啊，克拉玛依，我离开了你……"

荒凉并不可怕，可怕的是大风和缺水。我曾在一篇姥爷的同事写的回忆文章里看过，克拉玛依的大风非常凶，再结实的帐篷，只要风刮过，里面的人瞬间就成了背枕青沙、眼望星空的露宿之人了。

只有享不了的福，没有遭不起的罪。恶劣的环境，对于"北风当电扇，大雪是炒面"的石油工人来说算不了什么，最要命的是缺水。没有水源，油井就不能开钻。在铁人王进喜纪念馆中我们能看到，铁人和队友们用脸盆传水开钻的照片。可当年在克拉玛依的钻井队，我姥爷他们想取水开钻，得去几百里外的百虎泉，用骆驼往井场驮。那沙漠驼队中传来的清脆驼铃声，也许是姥爷他们当年枯燥生活中最为陶醉的交响乐吧。

1960年，姥爷又随着钻井队一道加入大庆石油会战的大军。为了不让朱德总司令"没有石油，飞机、坦克、大炮不如一根打狗棍"的担忧成为现实，让新中国的经济建设快马加鞭，当年，像我姥爷一样的石油工人也是拼了，不讲条件，不畏困难，"誓夺头号大油田"！

猎枪和伙食

大庆石油会战的年月，正遇到三年自然灾害，国家粮食紧缺，大庆油田号召"五两保三餐"①。

吃不饱饭，哪有力气干活儿，特别是那些小伙儿们，饿得眼睛直发花，把布腰带勒得紧上又紧。姥爷看着心疼，就向领导主动请缨，打点儿野味，补充一下大家的粮食不足。

那时候，井场周围是一望无际的大草原，野兔、黄羊、狍子、野鸡、狼比比皆是。

姥爷从小就是个狩猎能手，无论天上飞的，还是地上跑的，弹弓响处，百发百中，猎物非死即伤。

在领导的特批下，工作之余，姥爷就开始了业余猎户的生涯，每每不空手。井队里的小伙子们，最爱听的就是"砰、砰"的枪声。只要听到枪声，不管饿成啥样，都会一骨碌爬起来，去大门外，等着打到猎物的好消息。自然，姥爷也成了队里改善伙食的"保障大队长"，有事儿没事儿，总有队里的小伙子跑来撺掇他，该去打猎了……

姥爷打的猎物从来都是交到队里，就连我姥姥也无福享受，更别提我妈、我姨和舅舅们了。那时候的人，集体观念极强，从不打折扣。这些大公无私的行为，也潜移默化地教会了自己的孩子如何做人做事……

龚占涛手持猎枪

① "五两保三餐"：大庆会战粮食供应最紧张的时候，每人每天只有五两粮食的配给。

会战红色家谱 第一卷

▶ 红色传承

把前辈的平凡记录下来

讲述人：王晟琦（龚占涛的外孙）

两年多的时间，也没能串起姥爷几个像样的故事，这越发促动我以一种记录的方式，把发掘出来的碎片化的故事，承载在一个平台上的想法。

刚开始，我只想建一个我家的家谱，把我了解到的姥爷的一些事儿放在里面，与亲人们共享、追忆。后来我发现，身边许多同龄的伙伴，也和我有着一样的愿望。虽然我们的油一代、油二代并非光照千秋的英雄模范，但他们普通平凡的人生，更需要我们这些油三代去寻找、记录、继承，流传后人。我想，这是我们的责任，也是我们的心愿。

在大庆油田开发60周年、大庆建市40周年之际，我们也想通过这样一种方式，给那些曾经在这里奉献青春热血，而又长眠在这块土地上的人们，留下一个不能忘却的纪念。

"大工匠"孙广宽的陈年小故事

两道斑白的长寿眉,一副老旧的米色背带,墨绿的圆领羊毛衫,一条在腰间接口处打了补丁的西裤,虽然这身穿戴看上去有些年头,但干净利落、朴素大方、不失风雅。

婉拒采访时,他总抱歉地说:"太普通了,没啥说的呀!"可切入正题时,他又是那样严谨,甚至哪年哪月的哪件事,都定格得十分准确。这,就是孙广宽老人给笔者留下的深刻印象。

孙广宽

转战过三大油田

孙老是学内燃机出身,这在当时可是个抢手的专业,火车用得上、煤矿用得上、炼钢炼铁用得上、开采原油更缺不了……

正因为这门过硬的手艺,孙老在三大油田都很有名。从戈壁腹地的玉门油田,到柴达木盆地的青海冷湖油田,再到松辽平原的大庆油田,他凭着自己过硬的本事,多次遭遇被"抢"的尴尬和被填饱肚子的喜悦。

1960年9月底,孙老随着冷湖油田首批支援大庆石油会战的先遣军抵达大庆。

在萨尔图火车站一下车,大家就吃了一惊,虽然才9月,大庆已是一片银色的雪原。

陌生之地,天寒地冻,还无处安身。正当同伴们皱眉发愁时,就被一个驻扎在现在百货大楼位置的采油队"抢"去了。那时候,各路队伍刚刚到达,因为缺人、缺物、缺技术,有些钻井队的头儿就蹲火车站,趁着下车的人们晕头转向,就往自己队里拉。听说孙老他们从青海来,还会内燃机技术,哪个队长能放过。不但抢,还得好吃好喝地伺候着。

当时,孙老他们没有粮票,热情的队长全包在自己身上了,一招待就是三天,可把会战指挥部的人给找苦了。人都到了,可到哪去了呢?找来找去,在火车站附近的钻井队里找到了孙老他们,拉着就往车上拽。

没辙！钻井队长哭丧个脸，虽心疼人被"抢"走了，但还是服从大局，依依不舍地目送孙老他们离去。

避免过重大事故

说到这儿，不得不提起全国闻名的岗位责任制。

1962年5月8日凌晨，刚建成不久的中一注水站，因柴油机伸出房外的排气管水封防火装置失效，喷出的火花引燃了屋顶的油毡纸和木屑，酿成严重火灾。注水站全部烧毁，损失达160余万元。

大庆会战工委在这起火灾事件后，发动群众围绕"一把火烧出的问题"展开大讨论。

在这个时期，孙老被分配到中二注水站，负责柴油机的运转工作。为了汲取火灾教训，中二注水站也发动职工查找自己的问题。

有一天，中二注水站一号柴油机发生异响。虽然响声被其他设备的轰鸣声掩盖，但还是被经验丰富的孙老听了出来。他立即赶到摘掉离合，停机检查，发现曲轴箱副连杆的销子脱落了！

宋振明在基层调研推行大庆油田岗位责任制

孙老说："当时就出了一身冷汗呀！这要是没有马上发觉，销子在曲轴箱内滑动，极易产生火花，造成火灾啊。"人要吃饭喝水，机器也不能一个劲儿地转，不给它应有的保养是不行的。

北二注水站将这些经验归纳到一起，总结出了设备维修保养制、岗位专责制、巡回检查制、接班制、质量负责制、岗位练兵制、安全生产制和班组经济核算制的基层岗位责任制，这也是我们大庆人熟知的"一把大火烧出了岗位责任制"。这其中，也有孙老的一份功劳。

改进过井下装备

1963年12月的一天，调入井下特车压风机队仅一天的孙老，在利用压风机进行作业的时候发现，与柴油机相连的水箱因天冷导致水流不畅。这可是价值几千万元的设备呀，如果冻坏了，损失可就大了。孙老二话没说，脱下自己的皮大衣盖在柴油机的水箱上，自己则靠着压风机散发出的热量取暖，就这么在野外坚持了一宿。

孙老是个很爱琢磨事的人，在工作中他发现，用于作业的压风机和柴油机各有一个大水箱，每个水箱装一次水相当于12个水桶的水量。他觉得，两个设备共享一个水箱是完全可以的。于是，他与队里的技术员一起开始技术革新，不但缩小了设备的占地面积、节约用水，还减少取水带来的人力成本。

此外，他还改进了压风机和柴油机履带式移动方式，把缩小化的压风机和柴油机送上了汽车。这不但提高了井下作业工作的速度，也大大改善了设备的移动速度。

从此，哪里出现了作业问题，领导一定点他的将，他是次次打头阵、次次捷报传。

推让过工资涨级

那个年代的人都奉行"吃苦在前，享受在后"，特别是党员干部，有荣誉向后退，有问题向前冲。

孙老是从青海冷湖油田调到大庆的，而且还是油田为数不多的5级工，基本工资每个月就有77元。当时人均工资才30元左右，他一个人相当于赚两个人的工资，是个响当当的油田"大工匠"。

然而孙老高工资、高风格、高觉悟，每次队里有涨工资、晋级的机会，他都让给那些家庭困难的队友。讲到这儿，孙老告诉记者："多少是多呀？反正我的工资养活老婆孩子没有问题,也没有经济方面的负担。把晋级的钱,给那些困难的、更迫切需要的人,作为共产党员,必须发扬这种风格。"

▶ 红色传承

父亲常说"多干活,少说话"

讲述人:孙孝庆(孙广宽的儿子)

父亲一生低调,秉持"多干活,少说话,严谨做事,诚恳待人"的信念,这些品德深深影响着我们这个四世同堂的大家庭。

父亲在青海冷湖油田工作时,有一次,母亲带着我大姐去探亲。哪想到,上了高原,别说吃喝,由于缺氧,嘴唇发紫,头疼不止。就在这样恶劣的条件下,像父亲这样的石油人,仍像在平原一样出大力、流大汗,为国家的能源工业默默地奉献着自己的青春。

父亲对子女要求非常严格,常挂在嘴边的话,就是"多干活,少说话"。他常教育和提醒我们,工作上不要讲条件,只有认认真真、勤勤恳恳地埋头工作,才能学到真本事。见人危难时,要乐于助人,不要计较个人得失。我们也时刻不敢忘记他的"真传",努力做到最好。现在,我也有了自己的孩子。虽然时代变了,但这种做人、做事的家风,会不走样地传下去……

在铁人身边实习 让他铭记一生

马来西亚归侨，北京石油学院毕业，第一批参加大庆石油会战并在铁人身边工作过的知识分子……带着这些碎片化的信息，我们敲开了杨群老爷子的家门。

虽离家60余年，但他仍然乡音未改，杨老耳聪目明，为人随和，杨老用广东普通话传递给笔者震撼。

杨 群

有颗赤诚中国心

60多年前，在马来西亚的一个杂货铺里，一个年轻人在仔细地读着爱国华侨陈嘉庚主办的《南侨日报》，新中国轰轰烈烈开展社会主义建设的喜人消息，时时让他心潮澎湃、心驰神往。一个念头涌上脑海：回到祖国去，完成学业，加入社会主义建设的洪流之中。

这位有志向的年轻人，就是杨群。

20世纪50年代，杨老辞别亲人，回到祖国。通过几年学习，在填报大学志愿时，他毅然选择了国家最需要的石油专业，以优异成绩考入北京石油学院。

问及他当初的选择，杨老说："中华人民共和国成立初期，国家缺油啊，无论经济建设还是国防建设，没有油是件很可怕的事。朱德总司令就曾对康世恩老部长说过，'没有石油，飞机、坦克、大炮不如一根打狗棍啊！'这话深深刺痛着我强烈的报国之心，祖国的需要，就是我人生的目标。正是这个目标，让我选择了石油，也让石油成就了我。"

七条单裤当棉裤

1959年末，东北一个叫高台子的地方喜喷工业油流。临近毕业的杨群，义无反顾地和同学们一道踏上了北去的列车。

到了萨尔图火车站，眼前的场景，让他既兴奋又发抖。兴奋的是，从春暖花开的北京，一下子到了天寒地冻的萨尔图，这个南方人第一次见到了雪，漫漫荒原，茫茫雪野，就像童话中描述得那么美。发抖的是，零下40摄氏度的低温，让这个只穿了条小毛裤的年轻人抑制不住地发抖。

人不是铁打的，每天要在井场工作，有时还吃不饱，冷风像刀子，透过单薄的衣裤，把身上割得生疼。那时候，会战职工还没有棉衣，为了抵御寒冷，杨老把自己所有的裤子都套在身上，最多的时候套七条。

杨老笑着说："那时候讲革命加拼命的精神，大家都一个心思要拿下大油田，苦点、累点、冷点，没有人说怪话，也没有人提要求，大家就是一个目标——'干'。晚上挑灯到十一二点，没有休息日，为了实现中国原油自给，我们那代人不计得失，不讲条件，不谈报酬，那种热火朝天的干劲，现在想起来还是那么令人兴奋。"

井场边上种块地

后来，大庆成立了缝补厂，杨老他们冬天才有了杠杠服。他说："到那会儿，我们才感觉穿上棉衣棉裤是那么暖和，冬天套裤子的事，才算下了'岗'。"大小伙子，穿得不暖可以克服，可天天干着重体力活儿，还吃不饱饭，就特别难熬了。

石油大会战正处在三年自然灾害时期，粮食紧缺，每人每天是"五两保三餐"。杨老说："那时候是什么办法都想，肚子饿得受不了，我们就去掏野兔子洞，把兔子吃剩的胡萝卜挖出来吃。为了补充粮食的不足，我们还在井场附近开荒种些黄豆、土豆、地瓜。那时候，黄豆可是个好东西，做豆浆、豆腐，连豆腐渣也是美味。

"直到后来，会战职工的家属们来到油田，组织起来大规模开荒种地，井场边上的'小开荒'才慢慢消失了。"

在铁人身边工作过

"我刚到油田那会儿，没有实践经验，为了尽快熟悉业务，会战指挥部的彭佐猷总工程师一纸介绍信，把我送到了铁人身边，当上了1205钻井队的实习生。铁人严谨、较真、雷厉风行的工作作风，给我留下了非常深的印象。"杨老说。

杨老回忆自己到1205钻井队时，第一口井已准备开钻了。虽然他没赶上人拉肩扛把钻机从火车站运到井场的壮举，但他经历了用脸盆取水开钻的整个过程。

为了按时开钻，铁人带领队里的干部、职工，不等不靠，用脸盆、暖壶甚至铝盔等工具破冰取水，再由人们"流水线式"地一盆一盆传递到井场的泥浆池。

1205 钻井队端水打井

从早晨到黄昏，硬生生地把 50 多吨水端进了泥浆池，保证萨 55 井提前开钻。作为这一历史的亲历者，杨老说："那就是一个工人阶级创造的奇迹！"

儿子起名有出处

杨老的儿子叫杨垒。说起这个名字，与大庆有一定的关联。杨老说，这个"垒"，是干打垒①的"垒"。石油会战那个年代，9月，就常有西伯利亚寒流来袭，这给职工的生产和生活都带来了严重的威胁。面对这种情况，会战领导机关果断决定，不管西伯利亚寒流多么凶猛，不管冬天何等寒冷，会战队伍一定要像解放军一样坚守阵地，在油田上一支队伍也不许撤走，钻井一刻也不能停，输油管一寸也不能冻，人一个也不能冻伤。

为了达到这一目标，各级干部分工负责，总结当地老乡盖干打垒的经验，在保

---

① 干打垒：一种简易的筑墙方法，在两块固定的木板中间填入黏土夯实。

证油田生产的同时，抽调人员，自己动手，大盖干打垒，建设工农村。那时候，不管是办公室、幼儿园、卫生所、商店、职工住房，都是干打垒。

当时来大庆参观学习的人，看到干打垒都很有感触地说："看到干打垒，就像看到了当年延安的窑洞；来到大庆，就像回到了革命战争年代的延安。"所以，干打垒精神成为大庆艰苦创业的"六个传家宝"之一，非常有意义。

杨老说："作为在大庆出生的孩子，取这个'垒'字，既是一种精神的传承，更是对那个时代的一种纪念。"

当我们的对话进入尾声时，杨老说："我的夫人把我们参加大庆石油会战总结为三个'对了'。叫'学石油学对了，来大庆来对了，干钻井干对了'。我们虽然把自己的青春都奉献给了大庆，但我们很自豪，我们没有虚度年华，为石油奋斗的一生值得回味。"

▶ 红色传承

从父辈的身上学会做人

讲述人：杨　垒（杨群的儿子）

虽然父母这代人没有过多地讲过他们石油会战中的故事，但从家庭潜移默化的教育中，我们也能感受到他们身上散发出的那种精神。

在那样一个艰难的年代，他们用稚嫩的肩膀扛起为国分忧的重担，为国家多产原油出力，为国家经济建设增光，不计个人得失，甘于奉献青春和热血，为我们树立了很好的榜样。

作为新时代的年轻人，作为大庆精神铁人精神的传承者，我们要做好本职工作，像自己的父辈那样，低调认真严谨地做人做事，在每一个普通岗位上发光发热，传承老传统，传递正能量，成为大庆新故事中的主人翁。

康部长救了我老伴一条命

肺炎初愈的张学杰老人刚出院第二天,就在我们的强烈要求下接受了采访。这位 87 岁高龄的老人,身上有着许多故事。

张老银发寿眉,耳聪目明,一身浅色笔挺的西装,坐姿端正,看上去干练、利落,全然不像一位耄耋老人。

当我们把话题拉回石油会战的年代,他的神情是那样的严肃。

张学杰

忘我年代

1963 年,张学杰在钻井指挥部射孔中队射孔小队任队长。那一年七八月份一场大雨中的作业,让他至今难忘。

"那时是在东油库附近的一口井上作业,当我们的设备和人员到达现场时,井场的上空就已经阴云密布。

"当时,石油会战正处于关键时刻,为了早日拿下大油田,不要说天上下雨,就是下刀子,也不能影响生产。

"我们全队同志,顶着倾盆大雨,踏着泥泞的小道,硬是肩扛搬运,把六七十公斤重的射孔枪身弄上钻台。可是,这口井的钻台高,我们的射孔绞车有 1000 多米电缆,需要从距地面三米多高的空中穿行。没法子,人只好站在大汽油桶上,双手高举扶尺子,细致地丈量电缆下井的长度。

"射孔作业要求的精度极高,所以,测量电缆入井的数据丝毫马虎不得。一旦出现偏差,射孔弹打到的不是油层,而是高压水层,这口辛苦打出的井,就会因此废掉。

"当天,我们刚开始作业就下起瓢泼大雨。我当时的工作是站在油桶上,用手托举扶尺。因为怕出现测量误差,只能长时间保持上举的动作。没有多余的人可以替换,任由雨水从袖口、领口往衣服里灌,雨靴里的水都满满的,直往外溢。到了晚上雨停时，井场上的探照灯照在读数的尺子上，引来成群的蚊虫，我们的手背、脸上都被叮咬得红肿起来，有的同志实在受不了，就把泥浆抹在脸上，抵挡蚊虫叮咬。

"那时候人员少、任务多，没有人替换班，也没有换衣服的条件。我们就这样，穿着全身湿透的衣服，在大雨变小雨、小雨转大雨的天气里，连续干了两天两夜。经过艰苦努力，直到保质保量地完成了射孔任务，才撤离井场。"

求助长信

艰苦的年代，没有工人、干部之分，不管什么岗位的干部，都要下基层，与会战职工一起生活、一起劳动，建立起了兄弟般的情谊。

这里要讲的故事，是从一封求助信开始的。正是因为这封信，让部长与普通会战职工的心紧紧地贴在了一起。

张老说："20世纪70年代的一天，我爱人和生产队的家属一起去周边的农村学习农业生产技术，因为感冒没有得到及时治疗，患上了严重的肺结核。泰康、林甸、肇东、宾县，能去的地方都去看了，但是因为缺医少药，没有有效的方法，不但病没好，反而越发严重了，咳血，一次吐好多血，人就剩一口气了。

"我看着她，再看看床上的3个孩子，难以入睡。思来想去，我终于鼓起勇气给石油工业部部长康世恩写了一封'求救信'。

"信是这么写的：'康部长，你在西北搞石油，我跟着你在西北搞石油。后来，你到大庆组织石油会战，我跟着你来到大庆参加会战。我搞了石油这么多年，没怕过啥困难，现在我遇到了最大的困难，我的爱人得了肺结核，大庆地区有医没药，看来我爱人活不了多久了。我3个孩子都还小，我工作也很忙，照顾不了他们。康部长，请你帮帮我，要不我爱人死就是很快的事情了。'

"信，寄出去了，说句实在话，我并没有抱多大的希望。可是10天后，当邮递员说有我的信时，我的心里一阵惊喜。信皮下面的地址是'石油工业部'，真的来信了？我马上拆开信封，信上说：'张学杰同志，你的来信已经收到。关于你爱人患肺结核的情况，由组织上帮助治疗，望你安心工作。'信上的署名是'石油工业部办公厅'，还盖有一个大红公章。"

特效新药

"这把我高兴的，马上回家告诉我爱人，你这回有救了，康部长来信了！没过多久，办公厅又来了封信，说部里帮忙找到4瓶治疗肺结核的特效药，将托大庆来到北京办事的一位领导给我带过来。我当时感动得不得了,天没亮就坐第一班公交车往二号院赶。我前脚刚进二号院,那位领导就已经把药送到了我家。这让我们两口子感动得不知说啥。

"在送来的药里,还特别负责任地夹了张纸条。告诉我,吃药前,要找当地的医生咨询药的吃法。我找到当时战区比较有名的一位专家,药递过去,专家傻了!问我这药是从哪整的。当我说是康部长送来的时,他更懵了,问我与康部长是否有亲属关系?我说没有。他一脸的怀疑,说干了这么多年,也只在课本上见过这药,听日本的同学说过这药,没想到能在我一个普通职工的手中看到这种药。

"前前后后,一共寄了6次药,而且每次都非常准时,我爱人的病得到了有效的控制,最后奇迹般地痊愈了。"

部长牵挂

"部长的救命之恩无以为报,这成了我们两口子的一大心病。若干年后,我把这个故事写成了一篇叫《党的恩情永不忘》的稿子,投给了《中国石油报》,报社几经核实,在一版明显的位置刊发了,圆了我们两口子的一个心愿。

"让我没想到的是,1991年7月的一天,我突然接到北京的一个长途电话,是康部长的秘书打来的。他告诉我,康老近几天要来大庆,想见一下我们两口子。我和老伴高兴得不得了。

"7月30日那天,小轿车把我们接去见康老。车刚到门口,康老就迎了出来,把我俩让进客厅。

"说到救命之恩,康老说,'小张呀,你不要这样讲。给你爱人治病,这个功劳不能记在我的身上。这是石油化工部领导们对你的关心、石油职工们对你的关心,不是我康世恩自己的功劳……'并叮嘱我爱人,病好了,也要注意身体,不要太劳累。"

部长与一位基层普通职工的手,就这样一直握在一

康世恩与张学杰夫妇见面时的照片

起，那么的亲切，那么的温暖。

回首石油会战的光荣岁月，张老满是自豪："那个艰苦的年代，给我们这辈人留下了丰厚的精神财富，我们没有辜负那个时代，我们已经把自己的生命，融入了滚滚的油流之中。"

▶ **红色传承**

创业精神让我们受用不尽

讲述人：张海明（张学杰的儿子）

虽然那时我还很小，但我清楚地记得，那场大雨下了两天两夜之后，父亲回到家里，倒头就睡着了。

母亲帮他脱雨靴，却怎么也脱不下来。因为靴子里的水，把小腿泡得浮肿起来，以至于和雨靴紧紧地贴在了一起，母亲只好用剪刀剪开了雨靴。父亲的小腿泡得白白的，一碰都掉皮流血。这是我小时候最深的记忆。

父母那辈人，把自己的青春、甚至生命都奉献给了石油事业，却从没听到过他们对那个年代的一丝抱怨。相反，那段难忘的会战经历，成了他们一生引以为豪的财富。作为第二代石油人，我们虽然生活、工作条件比父辈创业时要优越很多，但他们创造的艰苦奋斗、踏实工作、甘于奉献的财富，是我们这辈人受用不尽的精神食粮。

老会战张清杰的两次"改行"

张清杰一见到我们,便笑呵呵地说:"采访我?我也没做过啥,也没啥可说的,恐怕会让你们失望的。"

张老从青海油田调到大庆油田前是一名钻井柴油司机长。

张清杰

轰轰烈烈的大庆石油会战,把各路雄兵齐聚萨尔图,在广阔的松辽盆地上,拉开了决战的架势。

1961年8月,张老也随着青海油田支援大庆油田的360人到达萨尔图火车站。本想能和兄弟钻井队一样,在这藏满黑金的土地上,钻出上万个窟窿,让石油滚滚流成河、流成海。可那时候,会战大军是哪需要人就去哪,需要干啥就干啥,自己无权选择,这才有了张老"改行"的两个小故事。

首次"改行"建住房

张老先被分到农垦总场第一指挥部,也就是现在的采油一厂。然后,又被急调到建筑指挥部四大队,去盖干打垒。之前从钻井干到采油,内容虽不同,但还没离开油。可建干打垒,这改行的跨度,似乎有些不着油的边。

1960年3月至5月,4万多人的石油大军,一下子集中到萨尔图这片荒无人烟的大草原上,吃、住成了大问题,尤其是住。为了赶在严冬来临之前,达到"人进屋、机(器)进房、菜进窖、车进库"的目标,会战领导机关结合当地老百姓建房的经验,因地制宜,以节省建筑材料为重点,在战区范围内大规模建设干打垒。

1961年,当张老到达大庆时,也加入如火如荼的建设干打垒的工作中。

据张老回忆,那是1961年8月至11月间,根据会战指挥部的指派,他带着36位女工,负责干打垒的辅助工作——打羊草。许多经历过会战年代的人都知道,建设干打垒,就是往10厘米宽的木板框里填土,然后用榔头夯实。

建设干打垒的情景

那时候,工期要求紧,6个人一天必须完成一幢干打垒。每天天刚亮,大家就开始干。墙体上站4个人,连踩加打夯,下面两个人向上扔土,打一层土铺一层草,房顶上也要用草编成垫子,上面再用碱土泥巴抹平就行了。所以,建造干打垒,用草量是很大的。

好在地处大草原,草随处都是。那时候,大家为了赶工期,让草供上溜儿,姑娘们你追我赶,干劲十足。没有手套,就徒手用镰刀割草,许多姑娘的手都被草划破了,拿手绢或破布条子甚至草纸一绑,仍然坚持着完成每天打草的定额。

现在想起来,那时候的人真是拼,为了保证石油大会战的顺利进行,谁都怕自己出力少、干得少,落在别人的后面,那种热火朝天的劲头,让人想起来就激动不已。

再次"改行"种地忙

会战初期,正值国家遭受三年自然灾害,粮食供应紧张。为了让会战职工能吃饱肚子,张老又临危受命,负责搞副业。

搞副业,可不是四处采购吃喝的概念,那年头,走到哪也买不到东西。草呀、野菜、树皮什么的,只要是能吃的,想找到点儿都难上加难。搞副业,就是带着几个职工自力更生,开垦土地,自给自足。

张老讲,要种地,首先要积肥。那时候,化肥紧俏,根本买不到。肥,基本都靠刨厕所得到。冬天,外面天冷得有零下四五十摄氏度,厕所里的粪肥冻得一米多厚。为了把肥一块块地取下来,他们做了一个腕子般粗细、一米多长的钢钎,一人用大钳子固定在钎子上,一人用大锤砸。就这样一块一块地取。

钢钎和厕所的冰,真叫硬碰硬。半个冬天下来,原来一米长的钢钎,最后没剩下多少，小得连大钳子都夹不住了。抡大锤，一抡就是一整天，好多人因此伤了腰，当时，仗着年轻没理会，年纪大了，这些病都找上来了！

耕种时节，他们每天5点起床，要徒步走5千米才能到地里。翻地、趟地，没有机械设备，完全靠古老的人拉犁方式。17个人一副犁，要按标准拉线趟地，像军人一样，一丝不苟，高标准、严要求，一点偏差都不能有。

张老回忆，一次，他们在第一采油指挥部中三转油站附近种黄豆。因为一个机工没干过农活，不会扶犁，把地种得偏了垄。恰巧指挥部的领导来检查，一眼就发现了问题。

领导说："咱共产党人最讲认真，干活马马虎虎，就是失职！得马上把这些不符合要求的地重新种好。"

张老和参战的职工们在现场做了批评和自我批评。第二天，全队300多人都下到田里，把不合要求的豆种从土里扒出来，按照要求重新种好。

这件事，对张老触动很大。他说："受了批评，自己感觉到身上担子的沉重。领导把工作交到自己手上，不能做老好人，一丝一毫都不能放松对工作标准的要求，自觉当老实人、说老实话、办老实事，不辜负领导和同志的信任，把好关，看好地，让每一粒粮食都用在会战职工的温饱上。"

张老后来又回到了采油岗位，当了指导员，最后调往党校，但在他的人生中，这两次"改行"留给他的回忆，让他终生难忘。

▶ 红色传承

父亲那件褪色的工作服

讲述人：张 萍（张清杰的女儿）

我出生在1964年，是家里的老大。我的成长时期，正是石油大会战的关键时期，也是生活比较艰苦的时期。

在我儿时的记忆中，很少能见到父亲，就知道他一天到晚地忙。他晚上回来时，我已经睡了；我睡醒时，他已经走了。即使有时见到了，穿着那身洗白了的工作服的他，最多也就过来摸摸我的头，问学习，问学校的活动。说得最多的是："我们油田的生产有指标，你们学习也同样要有目标，这样才能一步一个脚印地实现自己的梦想。"

现在父亲那件洗白了的工作服是不穿了，但艰苦朴素的习惯一点都没改。退休

了，还总是那几件衣服换着穿。父亲节，我们子女给他买衣服，他说啥也不要，常说："能穿的衣服这么多，为啥要买新的？你们都成家了，要知道勤俭，日子要算计着过，不要图虚荣，搞浪费。"

我走上工作岗位后，每次回家，他都要问问我的工作情况，有了什么成绩，遇到了什么问题……他总是帮助我分析，告诫我要尽职尽责地做好本职工作，与领导、同事们处好关系，千万不要在工作中搞什么花架子。

年轻时，我总嫌他爱唠叨，随着阅历的增长，我慢慢体会到了他的苦心。现在，孩子一回家，我也像父亲一样，和他们聊这些。我觉得，这些家庭的传承，通过父亲传给我，再由我传递给孩子，应该一代代让这种朴实无华的优秀传统继承下去，让这笔享用不尽的精神财富，在家族中生根发芽。

我在野狼的"陪伴"下完成巡井

虽然古稀之年的张成生,没能在老相册中找到自己在会战时期的照片,但交谈中脑海深处那些比影像更鲜活的记忆,一下子打开了闸门。

险成野狼的报复对象

"会战那时候,每一个人对工作都是认认真真、一丝不苟,哪怕危险就在身边,也毫不马虎。"张老给我们讲述了这样一个令人心惊胆战的故事。

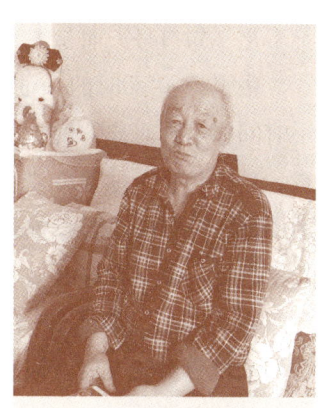
张成生

那是1965年春天,当时张成生在采油一厂南七队做采油工。采油工实行三班倒制,张老上零点班。上一个班的同事在巡查中发现作业队附近有狼。

到零点巡井时,张老听到荒原上不时传来狼的嚎叫。当时张老也没觉得怎样,因为油井都处在草原之中,野狼嚎叫并不是什么稀罕事。直到他走过泥浆槽子时,发现一只狼就在附近。狼也发现了张老。顿时,张老只觉得汗毛一下子竖了起来。虽说在荒原里见到狼不是头一次,但如此近距离对视,而且还是在午夜时分,小风一吹,四周无人,被蓝灯泡似的狼眼这么盯着,确实令张老不寒而栗。

恐惧中完成巡井任务

走,还是就这么僵持着?张老腿没动,但脑袋里一直在想对策。就这么对视了几分钟后,张老想,不能这么被动地等,井上的数据采不回来,影响生产,不是他一个人的问题,是要给全队安全生产造成影响的。想到这儿,他一边慢慢向井场移动,一边观察着狼的动向。狼的嚎叫一路跟着他。

张老的心一下子收紧了,但他还是硬着头皮,用眼睛的余光扫视着狼的情况。就这样,张老在狼陪伴着的恐惧中一遍一遍巡完了所有的井,完成了所有的数据采集,直到天亮时,狼才消失在荒原中。一连两三天,张老都冒着被野狼袭击的风险,在狼的"陪伴"下,按照工作流程,完成每一项工作。大约一周以后,这只狼才没有再来光顾,生命威胁也就此解除了。

耍小聪明,会上挨批评

"那个时候,人就是这样,不管遇到什么危险、什么困难,都不是影响工作的理由。别说是只狼,就是天上下刀子,顶着刀子也要完成自己的本职工作。领导干部和工人一个样,都严格执行岗位责任制,"三老四严"① "四个一样",② 在那个年代绝不是一句口号,而是人人自觉遵守的制度。"

张老说:"那时的采油工巡井,一个小时一次。为了便于监督,每口井上都有个时间指示牌。比方说,这口井第一次巡查时是1点,就用手把指针拨到1点的位置,1个小时后的第二次巡查时,再拨到2点的位置。采油工是一小时一巡,队里的干部,一样一小时一抽查,想在指示牌上动手脚,是不可能做到的,当时大家不敢这么做,也不会这么做。"

张老回忆,那是1965年,当时各采油队之间交叉检查。他刚要去巡井时,恰巧遇到检查组的人员。他们询问了张老一些井上问题的处理,一来二去,错过了这班巡井的时间。

当时他脑袋一热,就想趁着大家不注意,神不知鬼不觉地把巡井时间牌偷偷拨好,以免因为自己的失误让队里挨批评。

但事与愿违,他的这个小聪明反而弄巧成拙了。原来,队里巡查的干部已经记录下了他没有到岗的情况,二次抽查时,却发现巡井时间牌被偷拨了。

这可不得了,弄虚作假,不老实认真工作,这可是个大问题。晚上队里的大会上,问题被摆在桌面上,大家很严肃地指出了这个问题的症结所在,在会上举一反三,进行了批评和自我批评。这件事让张老至今难以忘怀。

学铁人没成一句空话

"'有条件要上,没有条件创造条件也要上。'这是铁人王进喜说的,我们这一代石油人也是这样做的。"

张老讲了一个涉水测井保生产的故事。那时候,张老任采油一厂南七队的书记。一天,一名职工到队里反映,将要测试的一口井,因为地势低洼、积水严重,

---

① "三老四严":对待革命事业,要当老实人,说老实话,办老实事;对待工作,要有严格的要求,严密的组织,严肃的态度,严明的纪律。
② "四个一样":黑天和白天一个样,坏天气和好天气一个样,领导不在场和领导在场一个样,没有人检查和有人检查一个样。

测试车靠不近井场,工期紧张,可能影响测试工作如期完成。

听到这种情况,张老急忙赶到现场。他让测试车尽量靠近这口井,然后鼓励大家,学习铁人跳泥浆池搅拌泥浆的精神,带头第一个下到齐腰深的水中,和同事们一起,手扶钢丝,一点一点地往井中传送,许多人的手都被钢丝磨破、磨肿了,但没有一个人临阵退缩,最终圆满地完成了这口井的测试任务。

张老说:"我们就是这么平平凡凡干过来的,都是会战的普通一分子,我们感恩那个火红的年代,虽然那时的条件非常艰苦,但对我们精神和意志的磨炼,让我们终身受益,终生无悔。"

▶ 红色传承

我们以父辈的奉献精神为荣

讲述人:张晓峰(张成生的儿子)

父亲是个很低调的人,很少向我们提及他在会战时期的经历,每当我瞻仰铁人王进喜纪念馆、大庆历史陈列馆时,我都被那个年代石油人为国分忧、为国家争气的民族气节深深感动。那时我就有一种自豪感、崇敬感和光荣感,因为我的父亲也是他们当中的一员。

父亲常对我们三个兄弟讲,作为油田的第二代人,虽然工作、物质、生活条件越来越好了,但大庆精神铁人精神、"三老四严""四个一样"的优良作风不能丢。

他总是告诫我们,要做诚实认真的人,要认真做好自己的本职工作,心中要有一份神圣责任感,不要拈轻怕重,遇到困难要找到解决问题的方法,而不是消极地回避。要在努力工作中体现自身的价值。这些话,时刻回响在我们耳边,让我铭记于心,不敢忘记。

父亲的"八字箴言"鞭策我一生

刘文生

与刘丽的"相识",是在五一劳动节央视播出的"大国工匠"上,那里提到了她的工作室,提到了她的革新、创新和发明,提到了她工作的认真严谨,也提到了她的当年参加石油会战获得过黑龙江省劳动模范称号、如今已经逝世的父亲刘文生。

对错

1993年7月,19岁的刘丽,以全校第一名的优异成绩从技校毕业。在许多人眼里,技校是个"鸡肋",是考不上高中、考不上大学,万不得已,为了就业的无奈之选。

然而,对于当年品学兼优的刘丽来说,在上大学还是考技校的抉择中,父亲刘文生为她选择了技校。以至于若干年后,家里人谈及这个话题时,还在埋怨、争论她父亲这一选择的对错。

刘丽说:"我爸当初的想法是人得先自立,再追求别的。而且,做工人怎么了?行行出状元,况且工作以后也一样能创造学习的机会,一样可以上大学深造。做得好,一样出成绩,一样做贡献。正是因为我爸在我心目中是绝对值得信任的人,所以,他给我的建议,我没有打一点折扣地欣然接受了。

"在技校学习期间,我利用业余时间自学完了所有高中的课程,所以,从技校毕业那年,我以超出分数线200多分的成绩考入了原大庆职工学院。

"每天白天工作,下班后坐交通车前往职大学习,然后,再坐晚上9点半的末班车赶回家。在学习的两年中,每天夜晚在公交站下车,我爸都会等在那里接我回家。

"看到我这么辛苦,我爸心疼了,一度怀疑起他对我学业上的选择。但我没有让他老人家失望,如他当年一样,一直保持着不断学习充电的习惯。在工作的几十年中,午夜12点前从没有休息过,不是整理一天的工作日志,就是读书学习。将长期的积累以及多年总结的经验,结集成书,陆续出版。这些,都得益于我爸对我耳濡目染的影响。现在想起来，我对他非常感激。"

师"父"

其实，人生道路的选择，哪有什么对错？如果当初刘丽没有听父亲的话，或许某一个行业中会多出一名出类拔萃的专家，而中国石油工业就少了一名大国工匠。

大国工匠不是神，是一点一滴干出来的。在刘丽的工作生涯中，她事业上的第一位老师，正是她的父亲刘文生。

刘丽品学兼优，以优异的成绩从技校毕业，所以深得单位领导的信任。上班仅3天，就让她单独顶岗，而且是采油二厂标杆队48队正对着矿大门的门面井。

这门面井可是先进队的招牌，领导视察、兄弟单位参观，首先要看的就是这口井。这么重的担子，一下子压在了一个初出茅庐的小丫头身上，刘丽着实有点慌了。

好在刘丽的父亲曾经当过采油队的队长，当时虽然已是古稀之年，但对于这个行业驾轻就熟，在他的细心指点下，仅一个月的时间，这口门面井就让刘丽管理得井井有条，成为标杆队里的标杆井。

刘丽说："跟着我爸学了一个月，他严细认真、一丝不苟的工作作风，给我留下了极深的印象。在日后的工作中，只要我稍有一丝懈怠，我爸工作的神情便会浮现在我的脑海里，告诫我调整状态，全身心地投入工作中。"

引航

"我爸是我人生道路上的灯塔。"刘丽说。

工作有干劲，思想有目标，刘丽暗暗有了加入党组织的想法。

刘丽说："我连续不断地写了两年多的思想汇报，但一直没有往上交，也没有告诉我爸，总觉得自己还有很大的差距。可是有一天，这个'秘密'被我爸给撞破了。

"我当时有些不好意思，我爸却非常高兴，引导我坚定目标，在工作、学习、生活上向老党员看齐，努力尽快实现自己加入党组织的梦想。

"他只要一有时间，就一字一句地修改我的思想汇报，帮我分析工作上的不足，指出解决问题的方法。他给我的评语永远是这八个字：'巩固成绩，继续努力'。这八字箴言，也成了我不断努力创新的源泉和动力。

"为了鼓励我坚持写思想汇报，我爸还特意去文具店买回几大本稿纸，让我想啥写啥。我们俩就这样写写批批改改，两年多下来，我的文字水平有了很大的长进，也为后来出书打下了很好的基础。"

"表"情

"在家里的7个孩子中,我爸对我的偏爱是有目共睹的。"刘丽说。

在刘丽父亲去世时,有一块旧手表随他老人家一起下葬。那块旧手表是刘丽1997年参加全国青年岗位能手大赛得的奖。就是这块表,刘丽的父亲一戴就是15年,光表带就换了无数次,但就是舍不得换。

"我当时觉得他是因为生活简朴,所以没有换表。有一年他过生日时,我特意买了块新表给他。可他说什么也不要。他告诉我,这块表对他的意义不一样,是我得的奖,是他值得保留的荣耀。直到他去世时,这块旧表依然没离开他。

"说到我爸对我的偏爱,还要说家里的一个镜框。虽然我们7个兄弟姐妹都在自己的工作岗位上成绩突出,但这仅有的镜框里,放的全是我的照片。

"在整理我爸的遗物时,我才发现,在他的书桌里,放满了我的获奖证书、新闻剪报。可他自己的奖状,包括黑龙江省劳动模范奖章和证书等,都被他束之高阁。

"我爸最喜欢听到我受表彰的消息,每次得到奖励,我都会先回父母家,把鲜花和证书拿给他们。这对于他们来说,是一种幸福,也是一种别样的快乐!"

"模"力

"我爸一直以我为荣,实际上,他也一直是我心中的榜样。很小的时候,我就知道劳动模范是个十分崇高的荣誉,特别仰慕。很多年来,我的目标就是赶上并超过父亲的荣誉。"刘丽说。

直到2014年,获得中国石油劳动模范称号时,才觉得自己的荣誉可以和父亲比肩了。

"家祭无忘告乃翁。"如今,作为全国五一劳动奖章、国务院政府特殊津贴获得者、大庆市总工会兼职副主席的刘丽,已经实现了超过父亲当年荣誉的梦想,站在了大国工匠的全新舞台上。

以她名字命名的"刘丽工作室",成为全国职工教育培训示范点、全国示范性劳模和工匠人才创新工作室、中国石油天然气集团有限公司技能专家工作室、黑龙江省工人先锋号、黑龙江省劳模创新工作室、黑龙江省书香班组、大庆油田功勋集体、大庆油田劳模创新工作室等多项称号和荣誉。

刘丽说:"可以告慰父亲在天之灵的是,我没有辜负他老人家的期望,我正向着人生更高的目标前进。"

▶ 红色传承

超 越

讲述人：刘　丽（刘文生的女儿）

我对劳动模范一直特别崇敬，曾经很多年，我都是以父亲的成就作为我人生奋斗的目标。

如今，我获得了"全国五一劳动奖章"，实现了超越父亲的目标。虽然时代发生了变化，父辈们人拉肩扛、端水打井的生产方式早已成为历史，但流淌在新一代大庆石油人骨子里的大庆精神铁人精神的红色血脉依然生生不息。

父辈们那种艰苦奋斗、爱国创业的精神，在我们身上不仅要传承，还要更好地发扬、发展下去。

我们在平凡的岗位上，尽量节省一分生产投入，就能让油田的收益扩大一分，这就是我们最大的贡献。

一对教育拓荒者的会战轶事

赵山明、程雅梅夫妇

一封回信：打消了他的退意

这个小标题的内容，与赵山明有关。赵老在20世纪60年代初的一个冬天来到大庆，主要是为筹建松辽石油勘探局子弟中学而来。由于时间仓促，连棉衣都没带，就来到了100多千米外的萨尔图。

当他踏上这片荒原的时候，几个落差让他差点就打了退堂鼓。

一是住得差。刚下火车，赵老第一眼就望见了耸立在草原上的三层小楼，他认为那一定是会战指挥部，可是一打听，那是职工医院。他徒步沿着现在的会战大街，走了十几分钟到了真正的会战指挥部一看，就是几个帐篷、几栋干打垒，心里一下凉了半截。

二是冷得很。让他没有想到的是，哈尔滨、萨尔图虽然相隔不算很远，但气温却差不少。在哈尔滨时穿条毛裤就能抵御风寒，但在萨尔图，刺骨的冷风一吹，浑身直打哆嗦。而且，当时会战的职工还没有配发棉衣，这零下四五十摄氏度的低温，给了年轻的赵山明一个下马威。

三是取暖条件差。当时，赵老他们住招待所，取暖要两个人去很远的地方挖几块原油，用筐扛回来烧。外面天冷，原油一烧烧一宿，第二天早上起来，鼻孔里全是黑灰。哈尔滨那时候就已经有暖气了，萨尔图的取暖条件简直太差了。

四是学校。说是筹建，但在哪盖、盖什么样的……都没有谱，看了几处成规模的干打垒群，都破破烂烂，别说办学，住都成问题。啥都得从头做起，这让从青砖小楼校舍中走出来的赵老，产生了后悔的念头……

情绪的波动，促使他提起笔给父亲写了封信，把大庆艰苦的生活状况告诉了父亲。知子莫若父，赵老的父亲一眼就看出了信中所包含的意思，措辞严厉地回了一封信。

赵老至今还记得父亲回信的基本内容："路是人走的，作为一名预备党员，不要因为生活条件艰苦，就打退堂鼓，什么事只要认准了，就要干到底。车到山前必有路，坚持住，一切都会好起来的……"

赵老说："父亲的话，在我心中有很重的分量，我认识到自己的问题，打消了'逃离苦海'的念头。"

一声口令：大家集体钻被窝

随着石油会战的帷幕拉开，各路大军涌入，孩子们也跟着父母来到油田。

会战工委提出要求，要把孩子们管起来，解决会战职工的后顾之忧，让他们全身心投入石油大会战之中。

当时来的孩子多大的都有，在校舍还没建成之前，为了让孩子们有学可上，就采取就近分散的办法，让小一点的孩子们到基层单位已经开始办学的学校插班。在安达技工学校内成立了两个初中班，中学生都要住校学习。

那时候，安达技工学校的生活条件也很艰苦，都是四面透风的干打垒。冬天，每个宿舍一天只供应7斤煤。听着好像挺多，但烧上一天，根本不够。而且，烧煤不慎，容易中毒，所以，晚上钻被窝前，先要把燃烧的煤熄灭才行。

在东北生活过的人都知道，烧煤时，屋里还算暖和，只要一停，不马上钻被窝，一小会儿，屋里就冰冰凉。

赵老说："每天，我们在熄灭煤火前，为了不让这点热乎气儿外流，也别熬夜备课了，大学都把衣服脱好，喊声'一、二'，一起钻进被窝睡觉。

"大人要管理学生的起居，每天不管屋里多冷，也得爬起来，各间宿舍看看。孩子都贪睡，守着暖和的被窝谁也不想起床。偏偏技校的校长很严格，非要让'寄居'在学校的孩子们和技校生一起上早操。这些孩子哪受得了，睡了一夜，被窝刚暖和，就要被叫出来上操，都不愿意起。我也是睁一只眼闭一只眼，放纵他们赖床，这可触怒了技校校长，大会小会没少批评我。最终，还被'逐'出了校园。"

一位幼师：培训众多老阿姨

程老，是当时调到会战战区唯一科班出身的幼儿教师。

当时，战区的幼儿园被称作托儿所，与现在不同，不用等到3岁，只要孩子一出生，就可以放在所里。所以，托儿所中的孩子，小到哇哇哭的，大到要上学的，都被收在这里。

托儿所的阿姨,大多是随着丈夫一起来到大庆的家属,口音五花八门,而且没有专业知识和经验。职责就是看护,能做到"小的能喂饱,大的不摔倒",就算尽职尽责了,并不奢求教会孩子们什么东西。程老来到当时的战区机关托儿所时,没有大班、小班之分,眉毛胡子一把抓,所里还没有婴儿床,孩子们都躺在一个大板铺上……

程老说:"我来了一看,这样不行啊,咱是学这个的,让我来了,就不能乱成这样。我先按年龄分了班,然后,安排了唱歌、舞蹈等课程,疯玩的孩子们,一下子被这些新奇的课程吸引住了。后来,上级领导给配了个脚踏琴,有了音乐的伴奏,唱歌、舞蹈就更鲜活了。会战政治部的领导们来所里参观,赞不绝口。学过专业的就是不一样,希望我不光在机关托儿所这么搞,也培训一下战区所有的阿姨们,让她们也学着这个样子,把托儿所办出模样来。

"说到就做,组织了战区所有托儿所的阿姨来培训、轮训。有些边远地区来去不便,我还上门培训。几年下来,战区几乎所有的阿姨都成了我的学生。现在上街时,还有人走过来和我打招呼,叫我老师呢……"

托儿所老师教孩子们唱歌的情景

▶ 红色传承

"油二代"的承前启后

讲述人：赵伟强（赵山明、程雅梅的儿子）

有时候，我听到年轻人讲，石油会战都离咱们远了，时代变了，总回忆过去，回忆那个年代的艰苦，有啥用？

我就想，物质条件好了，我们把最好的衣服给孩子们穿，把最好的食品给他们吃，把最好的东西可着他们用，但不能忽略对这代人精神层面的给予。

作为承前启后的一代，幼年的我们生活在那个火红的年代，潜移默化，那个时代的精神影响，身边人包括我的父母的影响，已经深入到了骨髓，实践在我们的工作之中。在新时代，如何与时俱进，把大庆精神铁人精神以及我们父辈这种一丝不苟、忠诚于党的教育事业的优秀品质和无私奉献的精神传承给我们的后代，让他们读懂会战历史，体会精神内涵，不负青春，不负韶华，是一场新的开拓。

学生被她"拽"进考场改变一生

周武、公平夫妇

油田开发建设初期,随着家属陆续进入矿区,学龄儿童和等待入学的职工子女越来越多。为了让这些孩子有学可上,解决会战职工的后顾之忧,会战工委决定筹建"农垦总场职工子弟中学"。当时采取边招生边建校的原则,到1961年10月,共招收学生135人,设3个初一教学班,教职工28人。因无校舍,3个初中班分散在油建、工程、建筑3个指挥部的小学上课,教师每天手提马蹄钟,背着黑板,巡回40余里去上课,直至农垦总场职工子弟中学(大庆一中前身)1962年校舍正式竣工……——摘自《大庆企业文化辞典》

老师对耄耋之年的周武、公平夫妇来说,不仅仅是个称谓,更是一种资格。因为,这对从石油会战年代走过来的并蒂莲花,一位从教35年,一位从教33年,从恢复高考直至退休前,一直都是大庆四中高中毕业班雷打不动的骨干名师。

地窖里"藏"着教育处

1961年9月,已确定恋爱关系的周武、公平,双双从松花江师专毕业。这对年轻人共同的志向,让他们满怀激情地和多路石油大军一道,来到萨尔图这片充满了希望和未知的土地上……

那个年代,年轻人不知道啥叫苦,一门心思只想把自己学到的知识传授给生活在矿区的孩子们。所以,两位年轻人一到大庆,就像铁人一样,一不问住哪,二不问吃啥,中午12点多在萨尔图火车站一下车,就背着行李去找农垦总场教育处报道。

可是,一直找到下午5点,这个道也没报上。两个人纳闷,这方向也对,距离也不差,可是哪有什么教育处呀?

眼瞅着天就要黑了，俩人还在原地徘徊着。突然他俩发现，不远处的地面上，向天掀开了个盖，从里面钻出来几个人。俩人一问才知道，弄了半天，他们要找的农垦总场教育处，不在地面上，而是借用了老乡家的一个菜窖办公，这可让一直在大城市里求学的两位老师开了"眼界"。

穿梭于战区的"游"师

从上面摘录的《大庆企业文化辞典》中，我们知道因为当年招来的学生比较多，可农垦总场职工子弟中学还没有完工。这100多个孩子都被分散到战区各个指挥部的所属小学，还有一部分学生，被安置在安达的一所技工学校中。当年的周武老师，也和赵山明老师一起，被分到这个教学点教历史课。

学校没建好，孩子们分散入学，在会战初期老师奇缺的情况下，教语文的公平老师，就成了穿梭于战区的一名"游"师。

据公平老师讲，在学校筹建之初，她走南闯北，分别在萨尔图、让胡路、龙凤等多所学校教书。他们那一代老师，都不辞辛劳，用铁脚板走，乘公交车行，克服一切困难，为会战职工的子弟上好教懂每一节课，这不但为会战职工解决了孩子学习的问题，也为这些孩子日后参加工作奠定了扎实的基础。

给孩子讲课的公平老师

周、公二老三个子女的名字，也记录了这场走遍战区的"游"师生涯。长女，取名周路莎，这中间的"路"，是因为她出生于公平老师在让胡路工作期间；长子，取名周建松，名字的寓意是建设好松辽油田；次女，取名周凤莎，因为她出生时，周、公两位老师，已经调到了位于龙凤的大庆四中。有意义的名字，也让子女们记住了大庆，记住了父母为大庆教育事业奔波的足迹。

候车室"借"火避寒冬

古有匡衡凿避偷光，会战时，更有老师在候车室里借炉火取暖读书。据周老师讲，报道完，他们俩被分到现在百货大楼那个位置的一处破烂的牛棚里居住。

那里是清一色的木板通铺，男女"宿舍"中间，只用一张油毡纸隔开。

到了冬天，四面透风的牛棚，冷风直往屋里灌。大家只好都蜷缩在被子里，留住身体的那点温度。

可当老师的，在那个文化相对贫瘠的年代，虽然吃不饱，但总要有点精神食粮抚慰一下。所以，一些晚上爱读书学习的老师，就跑到不远处的萨尔图火车站，因为那儿的候车室里生着一个大火炉，往炉边一坐，不但可借着炉火读书，还烤得身上暖洋洋的，感觉很满足。

身带双瓶的小"货郎"

在那个艰苦的年代，萨尔图周边还没有一个像样的小卖店，所以，当年的许多学生都有一大怪，叫"书包之外，两个瓶子必须带"。

干啥？一个装酱油，一个装醋。如果碰到来自西北的会战职工家庭，有的孩子甚至背上三四个瓶子，原因我不说，你也懂得。

周老师说："那时候我们要买这些日常的调料，来源主要是安达或齐齐哈尔。我们有两个初中班在安达技工学校，那会儿，有得天独厚的'运输'条件，从家去安达时，带两个空瓶子，上完一周课，再背着装满酱油、醋的瓶子回家，每周都是如此，所以，在来往的火车上，只要听响，就能知道哪个是我们班的学生。"

"拽"出来的大学生

恢复高考那年，公平老师看好自己曾经教过的一个学生。她觉得这个孩子基础好，劝他不要错过这么好的机会。

可是，那时候，这个学生已经在炼油厂当了工人，工作比较安稳，觉得自己没有考上大学的希望。公平老师就一直开导他，鼓励他勇敢地迈出这一步，给自己一个更好的前途。直至到了考场外，这个孩子还犹犹豫豫，徘徊不前。

这下，公平老师急了，生拉硬拽，愣是把这个孩子推进了考场。

令这个孩子没想到的是，他不但考上了，而且还是以高分被录取到了一所全国知名的高校。

若干年以后，这位大庆四中的老校友，已经成为一所大学的副校长。当被邀请回母校讲述他的成功经历时，他不无感慨，他幽默地说，他今天的成绩，是公平老师"拽"出来的。如果没有公平老师当年的一拽，炼油厂多了个默默无闻的工人，大学里却少了一位年轻帅气的教授。

相谈甚欢，终有一别。当我们告诉二老，将把他们讲述的故事告诉读者时，公平老师直摆手说："不要不要，那时的人都一个样，从不计较个人得失，我们讲的都是再普通不过的事了。"

▶ 红色传承

父辈的精神已深入我们骨髓

讲述人：周凤莎（周武、公平的女儿）

虽然我在外地工作多年，但只要同事谈到大庆精神铁人精神，"三老四严""四个一样"……我都会脱口而出。我觉得这些父辈们传承下来的精神财富，已经深入我们的骨髓之中，难以磨灭。

我父母从教的30多年中，培养了三代大庆石油子弟，说他们桃李满天下并不夸张。我为他们这代人为大庆教育事业的辛勤付出，感到由衷的自豪。

我们三个子女虽然没有站在三尺讲台上，成为他们事业的继任者，但我们都在自己的工作岗位上，像父辈那样认真做事、谦和待人，用自己的努力奉献着青春和热血。

不管走到哪，不管从事什么工作，都不会忘记我们是大庆人，不会辜负父辈传承在我们血脉中的那股奋斗的激情。

那个寒夜 铁人将车让给了她们

孙 静

人的一生，隐含着颇多的阴差阳错。也正是因为这些起起伏伏、转行跨界的变数，改变了许多人的一生。孙静老师，即是如此。

1959年9月26日，位于大同镇高台子附近的松基三井喷出工业油流。

虽然这个消息当时还处于保密状态，但自愿支援石油大会战的动员会，已经围绕着周边的市县悄悄地展开了。

听从党的召唤，到祖国最需要的地方去，成了那一代人为国分忧的具体表现。许多党员、团员的请战书、申请书、决心书、血书……像小山一样，堆满了领导的书桌。这其中，就包括在齐齐哈尔人民银行做会计工作的孙静。

孙老师说："那时的年轻人要求进步，特别是党员、团员，都积极响应党的号召，不留恋大城市优越的生活条件，渴望到最艰苦的地方磨炼自己，到最需要自己的地方建功立业。正是在这种思想的感召下，我们报名支援石油大会战。由于名额有限，所以，直到1961年，我才如愿踏上了萨尔图这片土地……"

会计兼任搬运工

孙老师说："因为专业的原因，我被分配到了供应指挥部当会计。那时候工作和生活条件都很艰苦，办公室是干打垒，办公桌是用木板搭的。但每一个人，工作上从不挑挑拣拣，都是那么乐观向上，不计得失。

"虽然在单位做会计工作，但那时候是石油大会战的初期，很多物资和器材日夜不停地通过火车运进铁路专用线运来。

"为了不影响下一个车次物资的运入，在没有专门装卸队的情况下，不论是干部还是工人，也不管是男是女，只要广播一喊，需要紧急卸车，大家都会放下手里的工作,发扬铁人王进喜他们那种人拉肩扛的精神,奔向两千米外的铁路专用线,七手八脚地卸车,把油田急需的物资卸在站台上,等待运往各个井场。"

1962年年初,石油会战职工的家属、孩子陆续来到大庆。让孩子们有学可上,分担会战一线职工、家属的后顾之忧,成了需要解决的首要问题。当时的会战工委,要求有条件的指挥部办学校,解决子弟入学的问题。

当时,来大庆参加会战的职工、家属来自五湖四海,什么口音的都有。为了高标准办学,供应指挥部提出要求,抽调会讲普通话、长相端正、文化程度相对较高的职工,筹建供应指挥部机关一小。

当时还在供应指挥部财务科工作的孙静入选了。组织部门找她谈话时,她吃了一惊。她觉得自己没当过老师,恐怕不能胜任这一工作。组织部门的人告诉她,不会就学嘛,谁也不是天生就会做老师的。就这样,孙会计就成了孙老师,而且一当就是30多年。

老师缝纫还理发

孙老师说:"当时的学校相当简陋,教室是个活动板房,为了冬天保温,外面垒了一层红砖。学生的课桌、板凳,是供应指挥部各大队工人利用空隙时间做的。学生的年龄参差不齐,大的17岁,小的才6岁。课怎么上?都学点儿啥?我们6名被抽调来的老师,在校长的带领下自力更生,根据孩子的具体情况,自己动手找材料编教材。老师虽少,但一专多能,语文、数学、音乐、美术、体育,一个老师包一个班,大家都笑称我们是'全能班主任'。

"'全能'不仅体现在教学上。石油大会战那会儿,大家的革命热情极高,没有节假日,少休星期天,早上迎着朝阳走,晚上披星戴月归。为了保会战,解决职工、家属工作时间长的问题,学校也向孩子家长做出承诺,职工上班学生进校,职工下班学生放学。这意味着老师要比职工、家属还要早到校、晚回家,对以女同志为主的老师们来说,家里的事儿基本就顾不上了。老师们的丈夫,也大多战斗在生产一线,家中的一日三餐根本没时间做,甚至连自己幼小的孩子,也因没有托儿所,不得不送到外地的父母家中抚养。所以,那个时候,老师的付出和奉献,对于保证油田的生产,其实起到了非常重要的作用。

"长时间远离父母,半大孩子又淘气,衣服划破是经常的事。我们的每个教室里都准备了针线包、碎布片、旧棉花、旧纽扣,在孩子上自习的间隙,老师变成了'缝纫师',把孩子们划破的衣服收集在一起,帮助缝补好。教室里还准备了理发工具，有些男孩子头发长了，老师又成了'理发师'，给学生理成一个个小平头。就这么说吧，为了减轻家长们的工作生活负担，我们老师能帮助做的，一项也没有落下。"

铁人让出吉普车

说到和铁人王进喜的"相识"，孙老师至今还很激动。她说："没有王铁人的出手相救，我和那几个同事还不知会怎样呢。"

那是1962年冬天的一个夜晚，天下着鹅毛大雪，气温降到了零下40多度。孙老师和5位同事在采油一部大礼堂开完会出来，已经是半夜时分了。因为天黑，与单位接人的车错过了。

为了能尽快回到单位，孙老师提出，沿着大路走，如果碰见车，就能顺路把她们拉回去。大家都同意了。

然而，她们刚刚走了半个多小时，身体就有点儿扛不住了。正在这一关头，有人突然喊了一声："你们看，那是不是车灯？"

几个人不约而同地冲到路中间，挥手截车。一辆草绿色的北京吉普，慢慢地停了下来。

孙老师拉开了司机的车门哀求说："师傅，我们是供应的，天太冷了，能捎我们一下吗？"

没等司机答话，副驾驶下来一个身材稍胖的人，操着西北口音对司机说："你先把这几个女同志送一下，我到那边井上等着，送完回来接我。"说完，他就带着车上的几个人，向两千米外的一口井走去。

上了车的老师们，对司机师傅千恩万谢。师傅说："你们不该谢我，应该感谢我们队长王进喜。"

"谁？王进喜！是王铁人吗？"几个老师一下来了精神头。

司机笑着说："对呀，大庆还有几个王进喜，可不就是铁人嘛。"

原来只是听说，现在是亲身感到铁人关心别人胜过关心他自己。那一刻，几位老师的心中对铁人充满了无限的敬意。

一晃，五十多年过去了，当年年轻漂亮的孙老师，如今已步入古稀之年。但在她的心中，铁人和那个火红年代留给她的记忆，就像陈年的老酒，越久越浓。

▶ 红色传承

那代人的奉献让后辈崇敬

讲述人：马坚峰（孙静的儿子）

我13岁才从齐齐哈尔的姥姥家回到父母身边。母亲当年全身心地付出了那么多的时间和精力，照顾学生的生活，以至于没有空余的时间来照顾我。这种作为教师的责任心和担当，让我这个当年受"屈"的孩子，都对她和她们这一群体，感到无比的崇敬。

作为"油二代"，我从他们身上学到了许多优秀的品质。无论在哪一个岗位，都不挑不拣，不讲条件，认认真真地进入角色，尽量做得细致、完美。不管是分内还是分外的工作，只要做，都自觉当作自己的工作来做，不计较个人得失，尽量做得无愧于内心，无愧于自己神圣的职业，就是我们后辈学用不尽的。

那个寒夜　铁人将车让给了她们

党培养我走上光荣的三尺讲台

闫凤岐

闫凤岐，一位和蔼可亲的学者，谈吐幽默，笑容可掬。从初次拜访，到肃然起敬，这位为石油事业培养了成百上千位精英的老人，没有像想象那样翻看或表述他的功绩，而是仍旧像以往那样严谨地再三嘱咐，采访可以，一定要实事求是。

矢志不渝

闫老是个苦孩子。老家在河南的他，经历了电影《一九四二》中描述的那场大饥荒。为了有条生路，他跟随父母背井离乡，逃荒去了西安。家境贫寒的他，在国家的资助下读完了初中，并以西安考区第一名的成绩考入了西安石油学校钻井专业。

闫老说："1955年，父母相继去世，正在上学的我成了孤儿。我是在党的关怀和老师、同学的帮助下，才没有辍学。从那时起，我就把自己交给了党，党的需要就是我的理想。"

正是因为这份感恩之心，刚满18岁，当时任班级学习委员、团支部宣传委员的他，就向学生党支部递交了入党申请书。根据他平时的表现，学生党支部将他定为入党积极分子，并成为重点培养对象。正当闫老满怀激情，准备接受党组织的考验时，一个突如其来的变故，让他的入党之路回到了原点。

1956年初，学生党支部准备讨论他的入党申请时，学校领导找到他，通知他提前毕业留校任教，于是，他的入党申请被转到了教师党支部。经过一年的考察，正当教师党支部将要讨论他的入党问题时，他因留美归国老师的问题受到株连，1958年初被下放到农村进行劳动锻炼，入党愿望再一次搁浅。

入党圆梦

闫老说："我对这些挫折没有一丝一毫的怨言，认为这是对自己的一种考验，我对党矢志不渝，不管做什么，干一行就干到最好，而且要做得出色。我因勤奋努力，在农村赢得了乡亲们的好评。当年，经过村民推荐，我光荣地获得了'社会主义建设积极分子'称号，并被送往名校深造后奉调回校，继续从教。"

1963年，为响应党的号召，支援大庆石油会战，闫老从西安石油学院调到大庆参加石油大会战。组织部门根据他的特长，将他分配到了松辽石油技工学校。

闫老的入党之心坚定如初，无论走到哪里依然按照共产党员的标准要求自己。让他去井下机修厂参加生产劳动，他就利用自己所学，同工人师傅一起把革新搞得全厂出名。让他为学校招生，他连续一周从安达十号院到龙凤步行往返四五十里，对报考学生进行政治审查，没有一句怨言。让他担任班主任，他就带领学生顶岗实习，同吃、同住、同劳动。除夕夜，他还和队领导慰问到每一个岗位。正因为他出色的成绩，1965年11月，整整苦盼了十个年头之后，在石油大会战的大熔炉里，闫老终于如愿，加入了中国共产党。

治病救人

这里要讲一个闫老"破案"的故事。

1964年，闫老担任原大庆石油钻采学校一个班的班主任。当年，学校的老师、学生，和油田厂矿的干部和工人一样，同吃、同住、同劳动。闫老也搬进了学生宿舍，和同学们生活在一起。每天和他们一起聊生活、聊工作，了解学生们的所思所想，发现问题就及时解决。

闫老说："有一天，一位同学悄悄告诉我，家里刚刚给他寄来的18元生活费不见了。那时候，18元钱可不是个小数目，相当于一个普通会战职工一个月收入的三分之二。

"当年，班里的学生大都经济拮据，兜里也就有个块八毛的，手中一旦有了这么一笔钱，一定会露出蛛丝马迹。我告诉丢钱的同学不要声张，并派出班干部'摸排'这一段时间谁突然大手大脚地花钱了。

"那时,孩子们比较单纯,通过一段时间的观察,拿钱的嫌疑同学很快就暴露了。我很严肃地找他谈了一次话,这个同学很快就承认自己拿走同学18元钱的事实。

"这在现在是个极严重的问题,在那个年代更是件了不得的大事。所以,这个孩子虽然承认了错误,也把钱退了回来,但内心非常害怕。因为这事一旦传出去,不但会被开除,而且有这样一个污点,一辈子也抬不起头来,所以,背上了沉重的思想负担,央求我不要张扬这件事。我思量了许久,作为一名人民教师,不但教书育人,更要治病救人。人都有做错事的时候,严肃地对他进行批评教育,让他知道自己所作所为的严重性,并及时改正后,应该给孩子一个改过自新的机会,不能让他因为一时的错误,断送了一辈子的前程,这才是我们教育工作者的责任所在。

"这样,我们又坐在了一起,孩子懂得自己的行为将引发的后果,并做了深刻的反省,表示以后绝不再做这种事了,希望用实际行动来弥补自己的过失。这样,我答应了他的要求,保护了他的自尊,没有在班级公开批评他的错误。这个孩子也很争气,后来工作上表现得十分出色。"

不占便宜

停薪留职,是改革开放后的一个热词。许多有着铁饭碗的职工,可以向单位申请保留公职,停发工资,下海经商。

然而,在这之前的七八年,闫老就因为自己的二儿子患有小儿麻痹后遗症无人看管,硬是为当小学老师的妻子打了个"停薪留职"的申请报告。

就是现在,闫老说起这件事,态度仍然十分坚定。"家庭的原因,不去工作,怎么能拿单位发的那份工资?"

其实,那个时候,正处于"文化大革命"时期,学校都停课了,他的妻子本就赋闲在家。所以,当申请交上去时,有人就对闫老说,现在这么乱,好多人都不上班照发工资,你家又有实际困难,孩子有病需要照顾,需要用钱治疗,写什么停薪留职报告,这不是傻吗?可是,闫老一再坚持,说只有这样,他们两口子心里才踏实、无愧。没办法,单位才"破天荒"一年都没给闫老的爱人发工资。

靠一个人的工资养活一家人,还要给二儿子外出治疗,在那个艰苦的年代,闫老一家虽然日子过得紧巴巴,但他从没有向学校申请过一次困难补助,没添过一次麻烦……

▶ 红色传承

从事教师职业，因受父母影响

讲述者：闫继颖（闫凤岐的女儿）

感谢我的父母，让我和我的二哥能够追随他们的足迹，成为光荣的人民教师。

我们从事教师这个职业，与他们有着密不可分的关系。从幼年开始，在我的记忆中，父母从来都是看完新闻，就各自回屋备课学习。已经82岁高龄的父亲，仍然保持着这样的学习习惯，光读书心得就有好多本。

他总是告诫我们，要给学生一碗水，教师要有一桶水，特别是从事职业教育的老师，在科学技术飞速发展的今天，更要自我更新知识，把自己所学无私地传授给学生，让学生们学有所用、学有所长，这才尽到了一个教师的责任。

我们没有辜负父亲的期望，以父母从教的敬业精神鞭策自己，继承他们老一辈的从师之道，把他们身上的可贵精神无私传承，这也是我们这代教师肩负的历史责任。

会战首位报务员日记中的芳华

邓雅士

客厅一张朝向窗户的桌子前，一位白发的老者，正坐在椅子上，不停地翻着杂志。虽然老人背对着记者，但能看得出，他的身体非常硬朗。他的女儿邓丽杰告诉记者，老人患有阿尔茨海默症多年，现在连至亲都不认识了。

幸好，这位石油会战时期的首位报务员有记日记、写回忆录的好习惯，这才让我们有幸进入他的时间隧道，从他记述的些许文字中，找寻当年这位老"报"人的芳年华月。

临危受命创纪录

老人，名叫邓雅士。

1959年9月26日，黑龙江省肇州县大同镇附近，松辽石油勘察的"松基三井"钻出了工业油流。石油大军从四面八方向萨尔图聚集，让这个沉寂的荒原，一下子热闹起来。

邓老的日记中写道："千里迢迢，赶到目的地，总要向家里报个平安。那年头的方式，分慢、快两种，慢的，是寄信；快的，就是电报了。所以，一时间，电报的需求量一下子成了这一时期最主要的问题。

"1959年12月的一天，安达邮电局的局长找到我，告诉我组织上决定派我去萨尔图邮电支局当话务员，解决石油职工收发电报的需求。就这样，我二话没说，带着收发报设备赶到萨尔图，成了这块土地上首位电报话务员。从此结束了萨尔图地区用电话传电报的落后历史。"

然而，结束这个历史的代价是，积压的电报底稿，一发就是七天七夜，这也创下了全省一次发报次数和天数的双纪录。

火车上面译电文

在邓老的日记中,有这样一个故事:"1960年的一天,大庆到哈尔滨的电报线路出现了故障,一天下来,电报的积压量达到了500多份,我急得火冒三丈。如果用电话一份一份地传,500多份,占用长途线路时间太长,不被允许;就这么等着,如果误了大事,怎么向会战职工们交代?

"不行我就亲自去哈尔滨取一趟!于是,请示完领导,我带着500多份等待发出的电报稿,黎明时登上了去哈尔滨的列车。

"我向列车长说明了情况,列车长把我安排进了一间列车员的休息室。我利用娴熟的译电技术,赶在火车到达哈尔滨前,把500多份电报译制完成。

"赶到哈尔滨邮电局,简单地吃了口饭,又带上积压在哈尔滨还未译出的500多份电报,登上返程列车,并在车上译完了所有电报,以最快的速度,将这500多份电报投递到了收报人的单位。"

"讹"出来的新宿舍

邓老的能耐,还不只在电报业务上。当年,龙凤邮电支局的办公房和宿舍,也是邓老一手设计、施工、建造起来的。

在邓老的日记中有这样的记述:"在龙凤邮电支局筹建期间,为了能够顺利开展业务,就近找了一间牛棚当营业厅。后来,黑龙江省邮电局又给调拨了一个可以移动的铁皮房当营业厅。正是这间铁皮房,让龙凤邮电支局的职工最终住上了'新房'。

"咋回事呢?1961年,黑龙江省邮电局批给龙凤邮电支局建砖瓦结构的办公用房,指定由我主建。发电报,我是内行,盖房子,那是绝对的外行。好在有个明白人教我看图纸、绘蓝图、如何计算包工包料的方法,我这个'土专家'是边学边干,还真就把办公用房盖了起来。

"邮电局宿舍是建好了,可是,还有几户职工的住房问题一直解决不了。正当我为这事儿发愁时,借给龙凤装卸队做临时食堂的铁皮房子意外失火了。我找到装卸队的领导协商,说这个铁皮房是我们邮电支局的固定资产,这么烧没了我没法交代。装卸队的领导赔了3000元钱。我拿着这3000元钱,买了砖瓦,建了一栋200多平方米的职工住宅,解决了职工住宿的问题。"

投信日行三百里

在叙述这个故事时,马老是这样写的:

1960年1月16日,有位邮递员同事向班长请假回家过节,因汽车不通耽误了一周时间未回。

虽然只有七八天,报刊、信件已经堆成了小山。这时候,我的投递区域和他不在一条线上。

这天晚间我下班后,看到同事积压了这么一大堆报刊和信件,二话没说,就主动把这个段的报刊、信件全部分好装进我的邮袋。

次日凌晨3点钟,我骑上自行车出发了。因为不熟悉这一路段,就采取到一屯问下一屯、到一户问下一户的方式,往返110多千米,直到中午,才精疲力竭地回到局里。

骑着摩托车送电报的邓雅士

同事路段的信是送完了,我自己这段的信还没有送。我草草地吃完饭,拉上信件、报刊,再一次骑着自行车出发了。

这一路,又是往返100千米,直至那天深夜,我才跟跟跄跄地回到局里。等躺到宿舍床上,计算一天的行程,足足跑了300多里路。

看着这些略显零散的故事,心里不断涌出敬佩之情。在当年石油会战的大军中,不仅有那些为国家甩掉石油落后帽子的时代英雄,更不缺少像邓老这样默默无闻,为那场石油大会战提供无私服务的各行各业的无名英雄们。虽然他们已经渐渐老矣,但深深印在他们脑海中的记忆,就像这穿越时空的电波,永远不会消失……

▶ 红色传承

精神财富比什么都珍贵

讲述人：邓丽杰（邓雅士的女儿）

在我幼年的记忆中，父亲难得一见。每次都是我硬要见他一面，才能如愿。

那个年代的人，身在大庆，学铁人，革命加拼命，从来不讲条件，自己分内的事，做！不是自己分内的事，也做！他们尊崇"三老四严""四个一样"，把工作看成是一种责任。不完成一天的任务，就觉得自己没有尽到职责。这些优秀的职业精神，潜移默化地影响着我们这代人。

每当我翻看父亲的日记，都有一种力量推动着我，都有一种精神激励着我。当我像父亲一样，走上网络通信这一工作岗位时，脑海中总会出现儿时父亲骑着摩托车投递信件的身影；耳边总会响起他的教诲："不为名利，不计得失，踏实工作，清白做人。"这，已经成了我们家一直传承下来的家训。

回首"白衣铁军"的会战岁月

付学礼

60多年前,那个踌躇满志、身穿白大褂悬壶济世的年轻医生,如今已是须发皆白的老翁了。然而,聊起他和那场轰轰烈烈的石油大会战,82岁高龄的付学礼大夫,是那样的自豪、那样的兴奋……

小牛棚开起大医院

1961年8月,24岁的付学礼从中国医药大学毕业,分配时,他抱着到祖国最需要的地方去的雄心壮志,背起行囊,和6位同学一道,来到了这片刚刚喷涌出工业油流的土地。

早就知道这里工作生活非常艰苦,虽说已有心理准备,但拿着安达组织部门开的调令,来到萨尔图时,当时眼前的状况,原比他想象得不知要艰苦多少倍。

付老说:"我来时,站在萨尔图火车站北望,是一眼望不到边的荒原。那时,那栋'大庆第一楼'还没有建设,'医院'落脚的位置大致在油田总医院附近的一个牛棚里。

"我们的宿舍在萨尔图老三号院的一个帐篷中。因为在荒原上,无遮无挡,而且多风,睡在用木板钉的通铺上,冷风直窜,还有'铺下风',两风夹击,身上单薄的棉被,身下不厚的棉褥,一下子就是个透心凉,只能靠自身这点热量取暖。然而,那时正赶上三年自然灾害,粮食不够吃,自身的热量极其微弱,不堪一击。

"就是在这种工作和生活条件下,为了尽量给前线的会战职工提供诊疗服务,我们不等不靠,因陋就简,没有诊疗工具,就自己动手制造;没有适合标准的医疗器械,我们就修修补补,拼凑利用,基本可以满足油田会战初期职工的简单医疗服务。"

小分队一线送医药

那时,把一个牛棚叫医院,的确有点夸大,充其量算是一个战地医疗所。

不管是医院,还是医疗所,建立起来了,总得有患者治病吧。可是,由于当年参加大庆石油会战的年轻人居多,为了早日拿下大油田,真是革命加拼命,轻伤、小病不下"火线",还有一些职工为了不耽误工作,大病、小病都忍着,万不得已才来看病。

正在此时,会战工委提出机关工作要"三个面向,五到现场",即"面向生产、面向基层、面向群众;生产指挥到现场、政治工作到现场、材料供应到现场、科研设计到现场、生活服务到现场"。

当年的医院党委和广大医务人员也响亮地喊出了"哪里有石油工人,哪里就有白衣战士""医疗服务要'面向生产,面向病人'""抢救就是命令,必须争分夺秒"的口号。除了建院、出诊、查房等工作外,根据油田分布广、前线工人出行困难的实际,医务人员分期分批组成多个医疗小分队,送医送药到井场,现场为会战职工看病。

会战时期的医务人员下基层出诊的资料片

据付老讲,会战那会儿,战区车少,派往前线的医疗小分队,幸运时能搭上顺风车。如果遇不到车,就要步行几十里路,在前线为职工巡回医疗。这种主动出击的方式,有力地支援了原油生产的顺利进行,有效保证了职工家属"有病门口可看,小病有药可吃"。

每个人都是多面手

这场石油会战就似大兵团作战,会战之地称作战区,会战各级领导称作指挥,战役一盘棋。医护人员也是一样,医院的巡回小分队就像战时的救护队,招之即来,来之能战,战之能胜,是一支名副其实的"白衣铁军"。

据付老讲,当年的医疗队员有一种雷厉风行的作风,为抢救危重病人,他们不分白天黑夜、刮风下雪,病人在哪里,就立马赶到哪里。有时某个井场发生井喷,电话一来,小分队的医护人员不管家里有多急的事儿,二话不说,背上急救包上车就走。在井喷引发火灾的现场,医护人员也是奋不顾身冲入现场,救出受伤的工人,在简单地包扎处理后,一个个送回医院治疗。工作一忙起来,几天几夜都合不上眼。

付老说,在那个年代,他们除了巡回医疗,还提供许多"增值"服务。比方说,一场会战开始时,为了快速、高效地拿下这口井,工人师傅们顾不上做饭,没时间理发,宿舍无人打扫是经常的事儿。这些都被医护人员看在眼里。所以,在巡回医疗的医疗点上,同样穿着杠杠服、戴着狗皮帽子的医护人员们,不但和工人师傅们吃住在一起,还义务当起"理发员""炊事员""清扫员""卫生员"。就这样,医疗小分队"四大员"的美名,成为会战时期的一段佳话。

大脸盆变身消毒锅

大家都知道,医疗器械是要消毒的,否则会因此发生交叉感染等问题。虽然会战时期工作条件艰苦,但消毒是万万不能马虎的。

但当时医院没有消毒锅,这可怎么办呢?

付老说:"那时候,各行各业都在学习铁人'有条件要上,没有条件,创造条件也要上'的创业精神。条件不允许,我们就发挥自己所学,想办法,出主意。当年负责后勤的王庆成,就想出了用白脸盆上炉子熏蒸的老办法,解决了消毒的难题。

"会战时期,我在儿科工作。一天,一个患肺炎的孩子被送来就医。当时的情况非常紧急,因为肺部咳出的浓痰卡在喉咙里,孩子被憋得脸色铁青。医院没有吸痰器,眼瞅着孩子就要不行了。我急中生智,跑到护士那儿,要了个导尿管,稍微修剪一下,一头伸进孩子的喉部,一头放在自己的嘴里,用嘴将孩子的这口痰成功地吸了出来,孩子转危为安。

"现在想起那个火红的年代,还是十分怀念。在那个艰苦的年代,我们这一辈医务工作者,都是忘我地工作,因为我们都觉得,虽然我们没有直接去扶刹把,没有开采石油,但通过我们的努力,让石油工人们不影响原油生产,为国家甩掉落后的贫油帽子而奋发大干,军功章上,也有我们的一份功劳。"

▶ 红色传承

我将继续为医疗卫生事业做奉献

讲述人:付 国(付学礼的儿子)

我的父母,都是会战时期的老医务工作者,我和我大哥以及我们的子女,也都传承了他们的衣钵,从事了光荣的医务工作。

在那个困难的时期、困难的地方、困难的条件下,来自祖国四面八方的数万名石油人挺进松嫩平原,面对恶劣的自然环境,建设了这样一个世界瞩目的大油田,是第一代石油人最为自豪的事情。我的父亲在那个艰苦卓绝的岁月里,为大庆的医疗卫生事业添砖加瓦,贡献了自己的力量,也让我们第二代、第三代石油人引以为豪。

他们那代人英勇顽强、充满智慧,给我的记忆中留下了非常深的印记,那就是无论面对何种困难,都不退缩,用自己坚强的品格和智慧去战胜困难。

一把"会战管钳"陪他走过 58 年

田春生

被从老年活动室"拽"出来的田春生,边走边说:"咋这么急呀?我还有一点儿就打扫干净了……"

田老是台球室的室长,每天都要在老哥们儿到达之前,把台球室的边边角角,甚至一个个球都擦得一尘不染。这倒不是他有洁癖,而是从创业年代延承下来的一种习惯。他乐呵呵地说:"不管干啥,都得有个高标准,当年做采油工时是这样,今天管台球室仍然一个样。"

18 名同学只剩下一个他

今天咱要讲的,是田老在石油大会战中的故事。

"你问那些年咋个苦法?这么说吧,我们当年从安达技校分配来 18 名同学,最后只剩下我了,都吃不了那份苦。"田老说。

"穷孩子早当家,为了减轻家里的负担,学费都是我替人脱土坯、挖菜窖一分一分挣出来的。可能是从小打下了吃苦的底儿,所以,来到萨尔图时,并没有觉得苦到要跑的程度。反而觉得国家大力支持,石油工人又受人尊敬,咱们再使足了劲加油干,啥样的条件改善不了?"

地质大队中的工人党员

为啥要着重提一下地质大队里的工人党员?因为熟悉石油行业的人都清楚,地质大队是个知识分子成堆的地方,工人在他们其中,简直是凤毛麟角。

然而,让田老脱颖而出的,正是他一生信奉的一个字——干。正因为他的工作成绩出色,党组织找他谈话,希望他追求进步,靠近党组织。

田老说:"一直以来,觉得自己离党员的标准差得还远,根本没敢想入党的事,只是下决心好好干,以勤奋的工作拉近和党的距离,这是那个年代的人普遍的想法。所以那时,感觉到了组织上对我的关心、器重,绝不能辜负组织对我的这份信任。于是，我立即提笔庄重地写下了《入党申请书》。

"经过党组织的认真考察，一年后的1979年8月，我光荣地加入了中国共产党，实现了我多年的人生理想。"

当年的采油工，身上有三个宝：油嘴、管钳、压力表。田老有一把管钳，一直保存在身边58年之久，这可是一把有故事的管钳，一把管钳拧出三个故事。

避免过井喷事故

石油会战那会儿，田老已经下队当了采油工。

会战初期，大多是自喷井，千米之下的原油流到地面时，很容易在井筒里结蜡，必须用20多千克重的铅锤，连接着刮蜡片，用细钢丝下到井底，再用绞车慢慢地摇上来，而且中间不能停，一旦停下来，就会把刮蜡片卡住，如果硬拉，钢丝一断，铅锤要是掉到井底，那就发生事故了。轻者，井要停产；重者，会引发火灾或井喷事故，损失就大了。

田老说："当年，有一口井的刮蜡片就卡在了管壁上。如果硬拽，钢丝断了，就会发生难以想象的事故。咋整？我急中生智，拿着这只管钳，固定住顶丝，一点一点地提升刮蜡片。事故是避免了，可随油管喷出的原油，让我成了个'黑人'。黏稠的原油把杠杠服和内衣都粘在了身上脱不下来，最后只能忍痛，用剪刀把层层衣服都剪开，才脱了下来。"

获得过技能大奖

田老说："这么些年，啥都没留下，单单这个管钳不舍得扔。它伴着我工作多年，我和它就像现在年轻人和手机一样，离都离不了。

"1962年，采油一厂搞了场全厂范围内的技术大赛。我是队里的技术尖子，当然跑不了。

"我那时参加的是装玻璃管比赛，最终用我的管钳宝贝，得了这个项目的全厂第二名，还得了一个精美的笔记本呢。"

抢救过婚房"水灾"

田老说："一对刚准备结婚的小两口，正在我家附近收拾婚房。可是，屋里的自来水管线突然裂了，眼瞅着水一个劲儿地上涨，马上就要水淹婚床了，两口子急得不知所措。我从他们家门口经过，看到这个情况，就拿着管钳，跳进齐腰深的阀井里，用管钳关闭了阀门，才避免让小两口睡上'水床'。"

现场亲历首车原油外运

"我清楚地记得是 21 个油罐,老部长康世恩现场剪的彩。"虽然这一有着历史意义的大事件已经过去数十年,但田老仍旧如数家珍。

田老说:"这可不是什么人都能去的事儿,我当年是作为采油一部(后来改为采油一厂)中一队的代表,步行 12 里地赶到萨尔图火车站的。

"当时,现场人山人海,每个人心情都特别激动。看着一个个装满原油的油罐,心里说不出的自豪。这里面的油也有我的一份功劳,它们要运走,支援国家社会主义建设,那心情,没法用语言表达,真是心里乐开了花呀……"

大庆油田首车原油外运

采访一直在田老的激情飞扬中进行着,没有什么华丽的语言,有的是仍然留存在他们这辈人心中的那份荣光。他们虽提及苦,满眼放射的却都是自豪的光。

> 红色传承

会战优良传统不能"失传"

讲述人：田镇旗（田春生的孙子）

学校里经常搞大庆精神铁人精神的传统教育，我们这些大庆的油三代，始终怀着对前辈的感恩之心，是他们当年的艰苦创业，才使得大庆在世界扬名，才让我们生活在今天幸福、和谐、美丽的大庆。

从大方面说，作为新时代的大庆小字辈，虽然时代变了，生活富足了，环境优美了，但会战年代艰苦奋斗、勤俭节约的优良传统，不能在我们这辈人身上失传，我们要做大庆精神铁人精神的宣讲人、传播者，把我们看到的、听到的、读到的、感受到的大庆精神铁人精神，通过互联网、朋友圈，讲给更多的海内外朋友听，因为，这是我们作为一名大庆人的骄傲和自豪之处。

从小方面讲，我在爷爷、奶奶身边长大，亲身感受到这代人的认真与严谨。比如我爷爷，不管是在退休前的单位，还是在退休后的老年活动室，或是在家中，工作都一样的一丝不苟，对自己承担的工作高标准、严要求。台球室窗明几净，我们家也是如此，这已经成为爷爷的一种习惯、一种职业责任，这也是我要学习、传承的精神。

两辈人都成了1205队的"铁粉"

孙崇德

铁杆"粉丝"？对！你说一个人一辈子在一个单位，一辈子专干一个活儿；退休了还没完，把孩子也"送"进这个单位，还干这个活儿，这够不够得上铁杆？这算不算忠实的"粉丝"？

对于这样一位痴情于1205标杆钻井队的人，他应该有许多不为知的故事。然而，谈到石油大会战，谈到1205钻井队，孙崇德总是说到老队长，却很少说到自己。

家属来安家　建房又借粮

对于孙老他们这辈人，吃饭定量，伴随他们半生。

孙老说："1960年3月，我们来到萨尔图时，吃的要比在玉门好得多。那时候，全国人民保大庆，最起码在这儿能吃到大米、白面。

"当时，我们都住在马家窑的老乡家，做饭借用农民生产队的食堂。那时的老百姓，也就吃个苞米面什么的，我们时不常地能吃上白面、大米，就是一天三顿稀饭，心里也挺满足。可好景不长，到了1960年下半年，粮食就开始紧张了，吃饱又成了奢望。

"当年在玉门，虽然经常倒班，但作息时间还算正常。可是到了大庆，为了争取更多的时间，拿下大油田，老队长要求我们鸡鸣头遍就起床干活儿，日落以后才回家休息。大家一门心思地干，啥怨言都没有。

"老队长不但关心生产，更关心我们这些会战职工的生活。1960年的冬天，可以接家属了。家属们一来，要建房，要吃饭，要落户……很多问题都来了。房子没啥，建就完了。可粮食怎么办呢？老队长就出面借粮，答应对方，第二年开荒种地时再还回去。

"落户也是个大问题，老队长又跑前跑后，出面与地方政府协商。当地政府只有农业户口指标，农转非的办不了，所以，不少会战家属落的是农村户口。这也表现出了老队长铁汉柔情的一面吧。"

提干人就走　无奈出"下策"

一个人，要是长久专注于做一件事儿，不成专家都难。孙老就是这样的人。

孙老说："我跟老队长时间可不短，从玉门跟到大庆，又一直跟到老队长去世。我们都是西北人，对脾气，性格合得来，有啥事，不隔夜，不隔心，当面就'放一炮'，完事儿就拉倒。老队长是工人出身，知道我们生活中的不容易，所以，我们发啥牢骚，他也能理解。我们这些工人弟兄都和他走得很近。

"说到1205钻井队，自然会想到铁人。其实，早在1960年，老队长就当上了装建大队大队长。

"1960年大会战刚刚开始，各路石油大军的打井设备一股脑地运到萨尔图。大家都着急，都希望早一天开钻，装建大队负责把这些设备运到井场，再安装到位。所以，那阵子老队长忙得见不到人。直到第二年，他调回三探区二大队当大队长，1205钻井队是他管辖的十多个队中的一个，我才能经常看到他。

"那时候，战线长，交通不方便。老队长经常坐着一种叫拖车头的车，在各队间穿梭。这种拖车头，车头和车厢是分离的，行动非常灵活，而且自重比较轻，车不容易陷到泥水里。

"有一天，我见他闷闷不乐，就逗他说话。他说，队里干得好的就提干，提完干就调走了，这些队里的骨干都走了，工作还怎么干？我就笑着说，不提干，不就留下了。老队长看看我说，谁走你也不能走。这一句话，不但让我留在了1205钻井队，而且还随队转战辽河油田等地，最后又回到大庆。不管地点怎么变，我的岗位一直都没有变。"

技术玩得转　扎根没人换

铁人为啥对孙老如此器重？因为他是个技术"大拿"。

孙老说："老队长对我偏爱。1963年伙伴们还是四级工时，我就已经是六级工了，光工资就挣80多元，凭的是啥？就是过硬的技术呗。

"我是1205钻井队第一任大班司机，那时候，钻井需要的动力，来自柴油机，大班司机，就是柴油机的主管技工。这在当年可是个重要的岗位，钻井的一切准备工作干得再漂亮，柴油机玩不转，其他那些工作都是白干。如果柴油机趴窝了，还就得我去'诊断'一下，然后治好它，别人还真弄不了。

"说这工作重要吧，平时还挺清闲，工作时间弹性大。虽然是白天上班，但是，

孙崇德（左二）和铁人在钻井现场

晚上柴油机出了问题，我也得去。如果白天平安无事，也可以不去井场。所以，这是个人人羡慕又"抢"不来的工作。

"队里也曾给我派过一个参加过抗美援朝的转业兵，是个又能干又肯吃苦的老大哥，也是电影《创业》中秦发奋的人物原型。可他文化水平不高，学了很长时间，也不能独立操作，我还得亲自干。1964年，来了一批学徒工。队长给我挑了个机灵、能干的小伙子，我恨不得把这一身的本领都教给他，可是，等他即将出徒时，这笨笨咔咔的柴油机被淘汰了，换成了电动机。就这么着，来来去去，不管是柴油机大班司机，还是电动机大班司机，总之，我是一直被'套'在了这个岗位，动弹不得。"

端水抢开钻原是这个样

1960年4月，正当老队长王进喜带领着1205钻井队摩拳擦掌准备萨55井开钻时，因为水管线没有接通，无法配制泥浆，因而不能开钻。这可急坏了老队长和队友们，咋整？有人建议，到一公里以外的水泡子去破冰取水，实现第一口井的开钻。

孙老说："当时，我们都笑着认为这是胡扯，世界上哪有一口井是大老远取水打的？可老队长觉得这是个好主意，是没有办法的办法。为了能早一天生产原油，我们就是尿尿也要开钻！干就完了，老队长用镐头砸开一个1米见方的窟窿，队里的 37 个人找来了水桶、脸盆、水壶等容器，甚至连灭火器的外壳、铝盔都成了运水的工具。附近的老乡和许多机关干部也闻讯赶来端水，很快就形成了一条人工运水大军，水源源不断地运到井场的泥浆池中。

"这是真实的，我是亲历者。这些年，也有不少人问我，萨 55 井当真完全是用人工破冰取水开钻打井的吗？我也实事求是地告诉他们，当时水罐车少，光靠它满足不了按时开钻，那口井是水罐车运、人工端，后来管线也通了水，还在井场附近挖了两口水井，才满足了开钻的需要……"

说起当年大会战的故事，孙老的话匣子收都收不住。

▶ 红色传承

子承父业，铁人精神代代传

讲述人：孙泽轩（孙崇德的儿子）

很小的时候，我常常从父辈们的口中听到"铁人"这个称谓。我心里常常会问"铁人"是谁呀？

随着年龄的增长，我慢慢地了解了父辈们口中的"铁人"，他是石油战线的一面旗帜，是一代又一代石油人的楷模。

1992 年，参加工作之际，我毅然决然地选择了"铁人"王进喜和我父亲一起工作过的 1205 钻井队。

参加工作后，我始终以石油工人的后人这个标准来要求自己，严格律己，以"三老四严"精神鞭策自己。仅用了半年时间，我就从一名学生成长为一个合格的柴油机能手，继承了父亲的工作。

2005 年，钢铁 1205 钻井队走出国门到苏丹钻井，我荣幸地成为第一批赴苏丹的施工人员，仍然负责柴油机管理工作。在苏丹工作近 7 年时间，经历种种困难，我常常告诫自己，要干出个样子来，让他们知道这就是铁人精神，这种精神仍在一代代传承。

两辈人都成了 1205 队的「铁粉」

老会战张学斌的人生三部曲

张学斌

采访张学斌老人,特意选在了八一建军节。原因有两个:一是因为他曾经的军人身份,二是作为那个年代,3万支援大庆石油会战退伍军人的一分子,他的传奇经历,更引发我们的兴趣。

张老,虽须发皆白、高大清瘦,但乡音未改,一口河南方言,加上他幽默的回答方式,拉开了采访的序幕。

3个年龄

"张老,您高寿啊?"

"我有3个年龄,你问哪个?"老爷子笑呵呵地抛过来一个意料之外的问题。

"啊,3……3个?怎么会有3个年龄?"

他依然笑呵呵的,以河南话特有的轻慢婉转,讲起他的年龄之"谜":"一个哩,是咱中国人的年龄(农历)是96岁;一个哩,是洋年龄(公历)是95岁,还有一个哩,是革命年龄,是94岁。"

这公历、农历的岁数还好理解,这革命年龄,是咋回事呢?老爷子调皮地笑笑说:"没遇到过吧,这事儿说多了,是不是会跑题了呀?"

"我都感兴趣,读者也一定愿意听。"

于是老爷子收起了笑容,抿了抿嘴,很认真地讲起了"革命年龄"的故事。

20世纪40年代末,在商业学校学会计专业的张老,在当时算得上是高级知识分子。中华人民共和国成立后,政府以及各行各业急需大批的干部。这样,张老被选送到青年学生干部培训班,由于成绩优秀、为人厚道,临毕业时,正巧一位部队政委来学校选兵,一眼就相中了张老,以组织的名义要他参军入伍,跟着他一起走。但有一个原因,卡住了张老的从军之路——超龄。为了让张老顺利入伍,他真实的年龄硬是被下调了两岁,这才有了他说的"革命年龄"。

机缘巧合

张老参军时，作为四野的一支炮兵部队，原本应该南下征战。但考虑到是由原来的地方武装发展而来，战斗力较弱，就把他们派往东北的牡丹江，开荒种地。

来到东北不久，这支部队春种还没来得及秋收，张老所在的炮兵部队就开赴抗美援朝的战场，最终凯旋回国。因为年龄的关系，1960年初，张老申请退伍，回到河南老家。

正在这个时候，中共中央、中央军委做出决定，从原沈阳军区、原南京军区、原济南军区当年的退伍兵中，动员3万人参加大庆石油会战，张老从一名革命军人变成了石油工人。

萨尔图，对于张老来说并不陌生。早在军垦时，出差去齐齐哈尔，曾经打此路过，对这里的艰苦有过一定的心理准备。但当他带着朋友、战友、老乡筹集的粮票来到萨尔图时，心里的底线一下子被突破了……

天壤之别

"虽然1960年前后，遇到3年自然灾害，全国各地都闹饥荒，吃不饱肚子的人很多，但我当时在部队的后勤做会计工作，觉得能吃饱，能住宽敞的军属楼，各项条件还是不成问题的。

"来到萨尔图一看，有点儿傻眼了。这里没有楼，甚至连房子也没有。住在杨树林附近一个农场的仓库里，不分你家我家，一色儿的大通铺，一个人能分到1米宽的地方睡觉。我们家人口多，除了我们两个大人，还带着三个孩子。本应该分到5米宽的地方，但是因为没够分，最后只给了4米，没办法，只能小孩子挤一下，大人侧侧身，勉强将就了。

"能好好睡觉也行，可四面八方飞来的蚊子，咬得大人孩子一身的包。大晚上的，一会儿起床打蚊子，一会儿孩子被咬得又哭又闹，好不容易睡着了，上班的时间就到了。

"住，还不是那时最大的问题，最大的问题是吃。大人忍忍就过去了，可孩子哪行啊，饿了就哭闹。没办法，只好拿着粮票买些吃的给他们。带来的粮票3个月就用了个精光。

"1961年春节前后，会战工委为了让参加石油会战的职工吃饱肚子，我所在的二号院农业处接到了自力更生去北安建农场的指示。因为不能带家属，临走前，我找到这个农场的场长，希望我去北安工作期间，他能照顾一下我的妻子和孩子们。

"场长是个诚实的好人,我走之后,孩子们除了有限的食物外,还能喝到农场自产的牛奶,这在那个艰苦的年代,可解决了孩子们吃不饱的大问题。"张老说。

苦中有乐

张老虽然生长在农村,但因为外出求学的缘故,对农活基本就是门外汉。

张老讲:"我们到北安时,正是冬季最冷的时候。有多冷?零下四五十摄氏度。光这么说,有些读者没有感受。用那时的一首民谣,你就整明白了。'睡觉皮帽戴,锤子砸白菜,开门用脚踹,挑水用麻袋。'这个不用解释,你也能想象到当年北安冷的程度。"

北安农场场院一角

张老他们出发时带了三顶帐篷和三副炉箅子,想着到了地方,支起帐篷,搭起炉子取暖。可是,帐篷在格球山下支起来了,炉子却没法搭。因为找遍了周边,一块砖头都没有。

一天,几个人在一口泉边取水,突然有人发现水中一个塔头(多丛水草根缠在一起形成的草墩),看着非常结实,就在水中拔了几墩,往帐篷地上一墩,把炉箅子往上一放,空隙放些干草枯枝和炭,一点,别说还真不错。

白天做饭,晚上取暖,想得挺美,可出了事情。当天晚上,临近炉子的张老,突然感到帐篷里出奇的热。睁眼一看,整个帐篷一片火红。不是着了吧?张老立即起身一看,不是帐篷着了,是那几墩原本湿漉漉的塔头被烤着了。实心的塔头,一层一层,最后烧成了一大堆草灰,才慢慢熄灭。

温暖之后是冰凉。塔头燃尽了,帐篷一下子变得内外无别,张老他们一个个冻得在被子里卷成一团,结果,当天所有露在外面的皮肤都冻起了泡。

他们把"塔头炉子失火"的故事,讲给北安农场附近的一位村长听,把人家笑得直不起腰,塔头当砖搭炉子的"发明",成了远远农村人的乐子,大家笑了很长时间。

笑归笑,村长后来拉了些砖到农场的帐篷里,派人按农村老乡家的样子,给搭了三个炉子,这才让他们有了安稳过冬的保障。

故事一个个地说,时间也在我们的谈笑中流逝。篇幅有限,不能把所有的故事都囊括其中,只能忍痛取舍那些永远不能重现的瞬间。然而,在张老的心中,那年、那时、那刻所发生的故事,就像印在脑海中的书,讲起来还是那样的新鲜不老……

▶ **红色传承**

老爸不改的军人本色

讲述人:张淑华(张学斌的女儿)

军人,一切行动听指挥。老爸不管是作为军人,还是石油垦荒者,不论把他放在什么岗位,他都保持着军人特有的本色。对交给自己的每一份工作,无条件地执行,认认真真、默默无闻地做好。从不张扬,低调做人,不争不抢,力争把自己的工作做到最好,把来之不易的实惠留给他人。

我们几个兄弟姐妹,都经历了会战时期的艰难岁月,也感受到了大庆今天的幸福生活。感恩我们父辈的奉献精神,给了我们这一代人无穷无尽的精神财富。

也许他们这辈人老了,但他们留下的朴素而又闪光的东西,仍然会照亮我们前进中不平坦的道路,让我们学有方向、心有目标。

孙铁森与三矿五队的不解之缘

孙铁森

孙铁森曾是"新时期铁人"王启民在北京石油学院时同班同寝的同学,是名气不小的地质专家之一。

三矿五队呢,在会战时期虽非大名鼎鼎,但与发源了"三老四严"的兄弟队三矿四队一样,都是三矿这个大熔炉中锻造的一块坚钢!

今天,名人加上"名"地,由此碰撞出的故事,一定是相当精彩……

洗原油澡

对自己北京石油学院5年的在校学习经历,孙老的评价是:"没真正到过一处油田现场,更没有见过实际产出的原油。"

正因为零"实践经验",让他刚到会战一线就出了把"洋相"。

孙老在1961年9月刚到采油指挥部三矿五队时,队长姬德先就任命他为地质员。

孙老笑着说:"说句实话,当时我连地质员是干啥的都不知道,心里直发慌。就悄悄和队长说,'能不能和老师傅们上井学习几天,起码熟悉一下业务,再让我当地质员啊。'没想到队长哈哈大笑,'跟谁学呀?全队除了我是老采油,其他人都是退伍不到半年的转业兵,你就和他们一样跟着我上井学吧。'就这样学了一个星期,就算出徒了。

"有一次,一口井的取样工作让我给遗漏了。值夜班的工人已经休息,我不好意思叫醒他们,就提了个取样桶上井补取。

"到井口左看右看,这口井咋没有取样用的小闸门呢?就去找附近的值班工人问。可是,这位值班工人是帮人临时替班的,对井上的事儿更是一窍不通。两个'外行'琢磨了半天,发现井口房有一根管线通向不远处的一个油池子,而且冲着池的管口,还有没弄净的原油。他对我说:'你不是要取油样吗?八成这儿能放出油。'他让我蹲在地上,把取样桶套在管口上,他去井口房里开闸门。

"我当时只听到'砰'的一声,就一脸黏糊糊的,啥也看不见了,取样桶也飞了,赶紧用手抹了一把脸上的原油,这才发现全身'洗了个原油澡',那个工人也吓得直打哆嗦。"

高干待遇

孙老说:"当我躲躲藏藏,悄悄回到队部时,还是被队长看到了。了解完情况后,他摇着头笑我俩'一对二五眼'。

"队长找了一间暖和的屋子,让我脱光衣裤,弄来一个大洗衣盆,倒了大半盆轻质油。又拿来一条新毛巾,亲自给我从头到脚来了一遍轻质油澡。队里的同志们都笑着跟我闹,'小孙,你立功了,队长亲自给你搓澡,你这是高干的待遇呀!'"

会战时期为职工培训准备教案的孙铁森

其实,孙老这个"高干",岂止是队长给洗澡这点事儿,在三年自然灾害缺衣少吃的年代,全队独家"专供"豆浆、白糖,更显出"高干"不同于他人的身份。

咋回事呢?原本孙老是油田地质研究所派到三矿五队观察试验的实习员,可作为来队唯一的大学生,能写会画,一下子成了队里最大的知识分子。

好容易来了个能人,队长、书记、工会主席都抢着用。从开始的地质员,一步步兼起了党支部秘书、团支部书记、工会宣传委员,最后又加了个矿团委委员,人称五队的"五大员"。

这样一来,孙老除了要完成自己观察试验并向二号院报送实验动态的工作,五队的一大摊子事,也都由他担起来。工会组织班组劳动竞赛、给书记写汇报材料,还要兼顾团委工作,忙得他脚打后脑勺。孙老的性格是,只要接了,就要干好。干,就要干出个样子来。由于过度劳累,营养跟不上,他患上了浮肿病,两条腿肿得像发糕,一摁一个坑,棉裤都脱不下来。

姬队长特别心疼,给食堂下了一道"秘令",每天从全队定量的半千克豆浆中,留一瓶子给孙老送到办公室,而且从会战机关每月发给每个职工的一两白糖中,给孙老单独"拨"出了半千克,每天监督他豆浆冲白糖喝进肚里才完事,直到他恢复健康。

孙老说:"这是那个特殊时期最特殊的待遇了,如今想起这件事,想起老队长,想起三矿五队的这份兄弟般的深情厚谊,都让我从心底感到温暖。"

代写情书

前面提到三矿五队，除了姬队长和孙老外，大多都是1960年转业参加石油会战的退伍兵，多数只有小学文化，字认不全，信也写不了。

这些队友大多还在新婚宴尔，有的才入洞房没两天，就赶来参加石油大会战了。两口子天各一方，通讯又不发达，鸿雁传书，寄托思念之情，成了他们之间唯一的联络方式。可队友们有写信的心，但学上的少，而且这种情意缠绵的信，又不好意思求人代书。万不得已，就用画画的方式，或表达相思，或向家里传递一些情况，特别有趣。

孙老说："我也是偶然知道这种'画信'的。有一次，一位队友支支吾吾地找到我，要我帮他写封家信，因为要问的东西太多，画图讲不清楚，只好找我代书。

"我那时年轻，写这种信也没啥经验，就问他该写些啥。他拿出'信'，我一看，真是大开眼界，长这么大，头一次看到这种'画信'，看了半天，啥也没看懂。还得是夫妻，心意相通，画的啥，是啥意思，才能看得明白。

"比如一张纸上，画了些高低不同杂乱的草，旁边有一垄草却整整齐齐，还有一群小鸡在吃食。队友解释说，这是他老婆告诉他，家里种地了，草长得快，有的草长得比庄稼苗都高，她正在一垄一垄地除草，而且家里还养了些小鸡。

"还有一张画上好像是个菩萨躺倒了，旁边有个女人在喂饭。他解释说，可能说她母亲病了，媳妇在伺候她。

"下一张，是一个眼中落泪的女人侧卧在炕上，炕头有一支点亮的蜡烛。他解释说，这是他媳妇自己夜晚独守空房，想他，想到自己独自撑起一个家，委屈地哭了。

"真是太难了，一定要帮助这些在会战前线辛苦工作的队友写好家书。我也不管好不好意思了，把我能想起来的比较肉麻的词儿全用上了。写完，给他一读，他竖着大拇哥儿，直说做啥都得有文化。"

"蹲坑"监察

1962年，采油战线倡导的"爱岗敬业""忠诚报国"的实干精神以及"严细成风、实事求是"的科学态度，锤炼出极负盛名的"三老四严""四个一样"。作为"三老四严"的发源地，三矿四队是不是作风严谨、一丝不苟地持续执行？为了证实这一点，三矿党委暗地里抽调了一批机关干部，成立监察小组，对三矿四队的全部生产流程，实行全方位、定期或不定期的抽检。孙老当年是监察小组的成员，曾两次参加了蹲坑设伏式"暗访"。

"那是一个雷雨交加的夜晚,我和另一位监察员身穿雨衣,头戴防蚊帽,怀揣着手电和笔记本,蹲伏在四队一个井组旁的草丛中。"孙老说。

"这么大的雨,值班工人会不会因为大雨的阻隔,推迟巡井时间呢?我俩正聊着,远处就传来了叮叮当当的工具碰撞声。透过雨幕,身穿雨衣、脚穿长筒雨靴、手里拄根棍子的值班工人向井口房走过去,我抬起胳膊看了一下表,不但没晚,还比例行巡检时间提前了10分钟。

"通过我们的观察,尽管下着大雨,这位工人仍然认真地把每一项工作流程操作完毕,并做好记录,又艰难地向下一口井前进。不服不行,名队就是不同凡响,不论白天还是黑夜,不论有人监督还是没人监督,他们都能一丝不苟,一个流程都不放松,让我们受到了一次深刻的教育。后来听说,三矿历次派出的明察暗访组,都和我们的结论一个样,每个人的工作都能经得住实践的考验。"

孙老用手捋了下头发,对我们说:"我们老喽,回想当年,意气风发,不畏艰难,无私奉献,我们做好了自己应该做的工作。我希望现在油田的年轻人,能不忘初心、不忘使命,让大庆这面红旗永远保持本色,世代鲜红!"

▶ 红色传承

"油二代"继续为油田做贡献

讲述人:孙庆宏(孙铁森的儿子)

大庆油田已开发60余年,作为一名油二代,我的内心无比激动。60余年前,以铁人王进喜为代表的老一辈石油人,克服重重困难,拼命拿下了大油田,创造了中国石油工业奇迹,从此孕育了大庆精神铁人精神。

遥想多年以前,我的父亲从北京石油学院毕业后来到大庆参加石油会战。于是从我记事时起,就经常从父辈那里接受"三老四严""四个一样"的大庆优良传统教育,心中就竖立起了大庆石油人做人、做事的标准。

孙铁森与三矿五队的不解之缘

后来,我追随父亲的脚步,成为一名光荣的大庆石油人,为油田奉献青春。如今,我仍始终牢记"我为祖国献石油"的初心,用大庆精神铁人精神激励自己砥砺前行,为实现百年油田梦想奉献自己的微薄之力。

忘不了铁人那碗羊奶的醇香

张志学

会战年代，留给那辈人的记忆是红色的，充满了积极向上的正能量。在他们每一个人的讲述中，条件艰苦、物资匮乏、饥饿难忍……都没有成为他们叙述的主题。

而同事间亲如兄弟般的温暖，缺粮少食时，那一块冰冷的窝头，那一小杯淡奶、豆浆，都让他们终身不忘。

品不够　羊奶香醇的滋味

当年参加大庆石油会战的，大多由这三部分人组成：一部分是全国各油田抽调的精英骨干，一部分是3万多转业官兵，还有一部分是以北京石油学院为主的全国各石油院校的毕业生。张志学，就属于这最后的一部分。

1962年5月，还在北京石油学院学习的张志学，和同学们一起来到萨尔图石油会战前线，对石油生产的各个环节依次进行实习。他们在首个钻井实习中，就受到了当时在钻井二大队做大队长的铁人王进喜的热情接待。

"那时候，铁人王进喜已经在全国赫赫有名，所以，在实习第一站就见到了他，同学们都特别兴奋。"张老说。

"实习前，铁人给我们做了一个关于大庆石油生产情况的简短报告，生动形象，深入浅出，而且还穿插讲了虎口拔牙的精神，我现在还记忆犹新。他说：'我们搞石油的人，就得有种不入虎穴，焉得虎子和虎口拔牙的精神，如果遇到点困难，我们就吓跑了，怎么能把地下的原油搞出来……'铁人真像一些文章中说的那样，就是个天才的演说家，他的一番演讲，让我们这些年轻人，个个情绪激昂，责任感满满。

"铁人是个细心人，对我们这些小知识分子很爱护。看到我们这些年轻人一个个面黄肌瘦、营养不良，临走时，悄悄告诉队里搞生活的人，给我们每人送一碗羊奶补一补。

"那时候处在三年自然灾害中，石油工人还在'五两保三餐'，为了让干重体力劳动的工人们填饱肚子，在会战工委的号召下，钻井二大队不但种了粮食、蔬菜，还养了几只羊。这突如其来的优待，让我们品尝了到现在再未感受过的那种'真鲜美味'，让我一辈子回味，一辈子都不能忘记铁人给我的这碗香醇的羊奶。"

挥不去　水煮黄花的菜汤

1962年下半年，当张老和他的70多名同学，真正成为大庆石油会战人的时候，粮食短缺仍是一个相对主要的问题。

"野菜包子黄花汤"，仍是那个年头多见的盘中之餐。生产是重要的，因为国家缺油，多生产原油，让飞机、坦克开起来，不成烧火棍，粉碎西方以此卡我们脖子的阴谋。石油工人没有节假日，不分春夏秋冬，宁可饿着肚子，也想一拳头砸出个大油田来。

为了生产、生活两不误，专门派出"寻粮小分队"，近处大量采回黄花，远方前往佳木斯建三江农场捡拾掉在田间的黄豆，以解决工人们粮食不足的问题。

张老说："那时，北安农场还没有建成，粮食的主要来源除国家定量供应、各单位开荒种地的收获，其余的就是靠这一望无际的草原的恩赐了。

"草原深处盛产黄花，这种如今只为了尝鲜的美味，那时候是不可多得的充饥代食品。我那时就带着队里的人，一起去草原里采回黄花菜，做汤就窝头，或者做成野菜黄花汤，也顾不上品什么滋味了，狼吞虎咽，填饱肚子才是硬道理。

"这种日子，后来也不是常有的。这么大的一个队伍，好几十万人，而且草原上能吃的东西有限，黄花菜是否能'抢摘'到，已经是个问题了。

"前线职工的肚子问题不解决，饥肠辘辘的怎么能坚持得住？一位来自建三江农场附近的职工说起他们在秋收后，到地里捡农场黄豆的事儿，好的时候，一个人捡一麻袋是没有问题的。于是，我们就组织人马，不远千里，乘队里的汽车前往建三江农场。这个同事说的并不夸张，我们在那里收获了很多黄豆，装在一起运回队里，大大增加了职工伙食上的蛋白质营养。

"光这样单一的以粮食为主不行，蔬菜也得跟上，自己没有及时种，就得向周围的老乡买。钱从哪来呢？我们发现，附近以及周边村屯的老乡大多养羊，就利用大家的休息时间在草原上打羊草，或是换蔬菜，或是卖点钱，去老乡家买。直到八百垧开荒种地和北安农场正式投产时，这些四处寻粮的工作才结束。"

忘不了　结婚之前的"惊吓"

20世纪60年代初，石油会战生活条件艰苦，是出了名的。许多到了结婚年龄的年轻人，找对象成了大问题。

张老说："当年，别说城里的姑娘，就是农村的姑娘，都不愿意嫁过来。我当时能找到对象，多亏了我哥。

"我哥当时在哈尔滨的航空兵工企业工作。我常利用休班的时间去哈尔滨看他。因为厂里没有解决住房问题，我哥也住在集体宿舍里。一来二去，我和宿舍里的人就都混熟了。看我要身高有身高，要学历有学历，长得也端正，一些热心的大姐就开始张罗着帮我找对象。不久，大姐们帮着介绍了位姑娘，是厂里的机要资料员。一看我这人，人家同意，可一说到大庆，她就不愿意了。因为她们厂是军工企业，虽然是国家困难时期，吃饱饭还是没有问题的；住的虽然是宿舍，总比野外的帐篷要好。还有一个更重要的原因，她手头掌管着当时新型战斗机保密级别最高的图纸，一时也不能走。所以，婚事一拖再拖，直到1966年，我们才结婚。在两地分居一年后，我爱人才被调来研究室资料室工作。

"我们俩结婚前，还有个小插曲。一天，我刚下班要走，组织部门的一位朋友，急急忙忙地跑到我的办公室，门窗关紧后，对我耳语道，'不知什么原因，单位来了两位外调的人，把我的档案材料提走了。'那时候，调档可是件大事。一种可能是上级组织部门要调走此人，另一个原因就是查一查，此人家族中是否有政治方面的问题。

"不管怎么样，这话听得我心里挺紧张，很长时间心神不宁，不知此事是福是祸。后来我才知道，来外调的是我爱人单位的人。因为要与我申请结婚，她当年还管理着重要的保密图纸，我这个'外人'，政治上和家庭上是否可靠，是否可以被允许结婚，当然就成了这次外调的主要内容。

"得知这些情况，我悬着的心一下子落地了。当时还自嘲地说，人家结婚开个证明就行，我要结婚，还要查个祖宗八代，太不容易了。"

如今，82岁的张老仍然闲不住。他和那些搞技术出身的银发老人们一样，还琢磨着实现自己心中未了的梦想。

他说："我们那代人，无怨无悔地追求人生价值的最大化。就像我们那个年代倡导的那句口号一样，'生命不息，努力不止'吧！"

▶ 红色传承

父亲就是我们的人生标杆

讲述人：张闻越（张志学的女儿）

父亲常和我们讲人的岗位价值，要求我们，不管把我们放在哪个岗位上，都力求做得最好、更好。

他老人家从北京石油学院毕业后，先是在油田的测井一线工作，后又因工作需要，调往研究院和政府的科研部门，从事科学研究工作。不管组织把他安排到哪里，他都认认真真、勤勤恳恳，从不挑剔，也没有抱怨。在他的心目中就认为，一个是领导对自己的信任，再一个就是组织上觉得这个岗位由他做最合适或是相对适合。所以，他都不辜负大家的期望，把工作做到出色为止。他的这种钉钉子精神，给我们做子女的，建立起人生努力前行的坐标，也教会了我们许多做人、做事的道理。

我原来也在测井一线工作，身受大庆精神铁人精神的熏陶，学着父辈的样子，做工人，就把本职工作做到细中有细，一丝不苟；现在做食堂管理员，仍然认认真真，把自己手头能做的事做到最好，我觉得这也算是一种潜移默化、心心相通的思想传承吧！

与郭宝义"面对面"追忆往事

郭宝义

郭老名叫郭宝义,与他相识,要追溯到多年前的一次采访。当年,离休下来的郭老,闲不住,先知先觉的他,敏锐地觉察到商业保险将成为家庭的必需品,年近古稀,毅然投身保险事业,成了这个阳光行业中迄今为止最"资深"的业务员之一。

后来接触多了,才知道郭老不仅保险意识超前,而且还多才多艺,石油会战时,写过话剧、歌剧,还作词、作曲并当指挥,离休之后,还自己出钱资助埋没于基层的文艺人才……我们对郭老的敬意油然而生。

栏目开篇时,就把郭老的采访列入日程,可直到约访时,才知道他已暂去秦皇岛居住,原以为采访一定泡汤,不想,已让郭老玩转了的微信,最终救了场,成就了这场跨越千里的视频专访。

锹当碗,苇当筷 乐观向上雄心在

"那时候,虽然肚子吃不饱,住的条件也差,但我们没觉得特别的苦,而且还苦中作乐,乐观向上。"回忆起当年的艰苦,郭老说得特别的轻松。

他说:"会战初期,大家都没有节假日,更没有白天晚上的概念,只要一声令下,大家都集合起来,完成会战工委分配的任务。因为任务随时就来,我们索性睡觉连衣服也不脱,随时准备着前往会战的地点。

"那大概是1961年冬天的一个夜晚,突然通知要求我们前往几十里外的地方挖管线沟。我们二话不说,扛起十字镐,以急行军的速度赶往施工地点。那时,大庆非常冷,为防止管线被冻裂,沟深至少要在2.5米以上。每个人相隔1.5米,就开始了挖沟作业。

"大夏天的刨这么个沟,算不了啥,可那是天寒地冻的深冬,一镐下去,就是个白点。速度上不来,挖沟的任务就不能按时完成,这可怎么办呢?大家想办法,干树枝子哪都是，堆成一排点火烧，就这么着烧软一点，刨一点，艰难掘进。没有一个人有一句的怨言，相反，大家都相互鼓劲，互相帮助，确保这条管线沟既保质，又保证进度。

"重体力活耗费热量，特别是三年自然灾害时期，一个个大小伙子，给多少都吃不饱，更何况定量不足。领导们也心痛职工，特意让食堂做了米饭送到工地。

"那时候，食堂里碗少、筷子缺。再说谁来干活，兜里会揣着碗和筷子？没有碗，大家就把锹弄得干净些，以锹当碗。没有筷子，要么在泡子边折两根芦苇，要么掰两根树枝，就这么着把饭吃进了肚子里。就这样，大家还乐呵呵地说道：没有碗来我有锹，没有筷子树枝当，荒郊野外席地坐，星空下面把饭吃……那种齐心协力，克服一切困难的乐观主义精神，给了我不少的感悟，这也为我以后的创作，提供了非常好的素材。"

搞创作，当指挥　通宵达旦不疲倦

在石油会战年代，能留下一张照片，对于大多数的人来说，简直就是一种奢望。一来，确实是赚钱不多，连肚子都填不饱，哪有闲心去拍张不能吃不能喝的照片？二来，那时候的物资匮乏，拍一张照片的钱，至少够一个人吃上两顿饭的，不知道大家注意没有，即使在那个年代留下了照片，大多都在一寸左右，而且还是全身照，要没有个放大镜，你是判定不准照片中的人到底是谁。再一个，那时专门照相的店铺不多，都在繁华地带，石油工人要想拍张照片，一般要走很远。所以，那个年代有照片的，不是劳模、典型，就是幸运地被前来采访的记者采访到了。可郭老留下的这张照片与前两种都不搭边，这张教职工们唱歌的图片，是当时他所在单位的宣传干事抓拍的。

郭老追忆说："那时候的萨尔图这方圆百里的地方，被指挥石油大会战的将军们称作"战区"，那奋战在一线的石油工人被称作"战斗队"。按照革命军队的老传统，有了"战斗队"，必须要有一支摇旗呐喊，打气鼓劲的"宣传队"，这在一些电影中，大家都能看得到。我当年在单位的工会里，就做"宣传队"这一工作。

"那时候，大家的工作热情特别的高涨，工作记录也一个个被刷新。这些成绩靠什么宣传出去呢？那会儿叫报捷大会。这个报捷大会，不是光凭嘴说，而是八仙过海，形式多样。比如说唱、快板，甚至话剧、歌剧都搬上了舞台。

郭老（中间戴前进帽者）在指挥职工们唱歌

"有人前台演，就得有人后台写脚本。这个任务大多都交给了我。报捷大会不定期，说弄就弄，往往是头天晚上通知，第二天上午或下午就要上台演出，时间紧不说，对质量要求还高。遇到这样的情况，我就来个通宵创作，天一亮，抽调上来的'演员'就得要台词，搞排练，有个话剧只对了一遍台词，就上了台，反正是来源于生活，顺着脚本的意思演，不得不佩服这些"门外汉"的舞台功力，虽然是一个个'速成剧'，仍演得有模有样，深受职工们的欢迎。比如我在采油二厂机修厂当工会主席时创作的，反映一家三代石油会战人的话剧《会战一家》，讲述工作上严细认真，精益求精，不能有半点马虎的话剧《一毫米的故事》，都在战区多次巡演，非常受职工们的欢迎。我当年创作的歌曲《我爱祖国的油城》《采油姑娘之歌》等，都在战区传唱。

"文艺细胞的无限释放，也让我这个活跃分子成了战区舞台上的'明星'。那时候战区开大会，会前要振奋一下大家的情绪，会像军队一样有个拉歌比赛，此起彼伏，歌声震天。我是舞台上的指挥，每次都指挥得气势高昂，现在想起来都那样的兴奋。"

视频那头的郭老，眉飞色舞的青春追忆，让他仿佛回到了石油大会战的峥嵘岁月。短短的采访，虽不能容纳进他太多的时代记忆，但留在他心中的一个个故事，总是让他回味无穷……

▶ 红色传承

艰苦奋斗是撬动我走向成功的支点

讲述人：郭　忠（郭宝义的儿子）

父亲给我的深刻印象是他的那种耿直和倔强，一种不服输的劲头。虽然现在年岁大了，还总透着一股要干事冲劲，一种极其认真的态度，这也许就是他们老会战人的性格，是那个艰苦创业年代练就的吧。

几十年了，每次回家都是问，单位工作怎么样呀，和同事关系如何，一定要求进步，好好干。他那里总是工作是第一位的。

我母亲是最早一批来到大庆的会战家属。在那个艰苦岁月，也锤炼了刚毅的性格，一辈子艰苦朴素，吃苦耐劳，甘于奉献。

父母身上有的东西是我们这一代人学不到的，但在耳濡目染中，也有一种精神的传承。

我是家里男孩中的老大，还很小的时候就学会了做饭，带弟弟妹妹是必须完成好的任务。这也锻炼了我能吃苦和独立的性格。我在油田电力从事为油保电的工作，也正是父母树立的榜样，激励着我电视大学毕业以后，在偏远的大庆油田南部地区从事保电工作并一干就是30年，连续两年被评为大庆石油管理局劳动模范。

饱含艰苦奋斗的大庆精神铁人精神不仅是我们这代人需要传承的，而且是需要代代传承的，因为它是每个人人生过程中能够引导着走向成功的支撑。

警嫂杨俊芳手表总"快"5分钟

杨俊芳

杨俊芳，是大庆石油会战时期《战报》印刷厂的装订员，是我们同行极为尊敬的老前辈。然而，她在会战时期，还有一个更为重要、更值得大家尊敬的角色——警嫂。

如果你对警察这个职业有所了解，你就会知道，警嫂，特别是那些有自己事业的警嫂们，就意味着生活上加倍的担当和无私奉献。

被子围成的"托儿所"

说起被子围成的"托儿所"，杨阿姨到现在，还觉得亏欠孩子们太多太多。

杨阿姨说："大概是1963年，那时候，我在《战报》印刷厂装订车间上班。你田叔（杨俊芳的爱人田振海）他们案子特别多，而且外调、抓捕、遣送的任务大多都有他的参与。一个月里，十天八天见不着一面，是再正常不过的事了。那会儿上下班没个准点儿，装订任务来了，就是下班在家，不管几点，不管是不是饭刚刚下锅，穿上衣服就得走，究竟几点能回家，一点儿谱也没有。

"这要是独身的女孩，不叫啥事儿。可我们这些有家的人，总得把孩子啥的安顿好才行。别人家的男人，白天忙，晚上咋也能回家帮把手，可你田叔工作特殊，去哪，保密；出差，保密。他不说，我也不敢问。他只有到家，我这一直悬着的心才能暂时放下。

"我家大姑娘1岁多时，正是印刷《毛泽东选集》最忙的时候。为了保证在短时间内将书送到每一个油田职工手中，印刷、装订，白天黑夜地连轴转。孩子怎么办？那时的人都好强，背着孩子上班，孩子又哭又叫，影响大家工作不说，整夜通亮的灯，照得孩子也不好入睡。咋办？家家都有工作，也没人能帮把手，只能把家里所有的被褥都找出来，围成一圈被褥垛，把孩子放在中间。孩子看我要走，就哇哇大哭，我走到门外，心都揪揪着，一狠心就往单位走，孩子的哭声越来越远，我的眼泪也跟着一起流。

当年《战报》印刷厂的工人正在装订

"好容易找个空闲,大家叫我回家看一眼,一进家门,孩子躺在被上已经睡着了,脸上还留着泪珠。就那么两三分钟,也只能给她盖好被,一步三回头地往单位跑。好在当时家离单位不算远,只要有点空,我就回家看一眼,孩子也这样睡一觉,醒了哭,哭累了,又睡着了。孩子还算挺省心,在被垛里一动不动。就这样,被垛成了我家看孩子的'托儿所'"。

罗马表总"快"5分钟

20世纪50年代至60年代,甚至70年代,谁有块手表,那可是个大物件,更别说是一块价格不菲的罗马表了。当时在大庆,不管是哪个级别的人,即使工作需要,都只能手提一只马蹄表,还是公家的。

就有这么一块表,在三年自然灾害时,无奈卖了换粮食。那可是田叔和杨阿姨两口子当年的定情之物,买它,曾花光了田叔所有的积蓄,足见他对杨阿姨的真心。

大家都知道,瑞士表的准确率高,质量上乘,怎么会总"快"5分钟呢?

杨阿姨告诉我们,这不是表的问题,是她怕上班迟到,特意调快了5分钟。

当警察的丈夫总不在家,杨阿姨里里外外都靠自己的一双手。

她说:"每天一睁开眼睛,就像机器似的一顿忙,忙孩子穿衣服,忙着做早饭,忙着把屋子收拾利索……忙这忙那,总有干不完的活儿。把事儿都安顿好了,上班时间也就到了。我就从锅里抓起一个馒头,边走边吃。

"可是,总这样不行呀,总得想个办法,那就是把表往前调5分钟,不光是罗马表,只要是家中能用的钟表,我都调快了5分钟,这个习惯,一直到今天都没变。"

说着,杨阿姨伸出手腕,和我们的表一对,还真快了5分钟。

杨阿姨说:"前几年,国家实行夏令时,孩子们就说我思想超前,早于国家20年,就跑到时间前面去了……"

丈夫出事瞒她19天

前面我们提到,田叔是个来无影去无踪的人物,去哪?干什么去?一律保密。有一天半夜,田叔在办案回单位的路上,突然遇到了瓢泼大雨,骑着摩托车的他,因为视线不清,就将摩托车停在了路边的沟旁。

这里还要交代一句,那时候大庆的世纪大道,没有现在这么宽,而且路两侧有很深的排水沟,田叔怕自己的摩托车影响正常交通,停得比较靠边。

被大雨影响视线的还有一位刚学了两天的"二把刀"汽车司机,本来驾驶技术就不高,视线模糊,还不知道停车避雨,一路前行,直到听到"咣当"一声,这个司机才发现,自己的车把一辆摩托车撞进了路下的沟里,摩托车上的人卡在了汽车下。

"出事了!"这个司机跑到附近的单位,打了很多电话,才赶来一辆车,把田叔架到车里,送到了大医院(油田总医院的前称)。

战区机关不咋大,医生们从血肉模糊的脸上认出了田叔。一个电话,公安局的领导都赶来了。医生一介绍,情况不乐观,实在是伤得太重了。公安局的领导立即向上级领导进行汇报,上级领导要求,不惜一切代价,抢救他的生命。

"我当时刚刚生了老二,正在家坐月子。"杨阿姨说,"因为他总在外办案,十天八天不回来是常事,当时也没多想。公安局领导特意要求民警,对你田叔的伤情向家人保密。一边拿着东西来慰问,一边告诉我,老田在外面办个大案,这回出差的时间要长,告诉我不要担心,编得可像了,我都相信了。

"可是,有一天我起床洗漱时,一个细节引起了我的怀疑。你田叔是个爱干净的人,常年在军队养成的习惯,每次出差,不管多忙,他都会回家拿上洗漱用品再走,可这回去这么长时间,东西怎么没带呀?听我这么一问,来报信的民警就说,任务太急了,路上可能又买了。我这回半信半疑了,心里总有一种不安的感觉。

"你田叔那次在抢救室抢救了19天,才恢复过来,当他满脸伤疤地回到家时,我已经出满月了,才知道他前些日子出了车祸,公安局的领导怕我着急上火回了奶,才瞒了我将近一个月。"

回想起会战那个年代的事儿,用她的话说是"不堪回首",在她忙碌完赶回家中想做顿饭时,却发现米面已经见底,水缸里一点儿水都没有。她曾经委屈过,也哭过,但倔强的性格让她咬牙挺了过来。看到今天儿孙满堂,生活幸福,好多事都成了过眼云烟,她说:"我们一定得好好活着,好好享受这幸福的生活。"

▶ 红色传承

传承大庆精神铁人精神,继续砥砺前行

讲述人:田龙华(杨俊芳的女儿)

大庆油田已经开发60余年,我仍常常想起会战初期就来到大庆油田的父母。特别是母亲,从我记事起就整天在单位忙碌,从未因为个人的事情休息过一天。在照顾4个子女的同时,还要干好本职工作,并且多年获得单位的先进荣誉。可想而知,这是要付出怎样的辛苦啊。母亲也总是给我们讲会战时期的故事。听着那些感人的故事,仿佛历史的车轮在飞转,将我们带回老一代石油人艰苦创业的光辉岁月。

特别是我参加工作以后,母亲总是叮嘱我:做什么事情都要认真,一定要好好工作。也正是母亲孜孜不倦的教诲,激励着我传承发扬老一代会战人的"三老四严"精神,我在单位也连续多年获得优秀党务工作者、优秀共产党员、优秀员工等荣誉称号。

我会继续发扬大庆精神铁人精神,砥砺前行,为大庆油田发展做出自己最大的贡献。

当年他三次前往核试验场

耿秀文

耿秀文退休前,是大庆油田原测井公司的党委书记,是中华人民共和国成立初期国家择优选送的第一代留苏学生。在老同事们眼里,他学识渊博,是位问不倒的"学霸"领导;在球友们心中,他球技超群,是乒乓赛场打不赢的"球霸"。虽说大家每天都和耿老谈天说地,可他从未提起半个多世纪前曾执行过一项光荣而绝密的任务……

"学霸"留苏鸿雁传书

耿老在青岛上高中时,就是个了不起的"学霸"。其时,说"学霸"还不是非常准确,因为他篮球打得也好,乒乓球也无人能敌;还有跳舞……太多太多,要是论起"霸",连串说起来,还真得有点报菜名的功底才行。

光荣榜上,他是个"常住人口"。偏女性化的名字,差点让当年刚从朝鲜前线归来的女军医,也就是耿老的老伴儿,要去认成"干姐妹"。"干姐妹"是没认成,最终却成就了一段好姻缘。

因为耿老学业优秀,1956年,他一路过关斩将,获得了前往苏联莫斯科石油大学地球物理专业留学的资格。

耿老说,当时的青年,都十分向往有去苏联学习的机会,所以,得到这个资格,不仅他自己兴奋,别人也羡慕。

"当时,苏联的生活水平比国内好很多,留学生每个月500多元的生活和学习费用,苏联和我国一家掏一半,而且规定,我们留学期间,没有特殊情况,是不能擅自回国的。"所以,刚刚建立恋爱关系的两个年轻人,是以鸿雁传书的方式,完成了四年的"热恋"。

正是这四年的学业,让他了解到了不少核方面的知识。

主席教诲终生难忘

谈到留苏,不能不说到毛主席,以及他在莫斯科大学礼堂接见中国留苏学生时说的那番经典语录:"世界是你们的!也是我们的,但是归根结底是你们的……"

作为亲历者,耄耋之年的耿老,仍能逐字逐句地脱口而出。

耿老回忆:"1957年11月17日,在莫斯科各大院校学习的中国留学生,接到大使馆通知,当天上午10点,都赶到了莫斯科大学礼堂,听取陆定一做国内外形势的报告。

"在听报告期间,驻苏大使刘晓给我们带来一条意想不到的喜讯:毛主席在参加一个重要的国际会议后,有可能到会场来和我们见面,整个会场沸腾了。到了午饭时间,没有一个人离开会场,人越聚越多,一会儿工夫,3000人的大礼堂,已经座无虚席了。

"大家都在急切地等待,下午3点,主席没有来,但大家谁也没走,并对刘大使说,不管等到几点,我们都愿意。下午6点,身穿灰色中山服、身材魁梧、红光满面的毛主席进入礼堂,并从主席台的一端走到另一端,微笑着挥手致意,大家都激动得使劲鼓掌。

"毛主席示意大家停止鼓掌,操着浓重的湖南口音说,'世界是你们的!也是我们的,但是归根结底是你们的。你们青年人朝气蓬勃,好像早晨八九点钟的太阳。中国的前途是你们的,世界的前途是你们的,希望寄托在你们身上!'毛主席铿锵有力的话语,引发阵阵欢呼和经久不息的掌声。

耿老的眼里闪着激动的泪花,虽然这是唯一一次与毛主席零距离接触,却给了他无穷的工作和学习的动力,终生难以忘怀。

委以重任鲜为人知

1961年,学成归来的耿老和同学们受到时任石油工业部部长余秋里的接见。他对大家说:"在松辽平原发现了大庆油田,你们这些吃过洋墨水的专家们,去那里发挥自己的聪明和才智吧。"

耿老被分配到研究院地球物理研究所,后来,研究所又与钻井指挥部的测井大队合并,重组为测井公司。耿老就在这分分合合中,继续着他的测井技术研究工作……

直到有一天,他被秘密地叫去安达市(安达特区)公安局,一直正常的工作轨迹变了。

家人们发现，他上下班开始没了规律。想找他时找不到；不想找他时，他又突然出现。总是不定期地出差，可究竟什么时候走？去什么地方？去多长时间？好似连耿老自己都说不太清。

他在做什么？如此的偷偷摸摸，连家里人也不能知会一声？家人们虽然满脸怀疑，但他们相信耿老不会做坏事。

一晃近半个世纪过去了，当一群"志同道合"的"陌生人"重新相聚时，谜底终于揭开了。这些当年"神出鬼没"、分合密行的"小团队"，曾带着一项国家交付的重要任务，把大庆人的足迹，秘密留在了两次原子弹爆炸、一次氢弹爆炸试验场，收集的关键数据，改进了大庆原油生产设备的防核问题。

耿老说："1965年春节前后，留苏同学马启富找我秘密谈话。为了应对当时一些国家的核威胁，我们将参加一个十分重要和光荣的绝密任务，就是把当时的一些采油和储油设施搬到第二次核爆试验场，检验核爆炸对油田究竟有多大的破坏力。马启富告诉我，此事高度保密，连爱人也不能说。

"我被要求秘密到当时位于萨尔图二号院斜对过的安达市（安达特区）公安局报道。

"做了短暂休整之后，以贾兆礼为组长、马启富为副组长，由我、公安局干事邢志哲以及油田地震队的技术员任德发组成的5人小组，乘火车赶往石油工业部待命。

"不久，我们的5人小分队就秘密开进了罗布泊。把4座当时正在油田普遍使用的采油树和两个装满了水的混凝土储油罐，分别安装在距爆炸中心点500米、1500米、3000米的距离上。"

尘封解密核弹之缘

5月14日10时54分，大家翘首企盼的时刻终于到来，一架轰炸机飞临罗布泊上空，在指定位置准确地投下了一枚原子弹。

此时，在远离爆炸中心的观察点处，人们都穿着防护服背对试验场，但仍能感到脑后一热。

当大家戴着特制的墨镜回头观看时，空中已经出现了一个巨大的火球，蘑菇云腾空而起。一分多钟后，一声霹雳在人们身边爆响，伴着"咔咔"声，灰尘极速从身边掠过，似大风推着人的身体向前一倾。

几个小时后，身着防护服的马启富、耿老两个人，随着各个行业的科技人员，进入到核试验场察看试验情况。

耿老说，虽然对破坏程度有过最坏的预想，但当他们进入核试验场，看到眼前的一切时，还是被惊呆了……

"当时给我的感觉是，原子弹的威力实在太大了。"耿老说。

经过实地踏勘以及同一些兄弟单位的研讨，他们得出一个结论——物体的表面积越大，受力就越大，遭破坏的概率也越大。相反，物体小型化，受破坏的概率就会变小或不受破坏。

我国首枚原子弹爆炸腾起的蘑菇云

"我们5个人研究认为，可以将采油树小型化，向半地下发展，再加一定的覆盖层，颜色再改变一下，从而减小核辐射的影响。"

这一实践结果，得到了油田专家们的认可与支持，很快，按照耿老他们的建议，一款"放低身高"的采油树被设计出来。

1966年5月9日，第三次原子弹空爆试验成功，按照耿老他们的建议生产的那款采油树，经受住了核弹冲击波的侵害，几乎完好无损。

经受了两次核试验的考验，一项新的任务，一年后再次到来。1967年6月17日，氢弹爆炸试验又将开始。

氢弹爆炸的破坏力远比原子弹大得多，采油树和储油罐的改进版，是否能抵得住氢弹的冲击力，大家都没能把握。

当爆炸的氢弹，让天空出现极强的闪光，并升起巨大的蘑菇云时，远离爆心的耿老，都切身地感受到了热度和冲击波的威力……

耿老说："当我随队进入核试验场的时候，眼前的惨烈，让我的心猛地一颤。从现场情况看，所有地面上的物体，都受到了毁灭性的破坏。看到这些，我们都倒吸了一口凉气。但令我们惊喜的是，在这次实验中，受到防护的小采油树和半地下式油罐，基本经受住了氢弹爆炸的考验。

"能三次代表石油部前往核试验场，这种人生经历，令我骄傲和自豪。每当试验结束途经北京,看到报纸上核爆成功的套红头条,看到一位位读者兴奋的表情时,作为亲历者的荣耀,让当年年轻的我,心潮汹涌,难以掩盖。"

如今,时间让耿老变成了白发老翁,然而,人生中的这段经历,却让他回味无穷。

▶ 红色传承

传承父辈对科学严细认真的态度

讲述人:耿 昕(耿秀文的大女儿)

耿昕(右)

父亲为这个秘密,守了半个多世纪,如今终于得以公开,亦让我看到,他就是这样一个严细认真、一丝不苟的人。在科研一线,他这样;在领导岗位上,他仍然如此……

很幸运,我算是接过了父亲的衣钵,与父亲同在一个单位,做着同一份工作,时时刻刻感受着父亲对我生活和工作上的影响。每当在科研工作中遇到问题,求教,争论,达成共识,我们俩都会找到最好的解决方案。

30多年来,我如父亲一样,对工作认真严谨,在同事们的共同协作下,完成大小科研项目20多个,成果丰硕,先后被评为先进工作者、三八红旗手,还多次参加国内外学术交流等活动。这也是我作为油二代的一份骄傲。

张启华镜头中的石油大会战

张老与以往采访的老会战不同,他们讲述大庆石油会战,凭的是记忆,而他的讲述,用的是照片,是他在那个火红年代,亲手定格下的上万个珍贵的历史瞬间。可惜篇幅有限,只能采撷其中三张,听张老为我们讲述会战故事!

张启华

苦是苦,生龙活虎干劲足

"这张照片反映的是南64新井大批投产时,会战队伍在井场前线搭设帐篷时的场景。"张老手拿照片,如数家珍。

会战队伍正在抢修被风雨毁坏的帐篷

"当年,采油二部组织机关、基层的队伍支援会战前线,当时正值雨季,会战指挥部的帐篷因地处低洼地段,一阵大风雨,就把帐篷的篷顶掀得四分五裂。现场总指挥曹存义,正在现场指挥把帐篷重新抢修好。

"因为当时风仍然很大,曹指挥对着站在篷顶的职工们,高喊:'小心一点,注意安全!'看到这个场景,我按动快门,抓拍到了这张富有动感的照片。"

张老说,当时,前线施工的条件十分艰苦,会战前线在哪里,领导和会战职工就吃住在哪里。这个南64新区,离会战职工们的家都不远,领导和职工为了早日完成会战任务,多出油,出好油,大家一起抢工期,为了省下来回的时间,都自发地要求吃住在前线。早上3点多就开始工作,一直到晚上七八点钟天黑得看不清才收工休息。经过3个多月的拼命工作,大批新井投入生产,提前获得了这场会战的胜利。

直到今天,作为亲历者的张老,仍然怀念那段激情的岁月,怀念那种工作作风和工作劲头。

行不行,强手对决比高低

"这场面,里三层外三层,挤挤插插的,是干啥呢?""这个呀,是场电焊工种的技术赛巧大会。"张老伸过头来说。

张老说:"石油会战的老传统中,对基层建设、基础工作和基本功训练这'三基'工作非常重视。为了鼓励职工在技术上精益求精,各单位都设有各个工种的练兵场,并不定期举行技术大赛。年轻人不管是同事朋友,还是三亲六故,赛场上各不相让。有本事拉出来遛遛,比个高低上下,赢了不骄傲,输了拜师傅。当时有个词叫'比学赶帮超'。

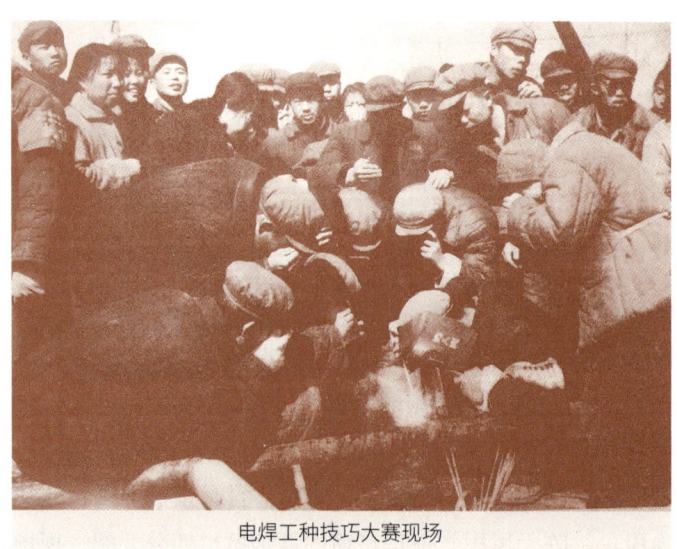

电焊工种技巧大赛现场

"双方对阵,几十双眼睛盯着你,'挑毛拣刺',不放过一丝一毫的问题,那可是赢都赢在了响当当的真本事上。这一比,比得谁也不服谁,你的手艺精,我就想尽办法超过你。就因为大家都有股不服输的劲头,才使得这样的赛巧大会人才济济,英雄辈出。

"你可别小看这样的大比拼。我查过一份资料,上面有个粗略的统计数字,单是1965年9月,在采油二厂首届赛巧大会上,就展示出货真价实的实用技术赛巧成果300项,选拔出油田管理能手58名,厉害吧!这其中有不少人,后来都成了战区赫赫有名的人物呢。"

吼一吼,抒发豪情鼓斗志

好像有个相声,讲到过赛诗会的事儿,什么"革命战士志气高,泰山压顶不弯腰……"张老笑了,"那是个形式主义的笑话,可我们的赛诗会可是实打实的,发自内心的真情流露。"

张老说:"这也是会战期间南64中转站的一个场景。正在朗诵的这个人叫皮广信,当时是施工队的一个小队长。他非常有表演才能,朗诵起自己的诗来,激情飞扬,很有感染力。透过照片,你都能感受到石油工人的那种豪情、奔放。

"会战前线的施工紧锣密鼓,一天到晚地忙碌,让生活变得非常单调。老这么沉闷,也不利于工作,会战指挥部就利用工余时间,搞一场赛诗会,你念诗也好,来个顺口溜也行,主要是丰富一下职工的文化生活。这些诗,都是职工们自己写的,反映的也都是身边生动的事儿。这些诗歌的传诵,鼓舞了职工的斗志,成了职

会战职工在赛诗会现场

工战胜困难、搞好会战的有力武器，很受职工们欢迎。比如，当时流传很广的'没房睡觉有荒原，盖天铺地头枕砖，延安精神永不忘，奋发图强建油田。''迎面刮风沙，暴雨响哗哗，井场闹革命，困难算个啥。'看着朴实无华，文采不足，但这种现在叫作正能量的乐观主义诗作，就像解放战争年代站在高岗上，打着快板，鼓励着大部队前进的宣传队，给了当年的我们，不少奋发大干的动力。"

当我们将这一张张照片"读"完的时候，张老说："每次翻一遍这些老照片，都受到一次教育，都能被里面散发出的浓浓激情感动一次。"

他说，老一辈的光荣传统，需要年轻的一代传承和发扬，这样，大庆的这面红旗才会越来越鲜艳……

▶ **红色传承**

前辈的艰苦奋斗才有今天的美好生活

讲述人：张馨元（张启华的孙女）

作为石油人的后代，我深感荣幸。我觉得大庆精神铁人精神指的是一个时代，一群人的精神，一群人共同奋斗奉献的结果。没有老一辈的艰苦奋斗，就没有现在的美丽石油城，没有我们今天的美好生活。

经常听爷爷提起那个年代的事情，小时候的我，很难想象那样艰苦的生活，但长大后，随着外界对大庆的不断关注和爷爷笔下的文章、曾记录的照片一次次回荡在我的脑海，我慢慢开始了解那个时代的人、那个时代的事，不由心生敬佩。或许我们不会再经历那么艰苦的生活，但我觉得爷爷说得好，他希望我们这一代人能够去了解、去感悟，并把这种遇到事情不放弃的精神，作为当代年轻人的精神食粮。每一种精神都值得我们传承、发扬，这也是中华民族美好形象的重要组成部分。

别样王启民

每天傍晚的铁人广场上,一位打太极拳的老先生,回头率超高。许多路人甚至打赌,上前"验明正身",因为他们怎么也不敢相信,眼前这位"酷似"王启民的老人,并非假冒,而是货真价实的"新时期铁人"。

"啊!这么遥不可及的大人物,也会像邻家的大叔一样在广场练太极?"是啊,您的惊讶,不无道理。大家之前在媒体上熟悉的,往往都是那位为大庆油田长年稳产、高产做出巨大贡献的科技功勋,而"深藏"在他背后的许多鲜为人知、有血有肉、趣味横生的故事,会展现给您一个别样的王启民。

王启民

为事业,一"倔"到底

说他老人家"倔",那可不是瞎讲。

在王老家里的书柜上,珍藏着一件多年来都很少示人的"宝物"——就是他在2008年北京奥运会大庆站火炬传递活动中做火炬手时手持的那柄火炬。

每每家中来了贵客,他都会自己登上梯子,双手捧下来,放在书桌上,小心翼翼地从盒中抽出来,同客人讲述背后的故事。

因为年头久了,头尾难辨。来客如果提醒他拿倒了,严谨的他,从不听之任之,而是一定要找到当年留下的照片比对一下,再做决断。其实,这个"倔",并非始于今天,而是由来已久。

王老在野外作业时,落下了风湿病,发作时疼得额头直冒虚汗,虽然整天"罗锅"弯腰,可连自己的鞋带都系不上。

有一段时间,他的风湿病转移到眼睛上,引起了虹膜炎,两只眼球血红血红的。大家都劝他回去养病,他却说啥也要盯在实验一线上。

老伴儿陈宝玲心疼他，希望他调到北京。可他"倔"劲上来了，坚决不同意。

老伴儿气得要和他离婚，他却说："那里有大油田吗？要走你走，我不走。"居然还"倔"得在离婚协议书上签了字。

我们问："您当时真的铁了心，要石油不要老伴儿了？"

王老一脸笑开了花，说："她对我好着呢，她就是考验一下我的决心，知道了，她也就死心塌地跟我在这儿了……"

练太极，发挥余热

多数人学太极，是为活动活动、强身健体，王老比他们还高了一筹，研究、琢磨。虽然学的时间不长，总结出的心得却头头是道。

王老血压偏高，朋友建议他不仅要按时吃药，也得适当练练太极。每天傍晚，老爷子是铁人广场的常客。

巧的是，大庆弘道太极养生馆铁人广场辅导站阵容强大的太极习练队伍，吸引了王老的目光。他尝试在一旁边领悟、边"偷艺"。不想，时间不长，老爷子的"武艺"突飞猛进，以至于引起了太极"教头"、大庆太极拳协会副主席徐彦峰的注意。

这个站在一旁的老年"旁听生"，比年轻人学得都快、都好，徐老师想赶紧收了这个"高徒，让他"转正"进班。走到面前才发现，老爷子不是别人，是电视、报纸上常能见到的王启民。

一听说这几天在角落里那个不起眼的"偷艺"者，是"新时期铁人"王启民，那些"铁粉"蜂拥而来，把身材不高的王老围得都看不见了。

说起太极、说起人生、说起科技人员的长寿之道，王老都有他自己的哲学辩证："人的追求有三个部分，身体健康、家庭幸福和生活在集体中的快乐。这其中，集体快乐是很重要的部分。人要是离开这个集体，什么乐趣就都没有了。来广场参加活动，一是锻炼身体，二是给身心带来快乐、愉悦和满足，这是多好的事啊。

"我来广场学习太极拳，说是学习，其实是来'混'的。我的太极拳基础，连小学生都不够，充其量是个幼儿班的小孩子。大家都讲尊老携幼，我一个80多岁的老人，大家对我很尊重，这是尊老。80多岁的我，又是个老小孩，对太极拳还一窍不通，需要有老师领着我，教我、帮我，照顾我习练。所以，我就占一点'小'的便宜，见到女的，就叫她们大嫂、二嫂……见到男的，我叫他们大哥、二哥，一来把我叫年轻了，二来他们也乐于教我这个老'小孩'。

"生命在于运动，多运动，身体才能强健。尤其是搞科技工作的人，更要长寿，而不要短寿。因为科技工作，要有一个长期、耐心、实践积累经验的过程，才能厚积薄发。它和练拳、练剑一个样，谁也不能一下子就练成武艺超群的大侠，都得十年磨一剑才行。铁人王进喜那代人，少活了20年，为中国的石油事业奉献了青春和生命，我们这代人要健康长寿，发挥我们的余热，为科技兴油多做贡献才行！我还觉得时间不够用，还有许多事没有做呢。"

爱创造，童心未泯

周末在家休息的时候，王老还会在电脑上玩玩"连连看"这样的小游戏。用他的话说，这些小游戏相对简单，主要是锻炼自己的眼力。

王老用于玩游戏的电脑机箱，乍一看就像展览馆中演示石油管道流动的模型，这是王老自己特意选购的。

王老正在电脑上玩"连连看"锻炼眼力

看到我们对这款机箱表现出好奇，他就像一个小孩子得到了自己心爱的宝贝那样开心、舒畅。看着童心未泯的王老，记者的采访，一时有种"跳戏"的感觉。

在他的办公室里，还有一件由他亲手制作的大"玩具"。只要有人到他的办公室，他都会给大家展示一番，神情专注而兴奋。

"看，它已经动了！"王老告诉我们，这个模型的下面是一罐热水，上面安装一个散热器，这样下热上凉产生温度差，由此所产生的能量推动轮子转动发电。

"这是一个新的清洁能源，没有碳排放，而且可持续……我总是在想，什么时候能把这个东西真正普及起来……"

王启民自制的热能发电小装置

这个看起来像玩具的模型，是王启民最新的骄傲。80多岁的他，从来没有觉得自己已经退休了，也从没觉得自己老了，他的思维，就像家中那个时尚的电脑机箱，追求创新的一个个想法，在他的脑海中不断迸发、闪亮。

如今，"新时期铁人"王启民已成为"人民楷模"国家荣誉获得者，在北京参加了中华人民共和国成立70周年庆祝活动，将他的精神不断传递出去，影响着更多的人。

他悄悄地告诉我们，9月26日是大庆创业纪念日，对大庆、对中国都是一个意义非凡的日子。但对于他自己来说，生日也在同一天的意外巧合，让他和大庆亲密地融在了一起。

▶ 红色传承

乐观豁达和蔼可亲的尊者
——"油二代"眼中的"新时期铁人"

讲述者：徐伏虎

他是一个有血有肉、和蔼可亲的老人。从来没有因其特殊的身份，把自己限制于小楼之中，而是走进广场，融入到集体的欢乐之中。像邻家大爷，甚至像我们的老父亲一样普通。

他是一个追求健康、创新不止的能人。他到广场参加运动，不是简单地为了身体的长寿，他追求的长寿，是给自己更多的时间，想把自己毕生积累的科技成果，运用到环保电站的实践之中。

他是一个笑容可掬、童心未泯的老"小孩儿"，直来直去，想啥说啥，个性十足，而且时尚有余，买个会亮灯的机箱，玩玩电脑游戏，打太极拳……乐观豁达，平易近人，让自己一直保持年轻的心态、活泼的思维和不断创新的动力。

这就是颠覆了大众思维定式的"新时期铁人"，在令人崇敬之余，又多了一分亲和，多了一分亲近……

父亲心中流淌出的石油赞歌

当那首激昂的劳动号子,又似奔腾的油龙般震天动地的旋律,在国庆70周年大型音乐舞蹈史诗《奋斗吧,中华儿女》中,以1分09秒的时长再次唱响时,从父亲薛柱国心中流淌出的这首石油赞歌,仍让薛蔚泪涌。这不仅是他们一家人的光荣,也是大庆人的光荣,更是中国石油人的光荣。

薛柱国

《我为祖国献石油》风行55年,传唱至少三代人,然而,有多少人能脱口说出这首脍炙人口的经典巨作的词作者是谁?因何能久唱不衰?

深藏初现

如果不是亲耳听薛蔚讲,真不会相信,这首饱含着浪漫主义和革命乐观主义的经典词作,竟然出自一位部队扫盲班的学员之手,这不能不让我们对这位石油工人出身的词作家薛柱国先生肃然起敬。

"我父亲是个孤儿,10多岁就参军到了部队,是在部队里学的文化。"薛蔚说。

"我父亲是部队中的活跃分子,爱说爱唱,喜好文艺,特别是山东快书,不仅学得惟妙惟肖,还自己创作。这个特长,让他在转业时直接就被分配到玉门石油文工团,成为一名专业曲艺演员。

"山东快书是有韵的,与诗词有着相通之处。促使我父亲'转行'的,是他无意间一篇获奖的诗作。

"这篇短诗只有八句,创作于他在玉门油田时,取名《玉门关上立标杆》。诗中写道,'跃进红旗招展,力争一马当先,我们的歌声震天动地,石油工人向大地宣战,战胜戈壁滩,钻透祁连山,快马加鞭进军吐鲁番,玉门关上立标杆。'这首创作于1958年的诗,不仅当年就发表在《人民日报》头版,而且还被谱上曲子,在玉门油田广为传唱。在我幼年的记忆里，我家墙上一直挂着毛主席像和这首诗获奖的奖状。只可惜，几经搬家，这张奖状最终不知所踪。"

说到《我为祖国献石油》的创作过程，有许多历史文献中，都不约而同说它创作于玉门油田。薛蔚说："只能讲，在玉门油田时，父亲的脑海中，已经有了这首词作雏形。

"《玉门关上立标杆》获奖并广为传唱，让我父亲一发不可收拾。词作也似冲出井口的原油，喷涌流淌。其中大部分作品，都是他深入一线，描绘出的一幅幅石油工人火热的工作和生活场景，写得最多的，是铁人。"

喷涌而出

"1961年，我父亲追随铁人的脚步，来到了大庆石油会战指挥部政治部文工团，从事表演和创作工作。他深入井队，与工人同吃同住同劳动，从他们奋发向上的工作热情中，寻找自己的创作源泉，足迹还踏遍国内的各个油田，去感受石油人'头戴铝盔走天涯'、'哪里有石油，哪里就安家'的豪情斗志和乐观向上的拼搏精神。有了这些相通和共鸣，《我为祖国献石油》从他的胸中喷涌而出。这首作品一经问世，引发了许多文艺期刊的关注，《诗刊》抢先在1964年4月刊发，又引起许多曲作家的共鸣。"

据薛蔚讲，《我为祖国献石油》的谱曲有两个版本，一个版本，是1964年6月4日发表在《光明日报》上的，曲作者为著名作曲家王莘，他谱曲的《歌唱祖国》家喻户晓。另一个版本，是著名作曲家秦咏诚的谱曲，也是我们最熟悉、一直传唱至今的版本。

当年，作曲家劫夫和他的学生秦咏诚见到这首作品时，积蓄良久的创作热情，一下子被充分点燃了。

秦咏诚在回忆文章中这样描述当时的心情："我们在1205钻井队待了3天，满载着对石油工人的敬意回到了招待所。我久久回想着井场上的一幕幕：简陋的设备、恶劣的气候条件、艰辛的劳动、高昂的情绪、冲天的干劲，一切不可能在这里成为可能。他们离乡背井，就是为了给新中国创造一个传奇、一个属于自己的石油王国。

"第二天，大庆会战指挥部政治部的工作人员拿来一摞歌词，希望经过体验生活的作曲家们能为石油工人的作品谱谱曲。我当时是个小字辈，当老作曲家们选完歌词后，我才上前翻了翻。翻来翻去，翻出了薛柱国写的《我为祖国献石油》。我越看越喜欢，脑海里出现了'铁人'井队从玉门北上的情景，这正是对可爱的石油工人的诠释，他们离妻别子，转战南北，不就是为了为祖国献石油吗？

"看着歌词，脑海中如列车奔驰勇往直前地快速转动，石油工人豪迈、有力的情绪，一股脑地涌上心头，呼之欲出。我赶紧跑到招待所的饭堂，用了20分钟就谱完了这首歌。"

情绪喷涌而出的又何止词、曲作者，当年在大庆体验生活的长影乐团歌唱艺术家李世荣，也就是《冰山上的来客》的演唱者，身受感染，并在油田的晚会演唱了这首歌。1964年5月4日，由他演唱的这首歌，在中央人民广播电台的"每周一歌"节目中成功播出。

当年，还是中央音乐学院声乐系青年教师的刘秉义，在中国音乐协会的刊物上看到了《我为祖国献石油》的曲谱，随口哼唱了几遍，突然感觉到这首歌唱起来雄浑跌宕、振奋人心、催人奋进，兴奋的情感一发难收，他当即决定，一定要把这首歌在中华大地上唱响。不想这一唱，竟唱了半个多世纪，仍经久不衰。

持续高产

有一本薛蔚主编的著名词作家薛柱国作品选《我为祖国献石油》，里面收录了薛柱国先生的328篇词作。

薛蔚说："这是父亲一辈子心血的结晶，可惜的是，仍有二百多篇词稿没有找到，像前面提到的，传唱于玉门油田的《玉门关上立标杆》，虽然词在，但谱曲人是谁？当年歌曲的录音等，都已一无所知。

"在我的记忆中，父亲在家的时间少，出外采风的时候多。走时总是那身洗得发亮的中山装，一个那年头标配的手提包，风尘仆仆；回家时，总是在我们入睡后，坐在餐桌前那张方凳上，不停地在稿纸上写。当我们几个孩子睡醒时，他又会把他写就的歌词，一句句地念给我们听，问我们懂不懂。直至修改到满意，才把词作工整地誊写到一个个小的《工作日记》上，不断地回味，不断地修改。在他的日记本上，用红笔改完，又用蓝笔改，直到推敲到自己满意为止。在父亲的书桌上，有一大摞《诗刊》，那里面都刊载着他的作品，其中也包括我们大庆的市歌《踏着铁人脚步走》。"

经典永流存，1989年，《我为祖国献石油》入选中华人民共和国成立40周年优秀作品；1999年，荣获首届铁人文学特别奖；2011年，入选央视文艺专题片《放歌九十年》；2018年，被中国石油大学确定为校歌；2019年，这首歌入选中宣部"庆祝中华人民共和国成立70周年优秀百首歌曲"，并在大型音乐舞蹈史诗《奋斗吧，中华儿女》和《黑龙江"四大精神"颂》中，同时唱响！

如今，才华横溢的薛柱国先生虽已离世，但他的这首不朽之作却被代代传唱。正如一位文化名人评论的那样，《我为祖国献石油》已经不光是中国石油人的"私产"，它已经成为中华民族不忘初心、不畏险阻、无私奉献、奋发向上的共有精神财富。

▶ **红色传承**

每当唱起这首歌

讲述人：薛 蔚（薛柱国的女儿）

每次唱起或听到这首歌，我都会想起父亲伏案创作的样子，泪水一下子就涌出了眼眶。我总在想，如果他还活着，还会为油田创作一大批歌词，可惜他走得太早了，他和那一代石油人一样，用自己的青春和热血，为石油人放歌，以少活20年的气魄，为中国的石油事业不惜蜡炬成灰。

父亲一生爱石油人、赞石油人，通过诗词抒发着石油人为甩掉贫油帽子，放弃小家幸福，为寻找石油四海为家的奉献精神。作为石油人承前启后的一代，这首歌伴着我们长大，时刻给我们一种昂扬向上的力量。如今，我的女儿也工作在油田，我们要像父亲一样，爱油田、守家业，不忘初心、牢记使命，传承好大庆精神铁人精神，不断改革创新，一代代地肩负起历史的责任，以告慰父辈的英灵。

孙兆利和经典话剧《初升的太阳》

孙兆利，在大庆摄影界可是个祖师爷式的人物。这么说吧，凡是在大庆扛过摄像机的主儿，都得叫他"师傅"，再往后叫他"师爷"的，连他自己都认不全。20世纪70年代，许多人家还没有黑白电视的时候，他已经拿着胶片机，一个人连洗带播，拍上大庆新闻了，可以说是纯纯的骨灰级元老。

但是，他有一个秘密，熟悉他的人都不见得知道。那就是半个多世纪前，孙老曾出演过的话剧《初升的太阳》。

孙兆利

"骗"去排戏

那是1964年，从哈尔滨星光机械厂工会来大庆支援石油会战的孙老，被分到当时的大庆总机厂，干他的工会老本行。出板报、拍照片、放电影、放广播、组织体育比赛……一个人，黑夜白天，没有闲着的时候，办公室、俱乐部、宿舍来回跑。白天累得够呛，到晚上了，还睡不消停，有时候领导开晚会，兴头上，大半夜还要看场电影。后来，孙老一想，也别回啥宿舍了，半夜被叫起来，还得往俱乐部跑。他索性在俱乐部找了个屋，打更、放电影兼睡觉，一举三得。

就因为他搬进了俱乐部，才为后来参演《初升的太阳》埋下了伏笔。

1964年年底，因为要组织职工年底报捷大会，在家属中开展把本单位突出的成绩和好人好事好思想，以快板、演唱、朗诵、独幕剧等形式作为节目报捷演出，并最终经过层层选拔，逐级向上汇报演出。当年，向上汇报演出的大庆总机厂的独幕话剧《康庄大道》，一下子点燃了金山、孙维世两位先生的创作激情。后来，他们遵照周总理的指示，来大庆油田采风，想通过职工、家属的这种报捷形式，找到鲜活的素材。

突然有一天大半夜，睡得正香的孙老，被"咚咚咚"的敲窗声惊醒。他以为领导们又来了兴致，想看电影呢。开门一看，是厂长的秘书，有件急事，让他赶紧穿好衣服，跟他走。问是啥急事，秘书也不说，只管在前面带路。到了地方，孙老才知道，有两位北京来的大导演，急着要看《康庄大道》，可是，其中一个主演回家探亲去了。因为孙老每天都在大家身边忙来忙去，打"替班"的事儿，自然一下子就想到了他。

"逼"进剧组

"我当时就说，'拉倒吧，我哪演过话剧呀，不行不行。'厂长过来说，'兆利呀，你就是临时给救个场，等主演回来，还得由他正式演。'看我还有点不情愿，就说，'这次救场不白救，半夜演完了，我让食堂给你单独来个酒加红烧肉。'一听这话，我精神头来了。

"那年月，生活艰苦，肚子勉强能填饱，更别说吃肉了。能整点小酒，吃上红烧肉，那是做梦都想的事儿。我马上说，'行，我干！'好在词不是很多，俩大导演告诉我，不用死记硬背，用平常话说，意思一样就行。我一听，沉重的心理包袱一下子卸了，演出还挺顺利。我寻思着这就完事了，没想到这才刚刚开始……"孙老笑呵呵地说。

当晚，吃着肉，喝着酒，孙老直感谢那个回家探亲的同事，要不是他走了，自己哪能解了这顿馋啊。

过了没几天，孙老接到通知，让他到让胡路研究院的什么剧组报道。他想，报啥道呀，忙也帮了，演出也演了，那个演员也回来了，还有我啥事儿？不去。

又过了一天，半夜，窗户玻璃被敲得直煸乎，孙老睡眼惺忪，没好气地拉开门，刚要开骂，一看是厂长，便一激灵赶紧请他进屋。

"'进屋，进啥屋啊！祖宗，你可给我闯大祸了，赶紧的，穿上衣服跟我走，12点前，你要是没到剧组，我就得停职了！'厂长一脑门子汗，一把将我揪出屋子，一路小跑上了辆吉普车，直奔让胡路。后来我才知道，那天为了顿吃喝的客串，竟然让金山、孙维世夫妇相中了，说啥就让我上。孙维世先生一看我没去，连我们厂长都没找，直接朝宋振明指挥要人。大半夜，我被厂长'押'进了剧组，'逼'上了舞台。"孙老说起这事儿，就像发生在昨天一样。

"升"震京华

"我进组时,《康庄大道》已几经金山、孙维世的修改,变为了六场话剧《初升的太阳》。

当年《初升的太阳》的剧照

"这部话剧,通过两个家庭对家属要不要参加会战的生产劳动展开,一个家庭是家属响应号召,要去参加劳动,丈夫坚决反对;另一个家庭是丈夫想让妻子参加家属队劳动,可媳妇不好意思去。最后,通过单位领导的忆苦思甜,做通了两家反对者的工作,让两个家属愉快地参加到会战的生产劳动中去。我扮演那个后进家属的丈夫李师傅。我就佩服金山、孙维世的魄力,重要的演员一个也不用专业的,都是像我一样没接触过演戏的'生荒子'。一篇戏剧评论文章这么说,《初升的太阳》是新中国话剧史上第一次专家与群众合作的艺术创造,一点也不假。

"在三号院白天黑夜集中排练了10多天,导演孙维世觉得可以了。1965年12月30日晚,《初升的太阳》在采油一部礼堂首演,会战工委的领导和各单位各家属队的代表一看,演得太实在了,话是平常唠的嗑儿,每一个人物都像身边的某一

会战红色家谱 第一卷

当年话剧《初升的太阳》门票

个人，简直都演活了。台下的观众跟着演员的表演笑，随着跌宕起伏的故事哭，真是一炮打响。

"当年的宋振明指挥，看了之后也给予肯定。直到有一天，有消息传来，《初升的太阳》要进京演出！我们本想着也就演一两场，可没想到，从1966年1月14日进京到这年的5月6日，演遍了中央各大部委和大专院校，我们还受到了周总理的接见。

短短的4个多月，在北京共演出310场，盛况空前。"孙老自豪地说。

"偷"艺金山

《初升的太阳》在北京红得发紫，自然有人指示把这部话剧改编成电影。

孙老回忆，"演出回来后，我们就接到长春电影制片厂要拍电影的任务。大家一边精益求精地排练，一边等待着金山、孙维世修改剧本。在这期间，我常跟在两位艺术家身边，耳濡目染，偷偷地看他们如何导戏、怎样指导演员演好角色，收获特别大。这为我后来在大庆拍摄并导演了几部电视剧，起到了很大的作用。

"1976年前后，我已经调到大庆电视台工作了。突然有一天，我接到了金山先生的电话，他着急要见我。见面后聊得最多的是《初升的太阳》的复演。这可是个难事，当年那些演员散了以后都没了联系，原班人马复演是不可能了。我只好陪着金山先生挑演员，终于在大庆召开的'全国工业学大庆会议'上，成功为来自五湖四海的宾客们进行了复演。"

作为后辈，虽然我们无缘看到《初升的太阳》昔日的光彩，但还是要感谢金山先生，正因孙老跟随他不断学习，才有了大庆历史上，由孙老导演并摄像的电视剧《恶果》《油花并蒂》《欢笑的火花》《弧光闪闪》等作品。当时，连央视也少产电视剧，一个地市级电视台能有这么多部电视剧问世，完全称得上盛极一时。

▶ 红色传承

创新是传播文化的不竭动力

讲述人：徐伏虎

金山、孙维世夫妇在排演《初升的太阳》时，启用从没有演过戏的职工、家属当演员，并获得巨大的成功，是一种创新；孙兆利先生正是秉承着两位先生的精神，把大庆新闻从完全的播音员出镜口播，变成一张张定格的图片，是创新；又努力把图片变成流动的图像，也是创新；在全国地级市首开拍摄电视剧先河，仍是一种创新。

作为一名新闻工作者，我在大庆精神铁人精神滋养中长大，深受铁人"有条件要上，没有条件创造条件也要上"的精神感染，在这个媒体大变革的时代，更需要我们学习前辈的大胆创新精神，勇于突破樊篱，让我们的新闻宣传工作，更加贴近读者，更加吸引读者，更加有效传播，做出自己的贡献。

大庆市歌昂扬旋律背后的故事

刘巩祥

"高举红旗去战斗,踏着铁人脚步走,雄赳赳,气昂昂,泰山压顶不低头……"在大庆,不管是广播里,还是广场上,只要播放这首《踏着铁人脚步走》,每个人都会随着这雄壮的曲调,哼唱起来。但您要问一句:"您知道这首歌的作曲者是谁吗?"恐怕能回答上来的人,就寥寥无几了。

这首歌的作曲者,就是已故的本土著名石油作曲家刘巩祥。

照理说,名作必然催生名家、名人,然而,这首被千万人传唱不息的石油"名歌",背后的作曲者却很低调,这也使得我们的寻访之路,几经波折。好在众里寻他千百度,蓦然回首,先生的女婿刘畅,讲述了往事……

痴迷音乐——弃医从艺

要讲《踏着铁人脚步走》的谱曲,得先从刘老的学艺开始。

据刘老的女婿刘畅讲,刘巩祥先生生于上海,家境殷实,从小就喜欢音乐,擅长长笛演奏。

1950年,14岁的刘巩祥千里迢迢来到东北,参加了中国人民解放军。

部队培养他成为一名军医,但业余时间,他沉浸在音乐中,吹长笛,学作曲,还总往文工团里跑。

部队文工团的领导慧眼识珠,硬是把他"扣"在了文工团,最终成就了刘老弃医从艺之路。

1962年,转业到北大荒的刘老,又因工作需要,调到当时大庆油田的战区文工团,继续从事作曲和其他一些文艺宣传工作。

后来,战区文工团解散,演员和创作人员,全都分配到钻井、井下、采油等一线单位。

是金子，到哪里都会发光。这些星星之火的播撒，一下子让原本沉闷、单调的一线单位，活跃了起来。

刘畅回忆，刘老曾对他讲，那时他被分配到了井下作业大队，根据单位领导的要求，单位里排演了当时流行的八部样板戏，还成功模演了歌剧《江姐》。

来自工人中的演员们，利用工闲时间，在刘老的指导下，进行超常规排练，在短时间内，个个唱得有板有眼，直逼专业水准。

这样的事儿，莫说在当时，就是现在，业余演员能在短时间内攻下如此多的"大部头"经典，也是难以想象的。

但他们获得了成功，并演给当时来大庆参观的国家领导人和外宾看，精彩的演出，让每一位观众都叹为观止。

可以想象，工人演员们在其中花费的心血是多么大，这其中功劳最大的当数刘老了。

强强联合——名曲诞生

1970年，大庆文工团组建。在当时的创作组中，有刘老，还有《会战红色家谱》中曾经报道过的，《我为祖国献石油》的词作者薛柱国等人。

在此之前，刘老和薛柱国先生是否相识还是初次相见，因二老已驾鹤西去，不得而知，但刘老生前在与刘畅的交流中曾说过，《踏着铁人脚步走》是他们二人唯一的一次合作。此时的双"剑"合璧，注定了一部优秀石油歌曲——《踏着铁人脚步走》的诞生。

有关《踏着铁人脚步走》创作完成的时间，翻阅了大量的历史资料，并没有特别详细的记载。薛柱国先生的女儿薛蔚所著的《我为祖国献石油》中，标注《踏着铁人脚步走》的歌词创作于1972年。

20世纪70年代初，是两位老艺术家的创作黄金期，都有大量的上乘之作问世。

刘畅曾问及刘老当时为《踏着铁人脚步走》谱曲的过程。刘老说，当时文工团创作员们的作品，可不是坐在办公室里硬憋出来的，一个月中，大半个月都要去井队工地采风，感受来自一线工人的革命热情和奉献了还要奉献的主人翁责任感。有一天，薛柱国先生把一份刚刚改好，誊抄在小笔记本上的歌词，兴冲冲地分享给刘老时，刘老情不自禁地朗读出来，字里行间，石油工人为油奋战、胸怀祖国的宏大气魄，让刘老一下子进入了创作的兴奋之中。进行曲的旋律、铿锵有力的节奏，积蓄心中多时的创作激情，在笔与纸的摩擦之间，迸发而出，一挥而就。

兴奋得不能自持的刘老，等不及跑到钢琴那去演奏，马上用手打着拍子，噔、噔、噔、噔噔噔、噔、噔噔噔噔、噔、噔、噔……

两个人就像孩子似的手舞足蹈，由哼曲，改为了合唱，朗朗上口、抑扬顿挫、堪称绝配的歌唱，让两位词曲作者沉浸在成功的喜悦之中……

广泛传播——一曲成名

不久之后，在大庆每家每户的有线小广播中，独唱、合唱的《踏着铁人脚步走》，开始在全油田广泛传播。

因为曲调轻快，歌词易学，各单位大会前的赛歌、学生课前的齐唱、演出小分队的必唱歌曲都非《踏着铁人脚步走》莫属。

一时间，这首有着鲜明时代感的红歌，唱遍了整个油田，甚至唱遍全国的各大油田，成了中国石油工人耳熟能详、张口就来、最爱演唱的"流行"歌曲之一。

刘巩祥（左一）下基层采风

1977年，由人民音乐出版社出版的《大庆职工、家属创作歌曲选》中，《踏着铁人脚步走》被收入其中。

因为这首歌曲群众基础雄厚，又能体现大庆这座英雄城市的时代精神，由大庆市音乐家协会推荐，2010年9月26日，经大庆市八届人大常委会第二十七次会议审议通过，由薛柱国作词、刘巩祥作曲的《踏着铁人脚步走》，被确定为大庆市市歌。

大庆英雄的 1205 钻井队,也把这首铿锵有力的石油"战歌"定为自己的队歌。

如今,不论是在庆祝大庆油田发现纪念日的大会上,还是在大庆市合唱比赛的曲目中,或是广场欢快的踢踏舞舞步中,《踏着铁人脚步走》已经融入大庆人的骨髓,代代传唱。

当我们唱起这首歌的时候,请一定记住这位石油作曲家的名字——刘巩祥。

▶ 红色传承

沿着先生的足迹创新前行

讲述人:刘 畅(刘巩祥的女婿)

我是一位电视编导,也是一位音乐人。是音乐,让我和刘巩祥先生结缘,更有幸生活在他的身边,成了他的女婿。

先生平生为人低调,不事张扬,不爱出风头,甚至极少拍照片,以至于在他去世时,连一张个人的照片都没有,遗像只能从一张与他人的合影中剪裁下来。

先生在艺术上精益求精,严谨认真,对每一个章节,每一个音符,都反复琢磨,不放过一点瑕疵,直到自己满意为止。他甘当人梯,扶持年轻人,不计名利,手把手,毫无保留地把自己的作曲经验传授给新人,为他们的成长铺路。他们那个年代的人,讲的就是奉献,践行的也是奉献。

他不拘泥于陈腐的音乐理论,大胆创新,不但为歌词谱曲,而且为大庆拍摄的电视剧创作主题曲,作曲、指挥、配器一肩挑起,创作热情和忘我的工作态度,给我们后辈留下深深的记忆,成了我们心中的榜样。

对于我来说,在他老人家的影响下,我的艺术追求,仍在路上。我一直想为他老人家做点事儿,我正筹划着把《踏着铁人脚步走》改编成一部气势宏大的交响乐作品,把它献给那些为石油而奉献的人们,也包括我的岳父——刘巩祥先生。

守着千件皮衣 却把自己冻感冒

宁弟淼

宁弟淼,"失踪"了!多少研究大庆石油会战历史的专家,都是只闻其名,未见其人。

宁弟淼是谁?为什么会有这么多的人想知道他的下落?他在大庆石油会战时期,可是个响当当的人物,大庆油田"劳动英雄",石油部"五好标兵"……他虽然掌管着成百上千件皮衣、棉衣,自己却只穿着一件破棉袄的先进事迹,曾刊载在1964年3月19日的《战报》上。当年只有4个版的《战报》,专门辟出了两个整版的篇幅,报道他克己奉公的事迹,还配发了社论和向他学习的一些体会文章,足见当时石油会战工委对他以及他所传承的时代精神的高度重视。

当我们费尽周折,在江汉油田找到这位老英雄时,电话那头的他,先是一愣:"大庆?大庆人还记得我?"话筒中传来的激动,让这位81岁的老人,声音似乎有些颤抖。

"大庆是我一生中最难忘的地方。虽然我只在那工作了8年,但我是在大庆精神铁人精神的滋养下成长起来的,大庆那种艰苦创业、节俭朴素的作风,让我一生受用不尽。"

重提当年的事迹,老人笑了:"那时候,每个人都这样,公家的东西就是公家的,自己的就是自己的。作为一个库房管理员,更应该不徇私,不越权,不伸手,有许多人背后说我傻,我说,这不是傻,是原则,是干干净净,不越雷池一步。"

"另类"的管衣人

话头要回到20世纪。1963年12月的一个晚上,猛烈的西北风,把木板房刮得哗哗乱响。一个人,穿着一件烂棉袄,坐在一堆皮大衣旁,守卫着劳保库房。这个人就是宁弟淼,是当年大庆炼油厂的库房保管员。

因为一条施工中的电缆线，要从劳保库房底下通过，埋电缆的工人，不管三七二十一，揭开库房的防潮地板就挖起来。沟挖好了，可天已近黄昏。挖沟的工人下班走了，库房墙壁下留下一个大洞。在那个年代，库房里都是紧俏物资，这个大洞无疑等于给盗贼开了一扇门。宁弟淼赶紧找来木板，堵洞、铺地。可是工程量太大了，加上天黑夜冷，一个人怎么也干不完，宁弟淼最终决定留下来。

他在一堆皮大衣旁边坐下，守卫着库房。小偷是不敢来了，但从大洞里窜进的那股贼风，夺走了他身上的暖乎气儿，吹得他瑟瑟发抖。可他不管不顾，像哨兵一样坚守岗位，寸步不离。直到晚上9点多钟，出外开会的同事回来帮他堵好墙壁铺好地板，他才锁好门回了宿舍。

第二天，宁弟淼病了，但他一声没吭，坚持上班，下班往宿舍走时，腿都抬不动了。

同事们急忙请来大夫，给他打上针，吃了药，他才沉沉地睡去。

正在补衣服的宁弟淼

"富人"的破棉袄

等他睡醒，伙伴们又心疼又埋怨地责备他："你可真是，守着一堆皮大衣却把自己冻病了，为什么不拿一件披上？"宁弟淼说："我是保管员，劳保品进库什么样，出库还应什么样，我怎么能乱动。再说，我这不是穿着自己的棉袄呢嘛。"

这话不说则已，一说同事们都替他心酸。宁弟淼那件烂棉袄，是他舅舅穿了多年送给他二哥，二哥看他毕业分配到北方工作，又转送给他的。里子面子都已破得不成样子，已经补了十几个补丁，还有不少地方露了棉花，虽然从表面上看算作棉袄，其实早已不挡风寒了。

劳保库是两栋木板房，室内气温经常在零下20多摄氏度。领导早就注意到宁弟淼的棉袄不顶用，为他想了办法。天刚煞冷时，技术安全科的科长就关照说："小宁啊，天冷了，库房里新棉衣、旧棉衣、皮大衣样样有，你不穿新的，穿件旧的，这也是为了工作嘛。"

守着千件皮衣　却把自己冻感冒

会战红色家谱 第一卷

《战报》专版刊发宁弟淼事迹——《革命的管家人》

可宁弟淼却说:"生产工人露天作业,都不怕冷,我好歹是在室内工作,怎么冷也比他们强。再说我已经领了新棉衣,不能再占公家的便宜!"这样一说,这位科长也只好摇摇头走了。

姓"私"的新棉衣

有人可能要问,宁弟淼领的新棉衣去哪儿了?为啥不换掉他那身破棉袄?

要说起这件事儿,还有个故事。

1962年5月的一天,突然下起一场春雨。正在库房工作的宁弟淼,穿着棉工服跑出去跟大伙一起抢运露天的害怕水浸的物资。

由于雨大,一些物资一时入库困难,需要苫布覆盖。宁弟淼就跪到原来放水泥的地方,去扛垫过水泥堆的苫布。谁知大雨一冲,沾在苫布上的水泥都渗到他的棉衣里。等晾干后,水泥和棉花板结在一起,变得硬邦邦的,像干牛皮一样没法穿了。为此,宁弟淼心疼了好一阵子,埋怨自己太粗心大意。

在病床上的宁弟淼,也意识到应当换件棉衣了,不然总是冻病多影响工作。但他打得不是公家的主意,而是想起自己还有一块家织的蓝布,组织上曾补助过他两斤棉花,被服厂有个师傅也答应过帮他做棉衣,便谋划着怎样想办法给自己做件新棉衣。

半个世纪过去了,当然,宁老的棉衣不知换了多少件,但他那件曾被送到中国革命历史博物馆展出的破棉袄,却一直扎根在他的记忆中。他告诉我们,艰苦朴素的作风,到什么时候都不能丢。物质生活富足了,精神不能滑坡,不能放松对自己的严格要求,人生的道路才不能出偏差。

他说,他非常想念在大庆的老领导、老同志,感谢他们对自己的关心。他说,不论走到哪里,他都是个大庆人。

▶ 红色传承

父亲就是这样一个人

讲述人：宁　红（宁弟淼的女儿）

父亲是1962年8月从重庆石油学校毕业，前往大庆参加石油会战的。他很少和我们讲起他的过往，有关他的事迹，都是我们从一些资料中看到的。

父亲就是这样的一个人，他不怕苦，不为名，不为利，不讲工作条件好坏，不讲工作时间长短，不讲报酬多少，不分分内分外，不分前线后方，一心只为了石油会战的胜利竭心尽力。

父亲一生朴实无华、勤俭节约，时常回顾会战艰难岁月，教育我们珍惜一分一厘，不可浪费。

作为他的女儿，一名高校的教育工作者，我从小就受父亲的认真负责、勇于担当的精神影响，对待工作也是一丝不苟，在工作中多年被学生推崇为"金牌讲师"，连年被学校评为优秀教师……

父亲就像一面镜子，时刻规范着我们的行为，他折射出的光芒，照亮着我们前行的路，跟着他的足迹，我们会走得更加稳健、更加坚定。

守着千件皮衣　却把自己冻感冒

"一捆、一口、一个漏斗"真管用

李一先

细细品读和聆听李一先老人的讲述,记者发现,早在50多年前,大庆石油会战人已经熟练地推行着现在被称为"扁平化管理"的模式,只不过当时没有人给它起上这样一个"高大上"的名字而已。

李老当年曾任会战指挥部总调度室综合组组长、经济工程师,后来,又担任大庆市企业管理处副处长,经济委员会、体改委、计委的主任,是大庆赫赫有名的管理"泰斗"。

一捆、一口、一个漏斗

"会战时期的宋振明,总结起东西来总是那么的精辟。"李老笑着说。

啥叫一捆、一口、一个漏斗?李老说,这是宋振明对会战时期总调度室人员工作任务最为形象的归纳。

当时的总调度室管得多、管得杂、管得还细,它的办事机构叫值班室。24小时值班,会战指挥部的一个个命令,都是通过它下达到各二级单位。各二级单位上报的情况,由它通知各部门分头办理。需要向上级领导请示的重要事项,也要通过它向领导汇报。起了个上传下达、命令、通报的作用。比方说会战期间的一项工程即将开工,涉及施工、供应、运输等多个部门合力工作,谁牵这个头,统领各个部门把前期工作有序运转起来?就是总调度室,它像大脑中枢,不断把指令传给神经末梢,又把神经末梢的感知传回大脑;它又像大型战役时,军队的作战参谋部,传达司令部的命令,同时还要收集前线的战况,综合分析研判,给司令部决策提供参考。这也是大庆石油会战借鉴军事化管理的重要特点之一。

所谓一捆:就是有关生产方面的事儿,总调度室都要揽在一起集中办好;一口:就是要上传下达,都从总调度室一个部门发出,用宋振明的话说,不搞荷叶包钉子,个个都出头;一个漏斗:就是所有问题不要积压在总调度室,要向漏斗一样,马上分派到各有关单位并督办执行。

这还不算，总调度室还有一天三会。

第一会是晚上7点"生产办公会"，各单位的领导必须参加，把生产一线汇报上来的问题逐条进行讨论，当场做出决策，并形成文件立即下发所属单位，要求石子落水听响声，做到事事有着落、件件有交代，办事有回音。

第二会是早上8点召开"领导班子干部电话会"，主要是对前一天的工作进程进行检查讲评，哪些做了，哪些没做，为啥没做。比如在上报的情况中，发现有些施工工地干活的人与上报不符，这个会上领导会向施工单位提问：干活的人都去哪了？管理之细，细到细枝末节。虽然是个不见面的电话会，但是追责的火药味，让一线的领导们，事事都不敢怠慢。

第三会是下午4点召开"生产调度电话会"，主要是检查当天生产任务的完成情况和工作部署的执行情况，查找问题，立即解决。

这三个会环环相扣，在短时间内，让大会战的石油产能有了大幅度的提升。这种日后被大家奉为现代化管理模式的"扁平化管理"，其实早在50多年前，就已经在油田上广泛推行。

所以说，学西方管理理论的同时，也要挖掘老前辈们由真才实干得来的宝贵经验。

千里眼、顺风耳、猴子屁股、辣椒嘴

从上面看，是不是当时的总调度室人员，都是足不出户，坐镇指挥的呢？李老说："当然不是。"

李老说，宋振明对于调度员的工作特点，有个特别的概括，叫：千里眼、顺风耳、猴子屁股、辣椒嘴。

怎么解释呢？总调度室的人员在组织指挥时，无论发生什么情况、什么问题，都要看得到、听得到，要了解现场情况，不搞瞎指挥。

总调度室的人员下到现场，要像猴子屁股一样得坐不住，多走、多看、多了解，看到问题，要敢说、敢管、敢要求，不怕得罪人。

所以说，作为一位调度员，去现场是家常便饭。李老讲了个故事：

当年，总调度室有个叫毕景林的，是分管试油试采方面的现场调度。当时的井位比较分散，单位又不配车，到现场了解生产情况，全凭一双铁脚板。

有一次，毕景林要去喇嘛甸的一口井看试油的进度和基础资料，从现在的二号院徒步走到喇嘛甸，硬是靠着两条腿，走了60多千米。

年终评比时，大家给他算了一笔账，一年之中，他徒步调查，走了5000多千

米的路，被大家誉为总调度室的"飞毛腿""铁脚板"。

李老说，这些现场调度员，走到现场并不是打个照面，走走形式，除了完成自己的采集任务，还要额外在现场搞些调查研究，了解情况，发现问题，并帮助解决。

对现场施工中存在的问题以及一些久不改正的坏作风、老毛病，现场调度员真是践行辣椒嘴，该批评批评，不怕得罪人。

他们常挂在嘴边的一句话就是，为了高效生产，就不能惯着坏毛病，不怕造个半红脸，不怕自己死了没人送花圈。

正是一颗颗大公无私的责任心，才保证了石油大会战各项管理工作得以大力、细致、高效推进。

去框框、搞创新、"眉毛胡子一把抓"

据李老讲，超常规的石油会战，同样需要超常规的管理办法。比如说，总调度室在内部机构设置上，打破了以往专业设置的老框框，不是上下一条线，而是"眉毛胡子一把抓"。

这里讲的"眉毛胡子一把抓"，可不是贬义，为了适应油田开发建设的特点，采用集中优势兵力打歼灭战的方法，把一项工程看成一个战役来打，由总调度室牵头，集合所有部门，在一段时间，把这一钻井、采油、基建等工程的所有施工备料、物资需求、运输车辆、需要人员的数量等一起通盘考虑。在统一指挥下，协调一致，快速备料、短时间上马，短时间施工、短时间竣工，保证油田产能建设的高效。

在计划制订上，也打破日、旬、月的陈旧模式，以组织战役的方式计划组织油田生产。

每一个重点工程，都由会战指挥部组织前线指挥所，靠前指挥，不搞"一窝蜂"式的上马。

比如，当年的中二注水站工程，以战役的模式，按系统工程的思路，搞综合运行。凡是涉及两个以上单位协同作战的项目，由上一级调度室派员现场指挥，基建及油建一起按计划一体施工，发现问题，就地解决，不拖延一点时间，保证注水站这场"战役"在规定的时间内快速完工，短时间形成生产能力……

谁也不会想到，因为李老的听力障碍，我们与李老是在一种单方面"封闭"的无声的环境中"交谈"的，但这丝毫没有影响到他对那场石油大会战中的有效管理方式的倾情发声。他为我们打开了一扇新的角度了解大庆石油会战的窗户，丰富了人们对大庆石油会战的深度认识,让大庆石油会战的成功延伸成了科学的发现、忘我的实干、严格的管理。

▶ **红色传承**

有一种传承叫创新永不止步

讲述人:李 颖(李一先的女儿)

重新追寻前辈的足迹,也是一种"不忘初心,牢记使命"的具体实践。

小时候只看到他整天忙碌,我很少问父亲做什么,他也很少说。

直到有一天,已经耄耋之年的他,应老领导、朋友们的邀约,出了那本《燃烧的激情》时,我才忽然意识到,在那个艰苦年代,父辈们追求创新,以朴素的管理理念,在短时间内,实现了中国石油的自给,长了中华民族的志气。

作为一位金融工作者,也算是父亲的一个小同行,我们应该向他们学习些什么呢?传承他们身上的哪些精神呢?我想那就是永不止步的创新精神。

无论遇到多大的困难,尊崇创新,勇于挑战,传承父辈们有条件要上,没有条件创造条件也要上的大庆精神铁人精神,在岗位上努力工作,在前进的道路上创新,沿着前辈的足迹前进,为实现中华民族伟大复兴而努力奋斗。

自力更生精神让会战职工吃饱肚子

陈方泮

陈方泮老人仍保持着从部队、从石油会战年代延承而来的艰苦朴素作风，老式的中山装，领口内还有一条现在已经极少见到的衬里。

衣服虽旧，但板正，衬领虽"老"，但白净，正如其人说话，条理清晰、干脆利索、有板有眼，不拖泥带水。他说这都是军队培养的结果。

阴差阳错

说起那场石油大会战，陈方泮老人笑着说，他是被一纸命令"劫"到大庆来的。

陈老是跨过鸭绿江、抗美援朝、保家卫国的功臣。当时，再过一周，他就要退伍还乡了，突然，中央军委来了一纸命令，要求他们这批转业官兵中政治过硬、身体强健的人参加大庆石油会战。

服从命令是军人的天职，陈老对来做他思想工作的首长说："没二话，一切听从组织的安排。"

"就这样，我在1960年3月，随着700多名战友，踏上了驶往石油会战'战场'的列车。在肇东一个多月的整训学习，我们对贫油国情以及各行各业急需石油才能保证社会主义建设的情况有了深刻的认识，同时，也对我们将要从事的工作，有了初步的了解。当年的五一劳动节，每个班带着一麻袋饼干，再次登上列车，向这块石油的处女地——萨尔图进发。"陈老说。

"在萨尔图下了火车，我们又乘上拉着木板房、帐篷、铁锹的解放牌卡车，在漫无边际的草原上奔驰。终于，车在一片荒草地上停了下来，后来才知道，这个地方叫星火牧场。"

八一新村

陈老说，大家说干就干，和部队一个样，要求规范化，一排排、一列列、整整齐齐的木板房和帐篷很快搭建起来，一个临时的工作、生活"新村"就这样成了荒原上的一道风景。

光有"外壳"不行，没有床铺怎么办？条件好的，底下用木板钉个框架，上面铺上羊草，人一个个睡在上面；条件不好的，就地多铺些羊草，就算是"床"了。

住的有了，饭怎么做呢？这一点难不住我们这些部队出身的人。没有炉子，现搭也来不及，就用铁锹挖个坑，坑里点上柴草，把锅往上一放，生火做饭的事儿，也就解决了。

后来，有关领导发现，这样一支"大军"，齐聚萨尔图，春夏秋三季还能在木板房和帐篷里凑合一下，可冬季一来，在这样高寒地带，住木板房和帐篷，人肯定吃不消。咋办？建房？一时半会儿，哪去弄这么多的砖呢？思来想去，调研走访，最终决定不等不靠，不给国家添负担，学习当地老乡的经验，自己动手，大规模建设干打垒。

"因为这个新村都是由我们这些退伍军人建设的，所以被取名为'八一新村'"。陈老说。

丰衣足食

住得艰苦点儿，大家还能忍受，可让这些大小伙子饿肚子，就是个大问题了。

石油大会战偏偏遇到三年自然灾害，当时，我们被分配到会战建筑指挥部。1960年初，原本每个筑路工人的定量是每月54斤（即27千克）粮，到了下半年，国家也无粮可调，我们的定量也一下子降到21斤。这对每天高劳动强度的人来说，吃不饱，也没劲干活，很多职工腿上浮肿严重。

这四五万人清汤寡水的怎么搞会战？抻着脖等国家给？当年军人出身的会战领导们，铮铮铁骨，落地有声，坚持不等、不靠、不把负担推给国家，喊出了发扬南泥湾精神，"自己动手、开荒种地、吃饱肚子、坚持会战"的口号。

当时，陈老已经调入被称为会战指挥部"三驾马车"的生活办公室。

陈老说："当时的会战指挥部是按军事化设置，生产办公室相当于部队的司令部，负责指挥整个大会战的进行；政治部相当于部队的政治部，主要做思想政治工作；我所在的生活办公室，相当于部队的后勤部，主要负责会战职工的吃喝穿戴。20世纪60年代初期，主要的任务就是想办法，如何让职工填饱肚子。

"当年生活办公室根据实际情况下设五大处，分别是农副业处、食堂处、生活服务处、劳保处和矿建办公室。"

各司其职

陈老介绍说,农副业处,主要围绕着吃饭问题做文章,一方面组织在北安建十万亩生活基地,一方面要求各指挥部也要办生活基地,抽调职工进行自产粮生产,弥补粮食供应不足、一线职工吃不饱肚子的问题。到1961年春天,各生产基地的自产粮已经基本满足了职工吃饱的需求,也是在这时,家属开始进行农业生产,"五把铁锹闹革命"①扬名整个战区。

食堂处,专门抓各食堂粗粮细做和自产粮的分配,开发出的食品,不仅要让职工吃饱,还要吃香、吃好。

生活服务处,主要负责从全国各地采购肉类、水果、布、棉花等一些职工急需的物资,采购回来,再逐一分配到下面各指挥部的基层生活服务部。

劳保处,主要抓职工的劳保服装、鞋的批量生产。当时为满足会战职工生产生活的需要,缝补厂开始建立,已经能够生产杠杠服、大头鞋、狗皮帽子等劳保用品。

矿建办公室,专门负责组织盖干打垒以及其他的房屋建筑。

后勤嘛,必须保障有力,在那个艰苦的年代,生活办公室的五大处左右一条心,统一领导、统一指挥、统一分配,担起了吃、穿、住、行的前三项,解决了石油大会战职工的后顾之忧。

一视同仁

在那个缺衣少食的年代,当时的领导相比职工有没有特殊之处?

谈到这个问题,陈老坚定地说:"一点儿都没有。就拿食堂来说,当年有那么句话,就是'干部进火房,先进进食堂'。食堂的服务员都是大家投票选出来的做事公正、做人正直的先进工作者,在他们眼里,一视同仁,没有领导、职工之分,打饭菜一个标准,大家随时监督,没有人逾越半步。"

陈老接着说,那时候对领导的要求非常严格,基本上一个月的时间,三分之一在基层蹲点,三分之一跑面,其他三分之一在办公室处理业务。干部和职工都是那套行头,看不出身份,有时甚至认不得男女。

那时候,干部下基层,要求是同吃、同住、同劳动。同吃,就是吃食堂,干部

---

① "五把铁锹闹革命":1962年,为解决大庆石油会战粮食不足的问题,45岁的会战家属薛桂芳率领4名家属带着5把铁锹到荒原开荒种地,这种艰苦创业的精神被称为"五把铁锹闹革命"。

到哪蹲点，就拿着饭盒和所在单位的职工一起排队打饭，同住，就是住职工宿舍，有房子，住房子；有帐篷，住帐篷。春节期间，领导还要下基层，与坚守岗位的职工一起过节包饺子，没有什么特殊化，干群关系非常融洽。同劳动就是和职工一起上井工作，不但一起参加劳动，还要了解蹲点对象的老家在哪，文化程度多高，结没结婚，家里有啥困难，工作上是否遇到什么问题等，问得非常细，回到办公室，还要把这些综合信息整理汇总上报，分析出可能发生的问题，及时按照这种调查"大数据"，调整思想政治工作的方向。

正面鼓劲

正在做报告的陈方泮

1965年，陈老在松辽石油会战工委家属政治部办公室做宣传工作，曾和同事到薛桂芳的队里蹲点。

因为当时家属对出来工作存在自己的情况，有家里反对、家里劝说去劳动，以及家属自身不愿意参加等。

他们抓住薛桂芳这个典型，通过新旧两个社会的对比，谈起妇女要想顶起半边天，首先要经济独立，改变原有"嫁汉嫁汉，穿衣吃饭"的陈旧思想，走出家庭，进行生产劳动，自食其力，真正做到经济独立、人格独立、男女平等。

这个典型在当年的《生产基地》报上一登，反响强烈，许多家属都提高了自身的觉悟，积极响应会战工委的号召，投身农业生产。

陈老讲，石油大会战一直秉承着解放军的一整套思想政治工作方法，正面鼓劲，让会战职工心里就像烧着一把火。

比如冬季的冬训期间，大家都围在一起，摆每个人的成绩、优点，评先进，鼓励大家学先进、当先进，一团和气，让大家心里热、情绪高，为迎接春天的生产奠定精神基础，这也是能够在那个艰苦年代打赢石油大会战的有力保障和支撑。

▶ 红色传承

心思 + 合力 = 目标

讲述人：徐伏虎

随着采访的深入，许多会战时期的精髓，都让我们后辈享用不尽。

那个年代如陈老一样的会战人，不管是领导还是普通职工，都不计个人得失心向大会战，一门心思想为国家减轻负担和压力，一门心思把能克服的困难留给自己，发扬党在延安时期和解放军那种自力更生、艰苦奋斗、迎难而上的精神。粮食不足，自己动手；衣帽不足，自己生产；没有砖瓦，自己取土，盖起干打垒。每一个人都不等、不靠、不伸手，努力为国家分忧，自力更生、自给自足。不但保证了正常的原油生产，而且上下合力齐动手，把职工的后勤生活和政治思想工作，搞得充实、丰富、有声有色。

每一个人，每一个单位都不懈怠，一心为实现国家原油自给的宏伟目标做着共同的努力，这也是大庆石油会战的各项工作无往而不胜的重要基础。

今天，当我们站在新时代的当口，回望先辈们的过往，我们更感到了自力更生、艰苦奋斗，团结就是力量的可贵和它所蕴藏的巨大能量。

只要干群合力、人人担责、个个争先的主人翁精神代代传承，我们的宏伟目标就一定能够实现。

陌生人的一碗茄子仍是回忆里的温暖

说到会战年代难忘的记忆，耄耋之年的赵庆德老人慨叹："那时的人们积极向上，乐于助人，其乐融融像是一家人。虽然过去半个多世纪了，但现在想起来，仍然很幸福。"

赵庆德

一个不满四个吃惊

赵老是哈尔滨工业大学1964年的毕业生，分配时，报道的工作地点，让他觉得不满意。

安达市农垦十五场二队？一个工科生，上农垦场能派上什么用场？但不满意归不满意，那个年代的人，讲的就是服从分配，到祖国最需要的地方去。

走吧！管它是哪，想到自己就要为祖国建设做贡献了，赵庆德心里充满了对未来美好生活的憧憬。

从哈尔滨登上西行的列车，目光瞥向窗外，他仿佛看到站在北大荒金色麦浪中的自己，是那样喜悦、那样自豪、那样富有诗情画意……

列车停靠安达站，他连广播也没听清，就兴奋地下了火车。当他听到广播员在喇叭中说去农垦场的不要下车，要乘这趟列车前往萨尔图站下车时，列车已经开走了。

直到他第二天赶到萨尔图，并到二号院组织部门报道时，他还有些疑虑，问组织部门的接待人员："我一个学工科的，在农垦场能干点什么呢？"接待人员的回答，让他吃了一惊。

"农垦场是对外的称呼，这里是大庆油田。"

油田？吃惊又兴奋的赵庆德这时候放心了，不是去搞农业机械，而是为国家开采石油，太棒了！

这个当时被叫作"安达市农垦十五场二队"的地方，实际上是油田设计院。当拉着他报到的卡车停在设计院门前时，一位女同事已经等在那里，他再次吃惊地发现，他人还没到时，宿舍、床铺都已经安排妥妥的了，就连食堂的饭，都帮他打好了。

"当时我就想，虽然住在木板房里，条件不咋好，但原本素不相识的同志，就像家里人一样，面面俱到，一切都安排得非常周到，而且为我跑来跑去，让我心里热乎乎的。"赵老说。

刚出校门，来到一个陌生的环境，赵庆德有点毛，不知干点啥。科室的领导看出来了，就安排他练习写图纸上常用的仿宋字，写了一下午，他就同大家一道去食堂吃晚饭。晚饭吃完了，他径直回宿舍，折腾了一天，他想美美地睡上一觉。

可是，他发现宿舍内空无一人。这人都上哪去了？他想了想，"我这初来乍到的，别不知深浅，得给人留个好印象。"就这么着，他去了办公室，到那一看，幸亏来了，人一个不少，都在这呢！

领导看赵庆德来了，也没说啥，就让他帮助抄写些数据资料，这一干就到了晚上11点多。这让劳累一天的他，哈欠连天。好不容易把手头的事儿弄完了，党支部书记来了，督促大家交这天学习《毛泽东选集》的心得体会。一看赵庆德是新来的，并没有放松对他学习的要求，拿了本《毛泽东选集》和一个笔记本，让他学习一篇著作，并在本子上写下心得体会，一会儿交上来看。

等学完了文章，写完了笔记，已经是午夜时分了。

因为在学校赵庆德起居规律，再加上累了一天，此时的他，几乎要坐着睡着了。

就在这个当口，室领导说一会儿总工程师要来室里研究设计方案，大约要2个小时。赵庆德第三次被惊着了，"我的妈呀！那不得干到后半夜两点？这还能有睡觉时间了吗？"同事们告诉他，一直都这样，习惯了！那天好在室领导体贴他的劳累，提前让他回去。走在路上，党支部书记还追上来，把写着批语的学习心得本，交给他，希望他今后多学习，理论联系实际工作。

到了宿舍，赵庆德倒头大睡，就连同事凌晨3点多回来就寝都一无所知。就这样"满负荷"工作了2天，原本没有午睡习惯的赵庆德，开始午睡。

吃惊还不止这些，从周一报道到周六，差不多连轴转的赵庆德，想着第二天是星期天，好好补个觉，可是大清早，同宿舍的室友就都起床了。被吵醒的赵庆德再一惊，也忙着爬起来，问大家："星期天还上班吗？"同事们都笑着说，当然了，咱们是逢十休息，不休星期天。

在赵老的记忆中，当年的同伴们，就这样乐观向上，不计得失，甘于奉献，二话没有，一心工作，这让他对这个集体，有了新的认识。

三件小事一生难忘

人的一生,起起伏伏,会经历许多,但随着岁月的长久,有些事儿淡了、忘了,能存留下的都是令人刻骨铭心的。

第一件事是馒头"配餐"。赵老说:"那个年代不管是机关干部,还是科技人员,都要到基层调研。去的地方远的,运气好能搭上便车,运气不好,就靠两条腿走。估摸赶不上饭点,还要自己带干粮。

"我有一回去一个单位,怕赶不上饭点,就带了个干馒头。走到中午时,又冷又饿,就近去了一个单位的食堂,想要碗热水,就着馒头吃下去。

"大师傅一看我的馒头,就说,大冬天吃这个哪行呀,把身体都吃坏了。说着转身进后厨,端了一大碗茄子,还带了碗热乎乎的粥。别看馒头不咋地,这配餐挺高档。那天吃得特别香、特别满足。非常感谢这位只见过一面、却热情如兄弟般的食堂大师傅。我谢他,他笑着说,咱都是一家人,分啥你家我家,只要你吃饱、喝好,我也算尽到了自己工作上的责任了!

"那时候的人,就是这样的热心、热情,好像帮不到你,心里过意不去似的,每个人都这样,不管认识不认识,都一样当朋友、当家人对待。"

第二件事是代接媳妇。参加会战那会儿,赵老的爱人还在老家,没搬来大庆。有一年,爱人来大庆探亲,可又恰巧赵老外出在工地调研。事儿传到单位工会,工会领导和赵老招呼都没打,就派专人专车,去火车站把赵老的爱人接回了家。

"当我到宿舍时,媳妇已经到'家'了,而且工会的同志,还借了张单人床,和我的单人床并在一起,连被褥都送了过来。那时候生活条件艰苦,但每个人彼此的心都贴得很近。

"好多你想不到的事儿,有人会主动替你办了,没有人特意安排,遇到了都当成自己家的事儿来办,让你总能感觉到集体带给你的温暖。

"比方说,当时大家都全身心地投入石油会战,有时候孩子的吃喝不及时,这些都不用你操心,邻居会把孩子领回家,吃喝不算,家长没回来,还负责把孩子哄睡了。那时候的孩子真叫吃百家饭长大,没有人担心给别人家孩子吃坏了,会被孩子家长骂,即使吃坏了,也没有人往坏处想,人心向善,邻里和谐得就像是一家人。"赵老这样说。

第三件事是荒野寻娃。"1965年左右,我5岁的大女儿和3岁的二女儿还在托儿所。一天,大女儿想和二女儿早点出去玩,就跟阿姨说谎,说妈妈让她们晚上自己回家。

陌生人的一碗茄子仍是回忆里的温暖

"那时候,不像现在,幼儿园闭园前,门口站好多家长接。那会儿家长都忙,公路上车又少,住得离托儿所也都不远,孩子大一点的,都自己早上来晚上回。所以阿姨也没在意,就让两个孩子出来了。两个孩子边走边玩,走进了草甸子里,最后迷路找不到回家的路了。天渐渐黑了,孩子在原地也不敢动,哭喊又怕招来野狼。

"天黑了,孩子怎么没回来呀?到托儿所才知道孩子走了,这下子我可慌了。这时听到信儿的邻居们都往我家聚,有个有经验的邻居现场分析孩子可能去的地方,然后,分兵几路寻找孩子,仅半个多小时,孩子就被邻居送回了家。

"因为找孩子,哪有什么心思做饭呀,看到孩子平安回家,而且又渴又饿,东家端来热水,西家送来饭菜,邻居们有座的坐着聊天,没座的站在那说话。就像刚平息了事儿的大家庭,安抚孩子别害怕,安慰我们两口子别后怕,一直聊了很久,大家才回了家。

"我特别怀念那个年代的人和那个年代的事儿,我总是想,在那个物资匮乏的年代,精神上却非常充实,人与人之间没有猜忌,从不设防,有话敞开了说,遇事大家互帮互助,大家都在一个友善的、正能量的心态下生活,你会感觉到你周围有一团火,多冷的天,你都不冷,多冷的心,都会被融化。这也是一种精神,一种团结友善的精神,这精神消除了多少石油人的后顾之忧,让他们在生产一线全身心工作;这精神曾把社会当作一个家庭,彼此抱团,彼此支撑,成就了那场石油大会战的辉煌。我时常在想,这种精神的回归,我认为这是一种力量,如果一个民族延续这样一种善良、诚信的美德,这个民族将是不可战胜的。"赵老激动地说。

▶ 红色传承

这些美德并没有"过时"

讲述人:徐伏虎

有时候,我们总是抱怨现代化的高楼大厦,隔开了邻里之间的亲情;抱怨工作上的激烈竞争,让每一个原本纯净的内心,又多了阴险和狡诈与相互间的隔阂;甚至抱怨物质生活的丰富,夺走了艰难年代的那种朴素和善良。

而赵老讲述的那些温情故事,让人感动和向往。

中华民族历来弘扬邻里和谐、人人友善、遇难相助。在这个全新的时代，我们更需要那种不是兄弟亲如兄弟的人间真情。

在中华民族走在伟大复兴的大路上时，需要作为每一个社会细胞的家庭成员们，亲似家人、守望相助。

如何传承我们先辈的精神财富，让那些被一些人认为过时的美德更好地得到继承？这，值得每一位现代人深入思考。

陌生人的一碗茄子仍是回忆里的温暖

1205之"谜"：干干净净杠杠服

杨翔鹏

他，叫杨翔鹏。虽然叫他老会战，但年过七旬的他，当时其实是那个队伍中的年轻人。自从他1964年10月以徒工身份来到大庆，就与大庆有了难解之缘。经历了石油大会战末期的轰轰烈烈，经过人民解放军大熔炉的烈火锻造，再次回归朝思暮想的油田，他说，大庆总有一股力量吸引着他，总有一种精神激励着他，总有一些难忘的故事牵绊着他……

"'三老四严''四个一样'是我们进入油田的教育第一课，那时候这一作风已经在整个油田形成风气，但对于我们这些十七八岁、初涉世事的小青年来说，还是有些难懂。而当时战区流传的故事，一下子让这些抽象的道理，在我们心中具体化了。"杨老说。

甜蜜的误会，石油姑娘"不认"老爹

这个故事有多个版本。大多数资料中，它的主人公叫王淑芬，然而，在杨老的记忆里，主人公叫曹亚凡。这里，我们暂且不去深究主人公到底是谁，因为在那个火红的年代，类似的故事有许多许多……

故事发生在1965年的秋天，曹亚凡的父亲因想念女儿，远道赶到大庆，一来，看看孩子的工作环境，二来，也了却老两口对女儿的牵挂。

当曹爸爸好不容易从萨尔图火车站徒步走到现在儿童公园斜对面的一口油井，找到自己的女儿时，兴奋的曹爸爸立刻大叫了一声："亚凡，爸爸来了！"可随后眼前的一幕，却让曹爸爸失望了。女儿非但没答应他，而且连头也没回，仍然和一名采油女工坐在小板凳上，保持着原有的姿势。

曹爸爸没往女儿的手头工作上想，还以为自己长期没来看女儿，女儿生气了呢。曹爸爸第二次又歉疚地叫了声："亚凡！"还是没有回应，但曹爸爸看到女儿抬起身子，让同伴把小板凳挪出来，让曹爸爸坐下。曹爸爸这才看到，女儿正认真地用手扶着一根钢丝，一圈圈地往滚筒上盘，防止因刮蜡片掉入井中发生停井事故。

好不容易等到这口井的清蜡作业完成，女儿却没有停下来和她说话，而是匆匆出了门，好长时间都没有回来。

这下憋了许久的曹爸爸终于爆发了，也伤心了。怎么了？当了石油工人了不起了？连老爸都不认了？我好心大老远来看她，还碰了一鼻子灰，老人一气之下，去火车站要买票回家。

这时，从另一口井清蜡归来的曹亚凡，一脸兴奋，一路小跑地回到父亲坐等的那口井。本想着工作结束，再与爸爸团聚，可是现场，小板凳还在，爸爸不见了。曹亚凡急得要哭：一定是父亲误会自己了。

曹亚凡和同伴向萨尔图火车站方向跑去，在路上，和父亲相遇了。刚要解释，曹爸爸先不好意思地开腔了。"老糊涂了！我都打听过了，爸不怪你，那是你们执行工作严细认真，集中注意力，不许与别人说话的制度，这下我算是体会到你们油田的'三老四严'了，人人都这么遵守，啥事都能办到最好啊。"

这则故事，现在看来，似乎有点不人性化，但这是那个年代人们严格执行"三老四严""四个一样"的一个缩影。

"油井老中医"，"搭脉"便知油来何处

杨老说，就是这个故事，让我们对"三老四严""四个一样"有了很形象的理解，这种严细认真的作风，也成了我们注重细节、认真工作的标杆。

"1964年，我当学徒工那会儿，兴起三股风。一是学写方块字之风，二是学习技术之风，三是干精本职工作之风。别的不多说，单说干精工作这一条。我当时在采油指挥部南十一转油站当泵工。这个站负责储存周边24口井的原油。这么说吧，我手一搭在进油管上，就能知道这油是哪口井来的，就精到这个程度！"杨老笑着说。

这个南十一转油站在哪？就在今天被称作"东道口"附近的地方。

大庆的原油含蜡、含硫高，容易凝结，所以，从一口井到转油站，一路上要同供暖管线依偎而行，才能保证流动。用杨老的话说，即使在夏季，也要保证伴热管线不低于20摄氏度。

因为每口井远近不一，每条伴热管线也只能各自为战。我们都知道家里的暖气，离锅炉房越近的供暖越好，末端相对温度要低。锅炉的出水温度都是一样的，远一点的井，可能因温度下降，造成凝结。

那这个温度靠什么来"调节"呢？靠的就是用手来"测温"的经验。杨老就是靠长期的摸索和实践，不知道多少万次对每口井的来油进行"体测"，才像个老中

医似的,只要手往管线上一搭,油来自哪里,温度够不够,需不需要加把火等都一清二楚。

当然了,现在这种东西靠仪表数据更加准确,但在石油会战困难时期,会战职工克服一切险阻,凭着"有条件要上,没有条件创造条件也要上"的精神,完成了许多难以完成的任务,靠的就是责任、细心、钻劲儿练就的硬功夫。

1205之"谜":"标杆"是这样炼成的

1967年,南十一转油站有幸与大名鼎鼎的1205钻井队做了"邻居"。这也让杨老有机会见到铁人,见到这个军事化管理的团队,见到了不一样的管理模式,这让杨老感叹:"英雄的1205钻井队,不仅有它的特殊范儿,更有它与众不同的内涵。"

杨老说:"那时候,只要两个队离得近,就要在一起搞'一帮一,一对红'活动。和1205钻井队住'邻居',南十一转油站当然不能放过这样宝贵的学习机会。当年,我们这个采油队叫'斗硬采油队',我当时是队里的团支书。这样,我们就队与队互帮,团与团互学。不学不知道,一学,好的经验特别多。

"咱们都看过那个年代的纪录片,钻井工人不管寒暑,奋战在钻井平台上,杠杠服上沾满了油污。可是,我们在1205钻井队却看不到这样的情况,工人们一个个穿得干干净净,难道1205钻井队井上的原油不往工人身上喷?这个谜,一直让我们好奇。去队里一看,满不是那么回事。1205钻井队有一个专门的铁皮房,这个铁皮房,既是'洗衣房',又是更衣室。下了班的工人,把满是油污的杠杠服,在这里用蒸气蒸干净,然后挂在这个屋里晾干。再换上其他干净的服装回宿舍,这才是真正的'谜底'。

衣着整洁的1205钻井队

"说到宿舍,那更整洁了,完全的军事化管理。被子四方块,床铺、洗漱用具都整齐划一,除了屋子小以外,其他都与军队的内务一个样。

"现在说起来,一个团队没有一个有效的管理机制,是很难打胜仗的,之所以1205钻井队后来被称作钢铁1205钻井队,与超常的管理、敢打硬仗是密不可分的。"

想说的故事太多太多，想表达的情感也越来越丰富，年过古稀的杨老，看上去仍旧意气风发。虽然已经退休多年，但他人退情没退，一直为大庆油田采油一厂的体育工作发挥着余热。

他说："正是石油会战时的那股子奉献精神，让他至今受用不尽……"

▶ 红色传承

精神之根：主人翁责任感

讲述人：杨锦虎（杨翔鹏的儿子）

在父亲左侧大腿上，有一块皮肤的毛孔比周边的大，那是1975年他在扑救东油库大火时留下的伤痕。

现在谈起这个话题时，我母亲还埋怨他太傻，媳妇、孩子都有了，如果有个一差二错，我们怎么生活？父亲总是笑着说："哪能眼瞅着国家财产就那么烧了？那时候就只想着油井、油库了，其他的啥也没来得及想。"

这就是他们那辈石油人的主人翁责任感，把国家的财产看得比自己的生命都重要。干工作不讲条件，精益求精。这些都深深地影响着我们，让我们的工作有目标、有榜样。

作为油田的小字辈，条件改善了，但这种以企业为家的主人翁责任感不能丢失，这是我们的精神之根。

今天，我们不忘初心，我想应该就是不忘老一辈石油人为国家争光、为民族争气的那个初心，牢记大庆精神铁人精神，改革创新，肩负起当好标杆、建设百年油田的重大责任，为实现中华民族伟大复兴的中国梦，做出更大的贡献，把父辈的创业精神代代传承下去。

蚊子咬人不能打　棉裤冻僵站起来

魏明祥

魏明祥，魏老，即使身体欠安，但听说我们要采访大庆石油会战时期的故事，还是欣然应允了。

2年制中专上了5年

啥中专，上这么长时间？都赶上大学的时间长了。魏老说："1963年9月，我从黑龙江明水老家考入了当时位于三棵树的哈尔滨石油专科学校，学习矿产机械。

"当年虽然大庆石油会战仍处于保密状态，但对于石油系统学校来说，远在百公里外的大庆油田已不是什么秘密了。

"那时，学校为了贴近油田，更好地使教学工作理论联系实践，在我上学的半年后，也就是1964年，学校搬迁到离大庆油田更近的安达，并更名为安达石油学校。入校没有多久，又迁到现在的地宫门附近，更名为大庆石油学校。一年以后，学校迁到文化村，又更名为大庆石油钻采学校，最后学校搬到了'七二一'大学，算是扎下了根，但这都是后话了。

"学校不断搬迁，校舍不断兴建，主要的劳动力，是我们这些在校的学生。当时，我们半工半读，自力更生，很快建起了校舍。搬进文化村的校舍后，毕业时间一推再推，从1963年入学，到1968年才算毕了业，原本2年的中专，就这么着上了5年。"

骑行回家成就好姻缘

魏老说："学校搬进文化村后，课余时间多，待在宿舍无事可做，突发奇想，干脆回家看看吧。明水不通火车，长途车贵，咋整？骑自行车回家！

"那时候也不知道个累，凭着一把力气，从乘风庄骑车到明水，那可是100多千米呀，借了辆自行车，走荒地，穿安达，足足骑了2天才到了家。

"远近也没个概念，大冬天的，光带了些水，半路冻成了冰疙瘩。水喝不上，肚子也饿得受不了,恰好路过一个工棚,进去还真要来了点饭吃。那时候,人与人之间的关系相当友爱,听说我是从大庆骑车来的,人家老惊讶了,可佩服了,啥也不说,不但送上热乎饭,还分文不取。就这么着,吃饱喝足的我,才又骑车往家走。

"有了一次成功的经验,骑车回家就不算个事儿了,只要有时间,就骑上自行车往家回。

"我出去上学好几年,回家属这时候勤。一来二去的,就有人问我在公社当书记的哥哥,你兄弟多大了?有没有对象呀?

"三问二问的,就有人给介绍对象。那个姑娘,也就是我老伴,家是吉林的,来明水走亲戚。当时,我们两人一见面,双方都感觉不错,行,通过一段时间接触和了解,关系就确定了下来。

"关系是确定下来了,可我还是个学生,咋也得先立业再成家呀。这样,直到1968年中专毕业,分配到钻井队后,我俩才结婚。"

蚊子成群你也不能打

魏老说:"我是矿产机械专业唯一一个被分到钻井的。现在想起来,真是很幸运。

"我当年在战区赫赫有名的标杆1268青年钻井队当井架工,整天工作在离地25米高的钻井平台上。在千里荒原上打井,夏天大群蚊子叮咬,工作服之外露出的皮肤,咬得都是包。有人问了,打呀,蚊子咬你,打它,轰它呀。平台上工作,稍有疏忽,都可能出现意想不到的事故,所以,每个人都必须一丝不苟,按规定操作,腾出手来打蚊子,是不可能的事儿。平台上的人都各有职责,想有人替你轰轰或打蚊子,也是不可能的,只能挺着。

"冬天就更艰苦了。当年大庆石油会战的口号是'石油工人没冬天',再冷,井也要开钻;再冷,人也不能停止打井。井里喷出的泥浆,溅到我们的杠杠服上,冻得就像武士的铠甲,走起路来,就像现在的机器人,而且咔咔直响。回到宿舍,棉裤脱下来都很费劲,一点不夸张地说,冻僵的棉裤,都能站在地上。那时候的钻井工人,就是在这样艰苦的环境和条件下,大干苦干,没有一个人叫苦,没有一个人偷懒,而且轻伤都不下火线。

"我们队的一位同事,起钻吊卡时,把手卡在了里面,当司钻听到呼救,抬起吊卡时,我看到他受伤的手,每一个毛孔都是一条鲜红的血线。但他只是在同事的帮助下,揉揉搓搓,恢复知觉后,继续他的工作。

"有一次,我在扶钻杆时,一根沾着泥浆的铁毛刺,瞬间穿透右拇指肚,我找

会战红色家谱 第一卷

来一把钳子,硬是把这根铁刺给拔了出来。用手压了压,止住血后,仍然守在岗位上,没人看见,自己也不觉得是个事儿。后来伤口就在工作中愈合了,现在想想,泥浆里有碱性成分,有一定的消毒作用,所以,伤口没有感染。那时候,大家都一门心思搞生产,根本就没有工夫管自己。"

"吕铁腿"背后的故事

在会战红色家谱的30多位采访对象中,留有那个年代照片的人,算得上凤毛麟角。魏老不但有,还是张彩色的照片。

井场全队学"两论"(左三为魏明祥)

这张照片的背景是井场,13位钻井工人围坐在重晶石粉的草袋子上,手捧着毛主席的《实践论》在探讨交流。

魏老指着中间一位穿着绿色军装的人说:"他就是当时1268青年钻井队的指导员,有着'吕铁腿'之称的战区劳模吕宗思。

"'吕铁腿'这么个绰号,是有来历的。在一次钻井时,一根钻杆打在了吕宗思的腿上,这要是一般人,腿不折也得带伤,可是吕宗思却奇迹般地啥事儿没有,所以，大家送了他个'吕铁腿'的绰号。

"在'吕铁腿'左手，腿挨腿的那个就是我。

"当年吕宗思是战区的新闻人物，来采访我们1268青年钻井队，采访吕宗思的记者特别多。一天中午，我们正利用休息时间，针对我们一段时间遇到的问题，结合《实践论》的学习进行讨论。大家摆事实、说道理、打比方、讲方案，活跃的学习气氛，感染了现场的一名摄影记者，这才抓拍到了这张珍贵的照片。"

一篇稿子进了宣传科

"我们那时候不但要做好本职工作，还自愿义务献工，好像浑身有使不完的劲儿一样。常常利用午休、晚饭后的时间，去井场抬钻杆，清理井场，大家每每都干得热火朝天，在那个文化生活极其单调的时期，甩开膀子大干，成了年轻人相互交往、填补时间空白的一种正能量的生活方式。人人如此，没有硬性要求，全是凭着自己的一股工作热情，特别难能可贵。"魏老说。

火热的生活，给了年轻时的魏老许多创作灵感与激情。他拿起笔来，把自己的经历一挥而就。不久，他创作的《熔炉红火》刊登在了《战报》上，引发了许多油田年轻人的共鸣，也引起了钻井指挥部宣传科领导的注意。

"这样的人才，怎么能埋没在钻井队？马上抽调到宣传科来，我们正缺少这样的骨干。"这样，宣传科领导的一个电话，打到了1268青年钻井队，要求魏老马上去宣传科报道。

"谁？魏明祥？要谁都行，要他不行啊，他可是我们队的重点培养对象，你们把他要走了，我们咋办呀？不行，我去。"当时的1268青年钻井队队长黄元贵，是真心疼了，他怎么舍得放走自己培养了多年、一直看好、干活拼命、认真负责的魏老？

他还真去了宣传科想"替下"魏老，可人家不要他，要的是能写文章的魏明祥。

优秀的人，谁都抢着要，最终，为了大局，黄队长不得不忍痛割爱，把魏老送到了宣传科。

回首过往，魏老非常感慨。

他说："随着工作的需要，我辗转了许多单位，但在钻井队工作的5年，给我的一生留下了极深的印迹。那种相互帮助的同事情和忘我的工作热情，如今想起来，都热血沸腾。感恩那个时代给了我们这一代受用不尽的精神财富，让我们的人生有得回味，有得自豪。"

蚊子咬人不能打　棉裤冻僵站起来

会战红色家谱 第一卷

▶ 红色传承

懂得感恩方可传承

讲述人：魏 红（魏明祥的女儿）

今天，我们每天在现代化的城市中穿梭，高楼大厦，车流如潮。回望当年那片亘古荒原，聆听父辈们创业时的劳动号子，我们的心中油然产生一种感恩。

感恩这地下流淌的黑金，让我们的父辈有了创造精神的机遇和无私奉献的战场；感恩父辈们的负重前行，让我们这座地球上籍籍无名的荒原，因油而扬名世界，因不朽的忘我精神而让世人仰视；感恩创业者的辛劳，因为他们的努力，让我们在这块土地上生根，为这座年轻而又美丽的城市奋斗。

知道感恩，才懂得传承。

只有记住父辈们创造的过去，才能真正不忘我们为什么而出发；只有记住出发的方向，才能真正认识使命的意义；只有把使命扛在肩上，才能真正从历史中汲取力量。

作为新时代的青年，我们不但要传承父辈们的精神财富，更要发扬并宣传好我们这块土地上传承不息的大庆精神铁人精神，让这精神之火，在更多的年轻人心中熊熊燃烧，经久不息。

西油库那场浪漫的"秀恩"爱

电话那头的王净，哽咽了许久才说："读了《会战红色家谱》，就好像是在读自己家的故事，想念远在海南的父母，他们也是老会战，有很多讲不完的动人故事。"

千里姻缘牵一线

或许有读者要问：你这大标题中为啥将"秀恩"和"爱"区分开来？其实很简单，这篇文章中的老两口，一个名叫王国恩，一个叫由玉秀，分别取了他们名字的最后一个字组合而成。

王国恩、由玉秀夫妇

今天，咱破破例，不去说石油会战生活条件的艰苦，也不提那个火红年代的冲天干劲，就讲讲发生在他们老两口年轻时以苦为乐的甜蜜爱情故事吧。

人都说，两口子能结合到一起，是千年修来的。这个真不假。当年两个天各一方的年轻人，因为石油，一个从北京铁道研究院，一个从甘肃酒泉邮电局，怀着到祖国最需要的地方去的一腔豪情，背起行囊，共同向着喷出工业油流的松辽盆地聚集而来。

主攻内燃机专业的王国恩，可是个了不得的人物，在北京铁道研究院时，曾参与了新中国第一台"和平型"蒸汽机车的研制和投产，这个原本会在铁道事业上大显身手的年轻人，1961年，听从组织上的安排，随着北京各大部委抽调的技术干部，到萨尔图参加石油会战并被分配到了因首车原油外运而扬名历史的西油库。

当年的由玉秀，因为在酒泉邮电局从事过话务员工作，被安排到会战机关的总机室继续从事话务工作。

一个在安达,一个在油田的西部,月老似乎没有把两个人往一起撮合的意思。可是机遇来了,总机室因为是当时的一个临时机构,撤销了,由玉秀被分配到西油库,从事锅炉水化验。从这儿,两条原本平行的直线,开始在西油库找到了交点。

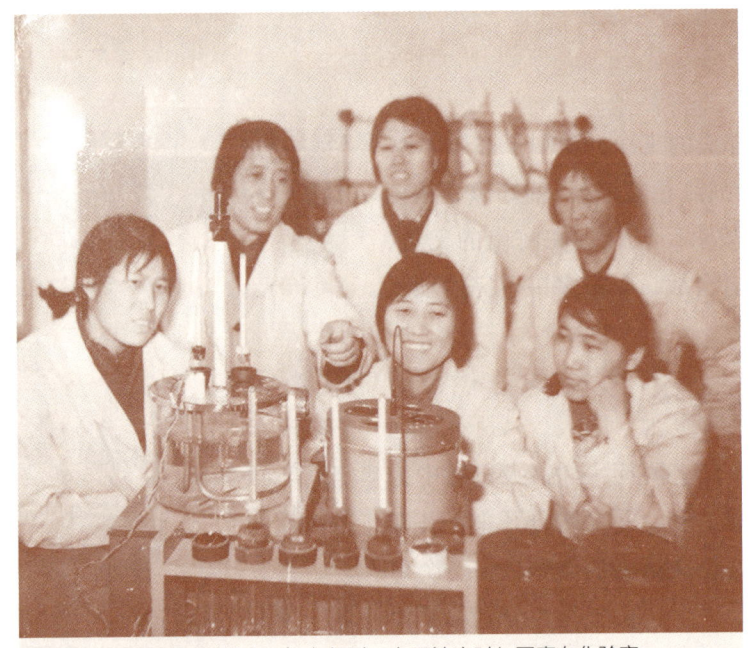

由玉秀(前排右二)年轻时,在西油库时与同事在化验室

曲线求婚瞒年龄

蒸汽、锅炉,技术员、化验员,这一组严肃的文字,却让两个年轻人有了相互见面的机会。

那时候的人,单纯,一心扑在工作上,虽然两人总见面,但爱脸红的王技术员,不好意思多看姑娘一眼,一切仅限于工作接触,从没有什么非分之想。一次单位会演,王技术员却被台上的由玉秀征服了,心跳加速、脸颊发热、六神无主,这个当年的大龄青年,懂了,自己是爱上由玉秀了。

"那时候的年轻人不比现在,都含蓄,很少有那种找姑娘当场表白的事。如果小伙看上哪个姑娘了,要找个介绍人,隔山'喊'话,先看看人家姑娘愿不愿意,才能有下文。

"那时候我岁数大,有心眼,如果自己不抓点儿紧,这样的好姑娘迟早得成别人的媳妇!说行动就行动,先得找个可靠的介绍人。我发现政治部田万海的媳妇和由玉秀要好,就找到他,把自己的想法说了。田万海办事效率高,和媳妇一说,两口子首先对我挺认可，当然在由玉秀那说我的好话了。"

王老还没说完，话头儿就被由老接过去了："是，他们俩来找我说了，我当时说，那个王技术员岁数挺大吧？他们两口子不知是没问，还是有意隐瞒，说比我大5岁。那年我19岁，一想他24岁，也不算大不少。看着他人忠厚老实，挺仁义，就同意处处。结婚后，我才发现，他哪是比我大5岁呀，整整9岁。"

铁骨柔肠真性情

说到忠厚老实，由老还"剧透"了个故事。

王老来大庆前，在北京铁道研究所已经有了女朋友，俩人同在一个单位，已经到了谈婚论嫁的程度。就在这个当口，调令来了，将来结婚两地分居，也不是个事儿呀。这么着，王老的女友也申请调到大庆。吃不饱，结婚连房子都没有，还得各住各的帐篷。千里荒原，一眼望不到边，还常有野狼出没……

这些对于城市的姑娘来说，是个不小的挑战。条件艰苦，姑娘父亲又一遍遍来信、来电报，说她的奶奶"病危"，催她马上回北京。一边苦，一边拉，姑娘动摇了。

当年的王老也很心疼自己的女友，在去留问题上，只能给她开了绿灯。

姑娘回到北京一年多，虽然和王老联系紧密，但也没有再回大庆。有一年，单位的领导到北京开会，特意找到这个姑娘谈话，希望她回到大庆，回到男友身边。

家里不让走，男友远在大庆，处于两难境地的姑娘，不知如何是好。王老想，苦就苦我一个吧，不能让女友在这遭罪，就写了封信，忍痛与她分了手。

由老说："西油库不大，老王的事儿，我们也早有耳闻。生活艰苦，一个人扛，不让自己所爱的人受连累……当时我听起来，挺佩服他这种男子汉的担当和侠骨柔情，可那会儿，谁也没有想到我们俩会走到一起。把这个故事能讲得这么完整，全靠老王毫无保留如实'交代'，我也是喜欢他对人的这种坦诚、坦荡，我与你交的是心，不是心眼。"

相濡以沫50多年，由老有过省出一块发糕，让王老填饱肚子的贤惠；也有为了让王老穿上件时髦的夹克，硬挤生活费的浪漫。如今，两位耄耋老人相携相伴，讲起当年的爱情故事，还是那样的幸福，那样的回味无穷。他们共同经历过苦难，更知道甜的滋味，他们对生活的感悟更加深厚。

> 红色传承

品读幸福的滋味

讲述人：王　净（王国恩、由玉秀的女儿）

什么是幸福？有人认为，欲望能得到满足就是幸福；有人觉得事业成功就是幸福；也有人说幸福就是一种感觉……

在我的眼里，父母的幸福，是艰苦生活中的那块吃起来有点酸味的发糕；是为了让爱人穿上夹克衫，勒紧腰带的心满意足。从没有听过他们抱怨过那个年代，因为他们的浪漫爱情，让那份苦变得似蜜一样。

我很幸运，父母给了我们一个如此幸福的原生家庭，也让我们三姐妹深深领悟到了创业的艰苦。

我们很感恩，让我们从父母的身上传承了家庭幸福的种子。感恩父辈给我们留下了这么多宝贵的精神财富，更感恩他们为后人创建起了这样美丽的城市。

今天，我们品读父母的幸福味道，就是要更好地传承我们的家风，通过我们这一代的承前启后，让我们的下一代，让后来人也不会忘记那些创业年代的故事和那个火红年代的浪漫……

听到铁人的声音 曲贵金"蒙圈"了

许多说自己在那个年代太普通的老会战，其实都"藏"着非同寻常的故事。曲贵金老人，就是他们其中的一位。起头，好像刚停水的水龙头，可当触及兴奋点时，那埋藏在心底的故事，就似冲破大坝的洪流般，一泻千里了……

打给铁人的"骚扰"电话

说到与铁人王进喜打电话，就是今天，曲老也非常懊悔自己当初的鲁莽，更后悔当时紧张，没能和铁人说上句完整的话。

曲贵金

曲老说："虽然油田离安达不远，但我的邻居中，仍有人没去过大庆。听到广播里总是播铁人王进喜的事儿，就总来问我，见过铁人没？和铁人说过话没？对前一个问题，我常挺起胸脯说，见过，见过，常见面。这不是吹的，一开大会，他总要上台发言，我常能和他'见上面'。至于第二个问题，就没那么自信了，但那时候，年轻，好面儿，对外得让人觉得和铁人挺熟悉，就说，当然，当然。其时，那会儿，还真没个机会和铁人说上句话呢。

"没见过说见过，心里总不自在。咋能和铁人说句话，成了我的一块心病。有一次，我得到消息，铁人要在战区一个单位的礼堂开大会。我想当面去见，怕铁人不会理我。咋整呢？突然，我看到队部桌上的电话。对呀，打个电话，隔着电话线，聊两句，不紧张，不尴尬，还能圆个和铁人说过话的梦，一举多得，我操起电话……

"那时候电话还需要总机转，我对话务员说，我有事要找铁人。话务员一听，急我所急，从我们厂总机，转到开会那个单位的总机，七转八转，转到了礼堂后台。我拿着电话，等了好几十分钟，都有点失望了。突然，话筒的那边传来了浓重的西北腔：'谁呀？什么事？'这声音，一时把我吓'蒙圈'了，脑袋一片空白，想好的话一下子不知跑哪去了。只是语无伦次地嘟囔着：'你……我……你……'电话那头的铁人不解地问:'你是谁?想说什么……'听我什么也说不明白,就把电话撂了。

"我的心都快跳出来了,满头是汗,电话响起蜂音了,我还没反应过来。事后,我这个惋惜啊,这么好个与铁人说话的机会,咋就这样匆匆结束了呢。

"半个世纪过去了,那个浓重的西北腔,还会在我的耳边回响。对不起,铁人,请原谅我年轻时的冒失,理解我对您的敬仰和想面对面与您交流的渴望吧!"

探亲房里的"电灯泡"

随着松基三井喷出滚滚的工业油流,13路大军星夜向松辽平原奔袭而来。这使得离萨尔图最近的安达站,一下子热闹起来。人,一批批地在这里下车,钻井设备及物资,也一股脑儿地卸在不宽的站台上。

一群十来岁的铁路子弟,也在站台的人流中穿梭着,看看一队队下车的人,摸摸摆在站台的"货",一切都那么新奇,这其中就有曲贵金。

他时常猜想着不远处的萨尔图那里,进行的大会战是个什么样?梦想着自己也能投入到这一轰轰烈烈的火热战斗之中。

"机会终于来了! 1964年开春的一天,已经初中毕业的我,听小伙伴跑来告诉说,油田来安达招工了,正在街道报名。我就赶紧跑了去,背着家里报了名。直到张榜公布名单,隐瞒的秘密才暴露。好在工作的地点也不远,家里当时也没说啥,拿出了家里最好的被褥,和300多位父母一道,把我们送上报到的车上。

"到了油田,我先被挑到接待处当接待员。待了一个多星期,我们中间岁数大点的同伴,就找到领导说,我们是来学技术的,不想在这端茶送水的,要求去一线,学习本领。因为当时接待的活不多,一线又缺人,我们很快就被分到了采油指挥部的一矿一队。

"入队的第一顿菜,就是红烧肉炖萝卜,萝卜炖得烂烂的,和红烧肉在一起,都分不清哪块是萝卜哪块是肉,那顿饭吃得真香,到现在都忘不掉那个滋味。

"到分住处的时候,分来分去,差我一个。管生活的小哥哥想了老半天,才下了决心,带我进了一个20多平方米的阴暗小房。透过栅栏上的一节小蜡烛,我发现屋子的最里侧放着5张挂着蚊帐几乎挨在一起的单人床。我当时还想,这才三四月份,挂这玩意儿不多余吗?正想着,管生活的小哥哥指着大门边儿几个摆放整齐的麻袋告诉我,你就先凑合住这儿,明天,新宿舍就能住人了。他还告诉我,赶紧睡会儿,半夜要和师傅一起巡井。睡觉!累了一天,还真有点困了,我就铺上了被褥躺下了。

"睡梦中,好像听到'床'边传来男人女人的说笑声。什么情况?我强把眼睛睁开一条缝,一看不远处那5张床边,多了5对男女……

"事后,我才知道,这是队里特辟的'探亲房',远道而来的久别鸳鸯,在此相会,不想,来了我这个'电灯泡',好在大哥大姐们也没在意。

"不知道这些大哥大姐还记不记得那段艰苦年代的浪漫爱情,记不记得那个闯入的不速之客。"曲老笑着说。

采油队的"铁嘴巴"

曲老1964年来大庆前,一心想着早出来工作赚钱补贴家用,可是真正到了采油实际工作中,觉得好多知识都不会,一度产生了在职求学的念头。

曲老回忆起:"刚工作时,我遇到了件让我心惊肉跳、寝食不安的事儿。我们队有个姓项的师傅,因为工作中的失误,发生了刮蜡片掉入井口的责任事故。这可非同小可呀,队领导抓住这一反面典型,为了给全队职工以警示,要求项师傅背着一根三四十斤重的铅坠,带着"干了坏事"的刮蜡片,一个岗位一个岗位向同事们检讨。每个岗位还要在检讨表上签字,表示对检讨的认可。

"这件事儿,对我的震动很大,感觉到自己身上责任的重大。就从那一天开始,我对自己管理的两口油井一点也不敢马虎。当年搞岗位责任制,要求上井的采油工要对自己管理的油井做到38项数据熟知于心,我做到了倒背如流。

"那时候常有领导下来检查工作,不管是上级领导,还是基层领导,每次抽查我,38项数据都张口就来,无一差错,因此还得了个'铁嘴巴'的外号。

"当年,油田缺少技术人员,工人大多是转业兵和老师傅,虽然他们比我来得早,但对于一些井下突发事故,和我一样没有应对的经验。老师傅不会,问题又没处找到答案,我只能找来专业的技术资料学习。可对于我这个初中毕业生来说,啃这些技术方面的资料,就像看天书。这时,才觉得学习的重要,后悔当初没有在学校好好学知识。

"咋整?补呗!一边找来课本学技术,一边还结合工作

年轻时的曲贵金在维修井下装置

搞点技术革新和发明创造。这么说吧，只要让我盯上的东西，必须得弄通，时间一长，我成队里的技术大拿了，不管是地上的机械、地下的设备，谁遇到难题，都找我。每次我都想出办法，就地取材，造出个实用工具来解决问题，就因为这，我有几项发明还上了一本叫《油井管理实例》的小册子，在全油田推广。

"学习吃到了甜头，我又打起了上学读书的念头。和领导一说，领导一百个不乐意，你这一身技术，再上个大学，煮熟的鸭子不就飞了！领导马上找我谈话，说组织上已经定下来，要提我当副队长，劝我打消去上学的想法，安心在队里工作。没办法，上学的计划搁浅了，但我一直没打消求学的念头，直到我退休前，我才如愿圆了大学梦。"

曲老一肚子的会战故事，虽然没能全都倒出来，但从他神采飞扬的讲述中，那个会战青年的剪影，已经让我们心生敬意了。

▶ 红色传承

父亲的钻研劲头激励着我

讲述人：曲连静（曲贵金的女儿）

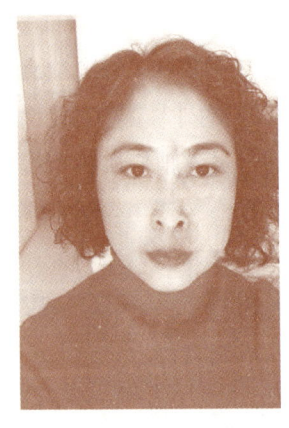

有许多人问父亲，眼瞅着要退休了，上学还有啥用？

他总是笑笑，从不反驳，也不解释，因为在他的心中，一直有个求学的梦、一个让他想方设法弥补年轻时，不懂学习重要性吃的亏。总觉得自己没有为油田多做更多的工作，这也许就是那代石油人的奉献情怀吧。

因为吃过亏，所以父亲极珍惜学习的机会，书店买书，一度成了他逛街最主要的项目之一。就是现在，他老人家也仍是如此。这种活到老学到老的精神深深感染着我。

作为子女，我深受他的影响，以父亲为榜样，钻研本职工作，也如他一样拿得起，放得下，接过大庆精神铁人精神的接力棒，努力学习新知识，在工作中勇于担当，做出贡献。

总理接见的"假小子"原是大辫子姑娘

仍是一头标配的短发,谈笑间,乡音依旧难改。这位在石油会战中赫赫有名的"假小子"卢菊,虽然已年过七旬,但仍旧快人快语,思维敏捷。

卢 菊

女厕所进去个梳"板寸"的

说到"假小子"的绰号,躲不开为啥爱留短发的话题。卢老解谜之前,先讲了个抓"流氓"的笑话:

"会战期间,有一次,我去采油指挥部礼堂开会,会议间隙上了趟厕所,刚出来就让一群小伙子给拽住了:'唉!你咋这么不要脸,往女厕所里钻!'我当时也没意识到自己的超级短发,就回了一句:'不上女厕所,让我上哪?'我这一说话,这群小伙子蒙了,看看我这一身男女不分的打扮,再瞅瞅我这板寸的头发,咋也和我这细柔的女声合不到一起。他们终于反应过来时,一窝蜂似地跑没影了!"

她是不是从小就特别喜欢这种利索的短发呢?卢老表示否认:"我初来油田时,是梳着两条大辫子的,山东老家的大妮们都这么梳。"

于是又有的说,卢老留短发是为了放牛时行动方便;有的说,是因为卢老刚强的性格,这两种说法哪个更靠谱?

卢老呵呵地笑,说:"哪个也不靠谱!真正啥原因,50多年了,我一直没向外透露过,就连当年和我一起放牛随着我剪了短发的朱凤英,也只是糊里糊涂地跟风,到底为啥,她也不清楚。

"其实,原因很简单。

"那是1966年4月,我和队里的朱凤英相伴,在草原上放牛。一天,小朱跟我说,咱们上林源火车站东面放牛去吧,那草多,还有泡子。我说,行!就赶着牛往那个方向走。

"到那个泡子,要过一大片一人高的芦苇地。牛钻进去后,跟在后面的我,总感到不安,头皮发麻。四下一看,发现芦苇间有残缺不全的动物尸体,地上满是狼踩的脚印。我吓得心怦怦直跳。"

揭开50年前的"秘密"

卢老继续说:"当年,小朱还是个孩子,光顾着往前走,啥也没看见,一个劲地问我:'咋了?为啥不走了?干啥往回来呀……'我怕吓着她,只说快点走,啥也别问。

"就这么着,我俩把牛赶出芦苇丛,一清点,一个不少。这样,我才放心地把牛赶到一块草比较矮一点的地方。快中午时,我俩相互谦让着,都让对方去吃饭,自己多看一会儿。小朱就是不走,没办法,我就妥协了。

"拍拍身上的尘土,嘱咐了小朱几句,我就往队部方向走。可是芦苇丛里的一幕,总是在眼前晃,正好赶上一个小坡,我转过身向后一望,心又是一紧。

"我发现一个男人,正穿过铁路,走走停停,朝牛群走去。我一下子警觉起来。他是干啥的?是路过这里的铁路工人,还是要对牛群下手的坏人?小朱会不会有危险?

"我灵机一动,喊着小朱的名字。我想,他要是过路,我喊,也就是吓他一跳,他还是会走他自己的路;他要是打坏主意,这一喊,他必定不敢往前靠。这一招,果然有效。那人一下定那了,看着我,等了一会儿,转身迅速走了。

"小朱被我的一反常态吓了一跳,不知道发生了什么,向我跑着迎过来说:'姐,出啥事了?咋又回来了?'我不敢告诉她啥原因,只是说走到半路,又不想吃了,就回来了。

"躺在草地上,看着我俩的一头长发心里想:两个女孩子,在大野甸子里放牛,遇到点危险咋整呢?我一下子想起了花木兰,女扮男装!剪成短头,戴顶帽子,穿上工服,远处一看,不就辨不清男女了嘛,也就安全不少。

"说剪就剪,当天下午,我就剪掉了一头秀发,留了个当年男同事一样的平头。看到我理了短发,小朱也马上理了个比我更短的平头,正巧《工人日报》的记者来我们这采访,留下了照片,从此也留下了'假小子'的外号。"

与孙维世同吃同住

"'假小子'一下子在战区叫响,我自然成了名人。不久,会战工委通知我,一位姓孙的女同事,要来和我们一起放牛。

"来了一看,有50多岁,文质彬彬的,人特别随和、慈爱,就像一位母亲,她问我,放牛苦不苦。我直来直去,说不苦。来的第一天,她就带着铺盖,要住在我家。

"这可糟了!虽然我早成了家,但爱人单位在现在采油一厂和采油三厂之间,我的家在创业庄。'两地分居',交通不便,一个月都见不上几面。所以,他在单位食堂吃,我在队里食堂吃,家里从来不开火。可人家要来家里住,也不能让人跟我吃食堂吧。我就去食堂借了点东西,在家里开火做饭了。

"我们山东人,很少吃米饭,主食大多以煎饼为主,别的饭菜,我也不会做啥。这位孙大姐就亲自下厨,给我做饭,帮我做家务,还和我一起放牛。

"一次闲聊中,她告诉我,她叫孙维世,是个剧作家,要写一个剧本,来这体验生活。说句实在话,'体验生活'是咋回事,我不是很懂。

"后来,她给我念剧本,问我能不能听懂,说的话像不像身边人的平常话,有些话要我讲,应该怎么说……

"一起共同的生活,让我们俩成了无话不聊的好朋友。可惜的是,她写成的话剧《初升的太阳》,当年虽然在各地演出,但我一直没有看过。

"一天晚上,她突然对我说:'卢菊呀,我要走了。这次走,可能这辈子咱俩都见不到面了,你以后不管干啥,都好好干就行了……'我们俩依依不舍,说了许多互相鼓励的话。"卢老回忆道。

总理笑问"假小子"

歇了会儿,卢老继续讲述她的故事:"没多久,就要过五一劳动节了。原本想与久别的丈夫来个鹊桥会,却接到上级的通知,暂时取消了我的休假,在队里待命。5月3日,队里让我们几个人第二天去井下丰收管理站'开个会'。

"第二天,当我们赶到丰收管理站时,发现路两边已经站了许多人。会在路上开?我正疑问着,对面的托儿所里,走出一些人,为首的那不是周总理吗?我一下子兴奋起来。

"这时候,总理在宋振明等领导的陪同下,向我们走过来。看到我,宋振明一把把我拉到总理身边,对总理说:'这就是我们的假小子卢菊。'

"总理抱着双臂,笑着问我:'你多大了?'

"我说:'22岁了。'

"总理又问:'哪里人啊?'

"我答:'山东人。'

"总理说：'假小子，你把帽子拿下来我看看。'"

"我忙脱了帽子，看到我这一头短发，总理爽朗地笑了起来……"

"总理和我握了握手，就向食堂方向走了。我那时候啥也不知道，也不会说什么，只是目送着总理走远……"

▶ **红色传承**

前辈的精神时刻感染着我

讲述人：徐伏虎

在那个创业的艰苦年代，他们心中没有抱怨，没有彷徨、躲避，革命乐观精神，让他们战胜了世人难以想象的困难，让大庆油田的滚滚油流，支撑起了共和国工业、国防的复兴；让世界看到了一个不一样的新中国；让世界震惊于中国人民战胜一切困难险阻的决心和意志。

今天，我们不仅仅是在记录故事，更是在传承一种精神——一种流淌在中华民族血脉中，不服输、有胆量、敢拼搏的红色基因。我们希望今天，由我们来记录昨天的历史，更有一天，我们的这段光辉耀眼的历史，将有更多的后人记载传承，生生不息……

致敬这些为后代子孙"播种"精神的大庆会战人！

野狼是我消除寂寞的旅伴

与狼同行？很危险吧？82岁高龄的王忠学看看我笑了，"你采访了30多位老会战，有没有听说当年的会战战区，发生过人被狼咬伤或咬死的事儿？"想了想，可也是，那些提到过狼的老人们，只是述说了自己见到狼时的恐惧，确实没有提过狼伤人、吃人的事儿。

王忠学

芦苇丛间绿光闪闪

王老说："我是南水源第一任指导员，那时候，石油会战的各个单位，都是准军事化管理，在称呼上也沿用军队的叫法。"

南水源的位置大概在现在的炼化公司附近。那时候轰轰烈烈的石油大会战，正在萨尔图的荒原上展开，芦高苇密，人烟稀少的南水源，自然成了狼群们"避难定居"的安全之地。

当时岗位责任制正在油田广泛推行，领导的巡回检查制度，是监督岗位工人严格执行交接班制度和安全生产制度的有效办法之一。当时，南水源有四口井，井间距离步行要走半个多小时。

厂长和指导员实行例行交叉巡检，不论是白天、夜晚，都是独自一人，在一人高的芦苇丛间一个站点一个站点巡检。

白天，狼是不出来觅食的，一到晚上，芦苇丛间，狼群走过嚓嚓作响，狼眼射出的绿光就像一个个小探照灯，闪来闪去，让人特别瘆得慌。

"我头一次晚上上井巡检，走在路上，与两只野狼狭路相逢，四道蓝光看得我不寒而栗。咋整，跑？不行，咱两条腿，咋也跑不过它们四条腿的；不跑？周围都是芦苇，连棵树都找不着，一旦野狼扑上来，就是死路一条。当时，脑袋急速思索着应对的办法，突然灵机一动，想到老人们常说的一句话，叫'狼怕猫腰狗怕蹲'。想到这，我一点一点猫下腰，观察着对面狼的反应。两只狼蹲在芦苇间，一动没动，似乎没有把我当成食物捕获的意思。

"我慢慢倒着往后退,狼根本没把我的悄悄撤退当回事,我退到看不见狼的地方时,衣服都被汗湿透了。

"与狼相遇的次数多了,经常是我走我的阳关道,它走它的独木桥,遇上了,也不过是井水不犯河水。有时候,狼在身前身后穿过,还能分散我的孤独感。

"旷野之中,有时和它们说说话,有时和它们同向而行,荒原上穿梭的野狼几乎成了我消除寂寞的'旅伴'了。"王老回忆道。

同看电影兄弟难逢

会战初期,大庆油田还是保密的,所以,一切行动听指挥,保密工作要求不该说的,老婆孩子、父母兄弟都不能讲。

王老讲了两件事儿,一件是家属的二进一出的事儿。1962年,为了石油队伍的稳定,组织上要求把油田职工的家属从老家迁到大庆落户。家属来了,户也好不容易落下了,又赶上国家疏散城市人口、减少供养人员的政策,王老又听从组织上的要求,把家人送回老家务农。直到1964年,才按照要求,把家属从老家再次接到大庆落户。

王老说:"我是军人出身,又是部队培养出的老党员,一切行动听指挥是不能含糊的大事。组织上要接,我们就按要求办,组织上要求把他们送回农村,我们也没有半句怨言,那时不光是我,每一位石油人都是一个样,在执行命令上从不打半点折扣。"

还有一件是兄弟近在咫尺没能相见的事。因为是保密单位,地址统一都写安达市农垦总局某某分场。

王老转业后,一直没有消息,家乡的父母惦记儿子,就让他二弟来东北找他。

可当时只知道王老转业到了北大荒,在一个农垦场工作,又了解离安达不远,就摸到了当时的红色草原牧场。到那一问,没有叫王忠学的人,没办法,二弟就在牧场一边当临时工,一边打听哥哥的消息。

当年,现在萨尔图电子产业园的西面,是著名的万人广场,每到节假日,都要放露天电影。王老和弟弟都是影迷,都经常大老远地去那里看电影,可就是没遇到过。后来,王老才知道这事儿,真是近在咫尺,兄弟不能相见啊。

王老说:"保密工作条例上有规定,不让说的是不能说的,所以才有兄弟在一个地方看电影遇不到的事儿。要是像现在通讯这么发达,就没这事了!"

艰难幸福终生铭记

从现在的大庆炼化公司到王老家有多远？真的工作忙到连家也回不上、顾不上的程度吗？

王老说："那时候也不像想象得那么不人性化，回家可以，十天休一次，可是当年的交通不便。

"现在从大庆炼化公司到萨尔图的家，开车也就四十几分钟，那时没有路，来回一趟就是小半天，时间往往都耽误在路上了。

"那年头，人的积极性非常高，都一门心思为拿下大油田做奉献，上班工作，下了班，吃完饭，没有窝在宿舍里的，不是参加义务劳动、加班工作，就是进行政治学习。每个人都有忙不完的工作，我们这些当干部的，更不能落后。有人病了，我们去顶岗；大家都在一线，我们要巡检。一天天真的把单位当家了。

"就是家里有急事，回家去办，办完了马上返回，说几过家门而不入，有点夸张，但进了家门也待不上几分钟。那时候，爱人除非遇到了极难解决的事，一般是不指着我的。

"我最长一次，有一年多没着家。就连过年，也没回去和家人团聚。三十晚上，上级领导来一线慰问，即使最困难的时期，大年夜，也会送来猪肉馅和面粉，和我们在岗位上美美地吃上一顿饺子。

"有的时候，遇到井队在我们附近打井，过年会送头猪来庆功。不管认识不认识，总会把我们请去。那个年代，同事间真诚的友谊，让人心里暖暖的像团火，我们一辈子都非常留恋那段艰难而又幸福的岁月。"

50多年过去了，可能有些往事都已依稀不清，但记忆中的每一个片段，都让王老回味深长……

▶ 红色传承

以苦为乐让吾辈心生崇敬

讲述人：王宇波（王忠学的女儿）

我很小的时候，很少见到父亲，就连过年、过节也不回家，回家也是坐不久，就马上走了。家里大事小情，都由我母亲操持，所以，小时候对他既熟悉又陌生，想亲近又害怕。

　　父亲大半辈子和水源打交道,先是南水源,又去西水源和东水源,一直从事思想政治工作,带领他的团队,一丝不苟。

　　在那个艰苦的年代,他们缺衣少食,在荒原上,与狼为伴,在我们看来难以想象的生存境况,在他们的眼里却是那样的平淡、平常,每次讲到这些事儿,父亲都是眉飞色舞,津津有味。父辈们对那个创业年代以苦为乐的怀念,胜过他们受过的那些苦难。一心想着国家,一心为了辅助好一线石油的生产,全然把自己的个人得失放在脑后,这些都是我们学习的榜样。

　　因为有他们乐观向上的积极生活态度,我们也深深受到这种精神的感染,无论在生活、工作上遇到多大的困难,都要精神饱满地投入到工作中,把工作做到最好。

周总理帮我化解小尴尬

与众多采访过的老会战不同，96岁高龄的王凤允，会战时期留下的照片很多，可以回味的故事当然也不少。

因为当年缝补厂催生的勤俭节约、艰苦创业精神，是那个时代优秀的典型，缝补厂也成为国家领导人、外国首脑及友人当年访问大庆时经常参观的地方；也因为王老当年是缝补厂的第一任党支部书记，出身好、形象佳、口才棒、有学识、不怯场，所以陪同、讲解的大部分任务就落在了她的身上。这样，镜头中就多有她的影子，留下了很多珍贵的资料。

王凤允

周总理机智化尴尬

1966年5月4日中午11时左右，周总理陪同阿尔巴尼亚外宾到缝补厂参观。当时，王老手捧一面紫红色的三角旗，旗是阿尔巴尼亚客人赠送的。旗中隐约能看到一只黑色双头鹰，是阿尔巴尼亚国旗、国徽的图案。

正是因为阿方赠送的那面三角旗，当年出现了一个细微的小状况，是周总理及时的一个动作，化解了当时的这个小尴尬。

王老说："那面三角旗上方有个横杆，横杆上虚缠着一条蓝紫相间、两头有灯笼穗的彩绳，因为彩绳没有固定在旗上，我在接过赠旗的时候，彩绳一下了脱落到了地上。

"这给手捧赠旗的我来了个措手不及。一手举旗，一手去捡彩绳？会不会让阿方外宾觉得不够尊重？正想着，对面刚松了手的卡博也是一愣，双方就这么一下子僵在那儿了。

"这时，站在一旁的总理，迅速弯下腰，捡起彩绳，并帮着王老把彩绳重新缠好，笑着对我说：'要好好保护（这面旗），这是中阿友谊的见证啊，中阿友谊万古长青！'这一说，现场紧张的气氛一下子轻松了起来。"

总理的机智亲和与平易近人，在王老的心里留下了极深的印迹，至今说起来，仍然像发生在昨天似的。

"拼接"杠杠服赠外宾

王凤允和工人在展示用百块布片缝成的棉衣衬里

一张老照片中，王老拿着一件杠杠棉服的衣袖衬里，花花绿绿，像万国旗。当年，为了节约来之不易的布，缝补厂的工人们把一块块布片收集起来，最多的时候把200多片布，一针一针缝成一块"整布"做里子。

王老说："当年我们就是靠着这股子修旧利废的精神，硬是把50套杠杠服棉袄的布料，做成了100套。"在周总理陪着阿尔巴尼亚外宾参观缝补厂的展室时，一件"两旧一新"①、用160多块旧布拼成里子的棉工服，让外宾受到了极大的震撼。

当年一位随团的外国记者参观缝补厂后写下这样一段话：在这里，我看到了一股力量，一股一个民族不可战胜的精神力量。他们从不向任何困难低头，靠着自己的聪明和智慧，创造出了一个个让人仰视的人间奇迹。这里"有条件要上，没有条件创造条件也要上"的精神，已经融入会战大军每个人的骨血里……

后来，一件用旧布拼成里子的棉工服，作为回赠礼物送给了阿尔巴尼亚外宾。

王老说："若干年后，铁人王进喜在访问阿尔巴尼亚时，还见到了那件让他亲切、熟悉的'拼接'杠杠服棉袄。"

棉裤腰加高御极寒

对于经历过缝补厂风风雨雨的王老来说，她，就是一部行走的历史。

在一篇回忆文章中提到，"那时，工服的棉裤后腰都要加高加厚"，对这个问题，王老说："这应该是缝补小分队在实践中的原创。"

王老说："当年的一线工人整天工作在井上，衣服刮坏了也没人给补。我们就成立了缝补小分队。缝补厂的缝纫机一个挨一个，不好移动，师傅们就把自己家

---

① "两旧一新"：大庆会战的工服，衣服面是新布，但里子和棉花都是旧的。

的、邻居家借来的缝纫机用车拉到钻井现场，为一线职工缝缝补补，保证一线职工穿得暖暖和和。

"在多次观察中，我们缝补厂的师傅们发现，许多在井上工作的同志，常常弯腰。大冷天，腰部总会露在外面，容易腰疼，两个膝盖部位，也因为总有起蹲的动作，棉层变薄。一些有经验的老裁缝，从东北老乡做棉裤加高裤腰的方法上得到启示，加高了裤腰的尺寸，又从一些破旧狗皮帽子中，拆下毛皮，分别加在棉裤的膝盖和腰部部位。

"这些实用的、人性化的设计，为一线职工抵御当年极寒天气，坚持野外钻井采油起到了重要的作用。"

▶ 红色传承

让艰苦奋斗的优良传统代代相传

讲述人：马虹丹（王凤允的孙女）

我小时候就知道我奶奶是大庆缝补厂第一任党支部书记，可是，直到长大以后才知道，缝补厂精神是大庆精神的六个传家宝之一。

奶奶经常给我讲缝补厂的事情。

当年，在十分艰苦的大庆石油会战时期，奶奶带领职工家属，克服了棉布棉花供应不足的困难，在非常简陋的厂房里，利用简易的设备，把沾满油污的旧棉工服回收后，拆、洗、拼、缝，制作成"两旧一新"棉工服，就连拆下来的纽扣和挂钩都舍不得丢弃，拿来物尽其用，生产了几万套棉工服，保证了几万名会战职工的过冬和生产需要。缝补厂作为"艰苦奋斗、勤俭建厂的模范"而誉满中外。

奶奶离休后，也一直保持着这种勤俭节约的好习惯，这也深深地感动着我，教育着我。

现在，国家经济发展了，物质丰富了，各方面的条件都好了，但我想，艰苦奋斗、勤俭节约这种精神，是中华民族的美德，不能忘，不能丢，而且要继续发扬，世世代代传承下去。

蒋纯亮"三无讲台"传真知

蒋纯亮夫妇

蒋纯亮,既有知识分子的严谨,又具有这个群体少有的幽默,虽然年过八旬,仍记忆力惊人。哪个年份、月份,哪一件事的起因、结果,就像日记一样条理清晰,讲起当年的故事,有声有色……

"火墙"爆炸,"活埋"室友

1960年8月,初来大庆的蒋老,还是北京石油学院大二的学生,到油田是做生产实习的。因为他在校学的是石油工业经济,根据对口原则,被分在供应指挥部的计划科。

蒋老说:"那时候住宿条件已经好得多了,有了干打垒。冬天取暖不再靠'挤',室内烧起了天然气炉子,有了暖和的'火墙'。宿舍的面积不大,住2个人。室友先来,住在火墙边上。我靠在另一侧冰冷的墙上。我俩虽然近在咫尺,可'温差'是天壤之别。

"这么说吧,他穿着背心、裤衩盖着被,热得通身是汗;我这边,穿着棉衣棉裤盖着被,还得戴着狗皮帽子穿着大头鞋,才不至于被冻醒。

"他住的那边,虽然热,但危险大;我这边冷,相对却较安全。有一天半夜,取暖用的天然气突然停了。可是我们太疲惫了,睡得都死,谁也没有察觉。等天然气再来时,充满了炉膛,一遇残留的火星,'轰'的一声,只觉得房子一晃,头一阵眩晕,崩出的碎渣子加黑灰,喷了我一床一脸。我一骨碌爬起来,看看室友,吃了一惊。这下可惨了,崩开的土坯把他整个埋在了床上。我一顿扒呀,才把他'挖'出来。好在床离火墙太近,火墙崩开时,是整片崩开的,他才没有受太重的伤。"

大雾迷途，饥寒交迫

会战年代，供应指挥部负责油田生产的后勤保障工作，许多事都要想在、做在施工单位的前面，这就需要工作人员一线调查在先。

蒋老讲了一件让他十分后怕的事。

"有一次，领导交给我一个任务，让我沿着一条供水管线，步行调查一下管线铺了多长，还需要铺多长，还要多少根管线能够满足需要……

"我早上8点多从打虎庄步行出发，终点大概在现在的大庆油田采油三厂附近。

"那时不像现在，有公路，能打车。沿途就是野草一人多高、没有明显特征的荒原，走一段时间，得靠跑上土坡辨别一下方向，才不至于迷路。

"因为不知道尽头有多远，我一个人在寒风和积雪中，沿着管线一点点走。到了中午，肚子开叫了，一摸书包，除了笔本，什么吃的也没有。周边的荒原，目视的范围内，没有一口在打的井，更别说有人居住了。

"饭，是'蹭'不上了，只能靠自力更生。我在路边上，发现一块收完了的甜菜地。到地里一顿翻，还真就找到个'溜号'的小甜菜。当时，也是饿急眼了，冻实的甜菜疙瘩，拿牙硬咬，那东西不好吃，辣嗓子，为了填饱肚子，我也顾不上了。

"边走边吃，这个甜菜疙瘩，一会儿就被'消灭'了，走到下午三四点钟的时候，变天了！大雾一下子弥漫了整个荒原，能见度只有二三十米。

"天一点点黑下来，就这么着站在原地，零下40多摄氏度的低温，不冻死才怪呢？要想活命，必须认准个方向走下去，如果幸运的话，能找到个井队，或是遇上辆路过的汽车。

"天越来越黑，我冲着一个不知东南西北的方向'盲'走，走了一阵子，四周静得让我害怕，在上面不见星空，周围都是荒草的环境下，没有经历过的人，是不会体会到绝望时的滋味的。孤独、无助、饥饿、寒冷、恐惧，一下子占据了我的整个大脑。

"突然，我发现周围的漆黑，一点点变得白亮透明。是幻觉吗？迷迷糊糊的我，当时这么想着。直到听见卡车厢板的咣当声和汽车喇叭的鸣叫声，我才意识到：有车！

"当我搭上救命车，回到单位时，已经是午夜了。听司机师傅讲，他也是雾天迷了路，才开到荒原上，才有机会救了我。那天，我还用冻得发抖的嘴，和人家说：'险也大雾，救也大雾呢。'"

临危受命，桃李满天下

如果把前两个故事算作蒋老与大庆的初缘，那么1963年，他被正式分配到大庆时，已经与这块土地有了生死之交。

因为蒋老在学校里学的是石油经济，也因为家里三代都是教书育人的先生，组织部门就分配他去石油财经学校当老师。

当时油田上财务人员奇缺，急需培养一大批实用的财会专业人才，蒋老学的是石油经济，与财会工作多少沾点边，组织上就把这个艰巨的任务交给了他。

校舍在哪？学生在哪？教材在哪？蒋老接受任务时，三个提问有点像当年来石油会战的铁人。

校舍？一边筹备，一边建设。学生？一边招生，一边上课。教材？一边调研，一边编写。这下子可把蒋老难住了。在学校学的是石油经济不假，接触过财会学科也没错，但对于一个刚出校门、没有一点实践经验、连会计凭证都没有见过的蒋老来说，这些简直就是一座难以逾越的高山。

会战年代的蒋纯亮夫妇

大学的财会教材，拿过来不实用，一切要结合教材和讲义，结合一些已经沿用多年，相对成熟的实用会计实务书籍，更要结合基层单位的会计实际工作经验才行，蒋老叫它们"三结合"。在这些基础上，一边学习实际操作，一边编写实用教材，一边把自己消化的知识再传授给学生们。一年的时间，一本通俗、成型、实用、操作性强的财会教材，就这么"翻山越岭"地诞生了。

蒋老说："在大庆，有许多我的学生，当年都工作在重要的财务岗位上，这也算是我为油田做出的一点贡献吧。"

▶ 红色传承

父辈的精神在血液中奔流

讲述人：蒋　新（蒋纯亮的儿子）

这是一种"基因的遗传"，每当我压力山大时，耳边就会响起"人无压力轻飘飘，井无压力不出油"的名言。

每当我遇到难以解决的问题踌躇不前时，"有条件要上，没有条件创造条件也要上"就会自然而然地出现在脑海中。

虽然我们没有经历过创业年代的艰难困苦，但从父辈们中间产生的以"爱国、创业、求实、奉献"为核心的大庆精神铁人精神，就像我们血管中流淌的基因一样，血脉相承。

我从不怀疑这种红色传承的延续，它已经成为中华民族优秀品质的组成部分，让我们这些小字辈顺利传承、无须选择、自觉遵守、不能走样、一往无前。

蒋纯亮『三无讲台』传真知

救命的"面包"差点要了人命

汤儒勤

初见汤儒勤,被他"年轻"的容颜唬了一把。看上去也就60岁左右的汤老,一问才知已是耄耋之年了。

汤老,非同一般,是个能文能"武"的跨界能人。早年,他在战区是位赫赫有名的放射科大夫,同时,还是医生行当中,少有的诗人和作家。

也许千百次隔着皮肉的透视,让他对人以及人性都看得深邃吧,所以,他的感悟更多,因而写出的诗作也入木三分,力透纸背。

他在一首题名为《雄风》的诗中,这样描述那场声势浩大的石油大会战:

这战争
没有飞机大炮参战
没有枪林弹雨冲锋
但有红旗猎猎
口号声声
千万人汗水里的战火
响如雷鸣

荒凉萨尔图惊呆小夫妻

汤老,算是来萨尔图相对较早的那批人。因而,也像其他支援油田开发的老会战一样,稀里糊涂地奔着"农垦"而来。

来了才惊喜地发现,自己眼前,并没有"稻菽千重浪",有的是一望无际的荒原、星罗棋布的井架和滚滚奔流的石油。

汤老说:"我从中国医科大学毕业后,又回到了阔别已久的鞍山胸科医院。1960年,院里开大会,动员大家支援黑龙江萨尔图农垦场的医疗工作,要求一个是医生,一个是护士,最好是夫妻,这样好解决住宿的问题。

"一听说去东北最偏远的地区,许多当年的同事都不想来。我是黑龙江依安人,一来,我觉得这一调,能离老家近点;再一个,年轻人追求进步,响应号召,到祖国最需要的地方去,也是我的理想;三来,我的爱人,符合选调的要求。这样,我就和爱人一起登上了西行的列车。

"说句实在话,来时对这儿的环境,有过充分的考虑,但一下火车,还是被惊呆了。萨尔图火车站是几间小平房,站前是条土路,泥泞的连马车都陷在里面出不来。四下一望,满眼都是一人多高的荒草,荒凉得让人不寒而栗。

"当时我爱人怀有身孕,又不知道要走多远。经过当地人的指点,我们在铁西唯一的一家旅店安顿了下来。

"住旅店时,遇到了一位同住的熟悉油田情况的供应业务员。当时因为还没有报到,就让他帮助参谋一下,去哪个地方能有更好的条件,照顾我怀孕的妻子。

坐落在安达的农垦职工医院二疗区原址

"那个人建议我去安达,那有一家农垦职工医院,而且生活条件也比萨尔图要好得多。就这样,我们夫妇就到这家医院报了道,这所医院就是现在大庆市第二医院的前身。"

救命的谷糠差点要了人命

那个年代只要能填饱肚子不饿着,什么都吃,甚至可以说有些饥不择食。

可那些不是粮食的代食品,不易消化,难以排泄,吃后容易造成肠梗阻,到那时,救命就成了"要命"了。

汤老说:"三年自然灾害,当时我们每个人的粮食定量是 26 斤。这其中还要拿出一部分支援参加石油会战的一线工人。所以,每天吃完饭,仍饥肠辘辘,饿晕是常事。

"那时候,虽然我们身处安达,但没有副食供应本。没有它,就意味着国家统销的肉、蛋、菜,包括烟、酒……有钱也没处买。

"有一次,我们医院搞生活的老宋,在街上碰到了老战友。一打听,战友在粮库工作。老宋这下子乐了,想着几百号人的口粮,靠战友这个后门给解决该多好。战友却说,粮食谁也不敢动,白给 2000 斤掺有碎米的谷糠要不要。

"行!别说里面有碎米,就是纯谷糠,也是救命的好东西。虽然不是粮食,但比树皮好得多。老宋二话没说,当天下午就找了辆车,把这些'宝贝'弄回了医院。

"第一天,谷糠蒸成了窝头,粗谷糠加点糖精,虽然吃起来刮嗓子,但是还是一抢而光。

"大师傅也会想办法,第二天,把谷糠在铁锅上炒得香喷喷的,掺上玉米面,上锅一蒸,就像现在商场里卖的巧克力面包。

"品相好,味道也不一样了,大家自然吃得比较多。

"这一多,肚子是饱了,但排不出大便成了个大问题。有一位领导,就因为吃这种'面包'造成了肠梗阻,好在我们是医院,要不命都保不住。

"就这么着吃了小半年,大家在九死一生中坚持着为一线职工看病医疗。后来,因肝硬化在我们医院住院的 1205 钻井队的指导员孙永臣,了解到我们艰苦的情况后,用小车送来了一麻袋黄豆,食堂炒了以后,一个人分了一把,也算是改善了我们的生活。"

一天被照射 200 多次 X 光

会战年代,诊断肺病的唯一手段,就是 X 光胸透。虽然有铅衣防护,但基本上效果不佳。

汤老说:"当年油田的放射科医生不多,设备也不普及。遇到石油工人体检,一天最多时有 200 多人做胸透。

"那时的条件不像现在，医生可以到另一间操作室去工作，常常与患者近在咫尺。所以，遇到 200 人做胸透，患者是一人照一次 X 光，我要陪着他们被照射 200 次。

"那时候也是拼了，明知道 X 光对身体损害大，但只要患者来了，不论多少，有求必应。有一次，我身体出现不适，一检查，白细胞低到了'警戒线'以下。吃点药，恢复好了，就又工作在岗位上。我知道，患者需要我，我也离不开他们。"

如今的汤老，虽年事已高，但仍笔耕不辍。写诗，写书，忆往昔。他也致力于对石油会战年代资料的收集，曾在古稀之年，不辞辛劳，采访了 18 位当年的老会战，并发表了长篇纪实文学《凝眸》，在大庆史学界引起了不小的反响，也成了很多学校推荐的学生课外读物。

▶ 红色传承

经历过才会有真情实感

讲述人：徐伏虎

汤老是个认真的人，采访中，他提到一部与石油有关的电视连续剧。

他觉得电视剧中有关大庆的部分，不符合历史事实，有些地方对铁人的形象以及石油工人群体塑造不成功，有些轻描淡写。

他说："这对活着的老会战们，是一种伤害。"

他讲，现在许多有关石油会战的作品，往往因为没有经历过那个年代的火热生活，没有亲身感受过那个年代可歌可泣的精神内涵，也没有认真地从历史的真实记录中，了解石油会战、读透石油会战，而是凭借自己的想象，制造一种想象的石油会战氛围，因而不能与读者产生共鸣。

真实同样也是新闻的生命，我们把这些老会战的点滴故事，汇集一起，就是要原原本本地反应那个时代的精神，让我们这些后辈能够记住并传承先人的初心与使命，把大庆石油会战不朽的精神财富传下去，这也是我们的一种责任与担当。

当年我们8人 一天建一栋干打垒

宋惠元

这是一次特殊的采访，因为小区封闭，记者通过手机与宋惠元老人进行了一次相谈甚欢的隔空连线。

8个人一天建一栋干打垒

那段时间，宋老十分关注新冠疫情的报道，看着全国各地的医护人员前往武汉支援，他非常感动、非常钦佩。

他说："我总和孩子们讲，医护人员冒着被传染和可能牺牲的风险，为的是什么？往大了说，是为国分忧；往小了说，是救死扶伤的医者责任。大灾大难之时，有些人害怕了、退缩了，但一个个冲上前方的人才是中华民族的脊梁。他们不做安逸的旁观者，一定要当打赢这场战疫的先锋，就是我们民族的精神精髓……

"这与当年大庆石油会战所产生的精神一脉相承。我1964年5月从鹤岗招工来到大庆油田采油一厂，那时叫松辽农垦总局三场。那时正赶上油田集中大批兴建干打垒的时期，我们40多名学徒工还没有经过培训，所以就被统一分配到建筑工地盖干打垒。

"干打垒建设的工期安排得非常紧，咱们大庆，10月就上冻了，必须赶在这之前，把所有计划盖的干打垒都完成。当时，我们的建设速度是每8个人，一天建一栋干打垒。

"盖干打垒可是个力气活，得先搭好木架，中间添上土，然后用木榔头一锤一锤砸实。就这样每天每人要干上超过8个小时的活儿，再加上政治学习的时间，每天最多只能睡上4个小时，第二天还要爬起来干，谁都一个样，没有一个偷懒者，每个人都抢着干，恐怕自己少干了，拖同伴的后腿。

会战时期盖干打垒

"每天下来,抡大锤的人两个膀子肿得一点知觉都没有。活累,营养还跟不上,一天只有一个白面馒头,其余都是粗食。但大家都为了一个目标——完成组织交给的任务,让会战职工家属能在冬天全部住进全新的干打垒。

"咱中国有句老话,叫'兄弟同心,其利断金',正是通过我们的共同努力,才圆满地完成了建设干打垒的任务。

"那时,讲的是'我是一块砖,哪里需要哪里搬',没有什么条件可讲,分配你什么工作,干就完了。"

瘦弱小伙一次扛 4 袋水泥

宋老说:"盖完了干打垒,采油指挥部器材站缺人手,我们又被分配到那儿。

"器材站需要大量的水泥,要我们跟车去供应指挥部拉。去的人不多,但水泥的量可不少。我们从火车皮上搭个跳板,一只胳膊下夹一袋水泥,就这么跑来跑去,两三个人装了一大卡车。回到器材站,怕下雨国家财产受损失,水泥得及时卸到库里。没有人帮忙,当年 21 岁、体重 100 多斤的我,100 斤一袋的水泥,一次扛 4 袋,硬是把这一车水泥都卸完了才回宿舍休息。

"卸水泥,凭体力,起码对皮肤伤害不大,但拉运散装白石灰,可就危险了。

当年我们 8 人　一天建一栋干打垒

"怎么危险？举个例子吧，把一个鸡蛋放在白石灰里能烫熟！鞋要是长期接触，也会烧出窟窿。那沾到皮肤、吹入眼睛的危险就更别说了。

"那时候，4个人装一车白石灰，也没有啥防护措施，就那么硬挺着，尽量不和白石灰直接接触。

"拉上石灰，人不能再站到后车斗里，只能坐在车的保险杠上，现在看起来挺危险，但那时我们想的不是这些。当时，我们挣18块钱的工资，但没有一个人说怪话，一心都在工作上，个人的得失，不在考虑之列。"

开叉车两小时救活两根手指

"分内的工作，我们干；分外的工作，我们也不推辞。1964年的冬天，我在银浪库的料场救了一个人的两根手指。

"一天傍晚，我从料场开着叉车准备下班，发现料场的一侧围了一群人。我开车过去一看，原来是一个20多岁的小伙子，在现场整理沥青桶时，因两桶相错，不慎将两根手指挤断。当时一根手指已经掉到地上，另一根也只有肉皮相连。我赶紧捡起地上的手指，裹在棉衣里说：'下班时间，车是找不到了，就坐我的叉车去医院吧。'

"虽然大家心里都着急，但叉车就那个速度，快不起来，好在那个年代，路上车少，叉车一路全速前进。可好不容易到了最近的一个卫生所，医生一看这么严重的伤，要我们别耽误时间，马上去大医院。

"从银浪库到油田总医院，距离不近，而且我开的还是辆叉车，用最快速度还是用了差不多两个小时，跑了一身汗的我们才算到了医院。

"医生诊断后说：'幸好来得及时，再晚点手指就保不住了。'

"人治上了，我也该回家了。回去的路上，感觉身上冰凉，原来是紧张，出了一身的汗，迎着寒风一吹，透心凉。那天，我把叉车送回单位，再回到家，已经是晚上11时多了。

"第二天，那个小伙子和他单位的领导一起来感谢我时，我才知道，因为我送得及时，这个小伙子的两根手指都顺利地接好了。

"世界需要热心肠，人与人也需要相互关爱与帮助，大家都生活在这样的大家庭里，才无比的幸福。

"正像新冠疫情一样，大家群策群力，兄弟互相帮助，啥都不怕，一切困难都可以战胜。"宋老说。

▶ 红色传承

没有一个冬天不可逾越

讲述人：徐伏虎

结束这次采访的时候，拿着话筒的手，感到非常温暖。

"没有什么困难在我们面前不可战胜！"说得多好啊，宋老的话语让我振奋，让我心生感动。

在突如其来的新冠疫情面前，我们正需要听到这样的声音，感受到这样的自信和勇气。

当年有人说我们是贫油国，拿石油卡我们的脖子，我们不信这个邪，不但在大庆找到了大油田，而且很快实现了石油自给，靠的就是中华民族在困难面前不服输、迎难而上打硬仗的勇气和精神，新冠疫情袭来仍是如此。

当年，石油自给，我们有以铁人王进喜为代表的中国石油工人的奋发争先；今天，面对新冠疫情，我们同样有以钟南山为首的中国医护人员的共同拼搏，有了他们，还有什么战胜不了的困难吗？

还是那句话：没有什么困难不可战胜，没有一个冬天不可逾越！

当年我们8人　一天建一栋干打垒

娃娃"连长"张雪玲的苦乐往昔

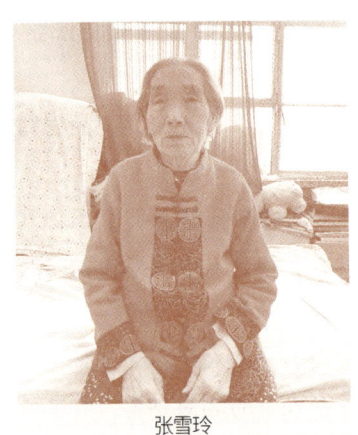

张雪玲

对于像张雪玲这样经历过那场石油大会战的人们来说,仍触之可及的光荣往事,是他们一份难以替代的自豪。

"连长"和一群"小兵"

连长加了个引号,意在张老当年麾下的,不是正规军,也不是民兵,而是一百多个乳臭未干、活跃在托儿所里的小不点儿。

那不就是个所长吗?怎么还虚张声势,叫什么连长呀?

而现在年纪尚轻的人,却常问为啥当年把幼儿园叫作托儿所?

这里普及一下:因为那个年头,夫妻双职工多,大家都有一个心愿,就是革命加拼命,早日拿下大油田。所以,许多女职工生了孩子没多久,就自愿回到工作岗位。那吃奶的孩子呢?就会送入托儿所。

那个年代,托儿所里的"常客"是小到嗷嗷待哺的婴儿,大到学龄前儿童。他们大多在保育员的身边长大,有许多长托的孩子,对保育员的依赖往往胜过自己的父母。以至于随后的十几年,甚至更长的时间,这些"失散"到各处的孩子,都会心生一种寻"保"情节,千里迢迢,利用回大庆的机会,特意去见一面曾与他们幼时朝夕相处的"阿姨"。

有点说远了,咱们言归正题。说一下连长的称呼。当年,大庆是准军事化管理,整个油田叫战区,各个钻井、采油等中心叫指挥部,各个小队党支部领导叫指导员等,而且因为当时备战的需要,每个单位还有民兵组织,托儿所所长以连长称呼,与这不无关系。

张老说:"那时候好像不知道累似的,一天要干好几种活。'连'里也不分什么领导,越是领导干得比别人越多、越杂。

"每天婆婆妈妈地叮嘱保育员,父母把孩子交到我们手上,是对我们的信任,一定要有责任心,不能出纰漏,保证家长送来啥样的宝宝,交还时,就是啥样的孩子,只能更好、更健康,这样才能保证孩子的父母一心扑在油田生产上,我们这也是间接为油田生产做贡献。"

"寄"母与"超生"儿女

张老说:"别看我们大人吃窝窝头、高粱米饭,祖国的花朵可不能吃这些。要给他们喝奶,取奶就是我的事儿了。每天要跑很远的路,到油田研究院的老农场给孩子们取奶。取回来,再热给孩子们喝。

"当时,托儿所里没有自来水,全所每天两大缸的生活用水都是我到水房去挑。

"白天过得充实,晚上也不例外。政治学习或是民兵训练,整个晚上,都没有空闲时间。当时我已经是3个孩子的母亲,这3个孩子在家吃喝拉撒睡,由大到小,自觉地一个管一个,他们就是在这样的环境下成长起来的。

"如果说周一到周六的全天候工作是常态,可周日也不闲在家里,而是去给我们提供牛奶的老农场铲地耕种。到了积肥的季节,我还要去掏厕所,把农家肥运到老农场的地里。

"现在想起来,那时候每一位保育员都不把自己当成女性,起早贪黑,大家拧成一股绳,不分你我,抢着工作,浑身有股使不完的劲儿。就好像自己不干到位、对不起组织、对不起一线的石油工人似的。那时候我们有个顺口溜,形象地表达了当时的生活状态:白天孩子王,夜晚保国防,礼拜天里铲地忙。"

会战时期,知识分子成堆的研究院,常有技术专家出国考察学习,这里面不乏两口子赶上一起去的。于是,孩子搁哪的问题就出来了,这个临时的"家",就设在张老家中。

张老说:"那时候,我家已经有了老四,再加上寄宿的三四个孩子,最多的时候,家中有8个孩子。8个孩子一闹起来,按下葫芦起了瓢,邻居们看着都嫌闹得慌。可我不嫌,喜欢孩子,抱这个,抓那个,好像玩游戏,一点烦的心思都没有。等他们都玩累睡着了,我还不能踏实地睡,前面我说了,看孩子要有责任心,孩子交到咱手里,吃饱、穿暖不用说,晚上起夜,不熟悉环境,磕着碰坏的,没法向家长交代。所以,我常半夜爬起来二三次,像相声里说的那样,数一数孩子少没少,扒拉扒拉,看看他们有没有尿床……

"小孩子疯玩,衣裤总被刮坏。我家有台苏联产的手摇缝纫机,每天一个重要的活,就是给孩子们补衣裤,做新衣。好多年过去了,家里的老物件扔了不少,可是这台老掉牙的缝纫机一直没舍得扔。"

"爱心"同"愧疚"相伴

张老说:"一来二去,孩子们在我家住长了,我和孩子们,孩子和孩子之间产生了感情。一到父母来接时,就像'生离死别'一般,孩子们抱着我的大腿,难舍难分,一个个哭得撕心裂肺,不愿意走,我也总是陪着流眼泪,抱着孩子送出老远,孩子才能跟着父母回家。"

一辈子以孩子为伍的张老,有爱也有悔。她觉得自己对不起小女儿,因为一次保育员的疏忽,当年只有5个月大的小女儿,站立不稳,从有围栏的小床上翻下去,摔成了脑瘫!

这件事,一直是她内心的痛点,不愿意提起,又时时出现在眼前。她对记者说,孩子摔得很严重,当时大庆的医疗条件还不完备,经人介绍,她带着孩子前往北京求医,半个多月下来,辗转了四五家医院,效果也不是非常理想。最后,还是在她甘肃老家,找了个著名的中医,才让女儿的病有了奇迹般的好转。

张老说:"女儿现在挺好的,能正常交流,能做饭、洗衣服……生活自理没有问题,只是走路要靠轮椅才行。后来,女儿建立了美满的家庭,我外孙都已经26岁了。"

▶ 红色传承

我有一个不知疲倦的姥姥

讲述人:张 和(张雪玲的外孙)

在我的眼里,姥姥是个不知疲倦的人。听长辈说,她年轻时就是位人人尊敬的劳动模范,一辈子认认真真、勤勤恳恳,做好自己的本职工作。退休的她还本色不改,年过八十,还担任着退养家属党支部书记,为90多位老党员服务,是他们的主心骨。

新冠疫情来临之时,姥姥又忙活开了,每天都给党支部里的爷爷奶奶打电话,告诉他们别出门,在家待着,这个岁数了,对国家最大的贡献就是不给国家添乱,一定要相信祖国,相信我们的党,一定会战胜疫情。

在人生的旅途中,姥姥教给了我许多朴素而又永恒的道理,人活着的最大意义,不是为了自己怎么幸福、怎么快乐,而是通过自己的努力,让别人体会到幸福快乐的滋味,这才是最高的境界,就和那些不畏生死、冲锋在新冠疫情前线的白衣天使一样。

零下40摄氏度穿棉袄冲"澡"

采访于老那天,正赶上大庆支援湖北孝感医疗队凯旋。有着6年宣传工作经历的他,说了这样一段话:

"感谢这些可爱、可亲、可敬的白衣勇士,他们用义无反顾、舍生忘死的行动,震撼着每一个中国人的心灵,也让世人看到了中国人民在灾难面前,无所畏惧、不怕牺牲、相互扶助、亮剑出征、共度时艰的伟大民族精神。这种勇往直前的抗疫精神,就像当年延安精神、大庆精神铁人精神一样,是我们中华民族最为宝贵的精神财富之一。作为一个有着50多年党龄的老党员,请代我向这些英雄致敬!"

于连河

差一点儿与大庆"擦肩而过"

1964年8月的一天,宝清县。

一个青年人急急忙忙赶到报名点,一头扎进了拥挤的人群中。因为个子不高,又很瘦,三挤两挤,就挤到了人群的前面。

看着这个小个子,负责报名的干部似乎有点怀疑问道:"于连河呢?""我就是啊。"于连河答道。

对方重又打量了一下说:"我们的活儿可重啊,你这么瘦小,能挺得住吗?""别看表面呀,我的劲可大了……"

说起这段故事,于老自己都笑了。"那年头,我们全家7口人,全靠父亲一个人40多元钱的工资生活,挺清苦。贫苦的孩子早当家,所以,我初中毕业就一心想去工作,为家里减轻负担。"

"招工来大庆,不知道来搞石油,只说是个农垦单位。当年招工的条件,身高要求1.55米,我1.56米;体重要求45千克,我45.5千克。那叫个惊心动魄,差一点儿,就和大庆擦肩而过了。

"硬杠算是过了,政审这个软杠可是个大关。

"报名百十来个人,最后只招走了29个人,这里有我的原因很简单:父亲是位老抗联,参加过解放战争,随着四野解放了大半个中国,本要退伍回乡了,又被召回部队参加了抗美援朝。

"这在当时,根正苗红,政审通过是意料之中的事儿。"

于老刚到大庆时,被分到了农垦三厂一矿,也就是现在的采油一厂一矿。

刚进行入厂教育不久,因为井下急需人手,他们这批学徒工被借到了井下作业大队顶班作业。

"因为我个矮体瘦,分派工作时,照顾我,只帮着资料员抄抄表,登记一下数字什么的,不用拿着管箍上井干过重的体力活。但这也不那么绝对,如果忙起来,人手不够时,岗位就分得不是那么清了。"于老说。

零下40摄氏度穿棉袄冲"澡"

于老继续说:"好像是1965年的腊月,气温降到零下四十多度,滴水成冰。当时为了抢速度,使更多的油井尽快投产,作业队从一天一个班上井作业,改为一天两个班同时干。

"从地下把一根根油管用卷扬机启出来,因为是带压作业,根根油管分离时,随管线顶上来的地下水就会喷涌而出,周围的人就会从头到肩冲个'澡'。为了防护,我们是内穿棉袄,外套雨衣。地下水比地面的温度高,淋下来时,有股暖暖的感觉,可没多长时间,雨衣的帽子和肩部就冻成'铠甲',头、肩固定得动都动不了。就这样,取出一根油管,就兜头来个'澡',头、肩刚能活动,马上又冻得结结实实。这样一天下来,不但腰酸背疼,而且头颈发木,人累得躺下就睡着了。

"我们宿舍是个真正意义上的板房,四周是木板,上面是挂满冰霜的篷布,数九寒天,板房内比室外也强不了多少。屋里取暖主要靠的是屋中间用汽油桶改装的天然气炉子,大家的双层铺都围着它摆。直到那时,我才真正体会到父亲常说的抗联那句'火烤胸前暖,风吹背后寒'是什么滋味。一下班,大家就都蜷曲在被子里,只露个头。如果半夜不小心脚伸出被外,一个激灵,就能冻醒。

"那会儿,队里有个姓张的技术员,为了不影响两班倒的生产,'寄宿'在我们的板房里。因为怕有问题还要从床上爬起来,穿衣服耽误时间,索性就穿着那身潮湿的杠服棉袄,往油桶附近一靠就睡,井上有了事儿,他起身就走。

"就这样来来回回,睡睡醒醒,细算一下,一宿也睡不了几个小时。张技术员认真的工作态度和忘我的工作热情，深深打动了年轻的我。这不就是我身边的'铁人'吗？从那时起，他成了我心中的榜样，工作懈怠时，我就会想起他，想起那个为了油田生产不知疲倦的张技术员。"

"要过得硬不要过得去"

1966年的春天，于老和队里的9位同事，被派去参加干打垒会战。

凌晨2点到达工地时，睡眼惺忪的他们一下子被眼前火热的场面点燃了。

红旗招展，歌声嘹亮。各路队伍，聚集一处，结对子，搞比拼，建干打垒的劳动竞赛热火朝天。

于老回忆当时："大家都一个劲头，就是个干！干得那叫个快。从凌晨2点干到下午2点半，一栋干打垒已经初具规模。我们的领队是位姓杜的井长，他说，咱们别光图快，得保质保量完成任务才行。我们一听也对。就赶在主管单位检查验收工作之前，先搞个自查。这一查，查出毛病了。

"有一侧墙体大概1.5米左右高的地方，有大约1厘米的偏差。

"按照工程要求，这个偏差在允许的范围之内，但杜井长没有放过这个瑕疵。他说的一句话，至今我还记得：不能就这么马马虎虎地过去，我们干什么工作都要'过得硬，不要过得去'才行。

"杜井长这种严细认真、一丝不苟的工作态度，让我们都很佩服。马上动手，把不合格的墙体拆掉，直到下午5点，我们才回到单位。虽然当天的劳动竞赛，我们没有排上名次，但每个人的心里都非常踏实、非常安稳。"

180斤的油管扛了一百多根

于老说："那个年代，学习铁人那句'有条件要上，没有条件创造条件也要上'的话，不是只停留在口头上，而是实践在工作中。

"1965年，我们8位同事，要前往油井作业。卡车把一百多根油管拉到距井场一百多米外时，才发现，通向井场的小路泥泞不堪，如果硬让卡车将

工人人拉肩扛把油管送进井场

零下40摄氏度穿棉袄冲'澡'

油管运到井场，极容易陷进泥中。那还想啥呀，就这么等着，管子也不能自己过去，一根根往里扛吧！老师傅的一句话，让我亲历了一场人拉肩扛的实战。

"一根油管9.5米长，90多千克重，一人一头，扛着走，要喊号子才能顺利前行。我前面说了，我个小还瘦，师傅们总是先把一头担在我肩上，再去扛另一头，还要尽量把重量多放在他们肩膀上，来减轻我肩膀上的压力，相互帮助，一切为了油田生产，没啥二话。就这么着，我们8个人，硬是把一百多根油管运到了井场。"

于老说："毛主席说过，人总是要有一点儿精神的。我们靠着这种精神拿下了大油田，白衣天使靠着这种精神，把一个个生命从死亡线上救回来，这种精神无坚不摧，是中华民族血脉中的根基，是值得代代传承的宝贵财富。"

▶ 红色传承

普通又特殊的父亲

讲述人：于庆普（于连河的长子）

父亲在我的眼里，既普通，又特殊。他普通，和大多数父亲一样，有血有肉，爱孩子；他特殊，做什么都严细认真，一丝不苟。工作岗位上这样，退休后依然如此。在小区活动中心，他要把房间打扫完，把物品归位后才离开。我和妹妹就是在这样的环境下长大，这让我们养成了遇事替别人着想的习惯。

在那个特殊的时期，作为一名油田的健康、安全、环保监督员，我以父辈的奉献精神为榜样，发扬优良传统，在吹响战疫复工复产的冲锋号时，为油田安全生产保驾护航，在新时代为大庆红旗增光添彩。

"大才子"盯上"最拉风姑娘"

老话说：无巧不成书。多次联系，就是找不到陈佩兰老人。情急之下，利用特长，广罗信息，找到了她儿子的电话号码，一通话，耳音挺熟，通名报姓，一阵惊喜，原来陈老的儿子是记者"失散"多年的高中同学王海军。

之前准备好的客套话全免了，老同学没二话："让我干点啥吧？"

顺利地与陈老隔屏"相见"，发现距她身后不远，摆着个手风琴，于是，话题就从它开始了……

陈佩兰

宣传队里最拉风的姑娘

"您喜欢拉手风琴？"我们的问话，让陈老向后瞥了一眼，笑着说："瞎玩！那是我姑娘淘汰下来的。当年她学，我也跟着一块拉，也就会了。我喜欢鼓捣乐器，不仅是我，我们家里的人都喜欢音乐。在会战那个清苦的年代，我们一家人，每到年节，都会来场家庭音乐会，二胡、笛子传出的悠扬乐曲，给了一家人精神上的愉悦和富足。"

"那你们是文艺之家呀！"

陈老说："算吧。我喜欢文艺，十多岁就来到大庆参加石油会战，爱唱爱跳，是我们话务班中的活跃分子。

"那时候，战区常搞一些报捷文艺演出。主要是把本单位的工作成绩和好人好事好思想，通过快板、歌舞、朗诵等形式编成综合节目，为职工、家属们演出。所以呢，油田的各个指挥部，都抽调人手成立了业余宣传队。

"你可别以为我们的节目就是业余的小打小闹，每一个节目，都有编剧、导演，这边写完，那边就开始排练。有的还是一边排着一边改。质量水平是个啥样呢？你们都知道的由大导演孙维世和金山编排的《初升的太阳》，就是从报捷文艺的一个节目中改编来的。可见当时演出的水平有多高。

"我当年是宣传队女队的舞蹈演员,每次排练好节目,不论寒暑,为了鼓舞斗志、促进生产,都要下基层为职工、家庭演出。那年头没有大客车,我们去演出,都是坐着带篷的解放卡车。夏天,蚊子跟车跑;冬天,冷风透棉袄。但大家的热情都那么高,没有一个人说怪话,也没有人叫声苦,大家一路欢歌去前线。

"总出去演出,唱得好,跳得好,化妆又好看,自然会被有心的小伙子盯上。我爱人就是这么盯上我的……"

被大才子"盯上"追到单位

陈老说:"有一次,宣传队在西油库演出。演出前,先参观学习。那时候,各单位都出板报,主要是国家的方针政策、单位的好人好事好做法什么的……学习嘛,总得看看人家板报上都写点啥,这一看,上面的字,写得真好。大家七嘴八舌一问,才知道是出自一位刚大学毕业的实习生之手,而且这个姓王的小伙子还多才多艺,歌唱得也很不错。这么一说,大家都心生敬佩,但我对这人也没别的什么深刻印象。

"没多久,男舞蹈队来了个新人。那个年代,虽然同台演出,可台上笑呵呵,台下男女不咋接触,也很少说话。更何况我年纪小,想的也少,压根也没注意到这个新来的小伙子对我总多瞅那么几眼。

"闲时在宣传队,工作紧张时,还得回到各自的岗位继续工作。

"有一天,一个熟人带着一个小伙来话务机房找我,一脚门里,一脚门外的,把我堵那了。为啥呀?那时候机房是重地,外人不经批准,是不允许进入的。那个熟人说,小伙子是特意来找我的,我一看,尴尬了,眼前这人也不认识啊!对方挺大方,说他姓王,我说'啊';他说在西油库看过我演出,我说'啊';他说和我一起跳过群舞,我还是说'啊'……他说了一大堆,我大脑飞速转动,却始终对不上号。气氛一下子紧张了,正巧调度长向机房这个方向走来,我终于有理由把他撵走了。

"事后,这个熟人把我一顿说,直说到西油库的板报,我才一下子想起来了,姓王的小伙是那个被别人表扬的大才子。

"这之后,我不反对了。他喜欢我,虽然近在咫尺,我们仍通过书信谈起了恋爱,最终我们走到了一起……"

孙维世想给我个角色演

陈老说:"认识孙维世,是因为她住在我们队的招待所里,我呢,被单位抽调负责接待她和金山。

"她第一次见到我,就眼睛一亮说:'这小姑娘长得有点像《报童》里演小丫头的那个演员呀．'她还问我喜欢演戏不？我说喜欢。那天，她特别高兴，说有机会，找她，给我个角色演演。

"我心里怦怦直跳，不知道该说什么，但看到她和蔼可亲、平易近人，也就没有过于紧张。我知道她是个大导演，能在她的指导下演戏，那是多幸运的事啊！

"可能是因为我的名字和她女儿孙小兰一样，都有一个'兰'字，孙维世的小名，也叫小兰，所以，对我格外关照。她要搬到萨尔图的三号院去住时，还邀我去她那玩。我答应了，但没有去。一方面是那时都有组织观念，不是上级分派的任务，不敢擅自行动；另一方面呢，也怕影响她的工作。

"现在想起来，如果我真的去找她，或许真会演个角色什么的，但现在都只是个梦了！"

陈老说，会战年代有许多传奇的故事，退休时，她和老伴曾有过写本回忆录的打算，但老伴不幸去世，让这件事可能永远搁置了……

▶ 红色传承

妈妈让我们受益一生

讲述人：王海军（陈佩兰的儿子）

我妈是个遇事看得开的人，用现在的话说比较"佛系"。

谈到当年吃的那些苦，我妈没有丝毫抱怨，说："想起过去的荒原，再看看今天的美丽城市，我就有种幸福感。"

她总和我们兄妹讲，要珍惜今天的幸福生活，她当年会战住在帐篷里，一场暴风雨，把她的鞋都冲走了。眼看着水都要没了通铺，正不知道咋办时，是办公室的一位老人，踩着水，把她背出了帐篷。

她说，那时候人与人之间，特别友好，就像是一家人。涨工资，大家都往外让，生怕别人吃亏，讲的都是别人比自己干得多、干得好。

妈妈的这些话，从我们小时候说到长大，从艰苦生活时期，说到现在的幸福生活，越大，我们越理解妈妈的做法，越学着她的样子去处理工作和家庭中遇到的问题。

同时，也让我们懂得了，消极的生活态度，让人看到的都是不满，而积极向上的态度，会让我们的生活处处充满阳光。

感谢妈妈给了我们乐观向上的心态，让我们在人生路上受益无穷！

胡文乐的会战记忆都是正能量

胡文乐

和胡老的名字一样,他给人留下的印象确实是博文而乐观。就连说起那个艰苦的年代,他也讲得轻描淡写,尽是欢乐……

沃野低头迎远客　草毯泥毡扎营盘

60年前4月的一天,四川某地一个二等站的站台上,几个20几岁的小伙子呆呆地站在那儿,眼瞅着一趟趟的列车停下,又从他们面前开走。

这些头一次出远门的年轻人,漫无目的的等待,是因为他们走得过于匆忙,竟忘了问问上级领导,他们该上哪趟车,目的地是哪里……

终于,他们中间有人憋不住联系到了相关人员,领导才知道有批人落在了站台上。经过紧急请示,才让一行人登上了北去的列车,这其中就有年轻的胡文乐。

在列车上逛荡了一个多星期,横跨南北,他辗转来到了当时还是一片荒原的萨尔图。

当时和他们同来的还有一个板房、一顶活动帐篷以及生火做饭用的锅碗瓢盆。

胡老说:"在一个叫杏树岗的地方,嘎斯卡车停在了荒无人烟的草原上,说这就是我们油田勘探工作的临时驻地。别看大家在车上很兴奋,有说有笑有精神头,可是一到了地方,下了车的他们就全东倒西歪地趴窝了。

"将近中午时分,我们这个临时队里一位年长的玉门来的老师傅,分派我和另一个小伙子去挑点水,做埋锅造饭的准备。我们俩担着一种上粗下细、被当地人叫作'喂得罗'的水桶就出发了。

"本想野草茂盛的地方,水是不会缺的,可我们俩走着找着,走了一个多小时的路,才在一个叫张铁匠的地方,找到了一个像样的还带着冰碴的碱水泡子。

"挑上水,扁担在肩上有节奏地颤动。路远、心急,自然走得就快,走得越快,桶悠荡的幅度就越大,将近下午 3 点钟,我们才算是回到了营地,但'喂得罗'里的水,大多让我俩一路'浇地'了。"

风雨侵衣骨愈硬　饥餐露宿志更坚

四月的东北草原,风大到人被吹得直跑,想支起帐篷原本就是个难事,再加上大地还未开化,坚硬到与大铁钉子相碰,只落下个白点。

铁钉子是固定帐篷的唯一基础,搞不定它,帐篷即便支起来,也会被风吹得不见踪影。

天渐渐地黑下来,无遮无挡的草原上,大风更加肆无忌惮。放在一边的篷布被风吹得轰轰响,像敲鼓、又像打雷,空旷的、似音箱般地回响,一浪浪在草原上传得很远、很远……

胡老说:"想尽了一切办法,帐篷是支不起来了。'屋子'没了,总得有个睡觉的地方吧。有经验的老人组织我们捡了些别人丢弃的破木头、破板皮之类的东西,做了一个离地不高的简易大通铺,用分给我们的草垫子先铺成床,再做一圈挡风的床帷子,一个露天的'小家'就这么凑合成了。谁也别嫌谁,都一个挨一个挤着,相互取暖,如果谁想来个'单人床',不冻出个好歹算是幸运!"

说到苦,胡老也说,那时的确是苦,但这苦对于他这样一位从四川大山里走出的孩子来说,并没有到承受不了的程度,可也有人没挺住,悄悄地跑了……

"那是我的一个小老乡。"胡老说:"那时候井并不像现在这么密,井与井之间距离很远,为了方便工作,许多工人就在井边盖个简易的小屋住宿。

"那时,岗位巡查、交叉互查、领导检查……一天要查很多遍。

"有一天,岗位巡查时发现我这小老乡脱岗了,四处找了半天,没个人影,就被记了下来。紧接着多次检查,小老乡都没在岗。

"情况反映上来,到他的宿舍一看,除了人,啥都在。于是,大家组织人在附近开始地毯式查找,可还是踪迹全无。

"最后才知道,小老乡怕苦,连夜啥也没要,偷偷跑回老家,不辞而别了。"

一丝不苟传持久　攻坚克难好榜样

20 世纪 60 年代,大庆有个响当当的标杆——南八队。身处恶劣环境,这个队的干部、职工克服困难、攻坚啃硬,坚持与天斗、与地斗、与恶劣的大自然环境

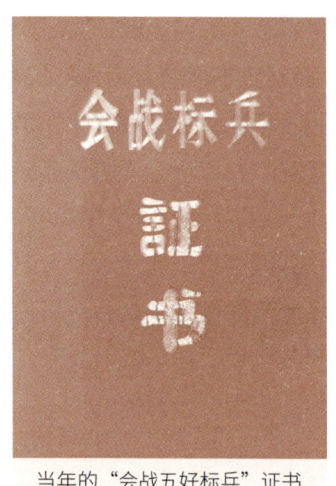

当年的"会战五好标兵"证书

斗,被会战工委命名为"斗硬"采油队。

这个看起来打着时代印迹的称号,并非浪得虚名。要是让胡老具体地讲一下与天斗、与地斗、与大自然的恶劣环境斗的例子,有很多。

与天斗,当年的石油工人晴天一身汗,雨天一身泥,不管你天气如何作妖,我自岿然不动;与地斗,当年大庆就流行着一句:"石油工作者岗位在地下,斗争对象是油层";与大自然的恶劣环境斗,那就更好理解了,在东北这样滴水成冰的高寒地带,石油工人钻井不停,喊出了石油工人无冬天的豪言壮语。

今天,咱要说说胡老在这个标杆队工作时,与自己斗、与疾病斗的小故事。

那是1964年的冬天,胡老得了较严重的胃病,一连几天吃不下东西。

"一想到我负责的井,还有一些数据没有录全,让同事们帮忙,又担心录的数据不准确,就躺不住了。爬起来,胃揪心地疼,在床边上喘口气,汗珠子顺着脸往下淌。这时候产生了思想斗争,一方面想着晚一天就晚一天了,明天好一点再录也差不了啥。可另一个念头,一下子占了上风:咱是标杆队的人,得干称得上标杆的事,哪能因为自己的病痛,影响了数据的采集?人不能把自己看得那么金贵,这病你强它就弱,你弱它就强。想到这儿,我紧紧裤腰带,迎着寒风就上井了,一直到取全数据,才安心地回家休息。"胡老说。

1964年,胡老被会战指挥部评为"会战五好红旗手",1965年被评为"会战五好标兵"。后来,大庆市委、市政府、大庆石油管理局授予他"会战标兵"称号,并颁发了奖章。

▶ 红色传承

"斗硬"精神与时俱进

讲述人:胡志强(胡文乐的儿子)

"斗硬",现在看来好似有些不合时宜,但在我看来,却是那样熟悉,那样习惯。

父辈们的"斗硬",是为了尽快实现国家石油自给,不怕困难,战天斗地的

"斗硬"。我们这辈人的"斗硬",是打铁还要自身硬,是身先士卒做出榜样的"硬"。正是在这种思想的传承与感召下,在工作岗位上,我两次被共青团大庆市委授予"青年模范""青年模范标兵"称号。

敢于"斗硬",还表现在我同歪风邪气做斗争上。面对疯狂的偷油盗贼,我毫不畏惧,与他们"斗硬",将这些不法之徒绳之以法。因此被大庆市委宣传部、市公安局授予"人民群众见义勇为与犯罪分子做斗争先进分子"荣誉称号。

传承前辈的优良传统,就要敢于担当、不畏风险,这不是空话,它已经成为一种不可更改的习惯。

缝补厂精神通过她的嘴传遍全国

宋玉萍

对于邻居来说,她是一个慈眉善目、底气十足,说话带着乡音的老大妈;对于广场舞的伙伴们来说,她是一个开朗、健谈、活力四射时尚老舞痴……可是,许多人并不知道,这位不显山露水的老太太,50多年前,却有着一桩让她自豪且非比寻常的特殊经历。

她,就是本文的主人公宋玉萍。

为救急,临阵换上她

宋玉萍这个名字,对于现在的年轻人来说,比较陌生。然而,当我们翻开《人民日报》1965年3月19日的头版,找到一篇由新华社记者采写的名为《大庆油田职工家属形成一支劳动大军》的文章,在它的倒数第三段上,你会发现她的名字:

"在大庆油田,有一个劳动保护用品修补厂是很有名的单位。这个厂的干部和工人绝大部分是油田职工家属。她们利用旧料、废料,几年来为油田职工修补了几万套工作服,翻新了更多的工作鞋,被誉为油田上一面发扬艰苦奋斗革命精神、坚持勤俭建国方针的红旗。在这个厂工作的职工家属代表宋玉平(萍),在人民大会堂作报告时,她当场拿出一件由家属们拆洗缝补干净的棉工作服给大家看,这件棉衣的里子是用三四十块碎布缝补起来的,但缝得很平整,远看一点也看不出拼凑的痕迹。"

说起人民大会堂的报告会,宋老把它说成是个"偶然"。

那是1965年的春天,宋老和缝补厂的5名文艺骨干,前往北京参加大庆油田职工家属文艺汇报演出。

当时,"五把铁锹闹革命"的带头人薛桂芳,还有劳模典型吕冬英、苑柏琴等,在全国厂矿会议上汇报大庆家属闹革命的经验,强烈的反响一度席卷京城,引发了空前的明星效应,许多参会的代表争相预约,希望邀请她们去自己的单位传经送宝。

全国妇联也因势利导，决定当年的3月17日，再在人民大会堂举行一场更加有声势的大庆家属闹革命经验报告会。

筹备中，时任石油工业部党组书记、部长的余秋里提出，报告会怎么没看到缝补厂的人？缺了他们，这个经验不完整嘛。

领导说了，那得完整呀！筹备组一边马上要求缝补厂派合适的人进京，一边把报告的文稿赶写出来，待人一到，马上进入角色。

然而，事与愿违，来的人因为过度的紧张，怎么也背不下来讲稿。一帮"高参"脑门子出汗了！

眼瞅着日子要到了，到哪去找个临时救急的人呢！正当山穷水尽之时，大庆油田职工家属文艺汇报演出的导演拍着胸脯举荐："我当是啥难事儿，就这个，眼前就有现成的，我们演出队的宋玉萍，老高中生，聪明，有文化，过目不忘，还是缝补厂的人，选她，啥问题都没有。"

哎呀！这话就像一剂解药，一下子把一整天的沉寂打破了……

宋老说："我记得很清楚，那是1965年3月14日下午，我正在排练。有人来叫我，说康世恩副部长来了，要找我谈话。谁？康副部长？找我？我当时有点懵，但还是忐忑地跟着去了。"

是金子，在哪都发光

宋老说："康副部长对我们来说，并不陌生。我俩一见面也没啥客套，让我临阵救急，上台演讲。"

"我一听，压力山大！这可不是一般的唱歌、跳舞，说好了，还行。讲砸了，那可是吃不了兜着走的事儿，我一下子没敢直接应下来。

"康副部长看出了我的忧虑，温和地说：'小宋啊，人民大会堂是世界人民的讲坛，是毛主席讲过话的地方，这次派你去演讲，是一个艰巨而光荣的政治任务，要为大庆油田争光，为石油部争光，为全国人民争光！

"领导都这么说了，我还能推辞吗？我暗暗使劲，要上，就一定讲得生动、讲得出彩，讲得让听众们留下深刻的印象。拿到讲稿后，我边背边改，边改边讲，整个人都投入到一遍遍的演讲中，10几个小时，几乎不吃、少喝、不休息，硬是把一篇长达40分钟的讲稿，一字不差地背了出来，就连康副部长都兴奋地说：'讲得好，人选对了！'"

1965年3月17日，在人民大会堂，宋老第三个出场。以《艰苦奋斗勤俭办

缝补厂精神通过她的嘴传遍全国

当年缝补厂家属在制作工服

厂》为题，说事例、讲故事，精彩的演讲，赢得了在场的听众一阵又一阵的掌声。当她将一件用48块补丁缝成的旧里布的棉工服展示给现场的听众时，全场掌声雷动，学习大庆艰苦朴素作风的口号，此起彼伏，使报告会高潮迭宕，宋老也收获了她首讲的圆满成功。

在随后的日子里，这个报告团如星火燎原，受全国各地市的盛情邀请，报告走南闯北，每到一地，省委领导亲自接站，工厂停产，学校停课，更让宋老至今仍感动不已的是一支部队，为了能亲耳听到他们的报告，一夜的急行军，赶在报告会前，准时进入了大会现场。

"那种迎接贵宾的无尚礼遇，今天想起来，还是那么的令我激动，这种无与伦比的政治荣誉，让作为大庆人的我，作为宣传大庆精神的我，受到了极大的震撼。报告团圆满完成任务后，我坚决要求回到大庆，以加倍地努力工作，回报给了我崇高荣誉的祖国和人民。"

回家转，铁人帮大忙

一路走下来，风光无限的宋老再回到大庆时，已是一位27岁的大姑娘了。

各地宣讲时，她的身份还是缝补厂的一名家属工。可满载着荣誉回家时，同龄的伙伴们，大多都招了工，有了正式的工作。

因为当时，油田上招工的年龄限定在25岁，已经超龄的宋老，有些不甘心。就独自去找当时已是大庆革委会副主任的铁人王进喜。

"我进去就说，我是宋治的妹妹。为啥提我哥，是因为我哥和铁人是一个队的，而且两人都是从玉门来到大庆，相互比较熟悉。

"铁人一听这话，就笑了。我哥和他聊过我。所以铁人对我是有印象的。知道我当年在陕西上学时，品学兼优，原本是要考大学的。因为全家除了我，都跟随哥哥来了大庆，一大家子人就靠我哥50多块钱的工资生活。父亲去世得早，母亲身体又不是很好，我在假期来大庆看望她时，家里人不想让我走，正赶上缝补厂招工，哥哥的朋友就给我报了名，为了减轻哥哥的经济负担，我也忍痛放弃了继续报考大学的念头。

"铁人了解了我的具体情况后,对我讲,虽然你外出宣传大庆是组织的决定,但招工的年龄是硬杠,不能违反原则。他多方联系,特事特办,给我在大庆医药公司安排了正式的工作。"宋老说道。

宋老是个低调而又认真的人,这人生中辉煌的一瞬,她从未向外人提起过,即使有些人找到她,想挖掘一下那段历史的真实,也被她推辞婉拒。要不是我们穷追不舍,打动了宋老,这些不为人知的故事,不知还要"潜伏"多少年……

▶ 红色传承

妈妈是我们永远的骄傲

讲述人:彭艳秋(宋玉萍的女儿)

从小到大,我都爱听妈妈讲她们当年的会战故事,听她讲缝补厂的阿姨们拆旧棉衣,不顾烧伤的危险,用双脚踩在碱水里,清洗带油的棉布;听她讲那个时候虽然艰苦,但几个年轻人却经常聚到破旧的干打垒里,又唱又跳地开起联欢会;听她讲不论自己过得多苦,只要舅舅的同事到家做客,姥姥都会拿出仅有的几斤白面,为他们做顿西北面条……在我的认知里,20世纪60年代的大庆确实艰苦,可那时候的人们有一颗火热纯真的心,有着非常难得的乐观主义精神,他们苦中作乐,埋头苦干,心中都有着明确而坚定的信念,那就是:"我为祖国献石油"!我自豪妈妈是他们中的一个。

妈妈一直是我的骄傲和榜样,她就像是我人生的一个灯塔,每当我懈怠时,她会在我们的耳边敲一下警钟;每当我迷失前进的方向时,她又会用特有的方式,及时为我把稳航向,教会我如何努力工作,热爱生活,做一个回首往事不感觉碌碌无为的人。

她和那些老前辈们一样,总说自己只是个普通、平凡会战人,然而,我在想,伟大不正是由一个个普通、平凡组合而成的吗!

缝补厂精神通过她的嘴传遍全国

豪横"女汉子"刘培芬

刘培芬

对刘老的采访,可谓是一波三折。

2020年春节前,已经联系好的采访,因年事已高的刘老患病住院,不得不放下。春节后,得到刘老出院的消息,可新冠疫情,使我们这场原本线下的采访,只能转到线上进行。

800多人温饱一肩扛

视频那头的刘老,看上去身体似乎还有些虚弱,毕竟年近九旬的人。但回忆起会战年代的人和事儿,操着胶东口音的刘老,仍讲得委婉动听、声情并茂。

眼前这位清瘦的老人,50多年前,可是个非凡人物。

会战初期,正赶上三年自然灾害,上万人一下子聚集一处,高强度的重体力劳动,让如何吃饱肚子的问题一下子凸显出来。

英雄的石油会战人,在极端困难的条件下,没有等靠要,而是发扬南泥湾精神,在油井边、在帐篷旁、在荒原上,一条条田垄犁出来,一颗颗种子种下去,不分男人还是女人,不论干部、工人还是家属,不管专职还是兼职,一场自力更生、战胜困难的大生产运动,轰轰烈烈地开展起来。

正是在这个背景下,从山东牟平投夫而来、有着丰富生产生活经验的刘老,被推举为钻井指挥部运输南站生产队的妇女队长。

临危受命,当然有她的过人之处。

她没有把南站800多人温饱的希望,全部寄托在土地上,而是"多条腿走路",发挥在老家的持家优势,就像电影《牧马人》中的女主人公李秀芝一样,不但领着家属们种粮食,还尝试着小规模地养猪、养鸡、养鸭。

在那个艰苦的年代,人们能吃饱都算是一种奢望,别说还能吃上满嘴流油的肉食,大家发自内心地对刘老表达着钦佩与感谢。

刘老说:"猪崽儿还好弄。小鸡、小鸭就难找了。那时候附近农村的鸡鸭,都靠母鸡自然孵化。要想一次多孵一些，一个是需要买到鸡蛋、鸭蛋，另一个还要有个恒温的孵化箱。蛋去老乡家收，还能满足，可是，想找孵化箱，那可就难了。"

3000人中脱颖而出

刘老说，有条件要上，没有条件创造条件也要满足一线800名职工的主副食供应问题。

那时候，天然气是不花钱的。搭一铺小坑，把睡觉的棉被拿来，找个井上用的温度计，和蛋一起放在两层被褥里，按照书上写的和老乡传授的土办法，热了，把火关小点，凉了，把火开大些，我们这些人把自己的孩子托付给邻居，就像伺候月子一样守在蛋边，24小时轮流值班，和采油工人一样半个小时记录一次温度，一点也不敢马虎。虽然各家都有各家的难事，但谁也不离开，一直顶了21天，终于成功地看到了鸡鸭破壳的那一天，大家都兴奋得不得了。

这可不是百里挑一，3000人的大单位，只给了一个入党指标，别的都能往外让，讲革命兄弟情谊，唯独在入党这个崇高的政治荣誉面前，大家都争相表达自己对党的一片忠心。

当组织上把入党积极分子的名单，拿到会上表决时，刘培芬的名字一出现，没有一个人说个不字，全票通过！

刘老说："我骨子里是个好强的人，干什么都要干得比别人好。而且当时年轻气盛，爱想事，有点子，想到做到，这让我在那个贡献的年代，一下子就成了无人不知、无人不晓的名人。劳模、三八红旗手……好多荣誉一个接一个地来，在那个崇尚英雄、学有榜样的时期，我自然也受到单位同事们的尊敬与认可。这也算是我能在3000人中脱颖而出，加入党组织的重要原因之一。"

失责阿姨惹怒"女汉子"

随着油田生产走入正轨，一些两地分居的职工，开始把老婆、孩子接到油田来。

丈夫要上一线生产，妻子们也要走出家门参加集体劳动，孩子则成了放荡不羁的"神兽"，成了爹妈们的一块心病。

"得成立个托儿所，把这些孩子管理起来，让他们有吃有喝，有地方住，好让一线的职工们安心工作。"想法有了，谁来干？上级领导心目中一致的人选，当然是这位性格泼辣、做事稳重靠谱的刘培芬。

刘老说："党员嘛，就是一块砖，哪里需要哪里搬。组织信任，就要把事办得妥妥帖帖才行。这孩子可不同于鸡鸭，都是家里的命根子，虽然那时候家家的孩子都不少，不像今天一个娃那么金贵，但也是一份不小的责任，稍不小心，磕坏碰坏，可不是小事，不但分了一线职工的心，也让他们多了一份牵挂。这样呢，我就多次和阿姨们讲我们工作的重要，看护工作不能掉以轻心，要把看护的孩子看成自己家的孩子一样，让家长们放心，这也算是我们为油田生产间接做出的贡献。

"大多数的阿姨是尽心尽责的，但也有个别人，脱岗离所办私事。一天傍晚，我正常查岗。查到中班时，发现孩子们乱成一锅粥，一进去才发现，当班的阿姨没在岗上，各屋、包括厕所都没找到人。那位阿姨的年龄不大，独自顶岗，人会上哪去呢？会不会有什么危险呀？大家这么一想，都慌了神，马上安排人去找。几个来接孩子的家长听到这事儿，也跟着着急，连孩子也没接，加入找阿姨的人群之中。好在当时的地方不大，大家摸着黑，一直找到晚上七八点钟，才找到了这位阿姨。意外的是，她什么事也没出，是私自跑出去约会了。

"这一下，我的火气一下子上来了。放着20多个孩子不管，跑出去谈对象，孩子出了问题你能负得起责任吗？不光是我这大嗓门喊起来，在场的阿姨和家长都数落她。按理你犯了错误，低个头就别吱声了，没有，她还火了，死不认错。这一吵，周围来了很多人，大家听到这件事，看到她的现场表现，都指责她的失职、失责。可就是这么多人和她讲道理，她仍没悔改之心。

"毛主席说，要治病救人，对人对事，不能一棒子打死。不论她自己认识没认识到错误，我们一定要教育和挽救她。

"把她领回托儿所，她仍大喊大闹，还动手打了教育她的其他阿姨。该说的我们都说了，能做的我们也做到了仁至义尽。

"没有办法，我只好代表所里，把这一情况反映给家属管理站。管理站的领导根据规章制度，一纸文件把她给开除了。

"这下子，她又不干了。跑到托儿所里，又哭又闹。我有理有据给她摆出了16个错误，说得这位犯错的阿姨哑口无言，再也没来找麻烦。"

一个多小时的采访，刘老兴致很高，但也有些疲惫。便不忍心再打扰她，和她隔屏告别了……

> 红色传承

助人为乐是我家家风传承

讲述人：邵永兴（刘培芬的儿子）

我的母亲是一名老党员，从小他就教导我们要做一个善良的人，并且以身作则。她在生活里经常帮助孤寡老人和有困难的人，我在这样的环境下慢慢长大，也和她一样成了一名共产党员，也像母亲那样去帮助别人，虽然没有太大的能力，但这使我快乐无比。

在完成本职工作的同时，我还加入了社区组织的志愿者协会，去帮助那些需要帮助的人，虽然自己觉得做了些微不足道的事，没想到却影响了身边的很多人，越来越觉得这是件很有意义的事情。

因此，我受到了很大鼓舞，增加了继续做下去的动力，这份初心让我在助人为乐的路上继续前行。

豪横"女汉子"刘培芬

张月娥"搭错车" 开启燃情岁月

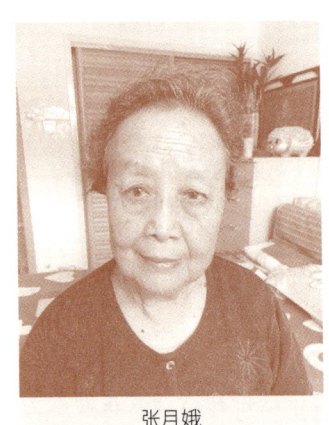

张月娥

她是一个性格开朗的老人，她的笑，给我们留下了极深的印象。虽然当时因新冠疫情让我们不能面对面交流，但在充满正能量的言谈间，我脑海中已经给她"绘制"出了大致的形象——笑容可掬，温柔慈祥。

"搭错车"入采油

张老早在玉门，因为工作的关系，成了王进喜的熟人，来油田参加会战又是前后脚。所以，在她的想法中，干钻井设备维修的老本行，是很肯定的事儿。可是，1961年8月，当她踏进松辽平原的萨尔图火车站，一场"搭错车"的意外，让她偏偏改了行。

张老说："不大的萨尔图火车站前，停了很多台接站的解放车。现场调配的人，就在那喊：'新疆的上这个车，四川的上这个车，玉门的上那个车……'刚到个陌生的地方，本来就发蒙，看着身边一个个人爬上了车，心里真有些发毛。一听到叫玉门的人，我就着急忙慌地登上了卡车。

"坐上车了，心踏实了很多。一路上，解放汽车在一人高的荒草中穿行，满眼的绿色，比起大西北的荒凉要耐看得多、美丽得多。

"车大约走了接近2个小时的样子，终于在一片干打垒平房前停了下来。跳下车，被前来接待的干部迎进一个挂着牌子的屋子。恍惚间，我好像听人在说采油。采油？我是搞钻机修理的，这也不对口啊。我这个后悔呀，后悔自己没问清楚，就上了车。

"正想着，巧遇一个玉门的老同事。听他讲，现在是会战期间，哪哪都缺人，火车站接人就像'抢人'，'抢'着谁是谁，都是为油田做贡献。他这么一说，我都挂到嘴边想去找领导说的话，又咽回到了肚子里。"

没铺盖门帘凑

既来之，则安之。住下再说。那时候采油指挥部的条件算是好的，没有天当被、地当床的艰苦，也没有帐篷被风鼓得轰轰响的经历，起点就是干打垒，唯一不方便的，是女的太少，只能和男同事混住临时搭起来的大通铺。

张老说："我们是人先到了，行李还在路上。后勤的师傅，先是给我们一人弄了一个棉门帘，门帘有单人被那么大，当褥子吧，没有盖的，只能把它盖身上，下面的木板还凉得透心儿；又当被又当褥子吧，要么露半截子腿，盖腿呢，就得露肚子。大小伙子也就将就了，可我们这些小姑娘，这么整都怕落病。后勤热心的老师傅，四处划拉，终于给我们几个女的配上了双门帘子，这下我们铺盖都全了。

"住的问题算是解决了，长途劳顿，我们倒在床上就睡了。单位也不外道，第二天一清早，就有人来喊：'起床干活了！'仍有睡意的我还纳闷呢，这里上班咋这么早呀，洗漱出门才知道，要去参加指挥部的建房大会战。

"虽然是8月，但东北的气温比玉门低七八度，所以，清早出门，一阵凉风，吹得我直打哆嗦。

"那会儿建干打垒，墙是用土和草一点点硬夯起来的，会战工地没有男女之分，只算人数，三个人一组，挑土、添草、脱土坯，啥活都做，热火朝天时，什么也顾不上，回到宿舍，才觉得脚和腿上火辣辣地疼。挽起裤角一看，腿上都是一道道被草刮出的血印子。啥消毒的药都没有，只能要点盐杀杀菌。有时候一天下来，累得想哭一场，可眼泪还没等流出来，人就已经睡着了。周而复始，人就像个机器，连轴转，苦是苦点，但那时的日子过得非常充实。"

干农活种土豆

清早拿起锄头种地，上班时间又要扔下锄头工作，这一工一农双重奔忙，也成了她当时生活的常态。

张老说："大家都知道，三年自然灾害，油田职工吃饭成了个大问题。每个人、每个单位都想尽办法，开垦荒地，能种啥种啥，用来补足职工粮食的缺口。

"对于学生出身的我来说，干农活是个外行。只能跟在人家后头，边看边学边实践，在实践中总经验。

"从没干过农活的我，学种土豆。先把一个个土豆切成块，三个人一组流水作业。前面一个人挖坑，第二个人把土豆块放入坑中，后面的人把土填上。我们弯着腰，沿着垄沟一干就是两三个小时，好不容易干到了地头儿，想直直腰，休息一下，上班的时间又到了，又赶紧奔波在去单位的路上。

"会战时期的艰苦锻炼，造就了我坚韧、乐观、豁达的性格，大家都是一个样，我到现在也常对自己说，老太太要快乐啊，愁也是一天，乐也是一天，为啥把自己憋屈在一个死胡同里呢？你说是不是？"说着，张老又咯咯地笑了……

▶ 红色传承

不辜负时代不虚度韶华

讲述人：成萧萧（张月娥的孙女）

奶奶是我生活中的偶像、工作中的榜样，我从小生活在奶奶身边，觉得奶奶就是个故事王，从她的嘴里，有说不完的大庆石油会战人生动、有趣、有情、有感的故事，每每讲到动情之处，都能感觉到她当年那颗火热的雄心。

"再苦再难都不怕，献完青春献子孙，坚决拿下大油田"的不二信念，让爷爷、奶奶那一代的石油人不惜流汗、流血，为国家的强盛，做出了杰出的贡献。

时代变了，担当变了，使命变了，但世代传承的大庆精神铁人精神永远不会改变。

今天，作为第三代石油人，我光荣地成了他们的接班人。我会同新一代石油人一道，沿着他们的精神足迹，创造新时代的辉煌。

铁人牵红线 成就一桩好姻缘

"可不是,我们一北一南的,没有那场石油大会战,估计连个面都见不上。就是到了大庆,同在一个钻井大队,天天在一起开会,也互不熟悉。要不是铁人牵线,我俩咋都不会往一起想……"在一串爽朗的笑声中,年已八旬的王淑珍,打开了这段姻缘的记忆闸门。

可能是要表现铁人的刚毅与倔强,有关他的照片,大多透着一股扑面而来的霸气和威严。然而,在王老的心中,铁人并非是影视作品中那个急三火四的西北汉子。她说:"其实,'老铁'是个乐于助困、平易近人、温情似水的真英雄!"

王淑珍

温情似水的真铁人

王老与油田的缘分,是从铁路开始的。铁路的那头,是牡丹江。

1960年4月,刚从牡丹江铁路财会学校毕业的王淑珍,还没来得及到工作单位报道,就被一纸调令,送到了铁路另一头——萨尔图火车站,由此,她的石油人生便打这开始了。

王老说:"不能不相信缘分。我原本是分去探井大队做财务工作的,可那有人了,正巧钻井二大队缺会计,就把我分到了当时已经是大队长的铁人身边。"

那时候,铁人已经在战区名声赫赫,能在他身边工作,是油田多少人的梦想。然而,王老在喜悦的同时,心里也有点儿小胆怯,看到照片上的铁人一脸"凶巴巴"的样子,觉得他脾气一定不咋好,自己遇事可得谨慎着点儿。可是,她的这点小胆怯,在真正接触了铁人之后,完全打消了。

王老说:"我到钻井二大队时,包括大队的领导,大家还都住在又阴又潮的地窖通铺上。在那个年代，什么男人、女人，都是石油工人，没有什么照顾谁的说法，有个地方住，有个帘子挡，就是极好的了。可让我没想到的是，铁人却没有这样，生产那么忙，他还是利用休息时间，和几个师傅搭起了一个远离窖底的二层铺，并说，再咋的，也不能让来咱队的姑娘受潮落下病。虽然，铁人不是对我说的，可是传到了我的耳朵里。这对一个孤身在外、无亲无故的我来说，那就是父亲般的体贴、兄长般的爱护，眼泪一下子夺眶而出。"

铁人从来不搞特殊，1960年的六七月间，天气渐渐暖和起来，钻井二大队也搬出地窖，住进了干打垒，还建起了小食堂。

王老说："我们那时候，每天晚上都要在一起开个会，政治学习、讲讲生产上的问题……这些都进行完之后，铁人总要对食堂的管理员和炊事员提提要求，让他们想办法，出点子，做出好菜好饭，把职工的生活搞好，让大家有个好身体，精力充沛地投入到紧张劳累的工作中去。这对现在来说，是小菜一碟。可在三年自然灾害时期，要比生产任务还艰巨。但是食堂人员，没有推三阻四，而是想尽一切办法，完成铁人交给的任务。

"铁人是领导，在食堂是可以吃小灶的。可是他从来都是和我们一起排队打饭，一个桌上吃饭，我们吃啥他吃啥，不搞特殊，二大队的人都佩服敬重他。"

成就姻缘的月下老

话说此时已经到了1961年的年底，王淑珍发现连续几天的晚会上，一个操着南方口音的年轻人，有意无意地总挨着自己坐，还不时往她瞄上两眼。等自己转过头去，那个人的眼光马上又迅速躲开了。虽然都在一个队，面熟人不熟，她有些"警觉"起来。

王老说："瞅了几天后，在一次散会后他撵上我，介绍自己叫洪世恒，是从江苏部队转业来到油田的。

"事后，我才知道，铁人有一次遇上他，问他想不想找个对象成个家。他说，想啊，没有合适的呀！他说的没有合适的人，一个意思是他不认识和他年纪相仿的姑娘，第二个意思是他当时想找个南方人，生活习惯一致能过到一起去。铁人就提了，咱们财务的王淑珍，虽然不是南方人，但长得漂亮，还有文化，要想成个家，考虑考虑她。"

铁人从中做介绍，这人一定错不了。那时候，铁人在队里威信极高，吐口唾沫，就是个钉。更何况亲自出面介绍对象！年轻的洪世恒就对当年的王老动上心思了。

王老说："当时对老洪一点也不了解，可是铁人给介绍的对象，一定是个好青年。所以，我想都没想，就对老洪说，这么大的事儿，我要写信问一下父母再决定，他也比较认可。信寄到家，父母很快就回信了，特别是我父亲，特别崇拜王铁人，他逢人就说我姑娘和铁人在一起工作。所以，一听是铁人介绍的，举双手赞成。这样，我和老洪的事儿就这么定下了。"

洪世恒、王淑珍夫妇当年的结婚照

按理说，介绍对象成了，事儿也就告一段落了，可是铁人偏偏是那种管事管到底、扶上马还要送一程的老大哥。

王老说："1962年初，我和老洪准备结婚，可是新房找不到。铁人那么大个领导，亲自到附近帮着找了间不大的干打垒。房子是有了，可生活用具啥也没有。铁人又帮着我们弄来了个水桶，要了个小饭桌和做饭的锅，还利用业余时间，在屋里搭了个烧天然气的地炉子，这让我们这个家徒四壁的空房子，一下有了家的味道。"

我们问王老："又是牵红线，又是找房子、送厨具的，铁人一定对你们俩很偏爱吧？"

"那你可说错了，铁人对钻井二大队的每一个人都这样关心、帮助。介绍的对象也不老少，我记忆中，有一对叫李世固、王锦绣，也是铁人做的大媒，也是又找房子，又送东西的。那些年，铁人的家庭负担也不小，可他对我们每一个人的帮助，都称得上倾尽全力！"王老说。

帮人帮到底的老大哥

管了这一大堆事儿，还没算完。有孕在身的王老，要生孩子。添丁进口，又要人照顾，那个婚房就显得挤了。

铁人知道后，二话没说，就去给他俩找大房子。找到钻井装建大队，大队长挺给铁人面子，房子是有，但人得调过来才能给，要不群众会有意见。铁人一咬牙："行，只要给房子，人给你了。"

王老说："就这么着，因为房子，我与铁人，与钻井二大队不得不分别了。搬家那天，铁人派了他的吉普车，把我送到新单位，把一切都安排妥当，才放心地走了。"

铁人牵红线　成就一桩好姻缘

"刚生完孩子,还没出院,铁人就赶过来探望。抱起小家伙,刮孩子的鼻子,逗了好一会才走。临走,还让我保重身体,好好工作。

"因为不在一个单位了,见面的机会少了,后来,他去了二号院,见面的机会只是远距离听他在台上做报告。再后来,听说他生了病……

"直到 1970 年 11 月 16 日,我在广播里听到铁人病逝的消息,真是不敢相信,泪水一行行地流,止也止不住……"

▶ 红色传承

那个火红的年代

讲述人:洪 勇(王淑珍的儿子)

总听父母谈起那个火红的创业年代,谈起铁人,谈起当年父母身边发生的那些感人的故事,有一种莫名的激动。

在那样艰苦的条件下,人们不是自私地想着自己,而是把最好的东西和发自心底的善良,都奉献给他人,相互亲如一家,彼此不分你我,人人情同手足,这些都成了老辈人埋藏在心底、时时拿出来回味的"珍宝"。

我们虽然没有经历过那个年代,但我们的身体里蕴含着那个年代永恒不改的红色基因,我们从父母那里接过的不仅是油一代的接力棒,更是承前启后、永不走样的传承重任。继承传统,继往开来,不负时代,不负韶华。

刘新生的3个会战特殊记忆

半个多世纪前的事儿,想起来容易,忆清楚挺难。可在刘新生的脑海深处,有三件特殊的记忆,纵使岁月涤荡,仍历久弥新。

一口王牌功勋井

有这么一口井,非同一般。用刘老的话说,它一出世,就崭露头角、超凡脱俗。

刘老说:"我当时工作的那口3排-29井和这口叫作3排-27井是邻居,在后来的巡井和工作中,与它接触很多。"

刘新生

对于这口井旁边的数十口"小打小闹"的井来说,气势如虹的它,每次都以咕咚咕咚的巨大声浪,让它周围的"兄弟姐妹"望而兴叹。如果把这声响的强弱做个比喻,那周边油井传来的声波就似叮咚泉水,而它却似惊涛拍岸。

据刘老讲,他1964年参加工作时,这口井就以高产而闻名战区。原本这口井和它周边的井一样,都设计为注水井。听一些老师傅讲,许多专家和技术人员在对地质构造研究之后,发现3排-27井的地下油层比起周边的油井来说厚度大,如果也利用注水提喷的办法采油,会把原本聚在一起的油层挤散,降低原油采收率。所以最后,还是特事特办,特殊处理。

实践证明,这个决策是正确的。

据记载,这口井从1963年10月13日投产到1993年年底退役,单井累计产油达到114.32万吨。做个形象点的描述:这口井累计产量与玉门油田1959年的年产量持平!牛吧?正因为这个原因,这匹被伯乐识得的、创下高产纪录的"千里马",成了油田的王牌功勋井。在它的产量达到100万吨的1982年10月24日,为它树起了一座"百万吨纪念碑"。

"百万吨纪念碑"树立时刘新生（前排左二）与老队友们合影留念

"那天，我作为曾经服务过这口油井的代表出席了庆祝大会，并和四面八方汇集来的老队友，在碑前合了影，这也算是和它的一段良缘佳话吧。"刘老说。

一位严细较真人

这个人，当年的刘新生对她印象深，是因为她的勤奋恳学、严细认真、工作不打折扣。

刘老回忆，那应该是1965年的事儿。当年的采油二部，也就是今天的采油二厂刚刚成立，有一批女采油工到刘老所在的南八队进行岗前培训。

刘老现在还记得，跟着他实习的女采油工姓孙，是个长他几岁的大姐。别看这位大姐是个实习生，可聪明能干，还很勤快、泼辣。他说："每天我到井上时，她已经把工作环境清理得一尘不染了。学起技术来，很有规划，她有个小本，头一天干什么，第二天干什么都写得清清楚楚，所以，只用了一个礼拜的时间，就把采油工应该掌握的量油测气等技术要领，练得滚瓜烂熟。特别是刮蜡片接头操作，是采油工中公认的难点之一，可是这位孙姐，经过苦练，很快过了关。

"让我印象最深的，还不是她超群的技艺，而是这样一件事。

"那个年代，女孩子都以长辫为美，孙姐也不例外。有一次，她独自进行清蜡操作，作为师傅，我从旁观察。由于孙姐低头操作，辫尾从背上滑落，和正向井口移动的钢丝缠在了一起。我的心扑通一下，迅速关闭了刹车盘。全神贯注的孙姐看到下行的钢丝突然停了，要抬头问我时，才发现自己的长发缠在了钢丝上。我对她说，幸好我在身边，要是她一个人操作，没有人帮忙，头发会随着钢丝被拽进井口，轻的拽断头发，重的会有生命危险。看着我一脑门子汗，她是又后怕、又后悔，就这个教训，给我做了深刻的检讨。

"我寻思这事儿就这么过去了。

"第二天，再见到她，一头长发被剪成了短发。看着我一脸的惊讶，她说，凡是影响安全生产的事，都要彻底解决掉。说真的，打那起，我对孙姐又多了一分尊重和敬佩。这样有魄力的人，前途一定错不了。"

一件温情暖心事

这件事，之所以让刘老不能忘记，是在一个情字上。

刘老说："那是1966年春节后，领导分派我和几位同事去一个植树点挖树坑。那时候我岁数不大，生活能力差。我们临走时，食堂给每人发了两个还热乎的玉米烤饼，有经验的人，都包好了揣在怀里，一来能取点暖，二来饼靠着身体不会太凉。我也不懂，拿了张纸一包，就揣在棉袄外兜里了。

"你想啊，春节刚过，室外气温零下20多摄氏度，地冻得杠杠硬，一镐下去，就留个白点。我当时和一位叫关敏的女同事分在一组，一天的任务是三个树坑。就这么着铁镐与冻土硬碰硬，累得要命不说，到中午时，连一个树坑也没完成。

"到吃午饭时，坏了！兜里掏出的玉米饼冻得和地一样硬。这下完了，中午得饿着了。我正想着怎么办，关敏走过来，对我笑着说，硬成那样，还啃啥！说着把自己揣在怀里的另一个玉米饼送了过来。这个事儿，我一直记了50多年，这个情景总会在我的眼前出现，每次想到这些，想到同事间那种像亲人般的相互帮助，相互扶持，相互爱护，就非常动情，越发感恩，特别怀念……"

▶ 红色传承

奋勇向前无怨无悔

讲述人：刘　峰（刘新生的儿子）

在我的记忆里，父亲就是爱岗敬业的拼命三郎，经常早出晚归。母亲那时候在托儿所上班，也经常是等到最后一个孩子被家长接走才能下班。

有一次，爸爸妈妈都因为工作没能正常下班回家，年幼的我和妹妹饿得实在受不了，就学着爸爸妈妈平时做饭的样子炒鸡蛋，结果火候和油温掌握不好，鸡蛋炒煳了，爸爸妈妈回来看到后，一下子抱起我们，掉了眼泪……

走出学校的我，参加工作，成了采油一厂试验大队的一名员工。父亲总是语重心长地叮嘱我，要热爱自己的岗位，要不怕吃苦，要加强学习专业技能，把优良的会战传统传承下去。

父亲的言传身教深深地影响着我，感染着我，激励着我，每当工作中遇到困难时，我就会想起父亲在那个艰苦年代"战严寒斗酷暑"的场景，这些激励着我奋勇向前，无怨无悔。

我为我的父亲骄傲、自豪，一定把他们老一辈的会战传统传承下去。

湘妹子到油田 "没有遭不了的罪"

"要是宣传当年石油会战的精神,这个采访我接受……"照片中这位身形清瘦,气场强大的老人,虽已年过古稀,但仍感觉到一股扑面而来的干练、直爽与不凡。

呙冬英,对于当今的年轻人来说,这个名字和她的姓氏一样陌生。但在半个世纪前,这个名字曾随着创业庄、随着五把铁锹闹革命先进事迹红遍战区,红遍大江南北。

呙冬英

湘妹子追随丈夫来油田

呙老,是吃着辣椒长大的湘妹子。一方水土的养育,给了她泼辣、果断、豪爽的性格特质,也让她的会战故事充满了传奇。

呙老说:"1962年10月1日,我与已经先到大庆参加石油会战的爱人在湖南老家结婚,然后一起来到了大庆。虽然我对大庆当时的艰苦程度有一定的心理准备,但等我真正站在这块光秃秃的黑土地上时,突破心理底线的事实,还是让我哭了……

"三年自然灾害,湖南老家的日子过得虽然清苦,但大米饭还是吃得饱的。可到了大庆,吃的是难以下咽的苞米面,唯一长得像大米的,是高粱米,我还能勉强吃点。

"婚房是间6平方米的小干打垒,屋里放张1.2米的床,一个小木箱,一个做饭用的炉子,几乎就无处下脚了。

"看到眼前的一切,当年只有21岁的我,委曲地大哭一场,开始打退堂鼓了。

"爱人就劝我,油田刚开发不久,各种条件跟不上,都是暂时的。你天天都能看到,这么多的石油工人吃大苦,耐大劳,为了多产、高产石油,缺衣少穿,遭受的困难比我们多得多,他们啥都不讲,就是个'干'!我们这么年轻,吃这点小苦和他们相比算得了什么呢?再说回来,你也得支持我的工作啊,咱俩这么恩爱,你真走了,我还能安心待在油田吗?"

爱人的大实话,打动了呙老。

"就是呀,都是人,他们能受得了的罪,我差哪呀,人只有享不了的福,没有遭不了的罪!"呙老说。

倔强的呙老心一横,决定留下来,在这片处女地上重新开始她的教育事业,和丈夫一起共渡难关。

听召唤弃师从农担重任

可是,一个人的突然造访,让呙老的教育理想一下子偏离了轨道。

这里先要交代一下历史背景。

1962年6月21日,周总理第一次视察大庆时指示:"把家属组织起来参加农副业生产……"为了响应这一号召,一场轰轰烈烈的油田"大生产运动"拉开了帷幕。

小日子过得美满,代课老师的工作也相对安逸,就当呙老处于幸福中时,却被一个日后响当当的人物相中了,这,也成了她人生中的一个重要的转折点。

这个人,就是"五把铁锹闹革命"的带头人,人称薛妈妈的薛桂芳。当时薛妈妈正按组织的要求,筹建钻井指挥部机关家属一队,并物色一位有文化,能挑重担的领头人。求贤若渴的薛妈妈,挑来选去,把眼光落在了这位有文化、有性格、有韧劲的湘妹子身上。

"实话实说,当初薛妈妈找我谈时,我一口回绝了。那时,有点小私心,我这老师当得好好的,为啥要去生产队参加劳动?

"可薛妈妈没有轻易放过我,她对我说,小呙呀,当老师是为油田生产服务,组织家属参加生产劳动,让一线的会战职工吃饱肚子,也同样是为油田生产做贡献啊。你还年轻,响应周总理的号召,到最艰苦的地方磨炼自己的意志,才会对未来的成长有益啊……

"虽然当时一下子转不过这个弯,但钻井指挥部的领导鼓励我勇敢地跨出这一步,爱人也支持我,不要图眼前的安逸,让我挑起这份重担。

"在大家的劝导下,我的思想也有了变化。我也在想,人家薛妈妈这么大岁数了,还和大家一起起早贪黑吃苦,不也是出于一颗公心、解决国家粮食短缺的问题,让石油工人吃饱、保证大会战顺利进行吗?我一个年轻人,有啥资格挑三拣四求安逸呢?思想通了,弃师从农的决心也就下了。"呙老回忆道。

秉公心严细认真帮同事

吕老继续说："1964年4月13日，我作为队长兼记分员，在薛妈妈的带领下，同11位姐妹一起，成了创业庄第一批拓荒者。

"荒郊野外，人烟稀少，生活上的困难，就不用说了。一开始，我们只开了20多亩地，主要种的是玉米。当时发生的一件小事，给了我很大的震动。

"当时种地主要靠人工播种，一条垄上，有人挖坑，有人点籽，有人填土。有个姐妹为了保证玉米的成活，用手把土块捏碎，再把土均匀地撒在种子上。一来二去的，手指都磨破出了血。我们都心疼地劝她用农具，可她却说，用农具不小心会碰伤种子，用手填土能把握得更好。手掉皮，流点血，还能长好，可是不精心对待种子，庄稼就出不来了……"

带领家属下地劳动的吕老（前排右一）

她说，这就是那个年代的人最纯朴的想法，没有什么激荡人心的豪言壮语，有的都是一心为公，不计个人得失的无私精神。

好的事儿，要大张旗鼓地表扬，遇到马马虎虎，有损集体荣誉的人和事，批评也一点不含糊。

玉米苗长高了，不铲除杂草，它就会和秧苗争营养。当时的制度要求，一条垄铲过去，残留的杂草不能超过50根。验收时，管理员一丝不苟，认真辨别，细到每一垄上的杂草，都数个遍。

吕老想了想说："工作中，发现有个姐妹工作马虎，不但杂草数量超标，除草时，还伤了几棵秧苗。作为队长的我向她指出这些问题，她非但不认错，还不以为然。

"针对她的问题，我对照'三老四严'找差距，并找来刊有铁人王进喜严细认真事迹的报纸，宣读讨论，教育她会战这么艰苦，多打粮食就是支援石油会战，所以，今后一定要认真劳动，不能马马虎虎。

"这个姐妹最终也认识到自己的问题，做了自我批评。

"私下里，她找到我笑着说，队长，你真厉害，男人刮胡子，还得先抹点肥皂泡，你这是不留情面地'干刮'呀。"

为大局有过遗憾不后悔

1965年3月8日，是呙老最难忘的日子。

这一天，她作为大庆家属闹革命汇报团的成员，受全国妇联的邀请，在人民大会堂向参会者汇报了个人转变成长的经历和钻井指挥部家属一队如何做通家属的工作，让她们积极投身生产劳动、许多人因此成为劳动能手的事迹。

这个汇报会，异乎寻常的成功，并赢得了全国各行各业的好评。随之，来自全国各地的邀请信也多起来。

正当全国巡回报告团即将启程的前夕，呙老出现了强烈的妊娠反应……

这是她第一次怀孕，她当年虽然才23岁，但爱人已经28岁了。虽然最终没能保住这个孩子，可为了自己和爱人热爱的事业，呙冬英依然无怨无悔。

呙老的会战故事，不是一篇文章能容得下的，我们只能截取她人生精彩的些许桥段，来讲述一下，你曾经认识或不曾了解的呙冬英吧！

▶ **红色传承**

母亲闪光的过往教我做个无私的人

讲述人：姚志强（呙冬英的儿子）

我的幼年记忆中，母亲总是"来无影去无踪"的。

我们都睡了，她才回来，我们醒来时，她已经早早地走了。只有桌上的早饭告诉我们，她曾回过这个家。

长大些，我们有点因为母亲的好名声而自大。

因为在外面，一有人提起母亲的名字，说起我们是她的孩子，那投来的眼光，让我们"有点忘乎所以"。

我们家相册最多，里面都记录着母亲闪光的过往，那也曾是我们幼时向同学炫耀的资本。

母亲行事低调，很少和我们聊起她的故事，她当年很多的事迹，都是我们偶尔读到或是朋友看到送给我们的。

说句实在话，每次读完这些历史记录，都会瞅一眼母亲，就好像要把报纸里讲述的呙冬英和母亲合二为一，重合成一个人似的。

母亲这代人，有一种精神支撑着她们，住干打垒不怕，住大房子也好；粗茶淡饭能吃，吃丰盛宴席也行。她们从没有在物质上有什么更多的追求，有的，只是一种一心为公、不求索取的无私之心。

作为她的后代，我们有自豪感，也有加倍的责任心。只有沿着她的足迹，在我们的行业中，做个认真、本分、无私、进取的好人，才无愧于她为我们树立的榜样。

"闪婚"姑娘邹黔清的跳跃人生

邹黔清

"跳跃"人生,是个什么样的人生?

从家境殷实的江南名门,一下子来到了天寒地冻的大东北,这跳跃大不大?从香气氤氲的壁炉洋房,一下子住进泥草夯筑的干打垒,鼻孔中尽是燃油的黑灰,这跳跃大不大?从一日三餐细米白面,到五谷杂粮还不一定填饱肚子,这跳跃大不大?吴侬软语的越剧《梁祝》唱得誉满战区,却被金山、孙维世夫妇挑去演话剧,这跳跃大不大?

一见钟情,大家闺秀闪婚侦察兵

邹老的家,曾是江苏无锡的名门望族。1962年初,19岁的她,去上海走亲戚,自然要光顾当时极负盛名的大世界游乐场。

哪儿的演出精彩,人聚得就多。就在邹黔清站在人群外、因看不到里面的表演而着急时,一位身材魁梧的年轻人恰巧回头张望,眼神一下子就被眼前这个气质高雅、长相俊美的姑娘"吸住"了。可是一心要看演出的邹老对眼前的"危险"没有丝毫察觉……

"他走到我身边,主动和我说话,我也出于礼貌和他聊了几句。演出结束了,看我要走,他主动提出要送我回家。我赶忙说不用,上海我很熟的,而且我住得离这不远。这样,我们就告别了。第二天一大早,我走出家门时,有人叫我,我一看,吓了一跳。原来是昨天在游乐场见到的那个年轻人……"邹老说得有声有色,就像讲昨天的事。

"我结结巴巴地问,你……你是怎么找到我家的?他笑了,说,这是一件小事,因为他是个刚从部队退伍的侦察兵。侦察兵!我的老天爷,让他盯上了,我还有个跑。"

原来前一天，虽然要送邹黔清的想法落空，但"侦察兵"并没就此罢休，而是发挥特长，一路尾随，把她一直"送"到了家。

"'侦察兵'开门见山，要和我结成革命伴侣。那时候的人，对解放军有着天然的好感和信任，可是我们俩刚见过两次面，这提得也太突然了，我不知道怎么回答他，只说这事儿得让我爸妈做主。没想到把他带回家，父母看他忠厚老实，同意了。就这么着，前后只处了一个月，我就和这个'侦察兵'老沙结了婚。"

结婚才十多天，她的爱人就被调往大庆参加石油会战。"随他来到大庆，我傻了。别的先不讲，单说家里烧原油，弄得脸上、鼻孔中都是黑灰，说悬点，干活流点汗，都能清晰地看出一条条线。这对从小爱洗澡、讲卫生的我来说，真是有些难为人。但有什么办法，为了爱情，娇生惯养长大的我，也得为爱情让路了。"邹老说。

环境可以改变人，这话说得真不假。在随后的日子里，邹黔清响应周总理提出的"工农结合，城乡结合，有利生产，方便生活"的号召，细嫩的双手也拿起铁锹、锄头，加入采油指挥部的家属生产劳动中……

本色出演《梁祝》，戏迷"改行"演话剧

那个年代，人们的文艺生活虽然匮乏，但大家苦中作乐，劳动休息之余，总要在地头来点自娱自乐的小节目。邹老的文艺天分就在这广阔天地中显露了出来。

邹老说："小时候，爱看戏，特别偏爱越剧《梁祝》的一些唱段，哼来哼去，词和调就越发有了味道。不想这一唱，唱出了名，还被选进大庆职工家属业余演出队。忙时下地干活，闲时在战区各单位为一线职工巡回演出。

"直到有一天，队里来了两个大人物——金山和孙维世夫妇。我们全队的人都被选去排演孙维世创作的六幕话剧《初升的太阳》。

"演话剧？我们也没学过表演，能行吗？队里的人，包括我在内，都不相信这是真的。

"金山和孙维世夫妇就讲，有什么演不了的，都是咱们身边听过见过的事儿，大家不用像专业演员那样，本色出演就行。我听得半信半疑，忐忑地接下了拖拉机手的角色。

"大导演就是不一样，这部反映大庆职工家属破除封建观念的话剧，在大庆油田采油指挥部礼堂一经公演，就受到了热烈欢迎。

《初升的太阳》剧组人员与铁人合影（第二排右三为邹黔清）

"1966年初，《初升的太阳》在北京引起轰动，数度演出，次次爆满，一票难求。周总理观看全剧，并走上舞台，接见了全体演职人员，和我们合影，这一荣誉，让我一生为之骄傲。"

北京演出，演职人员生活受重视

在北京演出，当年的石油部给了全体演职人员极高的待遇。

邹老说，"当时石油部的领导对我们生活特别关照，每餐饭菜都很丰盛。有一次，我们在食堂就餐时遇见了铁人王进喜，他是来北京开会的。因为大家都敬重他，就站起来请铁人入座一起吃。铁人摆了摆手说，那可不行，这是招待你们的饭菜，你们要吃好、吃饱，才能更好地为观众演出。我有饭票，不用管我。说着笑呵呵地走了。

"大家一看铁人走了，都坐下来吃饭。我没动筷子，一直看着铁人。他按次序排在队伍的后面，不时谢绝前面同志的盛情，就这么一直排到窗口。

"拿着饭的铁人，没有打扰大家，而是出了食堂的大门，坐在台阶上吃，这一幕到现在都让我记忆深刻。

"当时还有一件事儿，足见石油部领导对我们这些演职人员的重视。

"一天,和我同寝室的姐妹,突然发生大出血。她开始怕给大家添麻烦,一直隐瞒没说,最后因为失血过多,出现了暂时性的昏迷。我发现时,血已经浸透了她的裤子。我吓得哆哆嗦嗦地向带队的领导汇报了情况。

"领导也急了,拦了辆车就送到医院抢救。后来,我们才知道,她宫外孕自己不知情,引发了大出血,还耽误了病情,要不是发现及时,小命就保不住了。

"为了让她安心养病,带队的领导紧急与大庆联系,给了她丈夫一周的假,赶到北京照顾她直到出院,才返回大庆。"

半个多世纪过去了,多少事成了过眼云烟,可在邹老的心中,那一个个跳跃的瞬间,成了永远的回忆。

▶ 红色传承

血管中好似流淌着滚滚油流

讲述人:沙雪峰(邹黔清的儿子)

印象中的父亲和母亲,话不是很多,他俩聊天时,也总是围绕着抽油机。"今天刚清完蜡,明天还需要看一下盘根。""门口的那口井,我得收拾收拾,整得亮堂点……"每每说这些时,小小的我,都不是很明白,只是看着父母交谈甚欢的样子傻乐。

直到我来到了油田,来到了父母曾经工作过的单位,我才明白,为何他们每次谈到工作时,都是滔滔不绝。

我想,那是一种热爱吧:每一口井、每一个人、甚至无比平凡的巡井路,在他们眼中都是那么不寻常!而对于我来说,这也是融入血液中的一种本能,好似自我出生起,血管中流淌的就是滚滚油流……

"老庞小庞"和铁人的故事

父子两代人一同参加过那场声势浩大的石油会战,而且两代人的生活轨迹又极其相似:同是铁人的下属,又都在铁人带过的1205标杆队工作,这种戏剧般的人生,恐怕无人能比。父亲老庞,叫庞万金;儿子小庞,叫庞锐。下面咱们就一起来看看这父子俩和铁人之间的故事吧。

老庞巧做"臊子面",铁人直呼"香得很"

庞锐(小庞)

老庞,是个炊事员,可这么叫,似乎有点委曲他的威名。

老庞出生在餐饮世家。清末,老庞的二叔就在道台府里当大厨。后来道台升迁,一同前往南京。等庞二叔回归甘肃武威时,已成了集南北菜系于一身的名厨,达官显贵,亲朋好友多会于此,庞家经营的"庞家馆子"在武威生意兴隆。

厨艺传到老庞这儿,那水平就更是锦上添花。

中华人民共和国成立后,老庞在玉门油矿参加了工作。当时,有不少苏联专家来油矿支援建设,老庞这个地道的名厨,便学了几道西餐,做起点心、蛋糕什么的,苏联专家吃了都喊"哈拉少"①。

1960年3月,由王进喜牵头,玉门油矿组织人马前往东北松辽盆地支援石油会战。当年已经45岁的老庞主动请缨,与37位同伴登上了列车。

庞万金(老庞)

---

① "哈拉少":东北方言,不错、很好、挺好的意思。

206

"我父亲当时并没有料到油田条件这么艰苦,以为大东北是大粮仓,怎么也比大西北的生活强,还筹划着到了目的地,做哪些菜,让大家饱餐一顿。可当他身处这片荒野时,满脑子黄豆、高粱的丰收场景,都被眼前随风摇摆的荒草冲到了九霄云外……"庞锐说。

"玉米、高粱米、冻得邦硬的土豆、萝卜、白菜帮子……看着这些粗糙的食材,老庞有点发蒙:这帮以面食为主的西北汉子,咋往下咽啊?

"正发愁,王进喜从井场回来了,给老庞提出个近乎'苛刻'的要求,能不能粗粮细做,让这些饿着肚子大干的兄弟们,吃到点家乡的味道。

"啊?就这些东西?神仙也难办到呀,这是巧妇难做无米之炊嘛!可父亲还是满口答应下来。他把苞米磨成粉,压成玉米面条,用冻土豆、萝卜、白菜帮子做成卤。当一碗碗家乡味道的臊子面端上餐桌时,这些西北汉子乐了,食堂里一片吸吸溜溜的声音,王老铁(庞老对铁人亲切的称呼)也夸我父亲做的面好吃得很,父亲这才有了点笑模样。

"就在前几年,一些1205队的老师傅,和我提起那顿臊子面时,还说那是他们一生中吃得最美、最香、最可口的面了。"

送饭路上饿晕倒,铁人第一次发了火

今天,如果我说炊事员担着饭菜去井场送餐,却把自己饿晕在途中,你也许会笑,笑我胡编乱造,可是这事儿一点不假地出在老庞身上。

20世纪60年代初,油田粮食紧缺。啥吃的能顶饿,成了老庞每天必须琢磨的问题。

挖野菜、捡老百姓扔在地里的白菜帮子,做汤或者添加玉米面,做成窝窝头、菜团子什么的,勉强能让一线工人吃饱肚子,可这让老庞看着很揪心。

庞锐说:"看着工人们出大力还吃不饱,父亲不忍心先吃。每次去井场送饭回来,有剩的吃剩的,没剩的,他就用勺子刮桶壁上沾着的粥吃。井位打到哪,父亲的饭就送到哪。那时候也没有专门送餐的车,不管多远,都是用担子挑过去。路途长,肚子里没食物,有好几次,父亲都饿得昏倒在回程的路上。

"后来王铁人知道了,头一次对父亲发了火,要父亲为这几十号人多想想,如果把自己身体搞垮了,这些人的肚子谁来管?打那以后,父亲才真正吃起自己的粮食定量。"

老庞惜粮如金,庞家也没因他是个炊事员,受到什么优待。1960年12月,作为家属,15岁的小庞和母亲、姐妹6人迁来大庆,小庞进了一所初中读书。

"那时候大家都吃不饱,更别说我一个大小伙子了。早上在家喝碗苞米糊糊,母亲给我装上两块玉米饼做午餐,我就去上学了。苞米糊糊消化快,刚走了几里路,肚子就叫了。饿得难受,就拿出玉米饼,咬一小口,再咬一小口,三咬两咬,这两个饼就吃完了。肚子是舒服了,可到了中午,看着别的同学吃,自己饿得更是受不了。

"再买点吃的?兜里一分钱没有。咋整?我游荡着进了小市场。发现有好几家卖炒瓜子的,我这个摊抓一把吃,那个摊抓一把尝,就这么着走一路,吃了数家,肚子才算消停下来。"庞锐说。

小庞午夜迷了路,急煞父母和铁人

1962年7月,小庞初中毕业,正赶上油田招第一批子女工,为了减轻家里负担,他报名了。

庞锐回忆道:"当年铁人看我才17岁,年龄小,就把我留在身边当了通讯员,平时给铁人烧个水,端个茶什么的,也经常送报纸到井队。

"有一次,队里的一个领导交给我个任务,让我分别去两个井队,把两个接家属指标的事,口头通知给当事人。当时小,一说要出去送信,特别兴奋。这两个队都在让胡路打井,因为我常去送报纸,所以路相对比较熟悉。

"早上从解放村出发,在路上拦了辆拉料车,把我捎到东道口,我从那沿着铁路线往西走。

"当我徒步走到让胡路火车站时,天就已经黑了下来。天一黑,方向就有点辨不清了。

"看到不远处有钻塔的灯光,我就深一脚浅一脚地向钻塔的方向走。看着好像很近,走起来就远了。当时有点害怕,周边没有人烟,万一遇上狼就糟了。我捡起一块石头壮胆,然后快走,直到飞跑。也不知过了多久,终于到了钻塔旁。一问,吓我一跳,我这一跑,竟然跑到了喇嘛甸,方向弄错了。在这个井队的帮助下,我重新定了位,才在午夜赶到了一个目的井队。

"队长看到我这么晚来,也吓得不轻,以为出了什么事儿。我一五一十讲完,这个队长放心了,先给我弄了点儿吃的,然后让我在他的铺上睡一觉,第二天早上再去另一个队。

"我这边吃饱喝足睡得香,可家里却开了锅。

"半宿半夜没回家,又'去向不明',这可把我父母急坏了,四下找。这一找,铁人知道了,也急得一头汗。对派我送文件的队领导发了脾气,'这事怎么派

个小孩子去，老庞家就这么个男孩儿，这要是有个三长两短，让我怎么和老庞交代呀！'

"大家就这么着一夜没睡。当我第二天像没事人似的回到大队部时，铁人和一屋子的人才松了一口气，父母更是心疼落泪。

"后来，父亲在他即将退休那年，昏倒在他的厨师岗位上，再也没能站起来。

"他那年是给《创业》剧组当厨师，快60岁的人了，一天天忙着做好菜、好饭，还为一名生病的女演员送去了一碗最拿手的面食猫耳朵，所以，剧组的人都很敬重他。他去世时，演员们给他送了一副挽联：南征北战为革命，留香豪情重万金。

"不光是父亲、铁人，所有1205队的人，都和他们一样，用自己的生命，实现了'宁肯少活二十年，拼命也要拿下大油田'的夙愿。"

▶ 红色传承

让父辈精神和良好家风代代相传

讲述人：庞　婧　庞　婕（庞锐的女儿）

爷爷和父亲都是老会战，他们把青春和热血都奉献给了油田，奉献给了这片黑土地。

在祖辈、父辈的言传身教下，我们作为庞家人，一直弘扬着这一传统——踏实肯干、任劳任怨。

作为老会战的后代，我们在继承大庆精神铁人精神的同时，不断学习，严格要求自己，不怕困难，对工作没有一丝一毫的懈怠，为油田稳产做贡献。在未来的征程中，我们将一如既往地保持和发扬父辈精神和良好家风，让这些优良传统代代相传。

庞婧（右）庞婕（左）

功劳最大的薛队长"缺席"了

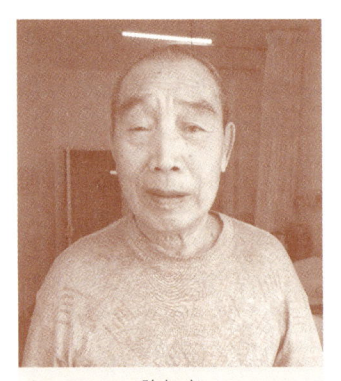

陈加义

86岁高龄的陈加义,病了,医院特殊时期的封闭隔离,让我们彼此不能相见,只能通过视频连线和他女儿陈建的"传话",才使得这场采访在顺畅中由始至终。

陈老是60年前,大庆首列原油外运的见证者之一。当时陈老在东油库,是一名装油工。

原油凝固:突击队长遇难题

1960年4月29日,万人誓师大会召开后,会战总指挥康世恩庄严宣布,大庆石油会战正式开始。誓师大会后的第二天,康世恩对时任石油部部长的余秋里说:"余部长,我们定于6月1日向锦西石油五厂发出第一列原油,是有把握的。"

余秋里听了,若有所思地说:"那些外国权威说,我们开发油田'需要3年准备,5年勘探,8年才能开采'。我们不在乎他们怎样评价,但必须成功,用真东西说话。6月1日必须把第一条油龙放出去,向党中央、向毛主席、向全国人民报喜……"

在这一背景下,陈老被分配到东油库,当时,用于化油的蒸汽锅炉、变电所、储油池等辅助设施已经接近完工。战区五大标兵之一的薛国邦,被余秋里、康世恩点了将,任命为装油突击队的队长。

陈老说:"薛队长是个西北汉子,为人豪爽,当领导将任务交给他时,他拍了拍胸脯说,保证完成任务!

"我们这些被严格挑选出来的小伙子们,得知能担起这样一件将载入史册的工作,热血沸腾。大家都说,可盼到为国争光、为民族争气的一天了,一定圆满完成任务。

"5月24日,突击队员跟着薛队长来到东油库,实地一看,傻眼了,装油作业用的栈桥是临时性的,原油不是装在储油罐里,而是卸在油池子中,黏稠的原油都凝固在了一起,像坚韧的黑胶皮。

"这一疙瘩块咋往油罐里输呀?耽误了外运时间,谁能负得起责?同伴自言自语。

"薛队长听了,瞅了一眼,说:'想办法嘛,活人还能让尿憋死?你们回队取铁锹,我去联系蒸汽和压力泵,看看能不能把原油熔一熔。'

"于是,一边蒸汽熏蒸,一边用铁锹搅,搅稀了的原油经抽油泵送进油罐。就这样,从5月24日开始,苦战4天4夜,到5月27日,才装满7个罐。

"照这速度,还有3天,想装满21个罐,不可能啊。

"'就是不要命,也要把任务完成好!'薛队长的话,给了我们很大的震动,都横下心,拼了这条命,也要把这个艰巨的任务拿下来。"

苦战7天:完成任务太艰辛

陈老接着说:"薛队长急了,他脱掉外衣,夺过蒸汽管子,纵身跳进没腰深的原油池,像机枪手扫射敌人一样,来回向凝固的原油呲蒸汽,两手被烫伤都没感觉到。我们几个人也紧跟着跳进去……这样,大大提高了原油的熔化速度,抽油泵咕咚咕咚地把原油抽进罐里。

"到5月31日午夜,7天7夜,21节油罐,600吨原油全都装罐完成。这时候,精神头一放松,几天没合眼的我们,困了……"

陈老和同事们虽然上下眼皮打架,但还是叫醒快睡着的伙伴,唯恐错过参加首列原油外运的剪彩仪式。

陈老说:"那可是一生中最重要的时刻,我们几个小伙子挤在一起,互相监督,看谁眼睛要合上了,就用手指戳。大家就这样,你戳我,我戳你,最后都精神了。

"早上约7点,原油外运现场那边,已隐约传来了擂鼓声。我们几个年轻人再也按捺不住,唱着歌向着会场走去。

"可老天爷却和我们的心情相反,天空阴沉昏黑,冷风习习,不一会儿,小雨就下来了。

"老远我就望见拖挂着油龙的火车头,车头的正中是一幅毛主席像,后方是巨大的齿轮和井架,正上方还有两只和平鸽。车头下方横幅上写着'庆祝首车原油'字样。

"此时,火车头的周围已经聚集了战区各单位参加仪式的好几千人,热闹的场面就像过年一样。

功劳最大的薛队长「缺席」了

"8时45分,康世恩指挥走向两条铁轨,剪开彩绸,顿时锣鼓齐鸣,在高亢的《社会主义好》的乐曲声中,火车一声长鸣,徐徐启动,在蒙蒙春雨中向远方驶去!

"我和同伴们蹦呀、跳呀、喊呀、笑呀、哭呀……那顶转业时一直戴在头上的军帽,被我一下子扔上了天空,消失在人海之中。

"真是一场狂欢呀,太兴奋了,一想到那个油罐车将驶进炼油厂,为祖国的建设出力,自己就像做了一件了不起的大好事一样。"

酣睡不醒:光荣时刻留遗憾

陈老顿了顿,接着说:"这时候,不知是谁问了一句:队长呢?我咋没看到他呢?这么一说,大家才反应过来,是啊,队长上哪去了?

"首列原油外运的剪彩仪式结束后,我们徒步前往会战总指挥部,参加'红五月'报捷献礼大会。一路上,我们几个都在找,都在打听有没有人见到薛队长,可是,大家都说没见到。

"报捷献礼大会上,会战总指挥部领导把一面面'一级红旗'奖给了在'红五月'会战中创造奇迹的28个先进单位,这其中当然有我们队。在授奖的336名红旗手中,有薛队长,也有我。

"披红戴花时,台上仍没有薛队长的影子。因为他是战区标兵,也是这次表彰的主角,所以,台上的领导通过话筒喊了好几次薛队长的名字,可他仍然没有出现。

"怪了,薛队长上哪去了?他是个守时的人,这会儿怎么会'迟到'呢?

"散了会,一心想找队长的我,一刻也没停留,就往驻地跑。到了薛队长的宿舍门前,那里已经站了许多同事。

"可那熟悉的鼾声,让我们想敲门的手都停在了那……

"原来,薛队长7天7夜没合眼,见床亲啊,困急眼的他,倒头便睡。

"后来听人说,快到首列原油外运剪彩仪式的时间时,有个同事来叫他,可是不管是喊,还是用劲推,薛队长就是不醒!

"这一睡,不但错过了首列原油外运的历史时刻,也没赶上万人报捷大会的台上授奖。

"事后,他对我说:'睡得太死了,遗憾呀,没有亲眼看到首列原油外运,后悔啊……'"

▶ 红色传承

父辈奋斗过的地方也有我热爱的岗位

讲述人：陈 建（陈加义的女儿）

我和父亲同在采油一厂七矿工作，也就是首列原油外运的著名纪念地东油库。也许是父女同心、让我更能贴近他，了解他。

军人出身的他既有超乎常人的刚毅，又有普通人的柔肠。他和老前辈薛国邦一道，7天7夜，没合眼，保证了大庆首列原油外运的顺利进行。

在那个年代，他们就是在人拉肩扛、没有条件创造条件等精神的鼓舞下，以为国争光、为民族争气为信念，克服常人难以想象困难，创造了大庆石油会战的奇迹，也给我们后辈树立起了闪光的标杆。

作为油二代，我们将传承父辈的会战精神，立足岗位、认真工作，让父辈们留下的精神财富，一代代延续，继往开来。

没有一分钱奖励　　却倍感自豪

陈凤林

当年，龙凤热电厂是我国自主建设的第一座燃油电厂，设备、仪表、控制台等都是哈尔滨三大动力①模仿苏联燃煤电厂设计的，所以，给"吃"惯了"粗粮"的锅炉炉膛换"细粮"，还要让它吃得好，吃得定量，发挥最大功效，在半个多世纪前绝非易事。

没有前人的经验可以吸取，也没有资料参考，全凭大家的智慧，尝试着一步步向前……

出校门分到安达热电厂

陈凤林年已耄耋，是地地道道的萨尔图人。他的父亲陈喜昌，是铁西一带有名的皮匠。20 世纪 50 年代公私合营，当上了皮革厂的厂长。

石油会战初期，13 路石油大军齐聚萨尔图，作为当年战区中唯一的一家皮革厂，根据上级全力支援石油会战的要求，皮革厂开足马力，为了解决石油工人的冬季保暖问题，赶制了大量皮帽子、皮大衣和棉帐篷。因为保障有力，被评为会战战区标兵。

石油会战开始时，陈凤林已经考入哈尔滨电力学校。

一次放假回家，陈凤林发现，原本寂静的萨尔图，人声鼎沸。小站台上又是人，又是行李，还有装设备的大木箱，挤得下车的人都没处立脚。他听父亲讲，是萨尔图发现了大油田，全国的石油工人要在这儿来场大会战。

"虽然我是学电力的，但也知道石油能源对我们这个年轻的共和国的重要性。皮革厂的工作任务重，我时常去帮忙，这样就和石油工人们有了许多的接

---

① 哈尔滨三大动力：哈尔滨电机厂、哈尔滨汽轮机厂、哈尔滨锅炉厂。

触。他们身上那种不怕艰难困苦、不怕流血牺牲也要尽快拿下大油田,摘掉中国的贫油帽子的豪气,时刻感染着我,我在心里立下了要为油田做出贡献的人生目标。"

"1961年7月一毕业,我积极要求分配到当时条件艰苦、还在筹建中的安达热电厂,也就是后来的龙凤热电厂。"

"因为当时还在建设基础设施,我们这些课本知识丰富的院校毕业生,被派往哈尔滨发电厂、富拉尔基热电厂实习。"

"把我们派到哈尔滨发电厂实习,是因为这个厂吃、住条件在当时来看,相当好。"

但厂里的发电设备、仪表都是以前的"老爷货",仪表大多像老式的座钟,需要上弦才能正常使用。

"虽然生活条件好,可它与我们将要投产的电厂基本不在一个年代,不是一个档次,达不到实习的目的。这样,我们转战到了富拉尔基热电厂。"

"千军万马"挤进"赵家屯"

陈老说,到那儿,情况就不一样了。

富拉尔基热电厂是当时苏联援建的156项重点工程之一,设备都是从苏联原装进口,和哈尔滨三大动力仿制的发电设备几乎一模一样,只是有燃煤、燃油的分别。

在这里,他把学校所学的内容和实践相对照,和一些前往苏联学习过的老师傅学习实用操作技术,让他受益匪浅,也为陈凤林日后回厂搞技术革新奠定了牢固的基础。

1963年深秋,结束了实习的陈凤林回到了阔别两年的热电厂。因为他们的热电厂是大庆炼油厂的配套工程,炼油厂的许多设备当时都是靠汽轮机运转,只能等热电厂正常供热、发电,炼油厂才可生产。

一个抓紧建厂,一个等待开工,两个单位,几百号人,一下子把人烟稀少的龙凤赵家屯填了个满满当当。

人来了,要吃、要喝、要住,这贫瘠的小村子自己都养活不了自己,更何况给这么些人找饭辙,真有点赶鸭子上架。

困难时期,整天咸菜、窝头能供上就烧高香了,吃顿高粱米、土豆、大白菜算是改善生活。

陈老说:"虽然我算是个'坐地户',但那时家里也困难得不得了,最难时,就把苞米叶子放锅里煮了,吃锅底的沉淀物充饥。

"即使吃饭是个大问题,但那时候的每个人都有一股子劲,把腰带紧上几紧,毫无怨言、精神饱满、不分昼夜地工作在生产一线,这种昂扬、正能量的感染力,让我们拧成一股绳。"

奇迹,也由此不断地超乎想象而来……

技术改造成功获"最大奖励"

把原来燃煤的热电设备改为燃烧渣油,并不是简单地换个燃料了事,它涉及整个系统的大改造,是一个前所未有的尝试。

陈老举了个例子,燃煤的热电设备,需要把煤块打成粉,然后再通过煤嘴将煤粉喷入炉膛。喷入多少煤、送多少风、发多少电……都有成熟、精确的数据可以参考,只要把参数调到位,自己就可以达到平稳运行的程度。

而燃烧渣油的各项参数,没有经验可循,就得靠他们这些技术人员一次次试验,一点点摸索。为了早日攻克难关,热电厂成立了由大学生、中专生为骨干的燃油改造青年攻关突击队。

前人没有搞过,一些即将上马的热电企业也在注视着他们的这次改造,大庆炼油厂还等待着他们成功,好快速开工生产。

陈老说:"我们几乎吃住在现场,根据渣油的熔点,加温让其流动,并改造喷煤嘴为喷油嘴,根据燃烧产生的热能,一方面不断地控制出油量,从中找出最佳的方案。另一方面,在取得锅炉控制可靠数据的基础上,改造苏式模拟电子控制方式为锅炉燃烧自动化控制系统,把操作工人从工作岗位中解放出来,大大节省了人力成本。"

这一科技成果,得到了当时黑龙江省电力中心实验所的高度关注,在当年的电力学术年会上,这一经验破例在会上交流,并在不久后进行了推广。

"因为在这次重大改造中贡献突出,我还被评为厂级先进工作者。"陈老自豪道。

这项科技成果是否获得了奖励?陈老说:"一分钱也没有。能让我们上年会介绍经验,还把我们的技术在行业中推广,就是对我们最大的奖励了。"

▶ 红色传承

生命中每个瞬间都充满光芒

讲述人：陈　勇（陈凤林的儿子）

父亲一辈子与供热供电打交道，把自己的一切都献给了最为钟爱的石油和电力事业。

在他的一生中，记忆最深的是那个火热的会战年代；津津乐道的，是那个朝气蓬勃、不知疲倦年轻时的他。

在创业年代，他和同事们发扬"有条件要上，没有条件创造条件也要上"的精神，在一无经验，二无先例的不利条件下，攻坚克难，创造了煤改油自动化的奇迹，这是他一生引以为豪的事。

我们作为承前启后的一代人，在传承父辈优秀传统时，也要教育我们的后辈，不要忘记前辈们为了国家的荣誉，战天斗地、甘于奉献，才有了我们今天这座美丽的现代化石油城。我们也将通过这一个个故事，把具象化的大庆精神铁人精神世代传承。

没有一分钱奖励　却倍感自豪

他曾是周总理临时通联专员

张功

直到今天,张功常挂在嘴边的还是那句"有些事现在还不能说"。

作为一名曾工作在石油会战首脑机关的机要员,不管在岗还是退休,他仍谨守着行事低调、守口如瓶的原则,了解他的人,绝不去触碰他的禁忌;不了解他的人,压根也不会想到,这个普通、不甚张扬的长者,有着鲜为人知、传奇不凡的经历。

神圣的使命——担任周总理临时通联专员

机要工作是条看不见的战线,不允许一丝一毫的疏忽懈怠。

谨小慎微、疏远亲朋、少言寡语甚至随身配枪、独来独往、身处密室,整天与一串串的电码、时刻不离身的公文包和多重密码的保险柜为伴,他们虽没有特工的绝世身手,但那层不为人知的神秘面纱,让这个群体引发人们无数的猜想。

下面讲述的这个故事,或许能让读者窥见机要工作的一斑。

1963年6月19日,周总理陪同外国贵宾来大庆参观访问。

"因为当时飞机的荷载有限,周总理身边没有跟随机要工作人员。当年20岁、身为共产党员的我,被指定为周总理在大庆期间,中央、国务院通讯联络的专员,主要负责密码文件的收发、誊写,并交由机要打字员监督打印等。"张老说。

"给周总理拍发的电文,涉及重要事项,因而,保密的级别是最高的,不允许存在一丝的差错。因为电文都是通过邮电局的机要电报方式发来,没有固定的时间,随来随送。所以,我都是和衣睡在办公室。邮电局的机要交通员送来的加密电文,需要通过我二次电译,并写在专用纸上,马上送到机要员处打印。打印时,我要在一旁监打监印,完成打印后,我要回收用过的蜡纸和印废的纸张,按规定需要两个人相互监督,把这些东西送到机要文件焚烧炉,不但要烧成灰,而且要把灰搅碎,再浇上水,保证不留下一点痕迹才行。

"我们的工作不仅别人看着神秘,就是一个单位的同事,也非常好奇。有一天,我把中央给总理的密电拿到打字室打印,正好办公室的一位同事也到打字室办事,出于好奇,就凑上前要看看我们在打什么材料,被我当即制止,严肃地告诉他:'请你不要接近,保密守则规定,你不该看的机密不要看。'同事见我这么说话,生气了,冲着我说:'一个单位这么长时间,一本正经的,你装啥装,说话留点余地,别让人当场下不来台。'说完就头也不回地走了,从此再也不和我说话。在制度和人情面前,没有什么折扣可打,这是纪律,就是父母、妻儿在这个时候也不能越雷池一步,这就是机要工作最大的原则,别人不理解,你又不能去解释,因为这也得罪了不少人。"

透明的生活——谈恋爱军代表找谈话

对于我们平常人来说,谈对象算个人隐私吧,小两口自愿结婚算个人隐私吧,对方父母的成分算个人隐私吧,但对于一名机要人员来说,在组织面前,这些不能算作隐私,跟你有关的一切大事小情都要无条件透明化。

"当年和我老伴儿谈对象,就因为这点小插曲,差点黄了!"张老笑着说。

和女朋友确立关系后,张老立即将这一情况向党组织做了汇报。当时油田已被军管,一天,军代表突然找张老谈话,这一谈可把张老愁够呛。

"通过政审外调,组织上认为,这个女同志不适合跟你谈对象!"军代表的这句话,让张老脑袋嗡的一下大了。什么?什么?他瞪大了眼睛,想听听军代表的下文。

"经我们初步调查,她的父亲加入过'三青团',而且有过过激的言论。你应该有思想准备,如果这些事核实下来,要么你与女朋友分手,要么脱离机要工作。"

谈话是严肃的,没有半点余地。

当时,张老想,谈了这么长时间恋爱,彼此已经有了感情,就这么说分就分了?不分开,就意味着要离开自己特别热爱的工作岗位;分开,那将不能和心爱的人走到一起……两难时,调查核实的结论回来了。

"调查结论认定她父亲加入'三青团'是被迫的,过激言论也只是因为说了两句不恰当的话而已,没有什么大的问题,组织决定同意我俩确定恋爱关系……"张老讲。作为一名机要员,没有什么可抱怨的,你热爱这个岗位,选择了这份特殊工作,就要为它付出比常人更多的牺牲。

孤独的"隐士"——独守密室与密码电文为伴

机要员要耐得住寂寞,"躲"在密室之中,青灯孤影,不能同单位的其他人密切交往,不能向家人透露一丝的机密,整天与密码、电文为伴,每天都奔波在收发、递送保密文件的工作中。

张老说,他们的机要工作分"内、外"两部分。

内,一方面是接收电译上级发来的保密电文;另一方面有些保密级极高的文件,要求指定领导来机要室阅看。阅完,文件收回,还要签字确认。

外,一方面指的是要携带保密文件,送给相关人员阅看;另一方面,每隔一段时间,要去当时的石油部领取最新的保密密码本。

因为工作特殊,他们都随身配枪,一来保护保密文件不落歹人之手,二来也保护他们的人身安全,足以见得,领导对机要工作的重视程度。

张功(后排左)与同事们在二号院门前合影

据张老讲,他们外出的"待遇"极高。

有一次,他去石油部领取密码,需乘火车去北京。当时,一般的干部,按照规定,只能买硬座。可他不但有卧铺可睡,而且在交通最紧张的时期,还"包下"了整个一节车厢。

这并不是他们财大气粗,而是出于保密工作的需要。

这还不算,在住宿方面也是如此,无论房子多大,都要一个人单包一间,用张老的话说,是怕机要人员睡觉说梦话,被他人听了去,发生泄密事故。

因为许多事情还不能完全解密,对张老的采访,也只能显露冰山一角,让读者从一个小的侧面,了解当年机要人员神秘的生活和工作。

▶ 红色传承

致敬!神秘的无名英雄

讲述人:徐伏虎

张老至今仍保持着机要人员严谨、认真、一丝不苟的工作作风,不该说的绝对半字不讲,能讲的,就写在纸上,一字一句,就连标点符号也不落下地读给我,并一次次来电,提供资料,对采访中的一些细节说法进行校正,这让我一个后辈,顿生崇敬之情。

以张老为代表的机要人员,面对当时复杂严峻的形势,始终执着于崇高的理想信念,淡泊功名利禄,既追求工作上的高标准、高质量,又耐得住寂寞,守得住清苦,甘当幕后英雄、无名英雄,他们的事迹虽然鲜见史册,但却永远闪耀在隐蔽战线的光芒之中。

致敬先辈!

致敬英雄!

致敬那些传承着先辈衣钵,仍奋斗在机要工作中的无名英雄!

焊花飞溅中上演谁说女子不如男

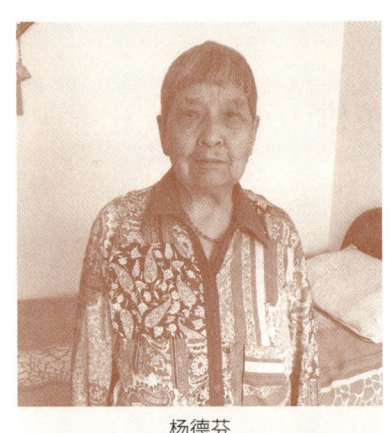

杨德芬

打通杨老的电话，80余岁的她正在散步的路上。和我们的交谈，她尽量放慢语速。她说她是四川人，乡音未改，旁人不易听懂。

说到那场让她终生难忘的石油大会战，快人快语的她，激动了，哽咽了……

"焊"地拔葱

1960年8月，已经在玉门石油管理局油建公司做了两年电焊工的杨德芬来到了大庆，被分配到对口单位大庆油建三大队11中队的女子电焊班，班长是当年战区赫赫有名，有着"铁裁缝"之称的董桂英。

"我们班除了我和班长，其余20多个姐妹，都是没啥经验的学徒工，技术水平在队里的五个焊工班中排倒一。所以，即使在工程任务繁重的会战初期，我们这个女子电焊班，也只能分到点查缺补漏的零活，这深深伤害了我们姐妹的自尊心……"杨老说。

"董班长和我们一样，整天吃不下，睡不着，在一起愤愤不平，'差啥呀？他们几个班的活都干不过来，我们倒在这闲着无事可做，不能就这么让人看笑话，得向队里交一份请战书，要求与其他班组一起，加入火热的工作之中'。我们的请战书交上去了，没批！领导考虑我们班的技术水平太低，怕保证不了工程质量，不但没帮上忙，还可能添点乱，没好意思直说，把请战书压下了。

"领导是把请战书压下了，可要我们请战的'秘密'却被'泄漏'了。更让我们受不了的是，一些其他班组的男焊工跑来说怪话：'就你们这手，还想和我们一样干大工程？别做梦了，一个女人，干点不疼不痒的小活，就行了，留点时间绣绣花，织织毛衣什么的，这才是你们的正事。'这些刺耳的话，一下让我们气炸了肺。可董班长在我们叽叽喳喳的吵声中冷静了下来。她说：'别吵，别吵，话是不好听，可也说到了我们的痛处。打铁还要自身硬，这不怨别人，怨我们自己技拿不起来。咱们要不蒸馒头争口气，打牢焊接技术水平，让领导和同事们心服口服地请咱们上战场。'从那天起，天不亮，我们20多个姐妹，就赶到焊接训练场，一场'争气'之战在废铁板、废管头上悄悄地开始了……

"姐妹们都憋着一口气，在董班长和我的指导下，一丝不苟，高质量、高标准、严苛要求地从头学起。一练就是一两个月，我们这些本来

创业年代手持焊枪的杨德芬

就瘦小体弱的姐妹，手拿焊枪练焊接，练得双手麻木，吃饭都拿不住筷子；练蹲功，一蹲就是几个小时，往起站都吃力的很，腿肿得走路都困难。"

"焊"情脉脉

杨老说："都说功夫不负有心人，经过一段时间的集训，20多个姐妹的手艺个个都很过硬，每一个焊口都非常的齐整，而且不存一点砂眼。技术好坏不能光自己评，我们把领导和老师傅请来检查工作，现场的演练，让给面子来参观的领导和老师傅大吃一惊，一位老焊工来回不停地用手在焊口上触摸，头点得像鸡叨米，对着领导竖起了大拇指。领导也挺高兴，说了三个'想不到'：'想不到你们进步这么大，想不到你们技术这么精，想不到你们热情这么高。'当着姐妹们的面答应：'继续努力，争取分派焊接管线的活。'领导的话一出口，姐妹们没有高兴地欢呼，而传来一片呜呜的哭声。这也是一种释放，因为在我们心头那种不服输的气憋得太久了，我们起早贪黑付出的汗水也终于得到了领导和老师傅的承认，从这以后，再不会有人在我们面前指手画脚，说三道四了，这种情感的迸发就像女排在世界杯上艰苦夺冠那一刻一样一样的。"

1961年4月11日，虽然这个日子过去了60余年，但杨老仍能准确地脱口而出。因为这一天，女子焊接班接到了个大活，那就是当年大庆油田第一条口径最大的输油管线焊接任务。

"这个活能交到我们手里，也可以看出领导对我们焊接技术的认可。我们到了现场，没敢有丝毫的怠慢和自满，而是悄悄地看那些老师傅的操作，揣摩他们的技术要领，一点点在工作实践中摸索。很快成绩来了。班长董桂英不但创下了一天焊

接13个口的新纪录，而且条条焊口合格，成绩赶上并超过了男焊工。这个消息上了工地的广播，让我们女子焊接班扬眉吐气，让兄弟焊接班也对我们刮目相看，队党支部特意敲锣打鼓送来了张红色的喜报，打了翻身仗的姐妹们，高兴地围在一起，把班长抛向半空。"

此后，成绩一次次在这些铁姑娘的手中刷新：创造3天半，焊一座大罐的纪录；9人16天，焊接两座1000立方米油罐纪录……这让女子焊接班一下子在战区名声大震，当年油建指挥部指挥崔海天就称赞说："这验证了一句《花木兰》中的话，谁说女子不如男！"

"焊"涝保吃

"我们不但自己红，还主动帮助别的班组一起红。1961年8月23日，北一联合站的两座500立方米油罐的焊接任务开始。虽然上级领导没有分派我们上这个工程，但为了保证油罐早日投产，我们班主动请缨，从凌晨4点直看到日照三竿，经过8个小时的苦战，圆满完成了支援任务。有时，我们的施工任务完成了，也不休息，看到哪个班的任务完不成当天的指标，就一起顶上去，帮助他们完成焊接任务。我在多次的接触中，与同在一个大队的电焊工殷德科，结对子，比技术，比成绩，比奖励，在工作中建立起了深厚的友谊，并结为了终身伴侣。

"1962年，班长董桂英因工作的需要，调离了女子焊工班，我成了这个班的第二任班长。"

繁重的劳动，超强的负荷，吃不饱的伙食，偏偏遇在一起，这让他们这些把自己当男人用的女人们，不得不考虑填饱肚子的小办法。

杨老回忆道："因为电焊工算是特殊工种，在粮食困难的那段日子，我们一直保持着一天1斤的粮食定量标准，早上2两，中午和晚上是4两。打饭的饭票上打着日期，当天没用完，第二天就作废。一开始，我们还按顿吃，中午吃了4两，去干活，没到2个小时，肚子就饿得直叫。好容易忍到晚饭了，就那么2口，4两就被报销了。一两个小时后，人还没睡着，肚子又开叫了。这可咋整，有个姐妹出招，说能不能把午餐和晚饭并在一起吃。大家一听，这个方法新，可以一试。我们索性把晚饭提前当午饭吃，一顿吃8俩，这下子下午不饿了，干劲可足了。可到了晚上，这肚子又闹事了。一人饿，传染一个班，饿得实在受不了，就一个一个的讲故事，分散注意力，直讲到大家精疲力竭，倒头就睡为止。

"为了有效迷惑肚子的饥饿感，我们有序地把这顿饱饭的时间按单双号分好，单号中午吃，双号晚上吃，这一来二去，这种吃饭方式变成了常态化，常发'脾气'的肚子，也在我们的'调教'下，'驯'得服服帖帖。"

杨老说起创业年代的艰苦，就像说笑话，每一个故事，都令人回味；每一个故事，都令人温暖；每一个故事，都让她觉得能生在那个时代，是她的光荣，是她的荣幸……

▶ 红色传承

为了不把她们从记忆中丢失

讲述人：殷　刚（杨德芬的儿子）

现在说起我母亲和当年的女子电焊班，我想，包括大庆油建公司在内的人，也很少有认识和知情的了。经历了半个多世纪，昔日闪耀在她们头顶那些三八红旗手、劳动模范的光环，也随着岁月的更迭，慢慢淡出了人们的视线。但那些高耸的油罐和仍然流淌着原油的管线所留下的一道道坚实的焊口，还在证明着她们当年不可磨灭的功绩。

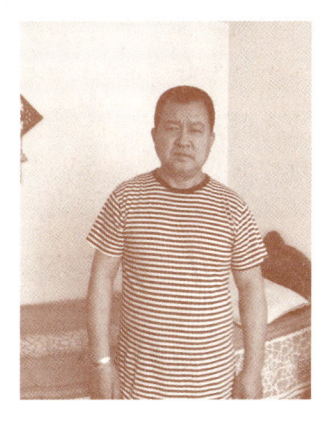

今天，当我们重新站在这些历史证物的面前，似乎能看到当年的她们乐观面对生活，在焊花飞溅中，用自己无悔的青春，实现着自己为中国石油工业奉献的赤诚和初心。发掘整理这段光辉岁月，不是为了让她们拥有知名度，而是为了不把她们的精神从我们的记忆中丢失，这一点，功德无量。

焊花飞溅中上演谁说女子不如男

"油田新手"造出威武"龙门吊"

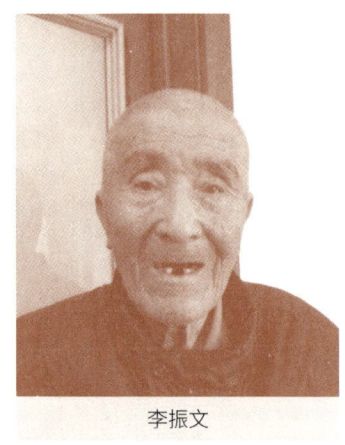
李振文

原计划在哈尔滨工业大学建校 100 周年时，李红陪着父亲李振文回一趟他魂牵梦绕的母校，可新冠疫情突至，让这个想法落了空。

虽已年过九旬，神智有些不清晰，可只要提起哈尔滨工业大学，李振文还能清楚地表达："我要去。"说起要采访石油会战和当时他在总机厂的事，李老脱口而出："来，我跟你说说……"可女儿李红说："父亲的记忆都是些片段，清晰地回忆，是不可能的了。"幸好，李红一直在父亲身边照顾，李老许多的会战故事，她都能讲上一些。

迷惑：哈尔滨工业大学高材生分到"农垦场"

李振文，哈尔滨工业大学的高才生，毕业分配时，炙手可热，可他并不为那些条件优越的城市、工厂所动，毅然向学校提出了"到边远地方去，到祖国最需要的地方去"的想法。

当年的他并不知道，此时，离他母校一百多千米外的地方，一座世界级大油田，已初露峥嵘，13 路石油大军正悄悄地向这个松辽盆地的荒原集结，一场声势浩大的石油大会战已擂响战鼓。

1960 年 7 月 15 日，李振文告别母校，拿着通知书，兴冲冲地赶往一个在萨尔图的被称作农垦场的地方去报到。

一路上，他几次情不自禁地拿出报到通知书，脑海中闪过一个疑问：我一个学工科的，去农场会派上什么用场呢？可是这个念头一下子又消失得无影无踪了。年轻人为新中国的建设出把力，咋还挑肥拣瘦？只要有施展才华的舞台，自己就要干一番轰轰烈烈的事业。

直到他到达目的地，才惊喜地发现，这哪里是什么农垦场，而是石油大会战的战场。

"能通过自己的双手，甩掉中国贫油的帽子，能让飞机、大炮不成'烧火棒'，父亲兴奋得好几宿都没有睡好。他想把这个特大的好消息告诉父母、告诉同窗好友，可是不行啊！当年大庆油田还处于保密状态，他只好忍着不说，并暗下决心，一定干出点样来，不辜负组织给予的光荣任务。"李红说。

"依父亲所学，他被对口分配到了刚刚组建仅几个月的总机厂。"

那时候，总机厂主要以设备维修为主。为了短时间内把自己学到的课本知识与实践相结合，李振文和一些经验丰富的老师傅们一样，为了节省来往的时间，也为了不给维修单位添负担，保证钻井前线的设备不出问题，每天背着工具袋、配件袋、干粮袋，游走在各个井队之间。

不管地点多远，只要前线发现了问题，他们都会步行服务到井场，以最短的时间，让设备顺利运转起来，给油田生产以有力的保障。

辉煌：没日没夜苦干造出"龙门吊"

李红讲述道："一次，父亲和师傅们在荒原上赶路。突然听到空旷的草原上，传来一连串的'咯咯'声。经验丰富的老师傅马上判断出这是柴油机发生故障的声响。他们让父亲跑上高坡，辨别声响的来源、方向，确定井场的位置后，又派父亲轻装前进，先到井队，说明情况，紧急停机，以免发生停产事故。

"父亲急忙奔跑去井场报信，当师傅赶到现场时，父亲和井队的工人已经在做初步的故障排查了。因为这个情况发现、维修及时，才没有酿成重大的停产事故，父亲因此受到了师傅和领导们的表扬。当时，钻井队亲切地给他们小分队起了个跨界绰号——'设备专家医疗队'。

"父亲不但能维修，还利用自己的专长，搞了一些小发明，小创造。一开始，维修井队的钻机刹车毂，需要手工焊接，四五天才能完成一个。因为焊接难度大，空间又有限，焊接工人在高温下作业非常难受。

"为了改善焊接工人的工作环境，提高焊接时效，当时已担任铆焊车间技术员的父亲就和工人一起研究，由他设计、制造出一台摇臂式自动焊接机。这台焊接机不但把焊接工人从狭小的工作上解放出来，而且焊接的质量比人工焊接更加精细准确，工效也比先前提高了 10 倍之多。这在如今算不得什么，但在 20 世纪 60 年代，已经相当'现代化'了。"

铆焊车间，主要担负着生产一线的设备制造任务。为前线焊急需的架子，是经常的事儿。这些架子很重，10 多个人抬都比较费劲。一次，一位气焊师傅就因为抬架子砸伤了脚。

怎么才能让这些庞然大物轻松移动呢？那得需要个力大无穷的龙门吊才行。可是，那个年头，厂里没有这个设备，要想用，全得靠自己的双手来造。这下，李振文的发明欲又被勾起来了。

没日没夜工作在绘图室里，查找资料、自己绘制图纸、和工人师傅们找材料进行焊接，就这样，硬是自己动手，造出了"总机厂"牌的"龙门吊"。这下子，不但再没有人因此受伤，还提高了成品的移动和运输速度，成了当年厂里发明创造的典型标志物。

遗憾：工作家庭无法兼顾取舍难

事业上的辉煌，并没有替代家庭的窘迫。1962年，李老的妻子婚后一年就患上了精神疾病。也正是在这一年，他们的大女儿李红出生了。

"当年母亲的病时好时坏，没人看着时，常常会把我丢在床上，漫无目的到处游走。

"当时正处在会战的紧要关头，前线需要的设备特别多，也特别急，父亲对家里的事虽然着急，但却没有一点闲空照顾我妈和我。

"到1964年，我妹妹出生时，我妈病情加重，有一回，竟然用棉被包上我妹妹，扔在大马路上。幸好被邻居们及时发现，才捡了回来。

"后来，我妈被送到北安精神病院接受治疗，我们两姐妹还小，又需要人照顾，父亲两头忙：要工作，还要顾家，精力有限的父亲，有些手足无措了。虽然周围的邻居们都向我们伸出了援手，但这并非长久之计。后来，在邻居们的劝说下，父亲忍痛把我送回了沈阳老家。

"总机厂为支持父亲的工作，专门派了一名女工，负责白天照顾我妹妹。父亲忙完工作，晚上要赶回家中照顾孩子。老是这样子，父亲觉得愧疚，他面临着工作与家庭的抉择。几番思想斗争后，父亲把砝码放在了以会战为重的工作上，把妹妹送人了……

"半个多世纪过去了，那个曾经意气风发的小伙子，已经成了近百岁的老翁。他几乎忘记了至亲，忘记了自己是谁，忘记了他为之付出青春和热血的工作岗位，忘记了那些和他朝夕相处的老朋旧友，但只要在他面前提起石油会战，他会突然安静下来，侧过头，跟你不断地说：'不容易，不容易呀……'"李红陷入回忆之中。

▶ 红色传承

磨难中从未低头的父亲

讲述人：李 红（李振文的女儿）

父亲是个坚强的汉子，在我的印象中，他从来没在困难面前低过头。

工作上，一穷二白不怕，怕的是，不想办法解决困难。发明自动焊接机，发明"龙门吊"，依靠自己所学，熬夜找资料，甚至忘记了吃饭睡觉，就是要把大家觉得不可能的事，变成可能。

他说，这也是他受到铁人"有条件要上，没有条件创造条件也要上"的感召，他说，所有困难的解决，都是大家劲往一处使，心往一处用，团结一致，没有私心的结果，他对这些都非常珍惜，非常怀念。

家庭上，父亲屡遭打击，母亲生病，"丢失"孩子，在工作和家庭冲突时，他选择了面对，而不是退缩，这些都深深地在我的心中，打下了烙印。

学习父辈的精神，更要读懂他们的坚强，读懂磨难中的面对，这个最重要。

"顺风耳"避免了一起重大停产事故

何维基

1960年3月，一列从兰州开往北京的火车上，由王进喜带队的第一批来自玉门油田的石油工人们非常兴奋。

这些大多没出过远门的小伙子们，听说在北京倒车时，能有机会参观梦寐以求的天安门，激动的心情溢于言表，这其中就有年轻的何维基。

与王进喜为邻

别看何维基当时年轻，但在玉门油田的采油系统，已经是个经验丰富的"老"师傅了。这次能来松辽盆地参加石油大会战，给了他一展身手的机遇和舞台。

经过长途颠簸，随着列车一声长鸣，有人吆喝着："到站了，到站了……"

何维基透过车窗向外望去，站台外，只有一栋面积不大的木板房。这就是站舍？他一边想着一边身不由己随着人流，扛着行李下了车。

"当年的萨尔图火车站小得可怜，不但站舍是木板房，而且只有一条供旅客候车的长椅，一名全能的铁路站员。穿过站舍，东西北三面都是一人来高的荒草。眼前的情景，和自己想象的简直是天壤之别呀。但一想到在这荒原底下，在这沼泽深处，隐藏着滚滚油流，我心里一下子又敞亮了。"何老说。

"当时，我们被安置到了现在的二号院后侧五排公路附近。这里有三栋现成的面积宽大的牛棚，一栋分给了王进喜钻井队，一栋分给了我们采油队，还有一栋分给了会战五大标兵之一的朱洪昌维修队。因为住得近，与铁人这个邻居是抬头不见低头见，只是铁人一天到晚忙个不停，不忍心去打扰他。"

承接第一口井

何老与铁人王进喜的缘分还不只是做邻居，还承接了王进喜钻井队人拉肩扛、端水开钻的第一口井——"萨—55井"的采油任务。

"刚住下，老天就给我们一个下马威——寒冬未过，却来了场不小的雨夹雪，这使得本来就潮湿的牛棚，更加阴冷，躲在屋子角落的蚊子一下子张狂起来。会战指挥部在极其困难的情况下，不仅康世恩、宋振明等主要领导前来慰问，还给我们每个人发了蚊帐和行军床，这在当时已经算是最高的待遇了。"

"我们沾了这口井不少的光！"何老说，"这口井是自喷井，产油量极大，又是王进喜在油田打的第一口井，前来参观的国家领导人和友好国家的外宾特别多。每次来，看到油井喷油的情景，大家都非常高兴，一位老者对我们说：'你们了不起啊，条件这么艰苦，你们多出油，多采油，给国家解决了大问题，光荣属于你们英雄的石油工人。'后来，成立了采油二矿，也就是现在的采油二厂，我们队才把这口光荣的井，依依不舍地交了出去。"

让出回家名额

由于年轻有为，做事稳重，群众间威信极高，何维基很快便当选为薛国邦采油队的团支书。

当时队里的许多青工来油田时间已经不短了，很多人都有了回家的想法。

这种情绪就像"传染病"，一个人的想法一讲，队里就人心惶惶，都想着探亲的事儿，工作热情一下子消减了。

领导了解情况后，马上与何维基联系，希望能找到个妥善的方法，既解决青工们的心病，又不影响正常的工作。最后找到个折中的办法，大家以抓阄的形式，按号排队探亲。

阄、暗箱，都由青工派代表制作，派代表监督，大小干部为避嫌，只参加抓阄。

何老说："当天也幸运，我抓到了1号，心里挺高兴。因为前几天父母来信，在老家给我介绍了个对象，希望我能尽快回去，把婚事定下来。

"我这阄还没捂热，一个青工哭着来找我。说他父亲来信说得了重病，作为家中的独子，放心不下，如果父亲有个三长两短，自己连个面都见不上，会后悔莫及的。

"不用多说，我明白，这是要和我换阄啊。看着他泪流满面的样子，又想想自己团支书的身份，衡量来衡量去，我决定让他先走。他千恩万谢，临走前，我和他说，你别谢我，这次探亲回来，工作再不能三心二意了，这才是对队里关心的最好回报。他满口答应，承诺我回来看他的行动。

"小伙说到做到，回队后，认真工作，还被评为单位的先进工作者。上级领导也把我的这一做法总结为'见了荣誉（好事）就让，困难留给自己'的无私精神。"

磕头机有异响

20世纪60年代初,大庆的第一口抽油机井投产,没有成型的管理经验,缺乏经验丰富的管理人员,何维基一下子进入了领导们的视野。

原因很简单,一是因为他毕业于玉门技工学校,科班出身,学过这方面的理论;二是他在玉门油田的实际工作中,对抽油机井的维修、管理,有自己的独到见解。

"一天,半夜一点多钟,我起床去帐篷外小解。迷迷糊糊中,好像听到一千多米外的那台磕头机,声音有些不太正常。我站在原地支起耳朵听了又听,确实有异响!

"我顾不上披衣服,跑去查看。不看则已,一看吓出一身冷汗。"何老至今回忆起来仍觉庆幸。

原来,这台磕头机的尾轴轴承已近脱落,脱落的后果,会发生机毁停产的重大事故。

因为当时值班的采油工没有经验,明知声响不对,又找不到关键点,幸好何维基发现及时,要不然后果不堪设想。

何老说:"事后,这件事,不知道怎么让《战报》的记者听了去,来采访,还写了报道,于是,这事便在战区传开了。许多人找我取经。我说,没啥技巧,全凭日积月累的经验,就像汽车修理工,修车多了,车从身边驶过,就会知道出了啥毛病……"

▶ **红色传承**

会战传统薪火相传

讲述人:何 荣(何维基女儿)

每当听起父亲讲述当年会战时期的经历,我都会由衷地为他感到骄傲和自豪。

钦佩他曾经管理过铁人第一口井、油田第一口抽油机井。他为大庆油田做出的点滴贡献,都被会战的峥嵘岁月铭记,他是大庆艰苦创业的亲历者,他是大庆油田高产稳产的见证人。

作为一名油二代,我要用好会战传统这个传家宝,把好的精神、好的传统传承下来发扬光大,像父亲那样,"在岗一分钟,负责六十秒",为当前油田提质增效渡难关献计献策,为油田美好的明天努力奋斗!

每人3个特制饺子好"奢侈"

性格耿直,敢做敢当;耄耋之年,思维清晰。这是杨春学给我们留下的第一印象。

作为东油库元老级人物,他见证过许多重要的历史时刻,从他讲述的一个个生动的故事中,你可以一窥他和他的伙伴当年的英雄壮举。

杨春学

小灶只有苞米面粥

20世纪60年代初,遭遇三年自然灾害,刚刚大规模开发的大庆油田,面临着"五两保三餐"的粮食短缺窘境。

当时,各单位在职工食堂的基础上,还为领导另外开设了"小灶"食堂。小屋门一关,吃的是啥?在工人心中,这个小屋非常引人注目。

"那是1962年春节的早上,职工食堂为了烘托节日气氛,每人特意在苞米面糊粥外,加了3个饺子。饺子馅是特制的:白糖熬成渣与细盐粒的混合物。现在想起来,耳朵边还回响起咔咔的咀嚼声。

"那时候,做饭的大师傅巧厨难为无米之炊,食堂连酱油和调料都没有,吃口咸菜都是难事儿。大过年的,能想出这个法子包出饺子,已经是大师傅们最奢侈的创造了。

"我正吃着,一个同事找到我,让我去小灶食堂,书记要问点事儿。好,好,我答应着站起来往小灶食堂走,边走边想,大过年的,有专职厨师的小灶食堂,给领导们都吃点啥呢?带着一丝神秘感,我敲门进去。桌子上的饭菜让我吃了一惊。

"没有想象中的好菜好饭,也没有我们分到的饺子,有的是一个个干瘪的窝窝头和我们常喝的苞米面糊粥,唯一不同的是一盘用盐拌的白菜和胡萝卜。领导们关起门来,吃的就是这些?

"说真的,看到这一切,我的眼睛一下子湿润了。领导们真是吃苦在前,享受在后,吃的不如工人不说,还和工人们干同样的活!"杨老感慨地说道。

错过首列原油外运

大庆东油库,见证了首列原油外运的历史瞬间,但作为"元老"的杨春学,却因为在哈尔滨培训,与此失之交臂。

"我了解的首列原油外运,是听来的。"杨老说。

"当年7月,我回到油库时,首列原油外运已经'满月'了。听书记讲,6月1日,首列原油外运那天,东油库附近的铁道线上人山人海,离剪彩发车还有一段时间,没想到飘来一大片乌云,接着又是风又是雨的,把现场穿着单薄的文工团员冻得直哆嗦。当时康世恩副部长临时决定,提前剪彩发车。这也是那张剪彩的老照片上,康副部长为何穿着雨衣戴着雨帽的原因。经常有人说我记错了,从播出的彩色纪录片中看,当天剪彩时是阳光明媚呀?其实,那是后来补拍的。"

问及当年补拍这段纪录片时杨老参加了没有,"年头太多,记不清了。历史的节点,知道就知道,不知道,不能瞎说。"杨老非常认真地说。

"我学习结束回到单位时,东油库只有装油、锅炉、维修3个队,我当时在锅炉队。烧锅炉的目的,是为了利用产生的蒸汽,使油罐和油池中原油保持不凝固,从而能够通过栈桥上的管道输入列车的油罐中。可3台烧煤的被叫作'炮弹'的立式锅炉,无水可烧。等供水管线接过来再说?那要耽误很长时间。于是,大家发扬铁人端水开钻的精神,就地挖出地下水,锅炉顺利地运行了起来,为圆满完成原油外输任务抢出了时间。

"那个年代,人们不计个人得失,不计报酬,不计工作时间,只要是对石油会战有利,都争着抢着干,生怕被别人落下,自己吃了'亏'。有一次,油库内要挖一条管线沟,从凌晨4点开始,直挖到下午2点多才吃饭。接着又挖,到晚上8点才收工。你说说,我们干了多少个小时,没有人说一句怪话,大家比着干,抢着干,现场一片热火朝天的景象,现在想起来,都激情飞扬啊!"

忘不了的冲天大火

"那场草原大火可是挺危险,一侧威胁着两个储油罐,另一侧直接关系着油田供应处成品油库的安全。草原上一眼望不到边的干草,见火就着,如果扑救不及时,储油罐和成品油库一旦发生危险,就是罐毁人亡。

"大家都急眼了,手头上没有救火工具,铁锹、镐……凡是顺手能拿到的东西,都派上了用场。面对着熊熊大火,没有一个人退缩,大家顾不上个人安危,和消防员一起,奋力扑火。当时,装车使用的是临时木制栈桥,火已经引燃了栈桥……"

杨老讲的这起火灾,大概发生在1960年11月,记者为此查阅了当年的历史文献,并没有找到相关的记载。然而,杨老提供的一个人名,却让这个"无头案"一下子柳暗花明。

这个人叫奚华亭,是当年东油库维修队的队长。因为他在扑灭这场火灾中,英勇无畏,奋不顾身,被称为"黄继光式的英雄"。

通过这一线索,在一部1990年出版的《大庆企业文化辞典》的514页上,找到了一篇《舍身救火》的小故事,其中,在描述这场火灾地点时,用的是"某油库"字样。

故事中这样讲述:

1960年10月25日,某油库在输油时,意外原因引着了罐口冒出的油气,燃起大火,如不及时扑灭,后果将不堪设想。

在附近维修管线的工人们看见火光,立即赶来救火。维修队长奚华亭三步两步冲上罐顶,冒着烈火烧身和油罐爆炸的危险,操起蒸气管对准火口猛刺,但由于蒸气太小,压不住一人多高的火舌。奚华亭没有丝毫迟疑,扔掉蒸气管,用两腿堵住火口,以减少空气流通,接着又脱掉棉衣迅速塞住烟火弥漫的罐口。烈火浓烟包围着他、灼烤着他,但他毫不动摇,死死地压住罐口,延缓了火势蔓延。

这时,同事们冲上来,把冻土块和一盆盆凉水泼向罐口。下面烈火烧烤,上面凉水浇头,土块打在身上、头上,阵阵疼痛,可奚华亭纹丝不动,紧紧压住罐口。他知道,自己稍一挪动,烈火就会窜出来,火势一大,油罐就会爆炸。那样,国家财产和职工的生命安全将受到威胁。奚华亭下定决心,宁可牺牲自己也要保住油库的安全!他忍着剧痛,以顽强的毅力,用自己的血肉之躯,防止了一场恶性事故的发生。

油罐保住了,可奚华亭却受了重伤,同志们都称他是"黄继光式的英雄"。

在杨老的会战记忆中,有感动,有惊险,有遗憾,但最核心的,还是那份难以忘怀的深情。

会战红色家谱 第一卷

▶ 红色传承

有一种奋斗叫激情飞扬

讲述人：杨卫东（杨春学的儿子）

每次父亲讲到那些创业故事，眼睛都会放出奇异的光，他沉浸在那个年代的幸福之中。

那些我们眼中的艰苦，在他看来，却是一生享用不尽的财富。他愿意追忆那个激情四射的年代，更珍惜今天他们为之奋斗而来的幸福生活。

老一辈的激情飞扬，是他们的创业之乐，我们的激情飞扬，是我们在新生活中再创辉煌。

不管是父辈，还是我们，都在做好自己的工作，无愧于时代。

当天我背着教材走了上百里

姜学文，是个地地道道的老会战。1959年，刚从玉门石油学校毕业的他，打点行装，成了萨尔图这片沉睡千年荒原上的首批唤醒者。

在那个艰苦而激情的年代，他打过探井，干过调度，做过老师，当过防腐车间的主任……每一段故事，都那么难忘。

姜学文

调度身兼统计员、送水员

"我来时，就被分配到太平屯的探井大队当调度，当年冠以'太'字号的探井，都是我们打的。"姜老说。

"一听调度，许多人会说，这可是个好活呀。接听个电话，上传下达个指示，用不着风吹日晒，也不会有危险的磕碰。可是，要是这么想，你就不了解当年的情况了。

"那时，我们1个大队，下辖4个井队，有2名调度，24小时两班倒。这可不是简单的算术，1个人工作12个小时的问题。下了班的调度员，还要做个统计员，每天4次把4个队的进位、进尺等参数，填在报表上，复写4份，上报给当时的松辽石油勘探局。

"因为这些井队，大都在荒原深处，电话经常出现故障，那时汽车少，主要靠的就是双脚，平均每人每天来回要走约40千米。

"而这，只是我们每天工作的一部分内容，临时的活还多得很。井上缺水了，一个电话过来，调度又变成了送水员。

"开着队里唯一的一台水罐车，到当地的老百姓家水井取水，然后，一车车地送到井场，直到满足井队用水为止。那时候附近的老乡对石油会战都非常支持，积极协助我们无偿取水。而且我们每成功打一口井，老乡们还敲锣打鼓，送肥猪前来祝贺。这在当时缺少粮食的条件下，无疑是顿梦寐以求的饕餮美味了。

"在老乡家的水井中取水,也有'风险',这'风险'不是来自老乡,而是井台上冬天堆积起的厚冰。

"有一次,前线着急用水,我怕耽误生产,所以在取水时,没有注意脚下的冰。当我拿着胶管抢步走上井台时,脚下一滑,整个身体不受控制地一下子向乌黑的井口冲去……幸好一旁的老乡手疾眼快,一把抓住了我,要不然,就没有今天的采访了。"说着,姜老呵呵地笑了。

身背教材从安达走到大同

1960年的春天,因为油田人才缺乏,又不能很快从兄弟油田调入,会战工委决定成立一所技工学校,解决这一燃眉之急。

办学校,先得有老师。姜老等一些科班出身的知识分子,自然进入了领导的视线。

姜老说:"当年在大同建技校时,真称得上一穷二白呀!一无校舍,二无教材,而且还缺吃少穿,300多人,挤在一个自建的草棚子里上课。

"没有教材,按照实用的原则,现编现讲。学生们就借住在当地老乡的炕上。大家每天除了学习,还要开荒种地,补充粮食不足。平时,还要备好大量的羊草,留着冬天烧炕取暖用。我们就是在这种半工半读的艰苦条件下,把一批批油田的实用人才,输送到最需要的岗位。

"建校时,我们参看了许多石油相关院校的教材,觉得内容理论性太强。学生学了,实用性、操作性不是很好。

"为了让学生把学到的知识,尽快运用到实践中,我们几位老师,走遍了油田的各个行业,了解他们所需。然后,列出与油田实用相应的条目,按照教授的科目,每位老师各领任务,自编自写教材。修订后,去当时北京的石油部印刷厂印刷,装订成书。

"后来,印刷厂把印成的样书,通过火车托运到安达。领导安排我去取书。在安达火车站顺利地取出了60多本样书。可怎么运回远在百里之外的大同呢?

"那时候,从安达到大同,一天只有一趟往返客车,错过了时间,只能等第二天才能回去。当时年轻气盛的我一想,与其这么干等着浪费时间,不如发扬铁人人拉肩扛的精神,靠两条腿,把这些教材运回学校去!

"就这样,我扛起一大包教材,顶着烈日,在一人多高的草原中穿行。

"饿了,啃口硬馒头;渴了,来口壶里的水;累了,就放下教材,在土块上歇一歇。

"就这么走走停停,从中午走到天黑,我步行了9个多小时,走完了100多里的土路,终于在当天赶回了学校。看到我汗流浃背、一身疲惫的样子,领导和老师们都很感动和后怕。

"要知道,那时候,草原里野狼时常出没,别说走夜路,就是大白天,都会结伴而行。所以,大家在表扬我这种精神的同时,也为我的鲁莽之举捏了把汗。"

带领"铁姑娘"班立大功

20世纪70年代初,大庆的原油外运主要靠火车,高峰时每天能运出约8000吨的原油。由于火车的运力所限,油田的储油罐又没有富余空间,不得不关停百口油井。而抚顺等3个大型炼厂却因原料不足陷入停工状态。一边运不出来,一边炼油企业吃不饱肚子。

为这,周恩来总理多次召集国务院、中央军委负责人开会研究,决定建设大庆至抚顺的一条大口径、长距离输油管道。因为这个决定是在8月3日通过的,所以,这项工程被命名为"八三"管道工程。

"于是,由解放军、管道技术人员、工人、民兵等组成的近20万人的建设大军,在广袤的黑土地上,打响了轰轰烈烈的'八三'管道工程会战。防腐工作成了这条原油大动脉顺畅无损运行的关键。"姜老说道。

当时已经担任井下指挥部防腐车间主任的姜学文,临危受命,与油建指挥部的防腐队伍在荒原上展开了一场攻坚克难的劳动竞赛。

"我当时带领着井下指挥部赫赫有名的'铁姑娘'班,全力投入到这场防腐竞赛中。两个队伍你追我赶,飙着劲干。为了节省工期,姑娘们把自己当成了小伙子,吃住在野外工地,困了倒下睡一会儿,根本就没有什么上下班。

"因为当时现场没有熔化沥青的设备,都是原始方法熬制,熔化沥青产生的黑灰四处飘散,弄得姑

正在施工的"八三"管道工程

娘们一个个成了小黑人，衣服里外全是黑渣。这些爱干净的姑娘们，还开玩笑地说，这样正好，风吹日晒都不怕，美丑一个样。

"就这样，我带领的班奋战20个昼夜，比对手提前10天圆满完成防腐施工任务，取得了检验、工程全优的好成绩。会战工委不仅对我们通报表扬，还给我们'铁姑娘'班立了个集体三等功。"

半个多世纪过去了，姜老这一个个深藏在心底的故事，并没有随着岁月的流逝而冲淡，因为在他的心中，和石油、油田的缘分，已经深深融入骨髓了，和他难解难分。

▶ 红色传承

择业时我没有犹豫

讲述人：姜维雄（姜学文的儿子）

我是采油气工程专业工程师，从事油田现场试验数据处理分析。

作为老会战的子女，从小就耳濡目染父亲不畏艰难困苦、为石油事业奉献一生的精神，所以我立志继承父辈的优良传统，择业的时候，毫不犹豫地选择了石油地质专业。16岁开始，至今已在油田工作了40余个春秋。从当初被同事们誉为"拼命三郎"的测井队队长，到后来因为努力工作、致使腰部受伤而不得不退居后线，我为油田奉献的初心从未改变。

现在，作为科技研发战线的一员，我的爱岗敬业作风，不仅是对石油精神的诠释和传承，也是对父亲一生言传身教的最好安慰和回报。

让每一个数据都经得住历史检验

"不好意思,排练开始了,我得进去。"

方老,很忙,只能在他排练合唱的间隙,和他聊上几句。

唱歌,不是他退休后的"新欢",别看他是个小有名气的老专家,还是个文艺方面的活跃分子。早在50多年前,他还是北京石油学院来油田的实习生时,文艺天赋就在同学们中间崭露头角,曾被主管领导点将,在此起彼伏的拉歌现场,指挥过声震云霄的大合唱。

方凌云

歌声嘹亮震得树叶沙沙响

油田初建时期,一直是准军事化管理,好多的行为习惯仍延承着革命军队的优良传统。为烘托气氛,鼓舞士气,每次开会前,各家队伍都要在现场进行拉歌比赛。

方老回忆,1961年的春天,当时油田地质指挥所在一号院前面的树林子里(万人广场的后面)开大会。各个部室的人都整齐地坐在自带的小木凳上,兴致勃勃地等待着会前的拉歌比赛。

"时任石油部地质司副司长兼指挥所所长的范元绶,坐在一张办公桌的后面,在他的旁边挂着用毛笔抄写的《抗日军政大学校歌》。

"他先带头教其他部室同事唱'黄河之滨,集合着一群中华民族优秀的子孙……'教唱中,发现我在油田部室队伍前面指挥,动作有力,而且歌声嘹亮,就向我招手喊:'小同志,你来这里,领大家唱这支歌吧。'

"刚才还神气活现的我,一听叫自己,有些慌神了。小方、小方……大家一看我待在原地,都七嘴八舌地叫我。

"我赶紧小跑过去,来到他身边,有些兴奋又有些胆怯地挥动手臂,指挥大家一起唱。同事们激情飞扬,雄壮的歌声回荡在树林里,树叶沙沙,激励着一群为石油奉献的年轻人。"方老回忆道。

千米取芯带出完整鱼化石

1962年8月，方凌云大学毕业，正式分配到了当时还处于保密状态的大庆油田。

作为地质实习生的他，领受的第一项重要任务就是取全取好地下油层的岩芯。并且，取芯收获率务必达到90%以上，以此查清岩层的性质和油水分布的规律。

"这个重大的任务，对我们这些初出茅庐、只有书本知识的大学生来说，相当艰巨。在老师傅们的帮助下，我们地质组成员收集附近井的资料，并提前做好地质预告。探井大队的司钻带领钻工们配好泥浆，掌握钻速，采用当时最先进的'投砂憋泵'法，把岩芯从井筒中取出来。有时岩芯没套准，掉下来一大段，我们就发扬连续作战的精神，再重新下钻、起钻，把岩芯捞上来。这样连续工作20多个小时，小伙子们被起钻的泥浆喷成了一尊尊泥塑。

大庆石油工人取出长岩芯时的情景

"取出的岩芯，地质组还要根据不同的岩层岩性，涂上白漆，分别编号，然后进行认真的描述。这种工作大都是在夜晚进行，那时，野外蚊子特别多，往往电灯一亮，周围的墙上就黑压压落上一片。

"萨尔图的蚊子，嘴长，叮住就不动窝，奇痒难忍，非常难受。为了不影响工作，我们在闷热的天气里，也要穿上长袖衣服、戴上防蚊帽才能干活。直到写完地质总结报告，再把岩芯成箱装上车，送到安达的岩芯库，才算松口气。

"那时候工作虽然艰苦，但也有乐趣，看到棕褐色的油砂，向外溢出油沫，突然，黑色泥岩里显现出一条完整的鱼化石！我们兴奋地抱着它，晚上都难以入眠。

"功夫不负有心人，通过我们全组年轻人的努力，钻井取芯收获率超过90%，为这，会战指挥部送来一头大肥猪和白面；战区总工会的演员还下到我们井队慰问……我们全体有功人员大会餐，满满四大盆肉，让当时缺吃少粮的我们，美美地饱餐了一顿。"方老高兴地说。

撰写井史个个都是"铁数据"

严细认真，一丝不苟，让每一个数据都经得住历史的考验。这句听起来像口号的文字，其中所包含的深意，方老从实践中得到了认证。

方老说："当年，我们几位同学在地质指挥所油田室实习。有一天，地质师房敬彤找到我们，说前线的油井一口口地打，可每一口井从开钻到采油，许多有价值的资料，不及时像户口一样加以整理，对今后的研究工作会造成很多的麻烦。希望和我们几个科班出身的大学生组成一个井史组，在3个月内，把油田已有的油水井的各种资料收集、汇总，并进行鉴别归档，编制出完整严谨的井史来。

"这个任务对于我们来说，虽然在书本上学过，但实际操作却不知从哪下手。一些有着丰富经验的老人，主动教授我们如何收集、整理、核实、鉴别建档的规范做法，才使我们逐渐理清头绪。

"于是，大家分兵协作，把钻井、电测、射孔、试油、采油、作业、分析化验、试井测压、采油等资料收集、查实，有的资料缺页或模糊，就近处步行、远点儿的骑上自行车去问、去查，不放过一个数据，不放过一个缺项。

"一口一口井，一张一张表格，我们收集到了几十万个数据资料，经审核后，我们又用仿宋体抄写，终于在短短的几十天，完成了上百口井的井史编制，并用棕色的大本夹装订成一本本规范的井史资料。

"当年的老领导焦力人、闵豫等看过之后，表扬我们搞得好，说这是一本本经得起推敲的铁数据、钢资料！因此我们井史组被会战总指挥部、地质指挥所评为二级红旗单位，我也因积极工作，荣获了'二级红旗手'称号。"

五十多年过去了，那个帅气的小伙，已近耄耋之年，回望为油田奉献的峥嵘岁月，感恩今天由他们那辈人开创的幸福生活。方老说，他要尽情地歌唱，愉快地生活，伴着油田走向新的征程。

▶ **红色传承**

是他们播下了幸福的种子

讲述人：徐伏虎

看着油田一天天长大，看着自己的汗水，结出果实……作为油一代，油田的拓荒者，他们苦过，他们累过，他们把青春都留给了这片从荒原中屹立起来的城市，他们真正能体会到今天生活的甜蜜与幸福。

他们乐观向上，从不抱怨当年奋斗时恶劣的生存环境。他们感恩那个火红的年代，感恩那个时代给予他们的精神财富，感恩石油给了他们施展才华的舞台。

没有苦，哪有甜。

前人栽树，后人乘凉。

我们有今天富足的生活，优美的环境，离不开前辈们默默无闻的贡献，是他们用热血、青春、生命，为我们播下了幸福的种子，我们不能忘记。

记录他们的功绩，传承他们的精神，也是在为这座英雄城市增光添彩。

铁人触景生情与观众一起流泪

1964年，毛主席和党中央向全国工业战线发出"工业学大庆"的号召，次年，石油工业部决定在北京中国历史博物馆举办大庆展览。

经过一段时间的筹备，大庆展览正式开展，半年内，参观人数超百万。

这次展览的讲解员全部来自大庆油田，卢雪莹，就是当年的讲解员之一。

这次被卢老称之为"受益终生"的展览，是大庆油田正式公开后的首次展示，在全国引起了轰动。

卢雪莹

大庆展览受瞩目

卢老，是幸运的。当年，她是采油指挥部唯一一位被组织选中，去做展览讲解员的。

"领导找我谈话，把这个消息传达给我时，我犯了愁。领导不理解，年轻的姑娘，能有见大世面的机会，咋还愁得直往后躲？原来，当年十七八岁的我犯愁的原因是没怎么出过远门，怕走丢了。领导也挺幽默，说：'这个不用怕，我们在你腰上拴个绳子，如果走丢了，我们一拽绳子就找回来了……'看到推辞不掉，我只好硬着头皮去报到了。到地方一看，丢不了了，不光是我一个人，一起去的有上百人，他们都是为这次展览，从油田各单位抽调来的精英骨干。"卢老笑着说。

"做个合格的讲解员，可不是件简单的事儿。不仅要求声音洪亮，更要吐字清晰。不仅能让站在自己身边的人听得清楚，还得让后排的观众，听着也不费劲。开展前，最重要的一关是背讲解词。当时，我们都年轻，记忆力好，背讲解词并不是什么难事，可当时对我们每个讲解员的要求是，一字不多，一字不落，原原本本声情并茂地把讲解词讲出来。

"为了能在短时间内又快、又准确拿下讲解词,姐妹们都暗自较劲,除了三顿饭,我们几乎把所有的时间,都用在背词上。"

1965年11月24日,大庆展览在北京历史博物馆开幕。

"我当时负责展览的首站——总馆的讲解工作。因为大庆油田刚刚对外公开,许多媒体也开始把视角瞄准了大庆,瞄准了那些为祖国尽快甩掉贫油帽子奋发图强的石油工人们。首都各行各业以及来自全国各地的观众们,都对这个大油田产生了浓厚的兴趣。

"天安门广场上排起了长长的队伍。这么说吧,我们每5分钟接待一批参观者,每天接待4000多人次。

"这么大的讲解任务量,在没有扩音器材的情况下,全凭一副好嗓子。嗓子发干、一下子说不出话,都是常有的事儿。

当年大庆展览中沙盘前的三位讲解员

"一些观众心疼我们这些小姑娘,买来面包和水,让我们吃一点、喝一点再继续讲。当时,我们准军事化管理,不允许接受观众的食品,只能微笑讲明原因,谢绝他们的好意。"

铁人挥泪数家珍

"大庆展览让许多观众边笑边流泪，笑的是中国人民甩掉了贫油帽子，实现了原油自给；而流泪，是因为他们被这些战天斗地的石油工人不惜用生命为国分忧的拼搏精神感动。

"1966年10月，刚刚参加完国庆观礼的铁人王进喜，邀请来自全国的模范、标兵代表参观大庆展览。在介绍到1205队的情况时，铁人亲自主讲，对着马槽子、锅盔、人拉肩扛用到的撬棍等一件件实物展品，讲一个个艰苦创业的故事。触景生情，铁人这个西北硬汉，一边讲，一边流泪，现场的全国模范和标兵们也都感动得泪流满面。"

短短几个月，大庆展览产生了巨大的轰动效应，席卷北京乃至全国。

"我们每天迎来送往地讲解，并不知道这个展览产生了这么大的反响，可一次公交车的奇遇，却让我吃了一惊。

"我们每个讲解员都统一穿着大庆的劳动布工作服，左胸处有'大庆'字样标识，特别醒目。有一天，我和同伴放假，要上街买些日用品。

"我俩发现，路上有许多人看我们，开始以为是我们穿着一样的衣服的缘故，后来，有人过来问我们：'是大庆展览的讲解员吗？'我俩说'是'。他们就竖起拇指，对我俩说：'大庆人了不起，向你们致敬！向你们学习！'这么一说，引来了路人们的目光，那目光中让我俩感受到的是发自内心的敬意。

"我俩上了一辆公交车，还没站稳，车上就有许多年轻人、学生等从座位上站起来，对我俩说：'大庆的同志（大庆的阿姨），你们坐我这儿。'最让我感动的是，一位老人也站起来给我们让座，表达他对大庆石油工人的敬意。

"虽然我俩都一一谢绝了，可这一路上，我们的心暖暖的，幸福又自豪。我们知道，这不仅仅是我们个人的荣耀，更是全国人民对大庆石油工人光辉业绩的肯定。只不过这万千人的宠爱，让我们领受了。"卢老感动地说道。

一只水杯见素质

卢老高兴地继续说："因为参展的工作人员、讲解员人数众多，我们的住宿被分在两个地方，一部分住在博物馆的宿舍区，另一部分住在故宫内。我住在故宫这边，因为我们前往博物馆工作的时间与守卫天安门的解放军战士们上岗的时间相仿，一般每次都是他们在前，我们在后。于是，我们这些从未接受过军训的讲解员，学着解放军的样子，一色踢着正步走，比步伐、比整齐、比精神头……几天下来，竟然走得像模像样，就连这些战士都不敢相信，我们一天正步也没练过。

"与解放军的缘分还不仅如此，有这么个小故事，让我至今难忘。一次，我们展览团队接受空军方面的邀请，前往京郊的一处军用机场参观。第一次看到飞机跑道，第一次看到机库里战斗机的样子，大家都特别兴奋。

"座谈时，一位讲解员不小心把水杯碰碎了，赶紧向空军首长表示一定要赔个新杯子。空军的首长一再说没关系，不用赔。可是，没想到，我当年的这位同事真的跑了北京许多家商店，买到了一只一模一样的杯子。

"送杯那天，接过杯子的首长感动了，握着我同事的手说：'损坏了东西要包赔，大庆的同志和我们人民解放军的优良传统一个样，你们就是不穿军装的解放军。'"

▶ **红色传承**

永远需要这股精气神

讲述人：徐伏虎

在和卢老的交谈中，她总是赞叹创业年代的那股精气神。

是啊，对于经历过那场石油会战的人们来说，缺吃少穿，拼命拿下大油田，凭的是这股精气神；用实际行动实现原油自给，凭的也是这股精气神……

虽然时代不同了，但大庆精神铁人精神的内核却在不断地传承。

历经岁月洗礼，大庆人英雄本色不改。

这是先辈留给我们的宝贵财富，是社会主义建设的"传家之宝"，需要一代代传承发扬。

作为新时代的大庆人，我们要以实际行动，让大庆精神铁人精神永不褪色，在新时代焕发新的光彩。

我差点成了铁人的兵

50多年前,那个十六七岁,常常跑到安达会战指挥部去玩的小伙子,说什么也没想到,日后会走进这支石油大军,并把采油作为毕生的事业。

他,叫卢金柱。

与王队长的一面之缘

说起铁人,卢老还真有些"私房"故事。

他说:"我和铁人的缘分是从安达开始的。我父亲是四野南下干部。1962年,刚刚初中毕业的我,随父亲的工作调动,从上海来到了安达。

卢金柱

"当时,松辽会战指挥部设在安达,而且离我家不远。小孩子,对一天到晚人来人往,还统一装束的情景有些好奇,常常跑去探个究竟。

"一来二去的,我这个穿着'时髦'棉衣,戴着一顶别致小帽的孩子,引起了好多人的注意。见面的次数多了,虽说大家都叫不出名姓,但彼此都会打个招呼,这其中就有个操着西北口音、大家都叫他王队长的人。看我这身打扮,他走过来对我说,衣服穿得挺帅气呀,家是哪的?在哪上学?

"两个陌生人的第一面就这么匆匆而过,直到我也成为采油工后的一次劳模会上,红旗招展,锣鼓喧天时,那个我认识的王队长骑着高头大马,胸前戴着大红花从我身边经过时,我才恍然大悟,王队长就是大名鼎鼎的铁人王进喜呀。

"骑在大马上的铁人,一眼就看到了我,挺兴奋,小卢!你怎么在这儿?我大声喊着,我当采油工了!他笑了,说,好,我的队在标二村打井,上我那去吧……说着就随着人流走了。我呆呆地站在那想,铁人记忆力真好,每天与那么多人打交道,竟然还能记住一面之缘的我,让我佩服得不得了。"

"你这小鬼,唱的什么戏"

铁人邀请卢金柱去他的1205队,这可是种荣誉,能有这个机会去参观学习,

249

非常难得。

卢老说:"我选了个串休的日子,就向标二村出发了……

"井队一下就找到了。一色的铁皮房,条件相对我们采油队来说,要好一些。听说是老队长请来的客人,井队的一位领导跑过来说,铁人没在,去指挥部开会了,还领着我参观了一下他们正在钻的一口井。看到井上有个卡油管的大家伙,就问这位领导是啥。他说,那是吊钳。

"年轻气盛的我,就想上去试试,学着师傅们的样子去推,可我这小体格子愣是没推动。

"'这么重呀!'一听我这么说,钻井工师傅们都笑了。我心里想,我这体格干钻井够呛,还是别给铁人添麻烦了,干好本职工作吧,反正都是为多产石油做贡献。

"午饭,队里蒸的是雪白的馒头。队领导挑了两个个头最大的给了我。美美地吃了一顿大餐后,也没等到铁人回来,就和铁人队里的师傅们告别了。

"后来,有一天,我在采油指挥部办事,恰巧遇上了来检查工作的铁人,他看到我就说:'这小鬼,唱的什么戏嘛?请你去我那,咋没见到影啊?'我赶紧说:'我去了,那天你开会,没碰上面。你们钻井队的大吊钳太重,我推都推不动,就没敢再去见你。'

"铁人一听,笑了:'操弄吊钳,不光是有劲,还讲究技巧,你小子是不会使那股劲。没关系,好好干,是金子,在哪都会发光的。'说着拍拍我,就走了。"

瘦小伙一顿吃下 16 个大馒头

1964 年,冬季到来之前,一场声势浩大的建设干打垒的行动紧锣密鼓地开始了。

卢老说:"寒冬临近,要抢工期,为了如期完成任务,我们 8 个小伙子,每天早上三四点钟起床,晚上八九点钟收工,一天一栋干打垒,体力消耗很大。不说别的,你就听听我们当时的饭量以及大小伙子们累得在被窝里哭着睡着,就有具体认识了。

"开始,单位给我们按点准备了三顿饭,可这对十七八岁起早贪黑干活的我们来说,好像根本不顶事。干起活来,精神头不足。

"领导们心疼,特地从北安农场批了粮食,把我们的三顿饭改成了四顿,最累的时候,到过五顿。我一顿干吃馒头吃过 16 个,现在想起来都吓人。

"我们这些半大小子在工地咬牙坚持,晚上躺在被窝里,蒙头大哭,哭着哭着就睡着了。可第二天,没有一个人退缩,爬起来,吹着口哨往工地走。大家心里都有一股劲,不管怎么着,也不能给队里丢脸,一定要圆满完成组织交给我们的任务。"

领导破例加发棉袄、大头鞋

卢老说:"那年,我们进行油井的投产工作,用专业的话说就是'开井'。钻井队将井交给采油队后,我们要将管线中的泥浆和泥沙用压力排出,直到油流喷出,通过管线外输为止。

"为了让更多的油井早日投产,我们在零下30多摄氏度的严寒环境下,不顾个人冷暖,坚持每口井的开井工作。每开一口井,井中带压力的泥浆,就会喷涌而出,喷在我们施工人员的杠杠服上、大头鞋上。

"一件件杠杠服就像武士的铠甲,人穿着它就像木偶,脱下来,站在地上都不倒。大头鞋冻得像个透明的冰面包,不但走路沉重,里面还返潮,我们脚都冻得发紫。

"领导在检查工作时,发现了这一情况,表扬了大家为国分忧的革命加拼命精神,也检讨了对我们关心不够,然后,给我们队的每个人破例加发了2件棉袄,2双大头鞋。

"这就是我们那个年代的年轻人,不计较个人小利,把一心为了油田、为了国家建设,作为自己人生中最大的目标。"

▶ 红色传承

放到哪里,都要燃烧

讲述人:卢 山(卢金柱的儿子)

父亲一辈子,为了多采油、多出油,努力工作着;我呢,在保卫油田正常生产的岗位上兢兢业业。

我们两代人,就像一场接力赛,父亲跑完了他的那段,把那个带有精神图腾的接力棒传到了我的手上。

如何跑好我的这一段,如何把父辈的大庆精神铁人精神不打折扣地传承下去,成了我们这辈人推卸不掉的责任。

既然我们两代人都与石油有缘,因油而生,就应学着它的性格,不管放在哪里,都会燃烧。哪怕经过高温、裂解、分流,哪怕炼制成最后的一坯残骸,还能当作铺路的沥青,让更多的后辈沿着我们铺就的传承之路,奋勇向前。

我差点成了铁人的兵

"嘎嘣脆"的"小丫蛋"刘书勤

刘书勤

刘书勤总挂在嘴边上的一句话就是:"这辈子我最幸运、最难忘、受益一生的就是参加了在北京举办的大庆展览!"

性格泼辣的"小丫蛋"

刘书琴性格泼辣,好动甚至有点调皮。所以,当18岁的她,被大庆招工离开家时,家人特别担心。

"当时家里人对油田不太了解,以为油井就和家中的水井一样,老人们看我不稳当的样子,就嘱咐我:'丫蛋呀,长点心,别掉到油井里!'"

讲到这,刘老呵呵地笑了。

家里人的担心,并非没有道理,就连刘老自己也对此相当认可。

刘老说:"我那时确实挺调皮。去北京参加大庆展览之前,我们先到当时让胡路的地宫,担任实习讲解员的工作。

"年轻,背东西快,那点词一会儿就背完了。当年地宫的讲解任务不是很多,但领导要求,没有讲解任务时,也不能离开这里半步,要待在休息室进行业务学习。但我常趁着领导不注意,跑到地宫对面的萝卜地里,偷偷拔个萝卜回来吃。那时候,倒也不是为了填饱肚子,完全就是为了好玩儿。"

"专车"驶过天安门

"专车?"

"可不咋的。"

"1965年深秋,我接到领导的通知,让我回炼油厂借点粮票和钱,乘火车进京。"

"到了北京站,我才知道,这次来北京的只有我一个人。接站的是辆负责展览馆后勤保障的大解放。年轻的我几下就爬上后车厢,手扶护栏,欣赏首都的街景,眼睛都不够使了!正兴奋着,车速一下子慢下来,我还不知为啥,司机师傅伸出头对我说:'马上到天安门了,我慢点开,让你好好看看。'"

"一听这话,我激动极了。天安门!多么神圣庄严呀,以前只在书上和电影里见到过,这下就在眼前了,那种难以用言语表达出来的幸福感,让我一下子泪眼模糊……我每次讲这段经历时,那个50多年前的场景,依然会清晰地回映在脑海中,难以磨灭。"刘老回忆道。

床单补丁套补丁

大庆人不管走到哪,都忘不了大庆精神铁人精神,忘不了"有条件要上,没有条件创造条件也要上"的艰苦创业精神。

刘老说:"由于参加展览的工作人员多,一部分住在故宫博物院内,一部分就近住在革命历史博物馆内。因为工作的关系,我被分配在革命历史博物馆的宿舍里住。

"宿舍,是一间大展厅改的。床,就是两张长椅,中间搭一块木板,铺上褥子。而每个人的床单都像轮船上的万国旗,大补丁套小补丁,有的床单,都看不到本色了。

"那个年代,我们这些抽调来的学徒工工资只有18块钱,新的被面、床单对我们来说,是想都不敢想的一笔大支出。再说了,'节约光荣,浪费可耻',所以,人人如此,也就没人笑话谁了。

"当年,油田几百号人来京参加展览工作,为了不给当时的石油部增添负担,除少量新鲜蔬菜在当地买,粮食都是从大庆运到北京的,就连做饭的大师傅,也是从油田派来的。

"革命历史博物馆还特意给安排了做饭和吃饭的地方。我们吃的饭菜不是免费的,虽然我们女孩子每顿吃得不多,而且挑最便宜的菜吃,但对于我们来说,这笔开支,仍占据了收入的很大一部分。"

"黑布鞋"感动老大哥

参加大庆展览的讲解员,代表着大庆形象,在穿着上是不是有什么特殊的优待,刘老说并非如此:

"我去得比较早,记得当时展览馆的领导只要求蓝上衣,黑裤子就行。

"讲到艰苦朴素,我还有个小故事。

"我们在北京讲了几个月,大庆展览在首都深入人心。有一次,我利用空闲时间,去北京石油学院看我一位老大哥。他发现我的黑布鞋磨出了洞,脚趾头都露在外面,就对我说:'你们在台前当讲解员,每天接待那么多来自全国各地的朋友,得注意自己的形象啊,露个脚趾头不好看,也不雅观。'说着,就要给我出钱买一双。

"我赶紧说,不用不用,新三年旧三年,缝缝补补又三年,鞋就破个洞,买新的太浪费,打块补丁,还能穿。

"我的话让他挺感动,一个劲地说:'大庆人太值得学习了,为国家做了这么多贡献,没有自大地躺在功劳簿上享清福,而是不讲吃、不讲穿,保持艰苦奋斗的好传统,值得我好好学习。'"

008 号"嘎嘣脆"

我们问,"小厉害"是怎么叫起来的?是你对人讲话不留情面吗?

"不是,不是……"刘老马上摆手澄清。

"这个小厉害是我们讲解队长给起的。一层意思是我脑子快,很长的解说词,叨咕叨咕就背下来了。相对来说,比他们记得快,背得准,所以,她们觉得我挺厉害;还有一层意思,是我讲得好,大段的解说词一气呵成,而且声音洪亮、吐字清晰、铿锵有力,很有气势,以至于混在人群中的编辑们,为了平衡后面几个馆讲解员的声调,不得不做些手势,让我压着点,这也是她们叫我小厉害的原因之一。"

当年在大庆展览当讲解员的刘书勤

"为啥让我压着点?因为我是大庆展览总馆的'第一棒'讲解员,主讲在当时设计水平相当现代化的油田微缩大沙盘。观众把沙盘一围,我的讲解就开始了。

"一按启动开关,沙盘上的油井就亮起小灯,油流是红的,泡子里的水是蓝的,而且有一种流动的感觉,这让参观的人感到非常新奇,再加上我抑扬顿挫地讲解,把油田的整体情况,讲得清楚明白，所以，很多人对我这嘎嘣溜丢脆的讲解很是赞赏，对我这个008号讲解员留下了深刻的印象。

"展览的讲解有系统性，观众的兴趣也会引燃讲解员的热情，因而，我越讲越兴奋，声调不自觉就高了。我这一高，后面的讲解员往往跟不上我的声调，让观众有种不协调的感觉。所以，藏在人群中的编辑会及时出手，调整我的情绪和语速，让下面的讲解员顺利承接下去。"

刘老的故事太多太多，我们没办法在有限的篇幅内，完整地记录下所有的历史瞬间。

▶ 红色传承

艰苦朴素是传家宝

讲述人：徐伏虎

听刘老艰苦朴素的故事，品那个时代人们积极进取、乐观向上、不追求物质享乐的精神境界，再看有些饭店中，杯盘罗列、剩菜满桌，我们更觉得国家提倡的光盘行动，是多么及时，多么有意义。

是的，物质丰富了，我们不用刻意去穿打着补丁的衣裤，但我们不能丢掉艰苦朴素这个根，因为，它是一切美德的根本。

谁丢掉了艰苦朴素，谁就可能紧接着失去美好。

历史事实证明，艰苦朴素既是修身养性所必须，也与党、国家、民族的命运紧密相连。

在国势强盛、物质丰富的今天，我们更要大力弘扬艰苦朴素的传统美德，树立厉行节约、反对浪费的思想观念，让艰苦朴素成为家训，代代传承。

美丽姑娘一生"嫁给"大庆

赵彩金

她是会战年代梳着齐耳短发、美丽活泼的团委小赵;她是穿梭于荆棘小道、奔波在各个学校、负责少先队工作的赵老师;她是拿着稀有的相机、一张张记录下历史瞬间的赵干事;她与丈夫的爱情故事还被央视拍成纪录片……

50多年过去了,那场艰苦创业留给她的是,不苦,不累,从草原上采回的草籽、黄花菜,加上苞米面做成的"人造肉",也不难吃。

住在"多病"的干打垒

"我1961年从绥化师专毕业分到油田,被直接留在共青团农垦场委员会工作。"赵老说。

"当年的办公位置,在今天的大庆油田历史陈列馆的北侧,是一片建在沼泽地上的干打垒。这片干打垒虽然没盖几年,但因为没有地基,基础又建在泥塘上,春夏水泡,秋冬冻涨,已经被'折磨'得'未老先衰,体弱多病'。以前和我们相邻办公的政治部、战报社都相继搬走,只有团委还坚守在那里。我们周围几栋干打垒因为人去屋空,没人照顾,再也无力与泥塘抗衡,很快就'瘫倒'了。年轻的我们,仍是该办公时办公,该睡觉时睡觉,丝毫没想到可能出现的危险。

"我和另一位女同事,就住在办公室里。我们这间干打垒,原本直上直下的土墙,随着季节的变换,跟着土地伸缩的节奏,时而立正,时而稍息地歪斜着,被'压迫'的木窗框'龇牙咧嘴',要么打不开,要么关不上。直到有一天,一位领导从窗外走过,看到窗户七扭八歪的样子,过来一拉,窗户差点没整扇掉下来。一打听,这里住的还是两位女同事,后怕得不得了。心大的我们竟然都没有理会到这一危险。虽然说这是办公室,但我们经常一天天奔波在各个学校了解情况,回来时累得倒头就睡,什么大风吹得窗框呼啦啦响、窗户能不能打开等问题,根本就没有时间去想。"

收获"走"出来的爱情

当年偌大的战区,没有交通车,想去哪儿,全凭两条腿和一双辨别参照物的眼睛。

那时候的萨尔图和现在两个样,主宰这片大地的不是众多的建筑物,而是一人多高的芦苇和蒿草。如果至高点上没个明显的标志物,人很容易迷失在大草原的迷魂阵中。

"可不是,我就有一回差点走丢了!"赵老笑着说。

那年,主管少先队工作的她,去现在油田总医院西南侧的运输指挥部小学,了解少先队活动情况。因为冬天白天短,回程时,天已经黑了。运输小学的领导怕她走夜路危险,要找个人送她,她没让,觉得一年走这么多趟,闭着眼睛都能摸回去。可很快,这个自信被黑夜和四处都一样的蒿草给消灭了。

"我应该是从学校出来,顺道先往北走,到现在的中七大路,再一直往西走,就回到单位了。可是那天天比较黑,岔路又多,拐来拐去,就奔着东北的方向走下去了。走着走着,该看到的公路没看到,我知道迷路了,可一点也没慌,停在原地四下张望。发现不远处,有一个闪亮的东西。我心里一喜,那是我熟悉的医院播放广播的大喇叭。我当时就想,幸亏有这么个东西,要不真不知道走哪去了。

"不久,来了个陪走的伴儿。他戴着高度近视眼镜,别看他近视度数高,可不管白天晚上,靠着他灵敏的耳朵从不迷路,这也让我觉得这人很有趣。

"他当年在宣传部负责各学校的宣传教育工作,和我还挺对口。我性格外向,他也比较开朗,一来二去的,我俩走遍了战区的各个学校。他到学校宣传讲课,我到学校了解少先队的事情。结伴去,结伴归,日久生情,最后成了一家人。"

赵彩金在摇摇欲坠的干打垒前

会战红色家谱 第一卷

年轻时的孙宝范和赵彩金

这个让赵老不再迷路的不是别人,正是日后写就《铁人传》,并被称为"铁人精神传播者"的石油名人孙宝范。这段荒原上"走"出的爱情,也被央视挖掘成为专题片,名为《嫁给大庆》。

成为"挖泥浆池专业户"

说起机关工作,许多人都会有个一张报纸,一杯茶的误解。石油会战时的机关,可不是你想象的这种状态。

在生活上,机关人员在20世纪60年代初期粮食最困难的时候,一个月定量只有28斤半,也就是说,在多数月份每人每天平均不到一斤的粮食。就这样,每个人还要节约出一斤半的粮食,支援前线工人师傅。吃不饱咋办?只能自己想办法。

"办法就是就地取材。去草原上弄些草籽,在陈家大院泡摘些新鲜的黄花菜,回来掺点苞米面一蒸,出锅焦黄,有点像红烧肉,所以我们给这种发糕取名叫'人造肉'。"

那个年代的机关干部,完成本职工作后,还有许多临时、长久的会战会要参加。

"会战初期,钻井工人打多少口井,会战指挥部的机关干部,就会挖多少个泥浆池,就是铁人王进喜跳进去用身体搅拌那样的池子。那时候的人不怕苦,为了保证钻井生产的顺利进行,抢在开钻前挖好泥浆池,不管下多大的雨,只要领导不下令,我们都顶雨大干,无怨无悔。

"挖的时间长了,我们都成了专家,铁锹在指定位置上画出大致的轮廓,深度、规格这些标准,不用尺量,基本都合乎设计的要求,大家都笑称我们是挖泥浆池的'专业户'。"

采访时,赵老正在筹备出版一本叫作《看照片,忆当年》的书。

她说,当年的团委有一架120照相机,这让她比别人更幸运地留下了当年许多珍贵的瞬间,也因此有机会把它们整理出来。用照片讲故事,有图有真相,让更多的后辈们通过照片了解历史、了解那场让人难以忘却的石油大会战。

> 红色传承

为了那段不应遗忘的历史

讲述人：徐伏虎

刚写《会战红色家谱》时，许多年轻人问我，你写的那些故事是真的吗？那么艰苦的条件，那些人真能咬牙坚持住？

头几次听到时，我会和他们讲自己亲历的故事，自己的所见所闻，并拿出一些珍贵的历史资料佐证。可问的人多了，心里总会有些情绪，觉得他们问得幼稚，想得浅薄。

然而，坐下来想想，又释然了，他们这些在甜水里泡大的孩子，是很难理解那个年代的人们为国分忧、无私忘我的奉献精神，这成了我决心把它写下去的动力之一。

现在问那些问题的年轻人少了，许多人在感谢，感谢那些为这座英雄城市的崛起而奉献自我的先辈们；感谢这座英雄城市给我们留下的，让世人仰视的精神财富；感谢我们这个栏目能把鲜为人知的会战历史挖掘出来，让他们知道、记住、传承……这，也是最让我欣慰的事儿。

王秀文的幸运与缺憾

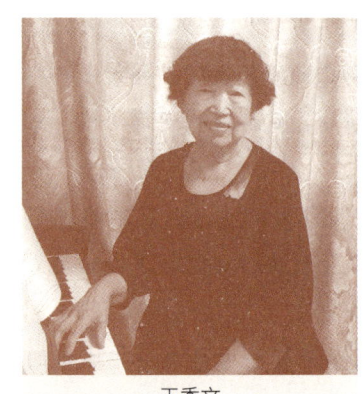

王秀文

一位老先生跟我说过一句这样的话：人一生的命运，都像事先有人安排好了一样，强求不来，也推拒不掉，你无力扭转，往往只能顺其自然……是啊，一个极具天赋、如日中天的歌剧演员，为支援石油会战调入当年的战区文工团，又因团体的解散以及健康的原因，改行做出纳、教师、作家，仿佛，她的足迹离歌者越来越远了……

荒原放歌

王秀文从哈尔滨歌舞剧院被选调到大庆石油会战区文工团时，完全没有想什么个人得失，义无反顾舍弃了大城市优越的生活和工作条件，来到当时还是人烟稀少的荒原，开启了她"多变"的人生。

"我不知道萨尔图是个什么样子，但我知道那是一个需要我歌唱的地方。"王老的开场，就充满诗意。

在王老的记忆中，到达大庆那天晚上的首场登台，就让她成了当晚最耀眼的"明星"。

"大概是1961年的3月份，还是春寒料峭的时节，我登上了西去的列车，一路上想象着萨尔图的模样。可真正到了这个当年的三等小站，脑海中原本想像的高楼、马路什么的，就像魔术师的戏法，一下子全被一人多高的荒草'掩盖'得无影无踪了。

"然而瞬间，文艺青年的浪漫，就让我眼中的荒原变成了舞台上的绿毯，在这块巨大的绿毯上放歌的，就是我王秀文。

"当晚，还不知道住哪的我，就被拉到当时会战指挥部的所在地二号院，为职工、干部演出。当报幕员报出，下一个节目，由刚从哈尔滨歌舞剧院调入战区文工团的独唱演员王秀文，演唱歌剧《白毛女》选段《北风那个吹》时，下面掌声雷动。我心怀忐忑地走上这个全新的舞台，第一句一出，来了个满堂彩。鼓得最起劲的，是第一排就座的人们。当时我并不知道，那正是余秋里、康世恩等油田的主要领导们。

"一曲下来，观众还没看够，有节奏的掌声，让下面的节目无法进行。晚会的导演跑过来劝我返场救急。我当时也没有准备备选歌曲，就与乐队临时商量，又唱了首歌剧《江姐》选段——《我为共产主义把青春贡献》，歌唱完了，观众仍旧不依不饶，几次谢幕，才算放过我。

刚到战区文工团报到的王秀文

"演出结束时，余秋里、康世恩特意走到我这里，笑着表扬我唱得不错，并对我说：'你是从大剧院调来的，我们这儿的演出条件还不好，生活条件也很艰苦。但越是条件差，越需要像战争时期部队的宣传队那样，冲在一线，为石油工人提气鼓劲。像你们这样的文艺工作者，任务艰巨啊！'看到我瘦弱的体格，康世恩指挥逗我说：'吃不饱，吃不好，你这身体要能挺得住，千万不能在困难面前做个不光彩的逃兵啊。'说完就大笑起来。这次相见之后，让我没有想到的是，他们记住了我，还一次次在生活中帮助我。"

"高干"待遇

那时，战区文工团和会战职工一样，住的是只有门帘，没有门的帆布帐篷，睡的是低矮的行军床。帐篷建在沼泽上，非常潮湿。再加上王老年轻不注意，不久，就得了类风湿，双手的骨节肿大变形，痛得钻心。

这件事不知是谁，捅到了余秋里、康世恩两位首长那儿。更令王秀文吃惊的，领导给她的待遇，比"高干"还高。

王老说："我真没想到，我的这点小病，会引起这么大领导的重视，也没想到他们会如此重视我这个并非油田主业的歌唱者。派来的人讲，领导指示，要及时送小王去省城看病，找最好的医生，一定要保证治疗效果。这下子，我真不知道说啥才好，只能暗下决心，抓紧时间治病，早日回到团里，为油田工人歌唱。

"上了火车，我随着陪同人员，穿过一个个硬座车厢，到了软席车厢才停住。来人告诉我，领导特意交代，要让小王坐软席去省城看病。坐在柔软的座位上，泪水止不住地流，有这样关心下属的领导，还想着往哪跑？哪也不去了，就在大庆这儿扎根到底了！

"治疗了一段时间，我偷跑回了大庆，并参加了基层单位的巡回演出。但虚弱的身体，还是让我不能全身心地投入我的歌唱工作。一天，领导找我去，说给我争取到了一个去北戴河的疗养指标。北戴河疗养？那可是只有少数人才能去上的，我也没什么特殊贡献，怎么能'越级'享受呢？我说啥也没要，后来才知道，看我身体不好，单位领导把自己的指标给了我，怕我不要，才说是争取到的。因为我执意回绝，单位又为我争取到了哈尔滨太阳岛工人疗养院的指标，我这才同意去了。"

两大缺憾

人生并非处处完美，常会有不尽如人意的缺憾。王老的第一个缺憾，与哈尔滨太阳岛工人疗养院有关。

虽然离开了哈尔滨歌舞剧院，可单位老领导一直都很不舍。那年，剧院接到一个重要的外事活动，为总理陪同来的朝鲜贵宾演出。当时，因部分演员外出演出，节目编排显得单薄。

"老院长一下子就想到了我，和我一个十分要好的朋友打听我在哪。当听说我正在太阳岛疗养时，他兴奋极了，立即要朋友联系我，准备当晚来剧院参加演出。

"能见到总理，能为外宾演出，这是特别难得的事儿。我得到消息，马上找演出服装，准备早点过去，把前期工作准备好。可是，意外的发生，让我与这场演出失之交臂。

"当天的演出定在晚上六点半，一个多小时的路途，我们准备提前2个小时赶到现场彩排，确保演出万无一失。当我坐在朋友的自行车后座进入新阳路时，正赶上民警检查违章，我和朋友被抓个正着。那天，违章的车辆也不知道为啥那么多，眼瞅着快到六点了，还没轮到处理我们的违章。想扔下车子走？不行，警察看着；和警察说明情况？总理陪外宾来哈当时是保密的，不能外传，我们当然不敢说。就这么着，大冷天，我俩急得满身汗，等处理完，再赶到剧院时，演出早就开始了。现场外保卫部队戒严，任何人也不放行。我俩哭了，原本有能在台上看一眼总理的机会，这下完了。"王老痛惜道。

第二个缺憾，与《初升的太阳》有关。

1963年6月，根据上级领导的精神，战区文工团宣布解散，团员化整为零，被分到了当时会战指挥部下属的基层单位，王秀文去了当时的运输指挥部管理站改行做了出纳员。

一天，运输指挥部女工科的科长打电话告诉王秀文一个消息，话剧《初升的太阳》剧组在挑选演员时，选中了她，让她接到通知，马上去剧组报到。

"这可是全运输指挥部的光荣啊，我们相信你一定能很好地完成这项光荣的任务。"领导亲自找她谈话，足见指挥部对这件事的重视程度。

她也觉得蛰伏了这么多年，终于又迎来了走上舞台的机会，而且自己在战区文工团时，曾在薛桂芳的生产队体验过生活，对剧中的情节比较熟悉，所以倍加珍惜。然而，一个现实的问题摆在了她面前。剧组讲，这个剧要进京，还可能全国巡演，前前后后差不多需要一年的时间，这下子她左右为难了。

"当时孩子刚一岁多，我爱人是调度，整天忙在生产一线，孩子怎么办呢？这件事让我的原单位，战区文工团的领导知道了，帮我想了许多办法，都没能解决这个难题。权衡再三，为了保证爱人的工作不受影响，我咬牙放弃了这个来之不易的机会，这也成了我的另一个缺憾。"

▶ 红色传承

一本献给油田的"情书"

讲述人：徐伏虎

《把爱献给油田》，这是王老创作的个人三部曲之一，这本书的中部，就记载了她与石油会战的那段历史。读懂了那一个个饱含深情的故事，也就读懂了王老。

"我是一块砖，哪里需要哪里搬。"这就是王老那代人的真实画像。她们没有一丁点的私心，一切服从国家大局，从不计较个人是否能够成为名家。

我们问王老，"从专业演员到如今样样都做过的'职业杂家'，您后悔过吗？想没想过，如果您还留在专业剧团里，您今天会成就非凡？"

王老郑重地告诉我："没有，我很知足、很幸福、很感恩！"

孟晓汉热血青春的两场大战

孟晓汉

作为抗美援朝和大庆石油会战两次"大战"的见证者和参与者，孟晓汉的故事，显得更加意义非凡。

"扫帚队"完胜三角钉、子母雷

1952年10月，刚入伍的孟晓汉跨过鸭绿江，成为志愿军后勤司令部警卫二团的一员，主要负责沿途运输补给线的安全。

"美国鬼子挺坏的！"孟老说，"自从我们到达朝鲜境内，美国的飞机几乎每时每刻都像苍蝇似的在我们头顶上飞，而且飞得很低，说悬点，低得像从树梢上掠过似的。大白天，人是不敢在路上走的，一旦让飞行员发现，飞机就会嘶鸣着俯冲下来，随之而来的是猛烈的机枪扫射。

"敌机为了破坏这条向前线运送物资的运输线，想了不少办法。最早，用降落伞投放三角钉。这种三角钉，不管怎么落地，总有一个钉尖朝上。运输车辆通过时，轮胎会被它扎破。就地换胎，是一件既浪费时间又危险的事儿。说不准，敌机就在这时飞过来，投下照明弹，停在路上的汽车就成了他们的活靶子。

"敌人有洋玩意儿，我们也有土办法。通过长时间摸索，我们志愿军和当地朝鲜群众成立了一个'扫帚队'，敌机前脚抛撒，我们后脚几十把扫帚上去划拉，三角钉就清除了。

"美国鬼子看这招不灵了，又出了更狠的招数。这回不是钉子，而是一种叫'子母雷'的家伙。这东西弹体小，杀伤力强，非常隐蔽，落在草丛、树林、乱石中很难发现，有的甚至能穿入土中数十厘米。更可怕的是，它从高空落地时，并不炸响，但异常灵敏，汽车或人一触碰到，便突然爆炸。

"开始大家不了解，出现了不少伤亡。不能碰，那用什么方法能有效引爆它呢？战士们想了个办法：不能靠近，就用枪打呗。这方法挺好，但浪费珍贵的子弹，而且这么多的雷，一个个用子弹引爆太慢。于是，大家把原来扫三角钉的扫帚重新利用，把它们绑在一根长绳上，两边用人拉着，像拉网一样地拖，这样排弹零风险不说，速度也快了好多倍。"

机枪手打下美军傲慢战斗机

孟老说："因为当时的制空权掌握在美军那里，所以规定志愿军的运输车队，只能夜间出行。天空没有敌机时，开灯行进；发现敌机，我们地面执勤人员就朝天鸣枪，运输队便关灯夜行。但有一次'违规'的例外，这次例外，不但没受处分，还得到了彭德怀司令的表扬。

"一天，不知什么原因，一辆运输汽车违反规定，大白天就上了运输线。上空的敌机一下子就发现了，急速俯冲，并跟踪汽车一路扫射。那个司机技术不错，左躲右藏，没有被击中。

"这时，我们警卫二团三排的机枪手看不下去了，拎着机枪就跑上了一个小山坡。

"当时志愿军有规定，要求为了不暴露目标，各部队白天不允许用轻重武器向飞机射击，违反规定要受到严肃处理。可那个机枪手救车、救人心切，冲了出去后，匍匐在山坡上，向着敌机就是一顿扫射，傲慢的敌机没想到会来这么一手，冒着黑烟被打了下来。虽然创造了机枪打下战机的神话，但我们全团人都非常紧张，为机枪手捏了一把汗。

"没想到，彭总听了这件事后大喜，说那个规定是要遵守，但也要看情况和时机，还请什么罪，这得嘉奖！

"到停战之前，机枪打飞机的事儿听说了不少，从那时起，美军飞行员再也不敢超低空飞行了……"

团委书记"抢走""田螺姑娘"

历史就是这样巧合，整整8年后的1960年10月，已经转业到石油系统的孟晓汉，为支援当时的大庆石油会战，由青海油田转战到仍处于保密状态的大庆油田，被分配到当时的采油指挥部六矿作业队，成为一名作业工。

会战初期，各路大军齐聚萨尔图，工作千头万绪，难题一个接一个。为了统一会战职工的思想，学会用辩证唯物主义的观点分析、研究、解决油田生产中遇到的一系列问题，全体会战职工在保证生产的前提下，响应会战工委的号召，认真学习毛主席的《矛盾论》和《实践论》，而且要学有心得，学有所悟。孟老当年所在的作业队，也是如此。

会战职工篝火旁边学"两论"

学习之后,要讨论,讨论就要形成个记录,以方便向上级领导汇报。可作业队的队长不怎么识字,上传下达都凭自己的好记性。

孟老说:"开始我不知道队长不识字,总看他只听不记录。我就想,好记性不如烂笔头,大家这么多体会,不记录,光凭脑袋,怎么能全面地反映到上级那里。后来了解情况后,年轻气盛的我,就向队长请求,自荐担任记录员,记录完成经整理后,再交给队长。队长当然高兴。恰好矿团委要举办一个大型的'两论'学习交流会,我就把队员们的发言,重新整理,分出条目,然后一字一句念了四五遍,直到队长全默背下来为止。

"交流会上,队长的桌子上再也不是个空桌面,而是放了好多稿纸;嘴里也不再没有章法,而是条条是道、滔滔不绝。知道他老底的矿团委书记,非常吃惊。开玩笑地问他:'你大字不识几个,怎么一晚上写了这么多,怕不是田螺姑娘怕你憋坏了,下凡帮你的吧!'队长也不隐瞒:'哪有什么田螺姑娘,是我们队的秀才孟晓汉帮我整理的。'团委书记一听,眼睛直放光:'咱们矿还有这人才,放你那白瞎了,让他明天上我这来报到。'队长好不容易找个人,哪舍得放走,说啥不给,最后'官司'打到矿书记那,还是把我调到了矿团委。"

老兵带新兵既种粮食又养猪

三年自然灾害,也是大庆石油会战最艰苦的时期。会战职工吃不饱饭仍勒紧裤腰带坚持生产,浮肿就像感冒一样常见。

为了度过饥荒,保证油田正常生产,会战工委要求下属各单位,抽调队伍,发扬南泥湾精神,不向国家伸手,自力更生,在荒原上开荒种地。

矿里新分来的一批退伍兵,就成了副业队的队员,组织上把他们交给了孟晓汉这位"老兵"。

"说心里话,让我管他们,心里直打怵。但我认定个死理儿,和队员们一起干活,脏、累都先做个样子肯定不会错。因为都是当兵出身,我们之间就很容易亲近,再加上我啥都干在头里,他们也没二话,我们之间相处得非常融洽。混熟了,大家就像亲兄弟。一天,一位队友找我说:'指导员,还种啥地呀,现在都快饿死了,还想那么长远,不如把库里的种子吃了算了。'我当时就生气了:'这些种子关系到好几百人明年的吃饭问题,咱们都是退伍兵,还有没有全局观念?'我这么一说,这些惦记吃种子的队友们,再也不提这件事了。

"那一年,通过我们的努力,秋后打了一万多斤粮食,二三万斤的土豆、萝卜、白菜,还养胖了十来头猪,超额完成了矿里交给副业队的生产任务。"

▶ 红色传承

自己干比磨破嘴皮管用

讲述人:孟 新(孟晓汉的女儿)

在我的印象里,父亲是个务实的人,从不摆谱,不摆花架子,不管什么工作、什么危险的事儿,他都冲在前面,用自己的行动,感染身边的每一个人,他把这叫"以身作则"。

他常教育我的一句话就是:"少去说教别人,自己干比磨破嘴皮更管用。"

如今,我们也成了大庆油田的一员,也学着父亲的样子,传承着他们那辈人留下的宝贵精神财富。

虽然时代变了,环境变了,但艰苦奋斗、以身作则、甘于奉献的传统不会变。

孟晓汉热血青春的两场大战

当年他挎枪吓跑偷油人

鲁子云

鲁子云,要退伍了,那正是1960年年初。打点行装,梦想着老婆孩子热炕头的他,却怎么也没有想到,前脚还没跨进家门,军令就来了……

一纸军令奔东北

1959年9月26日,松基三井喷出工业油流,后来,萨66井、杏66井、喇72井等探井也相继出油,这块地下蕴藏着黑金的油田轮廓已经显现无疑。

为了尽快拿下这个大油田,一场声势浩大的大会战,蓄势待发。

当年身经百战的老将军,排兵布阵,迅速集结了克拉玛依、玉门、柴达木、四川等队伍,从四面八方,向着东北,这个名不见经传的萨尔图战场挺近。

然而,这个战场出奇的辽阔,如果想在短时间内,打一场围歼战,人,是决定因素。可各大油田不能倾巢而来,只能调用部分精锐。

那人的缺口如何解决?将军们自然想到了他们最熟悉的部队。如果有一支解放军部队成建制地转入石油工人队伍,那就好了。

这一想法的提出,马上得到了中共中央、毛主席、周总理以及总参谋部高层的一致认可。

1960年2月22日,中共中央、中央军委做出决定,分别从原沈阳军区、原南京军区、原济南军区,动员当年退伍的3万名解放军战士和3000名转业军官投入石油大会战。

军令如山,刚刚摘下领章、帽徽的鲁子云,与济南军区当年退伍的5000名战士一道,穿着洗得发白的旧军装,登上了北上的列车。

去哪?做什么?这些军事秘密是不允许打听的。但这个话题,还是成了一行人私下聊天的热点。

"听说是去东北,但具体上哪,谁也说不太清。有些消息灵通人士,神神秘秘地'透露',去的地点,似乎比哈尔滨还远……"鲁老说。

这个比哈尔滨还远的第一站,在安达。列车停下,大家打点行装,以为到了终点,然而,下了车,才被告之,此行的目的地在50千米外的大同镇。这,就是鲁老参加石油大会战的开始。

穿上警服背上枪

当年的大同镇高台子地区是油田主战场,由于条件所限,每口探井喷出的原油,不能及时运走的,就存放在离井不远、人工挖出的露天储油池中。

高台子附近,当时已有不少村庄。一些人知道这些从地底下喷出的黑家伙,虽然烧起来烟大,但用它取暖做饭,比秸秆要有劲儿得多。所以,他们趁夜晚没人看守,就三三两两,把油池中凝固的原油切成块,运回家中作燃料。

一星半个的人偷油,倒是没啥大问题,可一成了"气候",都冲着国家紧缺的原油下手,那就不可坐视不管了。

当年的会战机关,当机立断,从退伍兵中抽调一部分人,成立了经济警察大队,把这些珍贵的原油看护起来,不让它们再有任何流失。

这样,鲁子云就成了大庆油田最早的一批经济警察。(经济警察,当时是否是这个叫法,虽然鲁老说得很肯定,可没有在手头的文献中找到记载,姑且先这么叫着。)

据鲁老回忆,油井出油了,钻井、采油等单位的工人,24小时倒班生产,他们则穿着便装在油井旁看守。

井场有人在,原油有人看,偷油的情况也就有所收敛,但还是有人成群结伙地和护井的队员们打"游击"。

"为了有效地震慑偷油分子,油田保卫处为我们发了警服,还配了枪。"鲁老说,"我记得很清楚,当时配的是步枪和手枪。配给我的是一把带木盒的驳壳枪,就是电影《平原游击队》中,李向阳拿的那种,只有少数领导配的是五四手枪。驳壳枪个儿大,威风,一天天上岗背着,下岗带回宿舍,一刻也不离身。"

"自从穿上警服,背上驳壳枪,这下没人再敢打原油的主意了。"

我们问:"当时,有没有因为阻止偷油事件,放过枪的情况?"

鲁老笑着说:"当然没有,看到这阵式,没人敢再靠前啦。"

会战红色家谱 第一卷

一丝不苟严把关

随着石油大会战的逐步展开，经济警察大队的任务，也从单一看护原油向机关部门、物资供应、采油等岗位拓展。鲁老被分配到供应指挥部仓库，负责出入的检查和核对工作。

别小看了这个岗位，它可是物资设备出库的最后一道关卡。"让你把关，不认真哪行！出门时对照清单核对是我的主要工作。"鲁老说道。

"那时候，大家的觉悟都特别高。油田的急需物资，被火车一车车拉到专用铁道线上，许多设备就地卸在站台上，绵延百米，根本看不过来，但从没听说丢过一样东西。虽然觉悟高，例行的出入核对检查也绝没有半点松懈。

"会战年代，每个人、每个岗位，都认真执行'三老四严''四个一样'，即使领货的是自己的父母兄弟姐妹，也必须履行核对手续，才能放行。

"在一次例行检查中，对方是和我一同来大庆的战友。战友相见，分外亲热，握手告别时，我拦住了车。战友有点不高兴了，都是革命军人出身，都像军人一样遵守'三大纪律八项注意'，谁也不比谁的觉悟低，怎么这么不相信战友的为人呢？我拉着他的手，一边让他别生气，一边把墙上的制度指给他看。笑呵呵地解释说，组织上把咱放在这个岗位，咱马马虎虎，不按规章制度办事，对不起领导的信任。我这不是有意给你难看，你就理解理解我的工作吧。这么一说，战友的脸多云转晴了。放行前，战友特意握着我的手说：'谢谢老战友，你对工作的这种认真负责的态度，是我学习的榜样，从你身上我学到了啥叫工作为先，一丝不苟。'"

说起那场石油大会战，鲁老感叹："时间久了，好多事儿都记不太清了。"可是，他讲述的每一个故事，都是那样的鲜活，那样的有滋有味。

▶ **红色传承**

默默无闻的伟大

讲述人：鲁庆伟（鲁子云的女儿）

小时候，同学们谈起自己的父亲，我总是默不作声。因为他们的父亲是标兵、是这、是那，相比之下，父亲过于平凡，好像没什么能拿出来炫耀的资本。

直到我从油田退休，有更多的时间陪在二老身边，才从闲聊中重新认识了父亲。

听他说着没有油星的菜汤、一顿只有一个小窝头，不但在井场看护原油，还经常主动帮钻井队卸下卡车上的钻杆，人拉肩扛送进泥泞井场……没人要求他们这样做，完全出于责任和为祖国早日拿下大油田、实现原油自给的主人翁精神，这就是我小时候觉得太过平凡的父亲。

油田开发的 60 余年中，有我们父女两辈人的汗水，这种平凡中的不平凡，让我们都很欣慰。

枕头下的饭票 一张也没丢

王定祥

住在宽敞的楼房,过着想吃啥有啥的日子,这种安逸、幸福、富足的生活,反而让王定祥这样经历过石油大会战的人,更加怀念那个火红的创业年代,那些纯朴、敬业的老伙计们……

干草上睡了一个星期

1961年10月,王老随同玉门鸭儿峡油矿的工友们,来到萨尔图这片荒原。

那时候的10月,不比现在,滴水成冰,泡子里的水也早早冻出了厚厚的冰层。

王老说:"鸭儿峡油矿的学徒工在大庆油田终于转了正,被分到当时的采油指挥部三矿注水队。可宿舍只是个刚刚搭好了框架子、墙还没来得及抹上泥的干打垒。

"室内取暖靠天然气烧热火墙,屋里来不及配床,我们这伙人的行李也没随我们一起到,所以,睡觉只能是席地而卧了。可这天寒地冻的,就是穿着棉衣,烤着火墙,躺在地上,也像躺在冰上一样,冷得刺骨。

"没有被褥,也得睡觉呀!怎么办呢?大家你提个想法,我提个建议,一个一个又被否定。正当大家山穷水尽时,一位大哥一拍大腿说,咱们这不是坐在粮仓上讨饭吗,这荒原上都是干草,咱们也学学红军长征,打些干草,地上铺着当褥子,身上盖上当被子,不就行了。

"可不是!大家一听,说干就干,一会儿的工夫,厚厚的干草就铺成了'一字长蛇阵',每人在睡前,再抱上一捆,身子一躺,干草往身上一盖,松软、暖和。我们每个人就是这样,在严冬中整整睡了一个星期,直到行李运到才结束了地当炕、草当被褥的艰苦日子。这也算是铁人在会战初期提出的'有条件要上,没有条件创造条件也要上'在我们日常生活中的一个体现吧。"

三年工服"变身"乞丐装

新三年,旧三年,缝缝补补又三年。在20世纪60年代初,大庆石油会战如火如荼时,遇上三年自然灾害,粮食短缺,物资供应匮乏,石油工人发扬艰苦创业的优良传统,不向国家伸手,自己动手,丰衣足食。

王老说:"那时候,我们采油工每人都有'三件宝':铁锹、十字镐、针线包。铁锹、十字镐干活用。当年,我们采油工上班,分大、小班。大班就像战时的突击队,主要是干急、难、险、重的体力活;小班就像战时的预备队,三班倒,一有哪口井投产,除在岗工作的工人外,都要和大班工人一起,肩扛铁锹去挖输油管线沟、挖排水渠或引水渠。

"那时候,挖沟没有专用机械,全靠我们的一双手。干活地点,近的五六千米,远的十多千米,没有交通工具,靠的就是我们的'铁'脚板,近的,排队走着去;远的,为抢时间,要像急行军一样,跑着去。

"打井需要水,周围水泡子的水不够,就引嫩江的水,这样就要在草原上挖一些储水池,每个单位分一块,大军团作战。大家生龙活虎比着干,都想在最短的时间完成上级交办的任务,有时甚至连口饭都顾不上坐下吃,边吃边干,绝不落在其他队的后面。那冲天的干劲,现在想起来都激情澎湃。

"再说针线包。会战初期,家属还没有随队,我们自然成了里里外外一把手。那时,工服是三年发一套,常年没有别的衣服替换,一年到头就这一身劳动布衣裤,工作中被划破、磨破是常有的事儿。这时,我们就地拿出针线包,这缝一块,那补一块,三年下来,一件工服到上交换新衣,就和乞丐服差不多了。但那时,大家都不讲究吃穿,根本没人关注这点。"

枕头下的饭票没丢过

高强度的任务造就出一个个大胃王。在那个缺粮少食的年代,干重体力活的人,要想把肚子填饱,简直就是一种奢望。

王老说:"我们每个月的粮食定量是40斤,那些三班倒的采油工,比我们少3斤。虽说有40斤的定量,但对于一个大小伙子来说,肚子根本没有个底。一顿饭三个窝头下去,还空落落的。

"那时候,我们每个宿舍住10多个人,都是年轻力壮的小伙子。大家吃在一起,饿在一处。每个月领回饭票,顺手就往枕头下一压,吃饭前,按早中午的标记撕一张就走。

"饭票在那个吃不饱的年代，可是个不小的诱惑。食堂认票不认人，只要有一点私心，偷拿一张同伴枕头下的饭票，就能饱饱地吃上一顿，但这样的事儿，从来没发生过。大家都知道，这样就打破了彼此间的信任和友谊，自私又不道德，是做人做事的底线。所以，面对唾手可得的诱惑，谁也没有触碰过。"

用王老的话说，虽然那时大家的文化程度都不高，可每个人的思想觉悟却很高，真是让人敬佩。

苞米秆擀出饺子皮

大会战时的生活条件虽然非常艰苦，但每个人的心态是乐观、阳光、向上的。

1961年春节，王定祥和三位同事在大庆火车站对面的一个配水间值守。矿里给他们每个人分了一两肉、一两猪下水和一两白面。那三个同事都没做过饭，看着手里拎着的这点年货，不知该怎么吃。

"咋吃？放在每个人手里，这点东西啥也做不了。我提议，把大家分到的肉和下水集中放在一起，剁成肉馅，把面也和在一起，包饺子吃。"

王定祥这么一说，同事们的口水都要流出来了，一致举手通过。

馅剁好了，面也和好了，可是没有擀皮用的擀面杖！这时，一个最有办法的小伙子，一溜烟跑到附近收割完的玉米地，挑了根又粗又壮的苞米秆，这下子齐了。

"我们四个人，擀的擀，包的包，一会儿工夫，饺子就下锅了。虽然，每个人没分几个，但这顿美味的饺子，成了我们一段时间里最热门的话题，直到今天，还觉得那顿饺子格外香，格外令人回味。"王老说。

28人全都上了献血车

1963年，在王老所在的注水队，发生了一起事故。

注水队的一个王姓班长在泵房当班，在例行检查中，水泵钢丝护罩中的一根钢丝崩开，他俯身观察时，被钢丝划开了腹部，顿时血流如注。

"大家迅速把他送上救护车，没多长时间，队里就接到电话，说王班长失血过多，需要大量血源。通知在有线广播中一播出，没有人组织，为了救回王班长，全队28名职工二话没说，全都上了去医院的献血车，最后，12个人的鲜血流进了王班长的血管。

"大夫们被这种兄弟般的真情感动，调集医院最权威的医生，对王班长进行抢救。然而，因为失血过多等原因，还是没能挽救回王班长的生命。"

在王老的脑海中，会战年代的感人故事，太多太多，他说的最多的话就是：

"那个年代的人只想为国家、为民族多产油,思想觉悟就是高。"

▶ 红色传承

不同的时代相同的精神

讲述人:王 霞(王定祥的女儿)

与那场石油大会战相隔一个甲子有余,作为一名油二代,我没有父辈的亲身体验,但从他们的身上,我读懂了许多。

他们一辈子勤俭,一辈子从大局出发,把自己的利益永远放在最后,我想,这也许就是他们那辈人的思想觉悟吧!

不同的时代,相同的精神。不管过去多少年,不管经历了多少事,在这块土地上生活的我们,都承担着传承先辈精神的重任。艰苦奋斗,多想别人,少思自己,实干当下,这不仅是传承时代精神,更是永久流传的民族"血脉"。

王如义铭刻一生的"三把火"

王如义

作为一名科研工作者,王如义有着这个群体所共有的严谨。他讲述的每一个会战故事,都清楚地记录在资料中,可以说,有据可查。他记忆中的陈年往事,就像橱柜里的佐料,有酸、有辣、有甜,甚至有点苦。

三次大火

王老有趣,他说自己的一生得益于"三把火"。

这第一把火,是对日本帝国主义的仇恨之火。

那年,日本帝国主义的铁蹄践踏到他的家乡河北满城时,王如义还不满4岁。家境殷实的王家,在鬼子的"三光政策"下,一夜间被一把大火烧成了断壁残垣,一家人流离失所。

王老说:"这把大火,在我幼小的心里埋下了仇恨的种子。也让我很小时,就加入了儿童团,帮助村里八路军站岗放哨打鬼子。后来,日本鬼子被赶出了中国,解放战争又打响了,追求思想进步的我,又秘密加入了新民主主义青年团。"

这第二把火,是兄弟般的友谊之火。

1961年10月6日,王如义刚到油田的十天之后。这场由天然气引发的火灾,烧毁了20多人的宿舍,也把王如义从家乡带来的全新的被褥、棉衣以及日用品和一麻袋书烧了个精光,让他这个人们眼中的"富户",一下子倾家荡产,就连一把梳子,也都裹胁而去。一不做二不休,没了梳子,要头发干啥?王如义索性给自己来了个光头,还特地照了张相,一直保留到今天。

王老说:"让我没有想到的是,当天下午,40多位还没熟识的同事,拿着现金、布票、衣服被褥等来帮助我们这些'受灾户'。领导让大家回去,组织上会考虑'受灾户'的帮助问题,可在寒风中谁都没走,执意要留下这些物品。最后推辞不了,只好收了大家的东西。

"党组织很快给我解决了棉衣和布票问题，一起被分到油田上的同学们，你送棉花、碎布，我送一块红布、包裹皮，我们围坐一起，把这一片片带着温度的布块，硬是一点点拼成了被子，还给这个五彩的大棉被起了个神圣的名字，叫它'共产主义风格彩色大棉被'。这条看到就心里热乎的棉被，我一直保存了许多年。新婚时，也没舍得扔掉，一直铺在床上当褥子。

"那个年代的人就是这样，真诚、友爱、无私，这种建立在同志基础上的情感，甚至比亲兄弟还要亲，还深！"

第二把火后剃成光头的王如义

这第三把火，可以说是把敬业之火。

1976年的冬天，当时王如义已是油田开发研究院流体室的主任，他的夫人赵素英是油田开发研究院开发二室的主任，两人都在各自的岗位上挑大梁，自然家里常唱"空城计"。

大庆当时的住宅区主要靠天然气烧热火墙取暖。为了防止火灾，要求人走火灭，可是那一天，王老两口子走得太急，火没关就出门了……

王老说："等我回家一开门，火苗子一下子就窜了出来，这才想起来，我俩走时忘了关火。"

因疏忽大意引发的火灾，显然是一场灾难。但也从侧面反映了忘我的敬业精神。正是因为全身心投入研究工作，王如义成了研究院的标兵。

一张"通"铺

说到标兵、模范，王如义可谓实至名归。

时间回溯到1962年，当年分析各口油井油样的地质实验室，还设在安达。

细心的王如义发现了这样一个情况。当时设在安达的会战指挥部没有招待所，每次送油样的人，坐着火车把油样送到安达的实验室时，赶上上班时间还好，如果错过时间不能及时拿到实验结果，不但要在安达火车站等一宿，还可能在回到大庆时，因赶不上顺路车，在大庆站蹲上一夜。这里外里，一个人送一次油样，最少得占用3天，不但耽误了油样结果的送达，也把送油样的人弄得特别疲惫。

"为了让前线及时快捷地拿到相关数据，也让送样人省去舟车劳顿之苦，我改油样实验在工作时间进行为油样随送随检。因为油样大多都在傍晚送到，我就先把送样的师傅领到我的宿舍,让他睡在那,我呢,就利用一整夜的时间,把实验数据做好,等师傅一觉醒来,我的实验数据也交到了他的手上。这送样的不是一个人,我宿舍的铺,也成了不定人的'通'铺。这个小事被这些受益的师傅们回去一说,各个井队的领导都挺感动,他们套用了《红灯记》中的台词,编成:'送油样的师傅数不清,唯有小床最贴心,虽说是非亲又非故,可他(指王老)比亲戚还要亲……'"王老笑着说。

鸡飞蛋打

这个鸡飞蛋打的故事说的是王如义两个同事,在三年困难时期,外出买鸡、买蛋的故事。

王老说:"那时候,研究院已经搬到了让胡路。当年为了油田开发的需要,也为了加强基础科学方面的研究力量,一些全国知名院校的高才生被陆续分配到我们流体室工作。当时,国家遭遇自然灾害,油田人吃不饱,更别说弄到什么有营养的东西了。

"当时,让胡路有一趟火车前往大安北,有2个已经成家的大学生,就想坐车去大安北,给自己的妻子买鸡和鸡蛋补充营养。这个想法一说,媳妇们都挺期盼,他们俩就在妻子的期盼中上路了。

"开始,一切非常顺利。鸡,买到了;蛋,也买到了。正当两人兴冲冲地出村时,不想被举报了。那时候,这种私下里的买卖,是违法的,叫'投机倒把'。这伙赶来的'执法者',不听他们的辩解,不但收缴了他们手中的鸡和蛋,还把他们兜里的那点钱,以非法所得为名收了去。

"后来,经过一路央求,'执法者'才开恩放了他们。身无分文的他们,没赶上火车,又没钱住店,只好钻进一堆玉米秸秆里睡了一宿。

"第二天,筋疲力尽的两个人敲响家门时,兴冲冲出来的媳妇们看到他们的样子,一下子就失落了。

"这个故事,让我们当笑话讲了好多年。现在物质丰富了,想吃啥有啥,再不会因为想吃点啥偷偷摸摸遭那么大的罪了,但我们回忆起这件事,想到那个时候的艰苦,更加觉得今天的生活是多么的美好。"

其实,王老讲的故事,很多很多,有"部长出题考试""半斤饼干二两糖""洗衣粉扮奶粉的恶作剧"等,把那个艰苦年代人们积极乐观的心态,讲得有滋有味。但因为篇幅的关系,只能到此为止了。

▶ 红色传承

故事里的故事

讲述人：徐伏虎

从没见过王老这样认真的人，半个多世纪前石油部部长的考题，还清晰地誊抄在笔记本上，一笔一画，特别工整，就像一个小学生在完成作业一样。

他说的每一句话，都在笔记上有根有据，有年有月，有的甚至到日。这种严谨的作风渗透在他一生之中。对油田研究工作是这样，对经历的每一件事也是如此，这就是一个知识分子做人做事的原则和方式吧。

我忽然领悟到敬业的真谛，那就是对一件事、一个目标，再小，也要严谨认真，一丝不苟，那么，将无往而不胜。

王如义铭刻一生的"三把火"

老会战黄义成的"人生三部曲"

黄义成

手捧抗美援朝纪念章,目不转睛地聆听着习近平总书记掷地有声的讲话,身经百战的黄老不住地点着头,迷离的泪光中,他仿佛又回到了那硝烟弥漫的战场……

1950年10月,抗美援朝战争打响,热血青年纷纷要求参加志愿军。

此时,在山东聊城的一个小村子里,一个个头不高、但精神头极足的小伙子,用劲挤进报名参军的人群,把自己的名字一笔一画地写在了报名簿上。

谁也不知道,他这个独苗,是背着家里报的名。

当家里得到消息时,爷爷说什么也不放他去。

军队上了解到这一情况,也劝他回家,可这个认死理的年轻人,谁的话也听不进去,偷偷跟在部队的后面,出发了!

贵州剿匪,连滚带爬过坟地

闷罐列车一路哐当着,好奇的同伴们透过车厢的缝隙发现,车行的方向并非东北,而是向着西南。每到一站下车吃饭,都感觉越来越暖,而且树越来越绿,"我们这是要去哪呢?"新兵们一脸疑惑。当大家到达目的地时,才知道,他们要参加的这支番号为16军的部队,隶属于当时的贵州省军区,正在贵州的大山中剿匪。

"都是为了保卫新生政权,哪都一个样。"黄义成说。

"因为我个子小身体弱,被分到营里当通讯员。一次,我要到另一个连传达战斗任务,途中要经过山上的一大片坟茔。你知道,传说中贵州一带有赶尸的风俗,当地的老百姓更是把这事说得神乎其神……这让虽不信鬼神的我,也觉得后脖子冒凉风。但咱是革命战士,别说没有鬼,就是真有,也得和它战上几个回合。

"过坟地时,正赶上天黑。说不怕,腿还是有点抖,我索性匍匐在地,掏出手枪,顶上火,一点点向前爬。四周是风吹树叶的沙沙声,偶尔传来大鸟的一声啼叫,这里是山区,四周的大山就像扩音器,把叫声放大,在山间回荡。我这个在平原长大的孩子，哪见过这阵势，连滚带爬地下了山坡。

"到了坡下，定了定神，坐在地上，看看手中的枪，再看看过来的那个山坡，自己都笑了。哪有鬼呀，这一路上就是自己吓唬自己！从那以后，走夜路，过坟圈子，再也不害怕了。"

抗美援朝，哨位执勤抓特务

16军最终还是入朝参战了，只是去得比较晚，虽然1951年2月就离开贵州北上，可直到1952年12月，才跨过了鸭绿江。

黄老说，主要的原因，是部队换装。这个装，不是服装，是装备，一气换掉了16军全军所有的杂牌枪炮，取而代之的是统一的、当时最先进的苏式装备。

可是英雄没派上用武之地，16军到达三八线前沿阵地后的一个月，朝鲜战场就停战了。

虽然停战，但三八线附近仍有一些摩擦。

"那时，经常有特务偷越三八线，到朝鲜一侧窃取军事情报。一次，我在哨位上执勤，发现不远处的一个马号里有个黑影一闪。我高喊：'什么人？口令？'以往朝鲜老乡会用生硬的汉语说出自己的身份，可是这次却没听到对方的应答。我立即向上级报告了情况，不久，我们的一支小分队就跑过来，对周边进行了搜查，可是，没有发现可疑的人。最后，在搜山中发现了这名潜伏的特务。

"首长特意过来，刮了下我的鼻子，笑着说：'小鬼，干得不错！亏得你机灵，要不他就把情报带回去了。'"

石油会战，大年三十忘孩子

1960年3月，从朝鲜回国两年后的黄义成和他的三位战友一起，转业到了当时刚刚喷出工业油流的大庆油田。

刚到萨尔图的头一天，就来了个"浪漫"的面对星空。

"我们坐着车走到当年的星火以北的一个叫卧牛岗的地方宿营。叫宿营，但帐篷、床都还没有运来。那时候虽是3月，但冰还冻得梆硬，地面向上冒着刺骨的寒气。在这样的情况下，我们这伙人天当房，地当床，打开行李，挤在一起，就睡在阴冷的草原上。冻醒了，起来跑几圈，跑热了，再钻进被里继续睡。就这样，一晚上折腾好几次，直到天大亮。

"不久，我被分配到建筑公司当土方工。当时，我们公司正担负着铺建从八一村通往萨尔图和喇嘛甸的公路。为了抢工期，让这条公路提前通车，天刚亮，我们就赶往工地，中午吃口饭就干，到天黑还要挑灯夜战。虽然当时粮食缺，定量少，吃不饱,但大家没有牢骚,不讲怪话,心里装着的就是工作。我们这些血气方刚的小伙子,凭着精神的支撑,你追我赶,挥汗如雨,在自己的任务区中与兄弟队比着干,提前圆满完成了筑路任务。

"大会战初期,没有休息日、节假日,大年初一,大家要大战开门红。为了支援后勤部门的粮食生产,我们每个人会肩扛一个小箩筐,手里拿着个粪铲,捡拾农家肥,交够了斤数才回家煮饺子。

"有一年过年,我爱人在的家属队春节大会战,只有我和孩子在家。饺子刚煮好,单位就来人通知我马上去单位集合,要进行临时施工大会战。我连饺子也没顾上吃,穿上衣服锁了家门就跑,忘了还睡在里屋的孩子。

"后来,孩子醒了发现爸妈都没在,吓得大哭起来。邻居听到跑过来一看,孩子自己在屋里,门锁打不开,干着急抱不着孩子。

"等我们想起孩子,跑回家时,邻居们还守在门外,把我一顿数落,开门进屋时,脸上两行泪痕的孩子,已经倚在门边睡着了……"黄老惭愧地说道。

黄老的故事就要进入尾声时,我们在他的一个笔记本上,看到了这样一段话:"那时我们心里想的是怎样完成任务,怎样为石油会战做贡献,从来没有讲过待遇,每个人都是土石工,越苦越累心越甜。"

▶ 红色传承

传承那份军人的坚守

讲述人:黄卫东(黄义成的儿子)

父亲是个认真的人,无论是在剿匪时送信的路上,还是在抗美援朝发现特务的哨位上,抑或是在修筑公路的前线、采油一线和测试岗位上,他都忠于职守,立足自己的岗位,无怨无悔,一直保持着军人的优良传统,在哪一个岗位,都努力完成工作任务。

作为一个油二代,有幸和父亲同在一个单位,耳濡目染,也让我学会了什么叫坚守,学着父辈的样子,对领导分配给自己的工作,认认真真,不敢有半点马虎。

每当劳累时,想偷会儿懒时,都会想起父亲,想起他对我说的那句话:"没有做不好的工作,只有不认真工作的人。"

她是当年西油库唯一的女电工

非常感谢金老,强忍着甲状腺手术带来的声带损伤,用吃力、嘶哑的嗓音讲述着石油大会战的故事。她说,那场石油会战,是她一生的荣耀,也是她人生最有意义、最难忘怀的高光时刻。

金茵芹和她同为老会战的爱人张克岭

铅球砸碎大学梦

金茵芹是个地道的油二代,1959年,她随父亲从内蒙古国家石油储备库来到了这个荒原覆盖的油田。还在上高中的金茵芹,被送到安达一中继续上学。

"我学习好,一心想考大学,可是命运偏开了个玩笑,让你心想事不成。"金老笑着说。

让金茵芹"心想事不成"的,是只意外飞来的铅球。

1962年学校运动会上,一个不会掷铅球的同学,非要练练身手。于是学着运动员的样子,来个180度的旋转。不想用力过猛,铅球飞行曲线失控,砸中了读着书从场边经过的金茵芹,而且是最要命的头部,她当即昏了过去。

"快救人啊!"老师和同学们七手八脚,把金茵芹就近送进安达人民医院。医院对金茵芹进行了抢救,然而,当年的医疗条件较差,医生们无奈地摊开双手,对着家长、校长、师生们说,已经尽了全力,就看她自己的造化了,如果24小时还不能醒过来,那就……

"那就……"最终没有发生,年轻的金茵芹在24小时后苏醒了,脱离了生命危险。可是头部的伤情比较重,需要一段时间休养才行。于是,金茵芹只好休学了。

转年,她的同学们进入高考冲刺阶段,将要复学的金茵芹被告之,因为休学,她要比同班的同学晚一年参加高考。

"不务正业"女电工

"我一听这个,倔脾气上来了。不让我和他们一起高考,我就不念了!伤也没痊愈,家里人也不敢惹我,不念就不念吧,反正油田上招工的机会比较多,学习的事,上了班以后再说吧。"金老说。

"因为休学期间,在家无事可做,我经常跑到会战指挥部去玩。一来二去的,和机关里的叔叔阿姨混得很熟。那时候,会战指挥部的各个单位,都有有线广播室,主要用于传达文件、读喜报、临时播通知什么的。因为当年大多数的石油人都来自西北,为了大家能听懂,讲的都是陕西普通话,播起东西挺有趣,但不细琢磨,还是听不太懂。我这个说一口相对标准的普通话的小孩,一下子成了他们的宝贝,让我开始客串广播员。陕普变成了标普,自然耳目一新,引人关注。有个认识我父亲的领导听到后觉得挺像回事儿,就和父亲说,让我参加工作,去当广播员。可他们不知道,我是醉翁之意不在酒,我心目中最想当的,是腰挎工具带的电工。没想到,这个愿望还真的实现了,打破了油库没有女电工的纪录。你可别说白瞎了广播员的工作,这一功底,在日后还派上了用场,因此,还见到了敬爱的周总理……"

说到"不务正业"这件事,只能怪这个油库唯一的女电工身份太过耀眼。

比如说,当年东油库、西油库的职工家属文艺汇演,她能演会说,不被挑上都难。新学徒工进厂,要成立教导队,领着新人种地、读报、讲大庆会战传统,能说会道,有文化,没有比她更合适的人选了。

1963年,西油库的技术革新项目"五房十二罐集控工程"上马,电工班承担起了重要的电路建设工作。这在当时来说,是非常先进的自动控制工程。它把与储油生产相关的车间和罐体一体化管理,将原来的十多人管理操作的工作集中由一人完成,不仅节约了人力和管理成本,也防止了油罐冒顶事故的发生。

为了让这一工程快速投产,西油库的各个工种紧密协作,展开了72小时不间断的大会战。虽然金茵芹是女性,但也坚持在现场,一直到实验一次成功,才回宿舍好好地睡了一觉。

承诺谁也没违背

1964年,大庆油田对外正式公开,许多国内外的朋友来大庆参观,金老又当起了兼职现场讲解员,主要对来西油库的客人介绍大庆油田的开发,宣讲大庆精神铁人精神。

正因为这一工作，让她有幸近距离地为总理和外宾做讲解。

"我们当年的讲解词有好几套，简单版的、全面版的，还有涉密版的，主要本着内外有别的原则，每批客人到达前，会战指挥部政治部会通知我们讲哪套。那时，西油库是重要的参观点，许多当年来过大庆的外国政要，基本都来过这里，听过我的讲解。

"让我记忆深刻的是1963年6月19日，敬爱的周总理、陈毅副总理陪同朝鲜最高人民会议常任委员会委员长崔庸健来到西油库参观。我按照事先通知的讲解词，讲完了全部内容。总理回头看到身后是一帮小姑娘，就问大家多大了，结没结婚。听说大家都单身，总理指着陈毅副总理说：'你们一定要向陈老总学习，他42岁才结婚，是个晚婚的模范啊！你们没必要42岁嘛，我看呀，25岁之前不恋爱结婚，你们说行不行呀？'姑娘们一起说：'行，我们一定听总理话。'"

金老说："我们这些姑娘当着总理面许下的承诺，谁都没有违背，没有一个人是25岁之前结的婚。"

金老半辈子和油库结缘，从东油库到西油库，再到后来的南三油库，她一直挎着她最喜欢的电工带。

后来，她当了单位的书记，仍然在40几岁的年龄，带头爬上电线杆维修线路。

她说，她在石油大会战中成长，被众多的人和事感动，这些都是她心中最崇敬的精神高地。

▶ **红色传承**

心中的太阳

讲述人：徐伏虎

都说艰苦的环境，造就不平凡的人物。

对于金老他们这代人，是心中有理想，前进有目标。那种艰苦年代仍保持着昂扬向上的正能量，是何等的难能可贵！

正像金老一样，他们不计报酬，不计个人得失，不论把自己放在哪个岗位上，都认认真真，从不马虎。

她和那代人在自己的岗位上，宣传大庆精神铁人精神，在实践中践行、发扬大庆精神铁人精神，他们虽然普通，但却是构成大庆精神铁人精神不可缺少的一部分，正是当年无数会战人的为国分忧、艰苦创业、求实创新和无私贡献，才使得大

她是当年西油库唯一的女电工

庆精神铁人精神拥有了更加丰富的内涵。

  传承先辈的精神,继承他们苦中作乐的乐观主义精神,困难面前不低头,成绩面前不骄傲,立足自己的岗位,建功立业,把一件件看似平凡的小事,做得扎实认真,不打折扣,不辜负新时代的要求,不辜负初心使命,努力使自己真正继承大庆精神铁人精神的衣钵,做一名为石油事业再续辉煌的实践者和传播人。

为抢工时　困得栽进"水泥堆"

人的一生就像一杯茶,初品,清冽苦涩,可之后喉间的回甘,却如此悠长。

坐在柔软的沙发上,品尝着养生茶点,讲述50多年前那些艰苦创业的故事,李老感慨万千:"那个时代的每一个人、做出的每一点成绩、每一点贡献,都是构成大庆精神的细胞。"

李福利和他相濡以沫的老伴庞淑珍

阴差阳错与铁人失之交臂

"我是有机会和铁人战斗在一起的,就是因为一句不经意的对话,一个部队里培养的爱好,与钻井这行失之交臂。"李老笑着说。

事情是这样的,1960年初春,原济南军区5000名待转业官兵,没有接到退伍回家的通知,一纸命令,让他们紧急开赴东北,这其中,就有年轻的李福利。

李老说:"到安达那天大概是上午9点多钟,风雪翻飞,站台上已经积存了没膝深的雪。寒风刺骨,把我们身上单薄的军大衣一下就穿透了。接站的无棚解放卡车,拉着我们向大同方向前进。那时候,咱们这里就是荒原。一眼望去,白茫茫一片,啥参照物都没有,公路是车跑出来的,可这雪一下下来,就啥都看不见了,以至于连我们的司机师傅也迷了路。我们在雪野中,绕来绕去,3个多小时的路,走了将近10个小时才到。这可苦了我们这些本来就冻透了的'乘客'。虽说我们人多,相互能取暖,但毫无遮挡的冷风和长时间站立导致的肢体麻木,让到达目的地的我们,就像根根木桩子,杵在那儿,根本下不了车。"

李福利他们到达了当年设在大同王文学村的葡萄花钻井大队,在那里学了一个多月的石油理论以及钻井方面的一些知识,准备分到其他钻井队工作。

"我都上车了，忽然，车下跑过来一位领导，朝着车上喊：'你们这有没有会打篮球的？'我在部队喜欢打篮球，就顺着应了句——我会。这位领导如获至宝，让我下了车。

"原来，油田要和肇州、肇源的专业队，来场篮球友谊赛，就这么着，我和同来的战友们分开了。后来，听说他们被分到了钻井一、二大队，和铁人工作在了一起。"

人拉肩扛午夜卸车栽进水泥堆

篮球友谊赛结束了，李福利被分到了农垦总场工程一大队装卸公司，也就是"老供应"。

当时，国家调拨的各类物资源源不断地运送到离油田就近的沿线火车站。油田上还没有铁路专用线，所以，从火车停靠到物资卸车，铁路部门规定了严格的时间，如果多一分钟，不但要重罚，还将影响其他列车的正点运行，造成严重后果。

李老说："装卸工，是个危险还辛苦的活，那时候没有吊车和辅助的机械设备，火车上的物资装卸，凭的就是我们的双手和一副好身板。说危险，会战初期，需要许多圆木，每根圆木直径大致和我们的双肩等宽，有四五米那么长，有几百千克重。列车运来时，车厢就像个开盖的盒子，卸车需要两股劲，上面要有两三个人用撬杠往下别，车下要有四五个人用绳子套在圆木上往下拽。

"有一次，卸车的时候，圆木都到了厢沿，但车下的装卸工失手没拉住，滚下车厢的圆木把一个人当场就砸死了！上面的人危险，下面的人也一样不安全。因为铁路路基较高，两侧形成了梯形坡，圆木被撬上厢沿，下面拽的人如果在圆木滑落之时，不及时躲闪，也很容易被圆木砸伤砸死。

"说到辛苦，当年我们装卸工是没有上下班时间的，不管火车哪个点来，一声招呼，大家就爬出被窝，冲向站台。我记得有一次是午夜，火车拉来的是一车散水泥，已经奋战了几宿的工友们，睡得正香，就被叫起来卸车。打着哈欠，一锹锹把车厢内的水泥往车下卸。卸着卸着，睡着了的我，一头栽进了车下的水泥堆里。当工友们从水泥里把我'挖'出来时，笑着'夸'我睡出了国际水平。

"我呢也不在乎，在旁边的水沟里，捧了点水，算是把糊在鼻孔中的水泥给冲出来了。那时候，连个最起码的口罩都没有，什么也不在乎，就是一个字——干！"

饥不择食采食黄花菜差点丢命

1960年春天,为了配合首列原油外运,东油库的建设工程紧锣密鼓。

"水泥的需求量非常大,但列车只能把水泥运到东道口的铁道专业线上。为了支援东油库的建设,我们装卸队在没有汽车的情况下,组织全队大会战。70多人,每人一根扁担,每次挑起两袋200斤的水泥,往返于东道口与东油库之间,一次2千米,一夜一个人要跑上五六趟,就凭着双肩,愣是把一车皮的水泥挑进了东油库。"

干着重活,他们却吃不上一顿饱饭。人是铁,饭是钢,吃的问题不解决,干活没有劲,精神头也上不去。

"开始,听老乡讲,他们把苞米秆粉碎,做成窝窝头,甜滋滋的,挺好吃。我们就想,好吃不好吃是次要的,能填饱肚子就行。我们照着样子做,味道的确不错,但问题出来了。这玩意儿吃时还好,排泄就难了。一连好几天,大便拉不下来,肚子胀得生疼。吃一堑,长一智,再见到这玩意,不管肚子饿成啥样,也只吃一个。"

荒原上,野菜随处可见,也不乏那种看起来美丽,吃起来香甜的菜品,黄花菜就是其中之一。

"实践证明啊,漂亮的背后,也会隐藏着致命的危险!那次,我们全队为了补充食品的不足,集体去草原上采黄花菜。回来以后,把新鲜的黄花菜和苞米面掺在一起,上锅一蒸,香味传得好远。可是没想到,这个美味,却把不少工友都送进了医院。

"东西一出锅,我们都迫不及待地抢着吃。第三锅还没熟,就有人跑来找我。'队长,宿舍里好几个人吐白沫,已昏迷不醒……'啊!我第一想法,就是中毒了。马上向上报告,队里仅有的一台吉普车,成了临时的救护车,一次送4个人,来来回回从早跑到晚,终于把中毒的工友们都送到了大医院。后来,我们才知道,鲜黄花菜中含有秋水仙碱,进入肠道吸收后会在体内转化成有毒物质,引起食物中毒。所以,新鲜的黄花菜,必须要用水焯一下才能吃。两次失败的代食品尝试,让我们再也不敢乱吃了。"

李老说:"今天的幸福生活,离不开大庆创业者的艰苦付出,日子越来越美,得有个健康的身体,才能享受更美好的生活呀。"

为抢工时 困得栽进「水泥堆」

▶ 红色传承

苦都让父辈吃了，甜都让我们享了

讲述人：李庆胜（李福利的儿子）

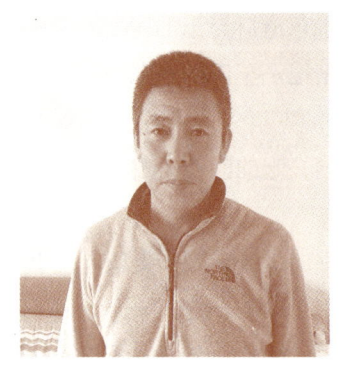

我虽说生在20世纪60年代末，但那时候大庆的条件已经好起来了，虽然吃的都是粗粮，但已不再像父辈们一样挨冷受饿。

其实，父亲创业时期艰苦奋斗的经历，我也是头一次听到，也是第一次把那些曾经在老照片上看到的情景与父亲的讲述。通过这样的方式结合在一起。

特别敬佩他们的那份为国分忧、心底无私、一心为公的担当和作为。正因为有了前人的奋斗，才有了今天的大油田，同时，也奠定了我们这一代石油人为之奋斗的事业基础和传承不朽的精神高地。

苦，都让父辈们吃了；甜，都让我们后辈享了！

致敬为大庆油田建设做出毕生贡献的老会战们！

"限量版红旗"诞生记

如果你觉得沃尔沃是大庆造车的开始,那我要告诉你,早在20世纪60年代初,当年的大庆汽修厂,就已经自主生产出了外形酷似红旗的2台高级轿车和100多台"北京吉普"了!消息来源于它的见证者,当年这个项目的车间主任赵志乾。

赵志乾

双手造出大"红旗"

造"红旗"汽车?在没有机器设备的情况下,就靠双手一点点地敲?不太可能造得出来吧!今天的你,读到这儿,肯定会有这样的想法。在50多年前,这个想法更像天方夜谭。

1958年,当长春一汽接到生产轿车的任务时,也是从零开始。

没有图纸、没有经验,他们把一辆克莱斯勒高级轿车大卸八块,然后按着钣金尺寸,一点点地手工敲制。零部件模仿铸造,然后,再组装到一起。1959年出厂试车,每批只生产2台。因为生产数量有限,一般的单位即使有钱,也买不到。

1964年,大庆油田对外公开之后,许多国家领导人、外国元首、国际友人纷纷到大庆参观。为了接待国内外客人,大庆汽修厂,这个有着强大修车改装基础的工厂,成了造车想法的最终实现者。

当年,已经是综合车间主任的赵志乾和同事们,接受了这一光荣的造车任务。

"当时就确定以'红旗'轿车为模板,不计成本、不惜人力、动用一切可以动用的技术力量,制造出两台高级轿车。"赵老说。

"修车,对于汽修厂来说是本职,但造汽车可比修汽车要复杂得多。为了在短时间内完成这项任务,我们分别从当时工业基础雄厚的齐齐哈尔、哈尔滨,请来了经验丰富的七级钣金工,他们和我们的电、气、焊、汽车维修、钳工、喷漆的师傅们分工合作,白手起家,一同摸索,对照图样进行项目攻关。

"车身的钣金、叶子板都是师傅们一锤一锤敲出来的,汽车配件、车的内饰和座椅,能买到的尽量买,实在买不着的,就自己动手制造。就这样,在不到一年的时间里，两台酷似'红旗'的黑色高级轿车诞生了。这在当时可是个不小的创举，听说这两辆高仿'红旗'一直使用到20世纪70年代末，许多领导人和外国元首都成了它的'座上客'。

"那时候，一有客人到访，我们在欢迎人群中看到自己亲手鼓捣出的'大庆制造'从眼前驶过，那种自豪感无以言表。"赵老自豪道。

此后，为了生产的需要，赵志乾他们还接受了制造100多台"212"吉普车的任务。他说，到那时，他们已经利用自主技术，制造出了800吨的压力机，制造汽车达到了半机械化的水平。

"解放"添上"主心骨"

会战初期，油田的生产生活急需大量的木材。当年，运输公司硬骨头十三车队就承担了冬季到大小兴安岭拉木材的任务。

长途运输，为了节约油料等成本的同时，还要加固车体、多拉快跑，解决超重对车体的压力。

"怎么办？我们发挥了各个工种优势和老师傅们的智慧，以适应山区行车为目的，在车体上反复做各种尝试，都不是十分理想。

"退伍前，我在部队的军械修理所从事木工工作，这回派上了用场。

"经过多次观察，我发现在车槽子下加木梁，就像给大解放的厢体安上了脊梁骨，增加了承重力，还发挥了减震性，效果非常不错。十三车队的车辆用这个方法改装后，反馈回的消息也让这一'发明'有了市场。

"后来，井队拉管子、载重物的卡车也都来到汽修厂进行加梁改装，从那以后，加木梁成了油田上载重卡车的标配。"赵老说。

饿急眼了叫"外卖"

会战初期，油田上行驶的大多数车辆被戏称为"万国造"，哪个国家生产的都有，哪个年代生产的都有，老爷车，毛病自然多，不知走到哪儿就趴窝了。

"那时候大庆的公路网还没有建成，也没有公交车和单位的抢修车，前往修车现场，不管白天黑夜，全凭两条腿。这就需要我们有这两样本事：一是全天候在一人多高的荒草中，能辨别出方向；二是对油田范围内各个地点的熟悉程度，只要对方说出参照物，你就能马上知道大致位置。

"这些原来就老掉了牙的汽车，却承担着'年轻人'的工作量，'咳嗽气喘'是常见病。找到坏在草原里的车，先看看啥毛病。零件是没处找了，这类车只能修到勉强走，就算胜利完工。那些坏在地面上的车，还算好修的，陷在沼泽地里，又出故障的车最难整。得先把车修好启动，再帮司机把车从泥里推出来。车是出来了，推车的我们一身泥水，累得坐在地上起不来……

"大家都知道，20世纪60年代，三年自然灾害，油田人是"五两保三餐"，对于一个整天都沾不到荤腥的大小伙子来说，这点粮食都不够塞牙缝的，更何况每天还要额外完成许多临时加派的任务，肚子里总是空空的。

"那时候，油田周边的村民看到了这个商机，偷偷在家做些月饼之类的点心揣在怀里，跑到油田附近送'外卖'。他们不敢光明正大地卖，专找穿油田工服的大小伙子。一块月饼一元钱，还得加点粮票。那时候，粮食统购统销，这种行为叫'投机倒把'。电影《创业》中的主人公周挺杉为解决钻井工人的吃饭问题，向周围的老乡买土豆，遭到大会点名，我们当时就是那样。但没办法，村民想多赚点钱，我们也想借这个渠道改善伙食，填饱肚子。有了这种私下里的供求关系，双方心照不宣，各取所需。"

50多年过去了，当年的小伙子都已暮年。赵老感慨："回首往事，想说的太多太多。有时走在街上，看到川流不息的景象，还会猛然触及记忆深处那个生龙活虎、不惧困难、勇敢创新的造车年代。"

▶ 红色传承

跨越时代的创新精神

讲述人：赵　影（赵志乾的女儿）

特别敬佩我父亲那代人的才智，在那个一穷二白的年代，他们饿着肚子，为实现自己的理想，不惧困难，刻苦攻关，完成了一个又一个不可能完成的任务。

沧海横流方显英雄本色，在会战初期的艰难岁月里，他们"宁肯少活20年，拼命也要拿下大油田"，在自己平凡的岗位上，做出了不平凡的业绩，为后人留下了宝贵的大庆精神铁人精神。

今天，在新时代大变局面前，我们更要有前辈们这种无私无畏、勇于争先的创新精神，在这个新时代的锤炼中，百炼成钢！

国宝级专家为了会战搞"副业"

叶得泉

你能想到吗，一个外行和一位专家的学术交流，是多么的吃力。以至于我们不得不放弃这种"学术探讨"，把这位油田功勋地质师、"微体古生物学家"的故事淡到相当生活化，对话才得以顺利进行。

视"虫"如宝

在《大庆企业文化辞典》1990年4月第一版582页，有一篇与叶老有关的故事——《寻"虫"》。

文中说，古生物化石对地质环境反应灵敏，有些化石是某种特定环境的产物，素有"指向化石"之称。

叶得泉，我国微体古生物学的先行者之一。会战初期，他把自己的全部心血都花在了油田古生物研究上，不分白天黑夜地干。每打一口取心井，都要取样鉴定，每采一个样，都要仔细寻找介形虫化石。

到1960年，已经分析了介形虫化石3000多块，超过一般工作量的一倍多，很快掌握了介形虫化石在盆地内的分布层位及规律，为大庆长垣地层分层，提供了重要的古生物依据。

一天，叶得泉在鉴定时，不慎将一粒比芝麻还小的化石掉在地上。

当时实验室条件差，满地是泥土，要找到这粒化石有点像大海捞针。但他知道，少一粒化石就少一份判断地层的依据。于是，叶得泉拿起放大镜，在十几平方米的泥地上一寸一寸地寻找。眼累疼了，揉一揉；腿蹲麻了，活动一下，硬是找了2个多小时，终于把这个古世纪的小"虫"捉到了。

这个《寻"虫"》小故事，被收入小学《大庆精神铁人精神》的读本之中，还专门制作了叶老寻找介形虫化石的三维动画片，所以，许多小学生对这位认真负责、一丝不苟的叶爷爷印象很深。

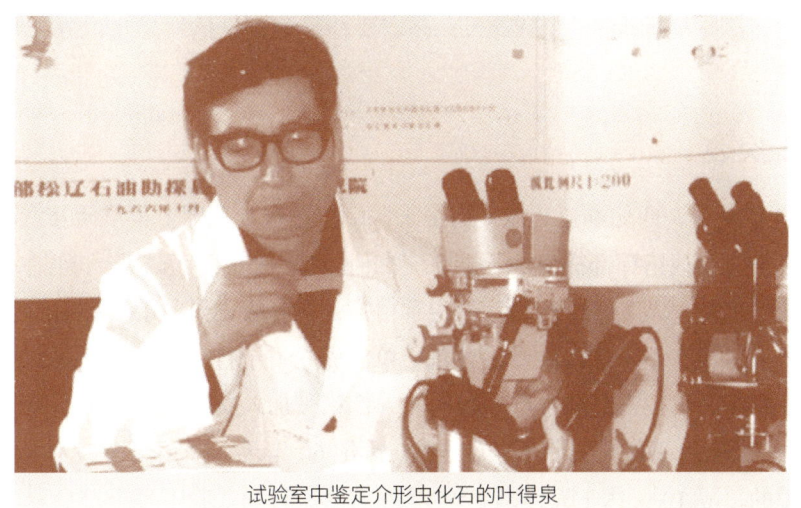
试验室中鉴定介形虫化石的叶得泉

叶老说:"我国对微体古生物的鉴定和研究起步比西方发达国家要晚,虽然晚,但在我们的努力下,研究结果已经达到国际先进水平,这是相当不容易的!"

按常理,像叶老这样国宝级的专家,应该一心一意搞研究。可是,在那个艰难的岁月里,像叶老一样的高级知识分子,也要走出试验室,搞点和专业不搭边的"副业"。

身"兼"多职

"那时候没有什么干部、知识分子、工人的分别,同样的衣服,同样的待遇,同样的担当,没有人特殊例外。"叶老说。

"20世纪60年代初期,松辽石油勘探局地质试验室还在安达的八号院。当时正赶上三年自然灾害,为了不给国家添负担,各单位学着八路军三五九旅的样子,自己动手,丰衣足食。我们除了完成自己的研究鉴定任务,每天每人还要外出捡一篮子农家肥,支援开荒种地的同事们。为了改善伙食,在极其困难的情况下,给超负荷工作的研究人员补补脑,食堂还养了几头猪。我们这些未来的享受者,做出的贡献是,每人每天到荒原中打20斤的猪草。"

可以想象到这样的场景,许多科研人员早上走出家门时的标配是:肩上背只筐,兜里揣根绳,左手一把镰刀,右手一个板锹。看到路边有堆粪,用锹一铲,放入筐里,一路走,一路捡;那根绳子,是捆猪草的,荒原上,猪草茂盛,镰刀一划拉,用绳子一捆,背上再走。没有谁笑话谁,人人都这样,都把这些当成自己工作的一部分,做得很认真,一点不含糊。

谁的猪草"短斤少两",第二天,一定要补足为止,这就是知识分子坚守的那份严谨吧。

寒流突袭

1960年9月,西伯利亚寒流提前袭来,萨尔图这片荒原上早早便寒意习习。

为了响应会战指挥部提出的不管寒流如何凶猛,会战队伍要坚守阵地,并充分发动群众,贯彻"人人打干打垒"的指示精神,在各级领导的动员和组织下,一场突击盖房战很快在整个油田展开,各基层单位成立了干打垒专业小分队,一些下班的干部、职工、科技人员和生产一线的工人都积极加入这一会战之中。

"我们当然也不例外!"叶老说,"20世纪60年代,油田上是没有休息日的,一些人说的每隔10天休1天,是1962年左右才实行的。我不是干打垒专业小分队的成员,属于下班后积极加入建设干打垒的那种。为了赶工期,让上冻之前人机进屋,我们也是拼了。每天要完成研究课题,要参加干打垒建设,还要利用晚上的时间进行政治学习,有时学到天亮。那时候,大家虽然吃不饱,条件差,但每个人都好像有使不完的劲。正能量的氛围,让我们心中就像燃着一团火。累了、困了就在办公桌上打个盹,算是休息了。一听到干活的通知,大家就又抖起精神,继续投入战斗。现在想起那时候的事儿,仍然激情澎湃。"

劝留"逃兵"

条件艰苦,工作劳累,让一部分人动了当逃兵的念头。当时思想政治工作,自然就落在了已经成为会战指挥部地质指挥所团委副书记的叶得泉身上。

"一个从云南大学毕业的大学生,是个南方长大的小伙子。从大南边跑到大北边,受不了东北的天寒地冻,更吃不下本就吃不饱的苞米、高粱米。作为一种抵抗,他开始三天两头寻找调回老家的机会。他的这个举动,让我很着急。

"硬去说教吧,效果不好不说,还可能适得其反。我们团小组商量了一下,决定用温暖行动弥补他心中的疙瘩。他怕冷,我们就特地帮他向组织上申请了棉衣。可能有人要问了,大庆石油会战时,每个人不都发杠杠服吗?其实,发杠杠服是后来的事儿,一开始,工服是不发的,大家穿的都是自己从家带来的棉衣。这位小伙子是南方人,自然行李中没有棉衣类。组织上考虑到他的困难,特批了一件老式棉袄给他御寒。

"吃不惯粗粮,我们就号召青年团员给他捐粮票,解决了小伙子能吃到细粮的问题。当时粮票是个好东西,很多人就靠它安慰一下没有油水的肚子,在那个时代捐粮票，就相当于给危重病人捐血一样。现在的年轻人不会想到，那时我们每个成年人，一天只有8两的粮食定量，剩下的全由一些干涩难咽的代食品代替。粮食不够吃时，我们曾将苞米秆子粉碎，做成窝头，吃下去还觉得味道甜美呢。再冰冷的心，在大家的温暖下，也会热乎。打那起，小伙子不再'泡蘑菇'了，不但天天上班，还主动帮别人干活，打道回府的事从此再也没提过……"

回忆中的叶老感慨地说："那个心往一处想，劲往一处使的年代，人们的精神真的感天动地！"

▶ 红色传承

有种精神叫坚守

讲述人：叶　坚（叶得泉的儿子）

父亲的认真刻苦、朴素热情，在朋友中是出了名的。到现在，他还穿着洗得发白的衣裤。我们怕别人看了丢面子，要给他买，他坚决不要。还说，这怎么了，自己穿着舒服，又不是破衣烂衫，为啥丢掉，太浪费了。

他们那个年代的人容易满足，无论对生活、对工作，从来都没有什么条件讲，干就得了，而且干就要干得像模像样，对自己的工作从来都要求零差错。

在父亲身上，我看到了许多会战故事中倡导的精神：无论做了多大的贡献，从来不张扬，不自满，低调得像一个极普通的人一样。他们常挂在嘴边的一句话是："这不是我一个人的努力，没有大家的帮助，我成不了大事的。"

作为一名新时代的石油人，耳濡目染前辈们为油田奋斗的忘我精神，让我时刻都有前进的动力和努力方向，那就是认认真真、扎扎实实，传承他们的精神，把自己的工作做到最好。

国宝级专家为了会战搞"副业"

做一枝杨柳　插在哪里都生根

齐孝忠

谁能想到，齐孝忠这个名字，能和一位慈爱的老人重合在一起。

原来，那都是当年她父母的"杰作"。因为家里没有男孩儿，父母就给行三的齐老起了这么个阳刚气十足的名字。

虽然齐老远离故土，但父母养老送终，还真就靠上了她。

弃师从油

来大庆前，学习成绩优异的齐孝忠，已留校当上了一名有正式编制的小学老师。

这不仅在当时，就是如今也是个让人羡慕的好工作，可是齐孝忠的心里有她自己的目标。

1964年4月，大庆油田对外公开，报纸、广播对大庆的报道深深吸引和打动着这个年轻姑娘的心。那片荒原上，石油工人人拉肩扛的劳动号子都像民歌般迷人、动听。

"每次听到大庆传来的消息，我都非常兴奋，感觉他们是一支战天斗地，纪律严谨的蓝衣'解放军'，我就向往着，能有一天，自己也会在那片荒无人烟的土地上，像他们一样，成就自己人生的辉煌！"齐老说。

从那时起，她格外关注大庆来家乡招工的消息，然而，第一批、第二批招工都不要女性，这让她很是失落。

直到某一个下午，她一个人在大街上散步，一位老同学骑着自行车迎面而来，告诉她，大庆又来招工了。齐孝忠马上追问："要女的吗？"对方说："要，这回要女的……"这一下齐孝忠心花怒放，三步两步赶到招工现场，向招工的人一讲，高中毕业、当过老师……人家就告诉她第二天来报名。

齐老说到当时："还啥第二天呀，我马上就来。我当时就回家取了户口本，报上了名。

"小城不大，招工单位上门政审。很快，邻居们跑来劝我父母，当个老师多好，工资不低、工作稳定又有假期，别人想干都没机会，这孩子还不当个事儿。听说大庆可苦了，吃住都差得很，孩子能承受吗？

"我父母都比较开明，和我聊天说，去，可以。但那里的条件，你要做好心理准备，你一旦出了校门，再进，就难了。当时，我就和父母讲，你们放心，我的选择不是一时冲动，我要像杨柳那样，插在哪里都生根。看我这么坚决，二老也没再说什么。

"因为能不能去成，要通过考试决定。所以校长也偷偷找到我，对我讲，不要有包袱，不要太张扬，他给我留着位置，如果没考上，还回来当老师。我教得好，学生、校长都舍不得我走，我也舍不得他们，但我当时就一门心思来大庆，终于如愿以偿了。"

出类拔萃

抱着吃苦耐劳的心态，1964年6月，齐孝忠来到了大庆。

到了这儿，她才知道，通过前辈们的自力更生、开荒种地、盖干打垒，当时大庆的生活条件已经发生了很大的变化。

"五两保三餐"的艰难已经度过，到了吃得饱，而且变着花样吃的新时期。

"当时，东油库的食堂是战区的标杆食堂之一。虽然那会儿的主食还是以粗粮为主，但是经大师傅们的手，那些苞米、高粱被粗粮细做或精做成了小发糕、小蛋糕什么的，花样特别多。菜，就更不用说了，除了咱东北的炖菜，煎、炒、烹、炸样样有。有一次，一直惦记我，怕我在大庆吃苦的母亲，特意来单位看我，住了一个星期，一瞅这饭菜，天天不重样，比家吃得还好，算是彻底放心了。"

齐孝忠选择工种，也与众不同。她没有选些劳动强度小的工作，而是跟着老师傅学起了车工。

"那时，我已经调到了正在建设中的西油库。做车工，可不是件容易的事儿，图纸下来了，车出的零配件要一丝一毫都不能出差错，有时还涉及公式计算，但这些对于我这个高中生来说，做起来相对要轻松得多。

"老师傅认真严格地教，我也刻苦地学。当时没有成家，自己也没有其他爱好，一天除了吃饭、睡觉的时间外，我都在车间里工作。有句话说得对，功夫不负有心人，我的努力没有白费，只学了几个月，我车出的零件连老师傅都找不出毛病，夸我的能耐超过了二级工，这样，我很快就独立挑起了大梁。

"那个年代，人们的工作热情十分高涨，都抢着比别人多做些工作，所以大家常常在完成自己工作的同时，毫无怨言地参加许多额外的种地、修路这样的临时工作。晚上还要进行政治学习，总结一天的工作，做批评和自我批评，找出自己工作的薄弱点，在以后的工作中加以改正。

"那时候，大家的觉悟都非常高，讲到个人问题，会上不留情面，会下亲如一家人。每天忙忙碌碌，过得非常充实，只是年轻人，觉比较大，刚刚还说着话，瞬间就迷糊过去了，那时在我的印象里，就是一个字——困！"齐老笑着说。

秋毫无犯

20世纪60年代，虽然大庆物质生活相对贫乏，市场上的许多商品、营养品还要凭票证供应，但大家却没有因为这样而去占别人的便宜，每个人都紧守着那条无形的道德底线。

"比方说吧，在西油库那会，我工作特别忙，父亲只好从老家赶过来帮我。

"为了调剂生活，也为了有个营生。他在我家屋边盖了两个大鸡窝，里面养了40多只母鸡。母鸡都定点在二层的窝中下蛋，父亲是每星期收一次，一次能收回四五十个鸡蛋。

"鸡蛋在那时候可是个好东西，谁家能吃上个炒鸡蛋，那可是了不得的事儿。那年头市面上没有啥像样的营养品，妇女坐月子，大多以吃鸡蛋为主。鸡蛋，不好买，因为那会儿没有自由市场，想要吃鸡蛋，要到农村去凑才行。

"我家的鸡窝，是开放式的，鸡散养，蛋散放，也没人成天守着，要想拿走几个鸡蛋，是特别方便的事儿。可是在最困难的那几年，我们家那有数的鸡蛋一个也没丢过。连我父亲都说，从来没有见过这样秋毫无犯、纪律严明的好邻居，大庆人真不愧是不穿军装的解放军。"

回望往昔，齐老现在很是感慨：

"我这一路走来顺风顺水，非常知足。不管在单位做车工、还是在北京大庆展览上做讲解员或是在水处理的岗位上，我都不偷奸耍滑，认认真真把自己的工作做到最好，这也算是不忘自己当年要来大庆干一番事业的初心吧！"

▶ 红色传承

榜样的力量

讲述人：张洪蕾（齐孝忠的儿媳）

婆婆是一个善良的人，工作上认认真真，坚守着朴素的不亏心的信念，与人为善，乐于助人。

她从来都把正能量传递给我们，从她的身上，我们学到了许多为人处世的道理，更学到了她那豁达宽容的心胸。

榜样的力量是无穷的。作为一名社区工作者，特别是在入户人口普查中，总会遇到这样那样的问题，我都会向婆婆请教，把她毕生的经验学到，运用到我的工作之中。把那份善良传递给我服务的每一个人，让他们感受到我的温暖，也让她老人家的那份火热之心，经我传承下去。

做一枝杨柳 插在哪里都生根

苦练半个月 "降服"小焊珠

智长仁

当过采油工,做过团支书,破过"泄密"案……智长仁会战时期的传奇经历,足够写本书。

杂草比"床"高

说到初来大庆的感受,智老说:"那时候,苦呀!"

"我来大庆时,赶上了会战的尾巴。那时的采油指挥部,对外还被称作'农垦三场',我们300多名新人被分到了教导队。

"教导队就像部队上的新兵连,清一色的军事化管理。班、排、连、营的负责人,都是刚从部队转业的退伍兵。

"扎营的地点,就在陈家大院的一片荒草地里。一个帐篷住30多个人,铺,是用新圆木破成木板钉成的,离地不高,南北大通铺。中间的过道,只够一个人走。

"取暖,靠的是天然气。炉子是一个割了顶的大油桶。那时候的大庆,冷得早,也冷得邪乎。再加上我们这个接地气向上返潮的床铺和四下窜过来的冷风,即使天然气可劲烧,还得穿着棉衣棉裤盖棉被,有时还要戴上狗皮帽子,才算可以全方位保温。

"个人卫生方面,热水是没有的,洗脸、刷牙的用水,都是就地打井取来的地下水。那可真是透心凉呀,大清早迷迷糊糊,水一上脸,立马精神了。至于洗澡,就看小伙子的火力旺不旺了,直接凉水灌顶是没人敢试的,身上实在痒得不行,也只好相互拿着半干的毛巾全身擦个遍。大冬天,冰水往身上一擦,人就像神仙般地直冒白烟。起先这么整,有凉感冒的,日久天长,就都适应了。都说啥环境造就啥样的人,一点都不假呀。

"你问我们教导队那时候都干点啥,那可多了。除了政治学习、油田传统宣传、学习采油相关知识以外，盖干打垒、去北安农场拉犁、施肥、种地……这么说吧，只要当时油田上能干到的活，我们都干过。那时候仗着年轻，有把子力气，比着干，抢着干，都要求进步，谁也不落后，谁也不想拖集体的后腿。

"干是干，这胃口也出奇地大，没啥别的油水，干巴吃粮食，一个人一个月最少也得吃到90斤左右，我们人人像个无底洞，有多少都能吃得下。主食是高粱米，菜就是老两样，土豆片和萝卜条，如果来点豆腐，那就算是改善生活了。

"就这么着，充实的教导队生活3个月后结束了。我们打点行装，准备赶赴新的工作岗位时，铺边的荒草已经长得比地铺还高了。"

技术"胜于蓝"

"我的新岗位，是在南七队当采油工。下队了，条件简直是天壤之别。队里人不多，有四五十人，有地，种着小菜园，还养几头大肥猪。因为餐桌上的菜大多是队里自产的，基本不要钱，而且一个星期吃的都不重样。住的换成了干打垒，井组的七八个人住在一起，水自然也有热乎的了，一切的改变都让我们感到幸福、新奇甚至感到将有一番美好的事业，等待着自己去施展的那种冲动和激动。

"刚刚给我找了个师傅，跟着他走了下流程，2天后，我这个'三脚猫'功夫的新兵，因为队里缺人，就独立顶岗了。这也意味着再没有人帮你、指点你怎么干，也没有人提醒你哪个地方做得不对、怎么改，一切经验，都要靠自己一点一滴地积累。

"老采油都知道刮蜡片的凶险，那时候井上清蜡都是通过手工操作完成，整个过程最怕的就是牵拉刮蜡片的钢丝因操作不当断掉，钢丝断了，刮蜡片就会掉落到井里。这在当时可是个大事故，按照要求，掉落8小时以内取出的，不用上报，超过8小时要报到大队，再长的甚至要报到指挥部。所以，对于那时的采油工，降服刮蜡片，让它听指挥，不出事，是个硬功夫。

"为了掌握钢丝牵拉刮蜡片升井时的准确位置，采油工要用焊锡在钢丝的一个固定的米数上焊个小焊珠，方便采油工在利用绞盘提升钢丝时，摸到这个点，以确定刮蜡片可能的位置。

"别小看这个焊珠，没有点过硬的本事，不是焊不牢，就是焊不上。为了能熟练地把这个焊珠点得又准又牢，我除了吃饭的时间外，拿着一卷焊锡丝，找一段废旧的钢丝，就在那练，一遍不行二遍，想办法，找窍门，尝试新方法，整整练了半

苦练半个月"降服"小焊珠

个多月,这个焊珠的难题硬是被我啃了下来,而且又圆又牢,比一些老师傅做得还要完美。"智老哈哈笑道。

侦破"泄密"案

"因为我是个高中毕业生,当时在队里算是个高学历。正巧队书记缺个能写会算的办事员,我成了合适的人选。进了队部,还当了南七队的团支书。以后又多次变迁,一个偶然的机会,我调入了安达市公安局,也称为大庆油田保卫处,参与许多案件的侦破工作。当时的一件调度会议'泄密'案,让我印象深刻。

"当年,虽然大庆油田已经向世界公开,但油田的具体位置还处于保密之中。所以,大庆对反特、防特以及保密工作非常重视。

"当年油田职工的工资不高,谁要是有个半导体收音机听听新闻、歌曲什么的,那是让旁人羡慕的事儿。一天,一个职工提着收音机来报案,说他收到了当时正在进行的油田调度会议。这还了得!我们马上找来相关的人员一听,一点没错,广播中播出的正是会议进行的内容。是不是有人在会议室内安装了窃听或传送设备了呢?这件重大事件,很快报到了会战指挥部的主要领导那里。

"果真会议被特务监听,那许多重要的事儿和数据将会泄密。领导果断指示,立即找各方面的专家,赶快查,但不要打草惊蛇,会议不能停,要内紧外松,不要让暗处的'敌人'有所察觉。半个多小时,由我牵头,邮电局、油田通讯、保密等单位人员迅速成立了临时专案组,一切排查工作都在悄无声息中进行着。

"专业人员对进入会议室的每一根线路,进行了排查。公安人员对会议室内所有的有可能隐藏窃听设备的地方进行了地毯式的搜索,通信传输人员对所有的麦克风及扩音设备进行了技术勘察。最终经过专家的汇总,原来不是特务监听,而是虚惊一场。专案组最终认定是因为会议室内发射设备功率过大,造成了会议被收音机接收的结论。这下,满头大汗的我们才松了口气。"

智老的会战故事引人入胜,以至于已经结束采访时,我们还没能从故事的情节中走出来。

智老笑着说:"喜欢听破案的故事啊,如果有机会,我们再专门聊它吧!感谢你们没有忘记那场会战,没忘记了我们这些参加会战的人们!"

▶ 红色传承

干一行精一行

讲述人：智　勇（智长仁的儿子）

父亲从来没有和我们说过他所经历的过往，在我们幼小的记忆中，他总是不着家，家里一切都是母亲在做。

后来，上班了，听到他的老同事讲起他的事儿，挺稀奇，这也使我从另一个侧面了解了父亲，了解到他身上的那些优秀的品质。他做采油工，管的井，各项指标都是全优。他做团支书，啥事都干在别人头里，这也让他在群众中威信很高，一呼百应。他做公安工作，从门外汉到行家，付出的努力是常人想象不到的。

作为他的后代，我要在工作中学习和传承他干一行精一行的优良传统，用自己的实践和努力为油田的发展做出贡献，和油二代、油三代们一道，用实际行动为大庆精神铁人精神增添新的光彩。

苦练半个月　"降服"小焊珠

从不向工作认输的董庆云

董庆云

"虽然生活有些简陋，不过是起早贪黑；苦些，累些，不愁！幸福的日子在后头。他们笑我啥都不懂，我说这叫不跟生活认输……"董老最喜欢电视剧《装台》片头曲中的歌词，她说，这唱出的也是会战时期他们那帮子年轻人的心声。

师傅贼牛

结束了3个月教导队生活的董庆云，被分到了西油库，当上了材料库的保管员。

"在老家鸡西时，我出了校门，做了一段时间的代课老师，就赶上大庆油田到我家那儿招工。材料库里的扳手、钳子什么的，它不认得我，我也不认识它，一切都得从头熟悉。"董老笑着说。

"西油库的材料库，那叫个全，小到螺丝钉，大到机械设备，几乎包括各个门类。当时库房内各种材料都是规格化管理，横成行，竖成列，料见方。作为保管员，按照岗位责任要求，各个车间来领的料，你得一下子找得到，并能快速地拿出来。这就需要保管员有个好记性，就像卫星定位一样，对方提到啥，脑海中马上要反映出东西在第几行，第几排，达到零误差。

"好在我有个认真、细致、较真儿的好师傅，我现在还记得他叫李树贵，他比我来得早一些。

"刚接触、熟悉库房中的材料时，有点头大。因为是头一次接触这些材料和工具，记混、记错成了我面前一道过不去的坎。因此我对这份工作产生了厌倦的情绪，觉得不好干，也不适合我，总想着要调个工作，思想上自然就不那么安稳了。但之后的一件事，深深触动了我……

"那是个很冷的冬天，中午吃完饭，想去休息。突然发现李师傅啃着馒头，往库房里去。我想，这大冷天的不休息，师傅这是要干啥呢？偷偷地跟进去，发现他在对照着新进库的材料背名称、记位置。整整一个中午直到下午上班，他就在地窖一样的库房里，走走停停，冷了，就跺跺脚，搓搓手，和所有的材料都见了面。时间干长了，我才知道，这对他是个常态，每天都如此，到后来他能达到不开灯，就能准确摸到所需的材料和物品的程度。因为这，他年年是标兵、红旗手。

"师傅是榜样、努力方向。师傅干成啥样，做徒弟的也要努力学成啥样。经过一段时间的跟从师傅刻苦学习，我对库房内的所有物件都达到了白天找得快，晚上摸得准的全优标准。"

踏冰登罐

因材料库归口供应指挥部，西油库的领导不愿放走董庆云这个能写会算的高中生。征得她的同意，把她调入了油品化验室工作。

"在我当时的印象里，化验员整天穿着白大褂，坐在瓶瓶罐罐的一侧做化验，是个雨淋不着、风刮不到的安逸活。可是具体一干，才知道这活并不轻松。油品的化验，是要现场取样，测出温度，然后带回化验，再通过计算得出油的比重和油中的含水量，然后把这些交给计量工，计算出罐体所能承载的储油量，不至于在装油时发生溢油事故。

"取样，有两个地点，一个是 12 米高的储油大罐的罐顶，一个是通往火车油罐的栈桥间。

"通往储油大罐罐顶的，是个依罐体 45 度角的罐梯。别的季节还好上，一到冬天，罐梯上冻得全是冰。踏着冰梯，腰间没有安全带，一个班两个人，只能相互照应着小心翼翼地往上爬。爬上去，取完油样，还要用抹布，把滴落在罐体上的油滴擦干净，才算完成工作。那时候也仗着年轻、胆大，现在想起来都有点后怕。大罐有六层楼那么高，下梯时，如果不小心摔下来，小命就交代了。但那时候就一门心思想着取回油样，完成领导交办的任务，别的都没多想。

"站在栈桥的边缘，从油罐槽车中取油样，更是不容易。因为栈桥与槽车之间有段距离，装油时，这个地方常有遗落的残油。天热，一踩一滑，常有同伴从两者的空隙间失足摔伤。天冷，污油因温差，表面产生冰霜，踩不住，一样会摔落在栈桥，危险程度不比爬罐小。所以，在工作之余，我们的义务活动就是用蒸汽把油污吹化清走，一方面为了我们的安全生产，另一方面也让输油的栈桥看上去干净、整洁。这在当年可是代表着我们西油库的脸面，那时候，国内外贵宾来大庆，西油库是必到之处，栈桥更是必达之地，所以，清扫这里一举多得。"董老这样说。

挑担上房

石油会战那会儿,干活是不分男女的,并没有什么性别的照顾之说。所以那时常有这样的说法,叫"男的一个顶俩,女的顶个男人用",这并不夸张。

"哪有啥照顾呀,轻活、重活一样地干。比方说,那时候,单位盖干打垒。夯实墙体,我们没那么大的劲,但往屋顶送防雨用的沥青和泥的混合料,都是我们的活。这活可不轻,装满两个桶,得有四五十斤,往肩上一挑,扁担都压弯了腰。我们这些人,在家根本没干过这活,开始走在通往屋顶的板桥上,还晃晃悠悠,摇来摆去的生怕掉下来,干长了,小跑如飞,倒能借上板桥忽闪忽闪的力,轻松到顶。"

火红年代的记忆,在董老的脑海中挥之不去。那一个个感人的故事,让古稀之年的她,再一次眼窝湿润。

回望历史,是为了激励后人,让更多的后代们知道那些前辈们创下基业的不易,从而,使一辈辈的大庆人,能当好铁人的后代,继承先辈的传统,传承好大庆精神铁人精神。

▶ **红色传承**

光荣的历史光荣的责任

讲述人:李 华(董庆云的女儿)

人都说:只有享不了的福,没有遭不起的罪。在那个艰苦创业的火红年代,我们的父母像解放军那样喊出了"一不怕苦,二不怕死"的口号,为了早日拿下大油田,为了新中国摆脱贫油的面貌,他们不计报酬,奉献了超出常人负荷的工作量,他们用热血乃至生命,让那段光荣的历史,成为今天中华人民共和国不朽红色的篇章。

向母亲这样的老会战们致敬,传承他们的精神,正是我们这辈人的光荣责任。

见困难就上的"拼命三郎"李有春

"把自己有限的生命投入到无限的为人民服务之中",这句话,在李有春他们那个火红的年代,就是发自内心的真实写照。

李有春

为了吃上饱饭

和油田结缘,李有春说,是为了填饱肚子!

1964年初春,刚初中毕业的李有春在家待业,正赶上油田到他的家乡牡丹江招工。

李老说:"我听同学讲,招工的地方叫萨尔图。到那里不但能吃饱饭,而且吃饭还不要钱,还给发粮票。这个吸引力可了不得呀,因为那时候,老家的粮食供应,还不能满足每家每户吃饱的要求。特别是我们这些大小伙子,正是能吃的年纪,吃多少,肚子都感觉不到饱,哪里能痛痛快快让我们吃顿饱饭,就是上刀山下火海,也心甘情愿。

"名,报上了,体检,也没碰到啥坎。就这么抱着做工人、吃饱饭的憧憬,我们出发了。

"到了萨尔图,人一下子就懵了。这个月亮升起的地方,荒得很,大解放在草原上跑很久,才能看到一小片土房子,就算是个村庄吧。"

看到这些,巨大的心理落差,让李有春有些失落。但想到能填饱肚子的事儿,心里又瞬间平衡了。

"新人,是要进教导队学习锻炼的。一边学习党的方针政策、当前的形势任务、大庆优良传统教育(主要是让我们继承会战作风,献身祖国的石油工业);另一边是进行修路、盖干打垒、拣废钢铁,最重要的工作是去管理站帮助种地。这些重体力劳动确实让当年的我们累得不轻,但饭,的确是吃得饱饱的。"

换口气继续干

教导队随着秋收的结束,也完成了它的使命。李有春被分到了当时赫赫有名、大庆首车原油外运的发生地——东油库。

李老说:"我被分到了脱水站。脱水站是做什么的呢?说起来,这种工艺很复杂,简单地讲,就是把原油中的水,用脱水器的设备分离出来。时间一长,脱出的水及一些杂质,会在脱水器内结成一层层的水垢,这和咱们家用的暖水瓶结垢是一个道理。

"为了保证设备的安全、正常运转,定期清理脱水器内的水垢、油污、泥沙,成了系统工作中一个最重要、最困难的环节。有人可能说了,这有啥难的,我们家就往暖水瓶里倒些醋,使劲摇晃摇晃就都出来了。道理是这个道理,可脱水器不是暖水瓶,很大,人要钻到里面进行清理。还有一个重要的问题是,清理时,脱水器内部温度会达到50℃左右,人在里面,大汗淋漓,待几分钟,不出来喘口气,就像要憋死过去一样。

"进到脱水器内工作,光会干活不行,还得有个清瘦的好身材。当年的我,正好符合这些条件,而且我性格好强。别人进去,一两分钟就受不了了,马上钻出来换人;我每次钻出来换口气后,还能再下去继续干,是我们哥几个中公认的能待在里面时间最长的人。

"从里面钻出来后,头昏眼花,每次都要就地躺下休息一会,才能缓过劲来。站起来,还要清理身上残留的水垢渣和泥沙,这些玩意儿很硬,不小心弄进脖子里,像针扎一样疼,必须从头浇上几盆水,才能冲得干净。要是衣服蹭上了油污,那就得找些汽油来处理了。"

甘做"身体温度计"

清理脱水器这活,还不算苦,比起清理储油罐来说,简直是小巫见大巫。

李老说:"储油罐有12米高,内部空间大,可出口比较小,里面温度高,空气稀薄,气味大得让人窒息,是当时油库最难干的活,也是最危险的活。

"那时候,进罐作业的人不配氧气瓶,更没有防毒面具的保护,全凭着坚强的意志和不怕苦、不怕死的精神,下到罐中手工清理,缺氧、高温、浓重的含毒气体等危险因素,随时陪伴着你。但那时候每个下到罐里的人,都把个人的安危放到脑后,只想着能把任务圆满完成,就是最光荣的事儿。

"我当时是个班长,思想要求进步,处处都带头,当然清理储油罐也不能落后。

"罐中的原油被输送走后,罐内的余温特别高,需要降到人体能承受的温度后,我们才能进罐清理。但这个温度的掌控要靠日积月累的经验:温度降得太低,罐壁上的残油容易凝固,不好清理;温度降得略高,残油呈黏稠状,清理是容易了，但人会热得受不了。所以，找准这个时机，既让残油还未完全凝固，方便清理，又要温度稍高，让人可以勉强承受。每次这个节点，都由我这个班长来试，也就是说，我要最先下到罐中，用身体这个'温度计'去找准这个不高不低的温度值。

"12米高的储油罐，大概有现在的四五层楼那么高，正常的情况下，上下一趟，都要三四分钟。更何况罐内空气稀薄、气味又大，温度又高。嗅觉，一会就麻痹了，但蒸发的热气，不但把本就稀少的空气带走，还热得人喘不上气来。

"别人在罐里清个三五分钟，就得上到罐顶透口气。许多人都因为待的时间过长，晕倒在罐中。我作为班长，得带头呀，一直坚持，坚持到实在受不住了，才浑身透汗地钻出罐体。因为我工作成绩突出，敢拼敢闯，年年披红戴花，被油库评为红旗手。"

棉袄扑灭电火

李有春是个严细认真、眼中有活的人。在油建八大队当电工那会儿，晚上或周末，年轻人都跑去看电影，可他很少凑这个热闹，把这些时间都用在厂子、车间里的线路巡查上。

"有一次，我在巡线时，发现一个车间里的数十条明线相互缠绕在一起，很容易出现短路起火的危险。于是，我就在那一条一条地把电线捋出来，捋到大半夜，才有些眉目。打更的老师傅夜巡到车间，发现有动静，拿着长把手电筒冲进来，发现是我，一问才知道是怕发生漏电或短路事故，直夸我是个有正事的年轻人。

"还有一次，是个冬天，我和师傅一起维修电路，电线短路突然着了火，师傅和我一下子都慌了神。电着火可是快得很，救得不及时，引发大的火灾事故，谁也负责不起。我俩四下一瞅，附近没有灭火器，也没找到什么应手的灭火家什，情急之下，我脱掉刚发的新棉袄，盖住了起火点。火是灭了，也没造成啥事故，可是我的新棉袄里子被烧出了个大洞。师傅拍着我的肩膀说，好小子，多亏你机灵，要不就出大事了。

"棉衣总不能就这么破着穿呀，我媳妇发动许多同事，把大家捐出来的布条缝在一起，总算是把洞给补上了。这个立功的棉袄，后来又穿了好几年，直到换发工服时，才和它告了别。"

李老说："我这些当年的小事琐碎，不值得一提。那时候，大家的思想觉悟和工作热情，特别高，真是把单位的事儿看成是自己家的事一样重要，一样上心。"

▶ 红色传承

骨子里不缺少父辈的影子

讲述人：李 伟（李有春的儿子）

作为新一代的石油人，我从内心感恩父辈们用奉献甚至生命，诠释出了大庆精神铁人精神的内涵，感恩自己能生在这样一块有着光荣传统的热土之上，让我从小就受到创业精神的滋养，长大后再把这种与生俱来的传承实践在我的工作之中。

和父亲聊天时，我曾对他说，我遗传了他的认真钻研、一丝不苟的基因，让我在岗位上努力工作、精益求精，被评为了大庆钻探集团录井公司"杰出青年岗位能手"。

父亲总是笑着说："不管是遗传也好，传承也罢，哪一个年代都需要有志有为，为油田生产做出贡献，成为录井工匠、石油工匠、大国工匠的年轻人。一项事业，只有这样通过一代代的艰苦努力，才能达到它的辉煌，这也是我们个人作为其中一分子的光荣所在。"

我坚信这一点。

为看《红色娘子军》误了火车

回忆有苦涩，更有甘甜。50余年前的每一段往事，在李锦绣的心中，都显得滋味盎然。

到东北体验天寒地冻

1961年4月，正是早春时节。可萨尔图这片一眼望不到边的荒原上，仍然笼罩在冬日的阴冷之中。

一列火车启动而去，"站台上"留下了一对瘦弱的母女。她们就是刚从玉门寻夫而来的李锦绣和她6岁的女儿。

李锦绣

李老说："那时候，正赶上三年自然灾害。玉门不像咱大庆，地面上除了沙子就是石头，基本寸草不生，吃的菜和粮食，都是从外地运来，再按照计划供应给各家各户。按照职工32斤，家属26斤的标准分配。粮食不够吃，只好把一日三餐，变为一日两餐，勉强划拉饱肚子。营养不良，在当时相当的普遍。

"在萨尔图一下火车，套在腿上的几条裤子，一下子就被吹过来的寒风刺透了。说是站台，只是个平整了的土地，从火车的梯子上下来，离地还有点距离，需要背着大包小裹跳到地上。站房，在荒草之间，孤零零站在那里，四周无遮无挡，任着呼叫的冷风随意地刮来刮去，让人瑟瑟发抖。我当时就想：'这是什么鬼地方，这个月份了，还这么冷！'虽然老伴在我来之前，给我打过'预防针'，但没有亲身经历过，咋也不会知道这种东北的冷，到底是个啥滋味儿。

"来到方晓的住地，住处早就安排好了，是一个房门进入，分前后两间的干打垒，前间大，给了我们三口之家，后面那间是个小两口。说前间大，是因为屋里除了放张床，还能自己搭个炉子，靠着一面火墙取暖。炉子里烧的，是冻成块的原油。

"原油不好烧，烧前要烤一下，再放进炉子，要是直接往火里一扔，冰凉的原油突然遇热，会瞬间炸开，轻的，吓一跳；重的，都能把火墙鼓开，并不是好烧的主儿。

"外面天寒地冻,屋内的炉子得从早到晚一个劲地烧。当时就那个条件,身上不冻伤,就特别的心满意足了。"

为自给家属上阵开荒

"刚来时,住宅区还没来得及挖水井。生活用水都是各家就近挖个坑,取地表水用。那水有很浓的碱味,而且发黄,杂质多,得反复过滤几次,再沉淀沉淀才能用。就是这样的水,我们喝了将近2年多,直到居民区附近打了口深水井,才没有再喝到那种苦涩难咽的碱水。"

1962年开春,为了不给国家添负担,保证前线职工吃饱肚子,轰轰烈烈的大庆家属大生产运动,在战区的各个地方速度掀起高潮。许多家属响应会战工委的号召,纷纷走出家门,参加集体生产劳动,做个自食其力的劳动者。当年25岁的李锦绣,也和姐妹们一起,投入生产劳动之中。

当年有部享誉全国的话剧《初升的太阳》,反映的就是这一时期会战家属破除传统思想,勇敢地投入开荒生产劳动之中的故事。

"油建二大队的家属生产队,当年在油田总医院附近,后来,随着油建公司的北迁,搬到了现在的红卫星一带。当年,我们主要种菜和黄豆,每天清晨4点多钟就得下地干活,这个点,孩子还没有醒,怕他们起床找不到妈,就把他们反锁在屋里。我爱人呢,是单位的钳工,一个星期才回家一次,家里的事儿,基本顾不上,一切的事儿,都得我一个人来。总这样把孩子锁在家里,也不是个事儿。队里从安全方面考虑,找了几个年龄较大的家属,在她们家中成立个临时的托儿所,管吃管住,这一下子就把我们的最大问题解决了。

"我们当年的生产劳动的收入和农村一样,记工分。一年下来,出满勤,年底能一次性发到300多块钱。这种'年薪'比起职工的月薪发放,看起来更加的惹眼,更感到喜悦,所以,对这点工分,我们格外的珍惜,不是病的或者累得实在起不来床,都坚持着每天上工劳动,不管多苦、多累,坚持把挣满工分当成是自己的一种荣誉,当成让姐妹间羡慕的本钱,也体现出了自己为石油生产做好后勤服务的贡献,感到非常的自豪。"李老回忆道。

看电影误了回程火车

当年的战区,地域广阔,文化生活相对单调,看场演出啥的,都要走很远的路才能欣赏到。要是听说哪有露天电影,那更是成群结队,一睹为快。

当年的露天电影

"到1965年,我已经是3个孩子的妈妈了。那时候的孩子早立事,我家老大七八岁,就能替父母做饭,照顾弟妹,自己带饭上学,这减轻了我大部分的家庭负担。

"我那时候年轻,爱说、爱笑、爱文艺,特别喜欢看电影。一天下来,不管累成啥样,只要听说哪有电影,我们这些相好的姐妹,都会一下子打起精神,步行几十里路,去赶这个场。孩子们呢?哈哈,因为他们还小,一说有电影,他们一定争着去。可是路太远了,走累了,一吵着回家,看电影的好事就泡汤了。为了避免这样的事情发生,我们就撒个谎,说是晚上生产队要学习,让老大看好弟弟妹妹,就和姐妹们走了。也是那时候年轻,想得少,光顾着去看电影,根本没考虑孩子们独自在家,会有什么风险。

"当年,萨尔图这没有商店,买酱油、醋,要搭乘闷罐火车去安达。有一次,我们几个好姐妹相约去安达买酱油、醋,半路上听说安达的电影院上映《红色娘子军》,我们姐几个心都活了。看不看?集体的答案是必须看。这样,我们几个人提着大瓶小罐一路欢笑的直奔电影院。电影是看完了,可最后一趟回大庆的火车却开走了。那时候,电话少,虽然联系不通畅,家里也知道我们是搭伴走的,也不咋担心。我们也没办法,几个人找到当时还在安达的油田设计院的一个姐妹,在她家混了一宿,第二天才赶上最早的一班火车回了家。"

李老说:"那时候苦是真苦,但给我们带来的喜悦和幸福感,是什么也代替不

为看《红色娘子军》误了火车

了的,就是现在回想起来,也特别的怀念。"

▶ 红色传承

让人羡慕的苦乐年华

讲述人:黄 利(李锦绣的外孙女)

没有生在创业的年代,没法体味姥姥她们心中的那份苦与乐。但从她每每讲起当年过往时的表情,就能看出她发自内心的喜悦。他们那代人,用自己无私的奉献,在自己平凡岗位上,实现了他们心中对美好生活的憧憬。

人常说,经历是享用一生的精神财富。我想,姥姥在石油会战中的一个个动人的场景,一个个苦涩、幸福的经历,造就了她多彩的芳华,这是她的回味之缘,也正是我们传承之处。

一个瞌睡　让吕成林铭记一生

吕成林说，他是幸运的。来油田时，吃饱肚子已经不是问题，而且工作的艰苦程度比起先前好了许多，那段岁月也留给他太多温暖的回忆。

18岁一心向油田

吕成林与油田的缘分，可谓一波三折。

吕成林

"我能来大庆，多亏了我的姥爷。我的母亲，对我当工人的想法坚决反对。因为我长到18岁，没出过力，即使出外捡个柴火，母亲都要让弟弟和我抬着回家，其他的活基本都不让我伸手。邻居看不下眼，说母亲偏爱我、娇惯我。所以，当工人，出大力、受大累的事儿，母亲是断然不会同意的。非常强势的母亲，早早就给我规划了人生，那就是'两亩地，一头牛，老婆孩子热炕头'。再一个，我当时初中还没有毕业，学校有明文规定，在校生不准参加招工报名。这让心里发痒的我，踌躇良久。"吕老说。

"母亲的'高压'加上学校的'禁令'让我眼巴巴地看着招工报名进入最后一天。大清早，姥爷来了。看我愁眉苦脸，闷闷不乐，就问我为啥？我把想法一说，姥爷沉吟了半晌，对我说：'你当真想去当工人，不怕吃苦？'我说，自己都想好了，不想在这小县城里混一辈子。姥爷竖起大拇指，夸我有志气，愿意背着母亲，偷偷帮着我把手续办了，这下我乐了，一下子从床上跳到地上，抱着姥爷直蹦。我偷出了母亲藏在箱底的户口本，姥爷跑医院、跑派出所，又去学校打招呼，只小半天的时间，招工需要的一切手续都拿到了手。等母亲得信儿，跑来阻止时，一切都办利索了。既然没法挽回，母亲也只能整天以泪洗面，给我做好里外三新的棉衣裤和行李，每时每刻埋怨着姥爷不该把我往'火坑'里推。

"1964年12月21日，我来到了大庆，被分配到采油指挥部的南四队当上了采油工。这时候，大庆的生活条件改善了很多，吃饱饭已经不是问题，但主食大多是苞米面粥、窝窝头、冻白菜汤。按理说，那个年头，大小伙子能填饱肚子就不易了，但对我们这些来自鱼米之乡的孩子来说，这样的饭菜，还是难以下咽。加上很多年轻人对大庆的工作强度估计不足，在家又没干啥重活，粗粮难咽，身体透支，元旦、春节临近，同来的许多青工中想家、逃跑的情绪一下子蔓延开来。"

一顿饺子解千愁

"当年的南四队的宿舍，窗口能看到铁路上穿梭的火车。1965年的元旦那天，我刚下夜班，走进宿舍，发现一个小老乡，趴在窗口，看着鸣着汽笛远去的火车流眼泪。他看见我，哭着求我说，我想家了！这活太累了，生活也不好，不如咱俩回家吧。他这么一说，触景生情，我也和他一起哭了。哭了一会儿，我说：'既来之，则安之。在哪干活，不得吃苦呀，这点苦，不比创业时候强多了，我还能坚持得了。日子会一天天好起来，再说大庆以后一定有发展，我不想就这么当逃兵……"

吕老说："队里的领导看出了这个苗头，为了给我们这些第一次离家在外的游子一个家的温暖，队长、书记在物资匮乏的条件下，特意托人买了一斤糖，还有瓜子和花生，把我们这些窝在宿舍里、情绪低落的青工们叫到会议室，开了个茶话会，人人出节目，把我们这些年轻人的情绪一下子调动起来。食堂还特购了面粉和猪肉，配上自产的白菜，实实惠惠为我们包了顿饺子。

"天寒地冻，心有牵挂的我们，被桌子上一盘盘热气腾腾的饺子熏热了。你抢我抢，一盘盘饺子，分分钟见了底，就这样，盛饺子的盘子是没了上，上了没，食堂里的忧愁气氛，一下淹没在我们的欢笑与打闹之中。那顿年夜的饺子，吃得是那么的香，以至于多少年来，想去寻找这个味道，始终都没能如愿。"

都是瞌睡惹的祸

"三老四严""四个一样"以及岗位责任制、交接班制、干部巡回检查制等一系列严格的制度规范，形成了石油会战中独特且有效的企业管理方式。工人按章操作，干部按章巡检，条条规范写得清清楚楚，不存在一丁点的含糊，不留存一丁点的私情，有事必讲，有错必纠，已经成了油田各个行业中的习惯，直到今天，仍在有序的延续中……

"那时候，干部的岗位巡检是相当严格的。比如，井房里的设备要一尘不染，到个啥程度呢？干部每次检查，都带上白手套，在设备上摸，手套上不能脏，哪怕是一点点，也算不合格。设备上刷的漆，要平整光滑，不能有掉漆、粗糙的地方，采油工自检时，发现这些问题，要马上用砂纸把粗糙、掉漆的地方打磨光滑，然后再补刷完整，才算合格。接班的时间呢，更是不能有半点的迟误。因为当时经济条件所限，许多工人买不起手表，为了交接班的需要，队里给每个班配了只马蹄表，一来看交接班时间，二来，提醒每隔一段时间，要巡检一次。这马蹄表自然成了倒班工人手里的'走马灯'，谁接班，谁拿着用，下班了再交给接班人，这其中就难免出现个交接的时间差。为了按照规范准时准点赶到岗位上，免去因时间差可能造成的空岗情况，我自己省吃俭用，买了只马蹄表，严格掌控工作时间，不让自己的工作有一丝的疏漏，但是百密总有一疏的时候。

"那天，我上零点班。前一天，我们队里进行了一次施工会战，一直干了个通宵，精疲力竭的我，本想补补觉，可是都让队里安排的大大小小的杂事给耽误了，所以，一直迷迷糊糊就接了零点的班。清完了蜡，做了必要的巡检，坐在椅子上想歇一会。哪知道这一歇，瞌睡虫上来了，上眼皮直打下眼皮，最后眼睛就闭上了。也就几十秒钟，感觉有脚步声传过来，我一个激灵睁开眼睛，发现指导员推门进来了。我赶紧站起来。指导员严肃地对我说：'小吕，你睡着了吧？'我想，这下坏了，让领导发现了。我没有辩驳，就点头承认了。而且，当着指导员的面做了深刻的自我检讨。指导员啥也没说，点头走了。听着指导员的脚步走远，我的心开始忐忑起来，懊悔自己不该在岗睡觉，违反了规定，盼望着指导员能网开一面，对我睡觉的事小事化了。可第二天早上8点，接班的队友告诉我，早会上，指导员公开批评了我睡岗的问题，并要求各班组举一反三，严格规章制度，不再允许睡岗事件再次发生。唉，一瞌睡成千古恨呀，这次睡岗事件，不仅让我丢了面子，当月的奖金也因此泡了汤。这件事让我记了一辈子。

"那时候的人，就是这么的一丝不苟，对事不对人，坚持规章制度不讲情面、不徇私情，一切出于公心，就是因为有了这些严细的制度和严格执行制度的人，才使得油田的生产管理成为全国的标杆。"吕老说。

优良传统将由我们传承

讲述人：吕洪涛（吕成林的儿子）

国有国法，家有家规。企业更要有一整套适合自身发展的"金科玉律"。作为生产于20世纪60年代初，因一把火烧出的、全国闻名的岗位责任制，虽然跨越了半个多世纪，但今天仍在油田安全生产中发挥着不可或缺的重要作用，足见它生命力的长久和管理方式的先进性。

作为父辈的接班人，我们接过的不仅仅是这个班，也同时接过了从他们亲身经历中总结出来优良传统。创业年代，大庆石油人为了管理好这个世界级的大油田，发挥了超人的智慧，从实践出发，创造性地发明了岗位责任制，使它在油田的安全生产中发挥了重要的作用。今天，在新的历史时期，我们更应该有能力、有信心传承和发扬岗位责任制的优良传统，让它在我们这一辈手中，坚持下去，发扬光大。

"昂贵的"馒头 一毛钱一个

段秀梅自己太普通了,普通到没啥可说,没啥故事可讲。可说着说着,往日的回忆,还是浮现出了动人的故事。

"昂贵"的馒头

段秀梅

大庆油田创业初期,成千上万来自五湖四海的石油工人们,在粮食极度紧张的情况下,实行"五两保三餐"制度。一线工人如此,随迁而来的家属粮食供应更加捉襟见肘。

段老说:"我来油田是 1964 年冬天,那时我刚怀孕,因为没有地方住,只好寄宿在一个远房亲戚家,自己不开火。三餐靠爱人从单位食堂打回来。

"一天,爱人因前往油田一线,没能及时把饭送回来。到了饭点,亲戚礼节性地让我跟着吃。当时每家都吃定额的粮食,我一看,他家几口人的饭都不一定吃饱,我再分走点,他们就得有人饿肚子。虽然肚子饿得发慌,我还是说'还没饿'。不吃人家的,一旁看着两家都尴尬,我就借故出了门。

"唉,肚子饿,外面冷,穿得再厚,浑身都打哆嗦。为了不冷,我就围着这片住宅区绕圈。绕着绕着看到个卖馒头的,热气腾腾,看得我肚子里更饿了。

"上前一问,一毛钱一个。一毛钱,在那个职工一个月工资只有二三十块钱的年代,算是笔不小的开支。我一掏兜,兜里空空的,一分钱也没有,真想大哭一场。可被寒风冻僵了的脸颊,根本配合不了哭的动作,只觉得两行还有温度的泪水流下来,瞬间就又冻成两道冰线……

"冬天的傍晚,已经黑得不见五指,我准备往住处走。当时才来没几天,我对环境不太熟悉。一抬头,眼前的这片平房都一样,当初是从哪个路口出来的,也不记得了。

"这可咋办啊! 我就按着大致的记忆,挨家挨户通过窗户找亲戚。一家,不是,又一家,还不是……正当我又冻又饿绝望时,传来爱人叫我的声音。他送饭回来等了好久，不见我回家，怕我迷路，就找了出来。见到亲人，委屈的我，扑到爱人怀里，哇的一声大哭起来。"

奢侈的"月子餐"

不久以后，因为段秀梅怀孕，丈夫的单位先给他们临时分了个"房子"。这"房子"，是个20多人同住的大通铺宿舍，"每家"的分隔，不是墙，而是一条条挂起来的床单……

段老说："虽然是这样一帘之隔、四面通风、无秘可守的大通铺宿舍，但毕竟是我们自己的家了。宿舍离食堂远，饭，得自己做着吃。宿舍的一侧，搭着一个做饭的炉子。炉子就一个，到了饭点，每家要带着洗好的粮食和菜，排起长队等着做饭。

"我挺着个大肚子，起初，大家相互不认识，但姐妹们还是看在我怀了孩子的面上，只要我到，都让我优先插队做饭。

"后来，大家熟了，你帮我，我帮你的事儿，就成了家常便饭。随着我的肚子一天比一天大，这种做饭的优待上升到了特殊待遇：不但不排队，去晚了，还有人来叫一声。

"要生产了，宿舍离油田的卫生所和医院都远，附近又找不到合适的房子，于是我宿舍的床上就成了'产房'。人都说：只有享不了的福，没有遭不起的罪，准备上酒精、碘酒和一锅热水，已经是当初能够达到的最好的条件了。

"孩子生下来，产妇坐月子。爱人和同事们都急着出去找有营养的东西给我吃。

"可是那时候，商店的货架子上即便是有营养的东西，也是凭票供应。有钱，没票，你也买不到。想到农村买点母鸡、鸡蛋、小米什么的，要坐火车去。后来，好不容易，爱人弄了点小米回来，天天给我熬粥，就算我最奢侈的'月子餐'了。"

愧疚的"妈妈"

1965年的春天，段秀梅因为责任心强、为人和善、手脚勤快，被分配到托儿所，当上了一名俗称阿姨的保育员。

会战初期，为了不拖生产的后腿，不给同事的工作增添负担，许多女职工，没等休满产假，就要回到岗位上工作。几个月大的孩子，只好委托给托儿所的阿姨看护。在当年的老照片中，就会看到，身穿白大褂，头戴白帽子的阿姨们，在一排排的婴儿床间巡回。哪个孩子哭了，马上抱起来哄哄，睡着了，再放回小床上……

"那时候，为了解决一线职工的后顾之忧，不光是看孩子，和孩子有关的所有事儿，阿姨都包了。"段老说。

"尿布,每家都要准备一沓,孩子尿了、拉了,换下来,马上洗干净,然后,再像三角旗似的,挂满整个院子,晾干叠好,等家长来接孩子时,拿回去直接就能用。"

那个时期,油田开展专项大会战,一会战,孩子的父母就不能准时来接孩子,有时,会战结束太晚了,索性就把孩子寄托在托儿所中……

"这样的事儿,当年并不少见。而且在我们所入托的孩子家长,大多在一个单位工作。接,一起都接走;忙起来,许多孩子都会寄托在所里。这就需要这一班的阿姨,延长自己的工作时间,甚至要在所里工作通宵。遇到这样的情况,所里各班的孩子都要集中在一起。我们常常是左手右手各抱一个,左脚右脚各踩一张摇床,不停地上下齐动,把四个孩子哄睡。然后再抱起四个孩子,重复这样的动作,直到孩子们都安静地睡去,才能轮班休息一会儿。

"可是,我们这些阿姨也是母亲,也有自己的孩子,也有对孩子的牵挂,他们也同样需要母亲做饭和安排起居。如果自己的孩子也在所里入托,那还好办,可那些已经上学的、父亲又在单位忙的家庭来说,孩子们得养成这样的习惯,一看到了下班点,父母都没回家,或是去邻居家混上一口饭,或是自己动手在家热点剩饭,自己照顾自己。他们要学会承受比同龄人更多的家庭琐事,这让我们这些做父母的至今都很愧疚。"

每个人都有特有的、珍贵的记忆,也许正是这些当年的艰苦与执着,才使得他们的人生更加丰满,才使得他们为之奋斗的事业更加值得记录。

▶ 红色传承

每个人都很了不起

讲述人:徐伏虎

正像段老开始讲的那样,她的会战故事,过于普通,过于"不值一提",然而,正是这样看起来普通的经历,却让她看似平淡的青春,散发着耀眼的光彩。

在全新的时代,我们这辈人应永葆初心,传承和发扬石油会战人留给我们的最为宝贵的大庆精神铁人精神,并为两朵精神之花赋予更丰富、更先进、更适合新时代发展要求的全新内涵。

征途漫漫,唯有奋斗。让我们新一代的石油人,携手奋进,书写更加辉煌的篇章。

"昂贵的"馒头 一毛钱一个

为洗把脸 上演偷冰囧途

赵树举

赵老是个怀旧的人,一些值得纪念的老物件,都保存完好。挂在衣服架子上的长毛狗皮棉帽,穿在身上的羊毛大氅,至少陪伴了他50年,这也成了他参加石油会战的一个历史佐证。

"你要啥吧,要啥,我就给你讲啥。"别看赵老已80多岁高龄,对60余年前的会战故事,仍记忆犹新,如数家珍。

七双胶鞋全"报销"

赵老是个生活极其节俭的人,退伍前,积攒了7双崭新的胶鞋,这在缺衣少穿的年代,可是名副其实的"富翁"。

本想着这些宝贝怎么也够穿七八年的,没想到在创业初期一场场艰苦的会战中,仅用了两个多月,7双胶鞋就全"报了销"。

"咱们说说这些胶鞋是怎么没的吧。那时,哪里的任务最艰巨、活最苦、最累,我们这些来自部队的退伍兵就顶在哪里。

"我1960年随队来到油田时,正是各路大军齐聚萨尔图展开会战的时候。一列列货运火车,接续而来,因为当时油田的吊车紧缺,拉运设备的车辆又少,许多油田急用的机械,有的只能暂时卸在站台上,或者等在列车的厢板上。

"为了让这个深藏在地下的大油田早见天日,石油工人们争分夺秒,像王铁人的队伍一样,不等不靠,硬是把60多吨重的钻机,从火车上卸下来,再一米一米地挪到指定的井场。在铁人精神的感染下,我们这些退伍兵,也全力投入到人拉肩扛的洪流之中。

"那时候,只要有利于石油生产,再苦、再累、再难,即使超过身体负荷,也没二话。

"一次,一口油井即将投产,可还有22根油管在3千米以外。嘎斯车要把它们运进井场,得经过一段泥泞的沼泽地,很容易陷进泥里。时间不等人啊,我和一名战友主动担起了这个任务。一根油管足有9米长,百十斤,为抢时间,我俩一次抬两根。这油管一走一颠,沉重无比。虽说我们两个当时都是棒小伙,可是这样的重量加在身上,还是不住地打晃,更何况脚下都是稀泥,一踩一滑,穿着防滑胶鞋,但一点作用都不起。为了行动一致,我俩就一边喊着号子,一边低头照顾脚下,硬是用两副肩膀,把22根油管扛进了井场,保证了原油外输的时间。可是,再看脚下的胶鞋,底子被草根子划破,结实的帆布面,也都是伤,只能依依不舍和它'拜拜了'。"赵老回忆道。

"偷"冰之旅成"囧途"

交谈中,我们注意到赵老的棉裤裤腰又高又厚,就问:"您腰不好?"他说:"老毛病了,腰椎间盘突出。""与那些年的人拉肩扛有关吗?"赵老说:"嗯,有点关系吧。"

幽默的人,总有故事。

"偷"冰?难道冰在那个困难时期,也属于紧俏物品?

"那可不!我们刚来的那个冬天,天寒地冻。门前想挖出点临时用的地表水,根本不可能。吃喝用水,能糊弄就糊弄,洗脸,干擦也解决不了问题。那段时间,我们每个人都像不用化妆的黑脸包公。

"吃不饱,喝不上水都能克服,咋也得注意点个人形象吧!队长实在看不下去了,听说离我们不远的油建指挥部,用专车从远处的泡子里,运回了不少冰块,就给了我一个任务——'偷'冰!"

"'偷'字挺难听,为啥就不能开口要一块呢?"

赵老笑了,说:"那时候,啥都是宝贝。一切交通工具,都用在生产一线上,能抽出时间拉车冰,就连油建指挥部的自己人,都不一定人人摊得上,所以,说'偷'并不过分。

"'偷'前,周围的地形、冰放的位置、看护人员的巡逻时间啥的,白天都'侦察'清楚了。晚上,我就开始行动。穿过简易围墙,接近冰块堆放地点,一切顺利得异乎寻常,这让我心里产生了些许不祥的预感。正当我悄悄拿起冰块转身要走时,一声断喝'放下'!把我吓着了。

"我被几个大汉推推搡搡进了保卫科,看到我满脸黢黑,就问我是哪来的,赶紧交代偷冰的行为。好汉不吃眼前亏,我马上老实坦白了自己是采油指挥部的,来偷冰就是为了把脸洗干净。

"这个理由现在看来,是个玩笑,可在当时这种说法非常真实。为了确认我的身份，保卫人员给我们单位打了核实电话。队长一听，马上跑过来赔礼道歉。

"一进屋，队长差点笑喷了。他后来埋汰我说，那真是惨不忍睹。我蹲在一个旮旯里，满脸黑乎乎的，身上的棉袄油污一片，要不是有时动一下，还以为是个煤堆呢。"

罗马表换回俩萝卜

"一看真是兄弟单位的，油建的保卫人员还真给面子，一个劲儿地安慰我。为了消除误会，他们还特意挑了块最大的冰块，送给我俩，也算是没有空手而归吧。

"洗脸，在那个艰苦的年代，算是件挺奢侈的事。我们有时就一二个月不洗脸，可一二个月，甚至更长的时间填不饱肚子，问题就大了。那时候，大家见面的口头语都是：'吃了吗？'

"我就亲眼看到过玉门来的老师傅，在萨尔图火车站附近，用180块钱的罗马表，换了两个冻萝卜。

"那时候工作量大，每个人都为能拿下大油田拼了命地工作。工作累，肚子还饿，有钱也买不到吃的东西，罗马表换萝卜这种在现在看来的不等价交换，在那个年代并不少见。

"当时，油田上还没有组织粮食生产，粮食之外的替代品，只要吃不死人，啥都往肚子里填。附近农民私卖的月饼、面饼、玉米面大饼子，平时喂牛的甜菜疙瘩，草原上随处可见的野菜……只要有人卖，只要能发现，就是个一扫光。

"在那个有钱买不到东西的年代，只要能换到东西，有啥舍不得的，毕竟人活着，啥都会再有，一旦人没了，留这些身外之物，还有啥用？"

"找媳妇，先下手为强""谷堆里睡没了性命""菜窖里'隐居'趣事""勇救井场大火"……赵老的故事，讲了一个又一个，令人听得欣喜、遗憾、揪心，但无一不让人感动万分。

▶ 红色传承

乐观的父亲

讲述人：赵春玲（赵树举的女儿）

父亲是个乐观的人，在我的印象中，他没有愁事，就连艰苦的会战故事，在他嘴里都讲得妙趣横生。

人在最困难的时候，需要乐观来支撑。缺衣少吃时，他的一些战友连行李、户口都不要了,跑回了老家。他却乐观地想着,不会总这么困难,美好的生活就是先苦后甜才有味道。人家都把自己遇到的囧事,藏在心里,他却乐于给人讲这类事儿。他说:"那怕啥,这是那个特殊年代的另类故事,不能老说好听的,这些真实发生的事,也是被逼无奈,要不谁会无事生非呢?"

感恩父辈们的这种乐观,给了我不少战胜困难的勇气,给了我另一个角度想问题的思维。

油田进入新的时期,各种各样的困难也会不断出现,作为堪当大任的新一代大庆石油人,要乐观积极地面对困难,勇于创新,就像习近平总书记说的那样:"每个人都了不起!"

为洗把脸　上演偷冰囧途

女宿舍的夜间大保镖

姜淑芹

曾经是运动员的姜老,虽已是耄耋之年,但精神矍铄,红光满面。她乐于接受新事物,爱自拍。蓬松的银发,与时尚的自拍背景形成鲜明的碰撞,这,和她的会战故事一样,充满趣味。

姐妹需要的"女保镖"

姜老一直记得,1963年7月15日,从哈尔滨电力学校毕业分配到龙凤热电厂的这一天。

"一下火车,眼前一片荒凉。我们背着行李,从当年的龙凤火车站,向龙凤热电厂的方向走。"姜老说。

"那是一条'水泥'马路,因为这条路上除了水,就是泥巴。好在'水泥'底下是硬壳,走起来,还不至于像周围的沼泽地那样,靴子陷在里面,拔不出来。

"我们在这样的泥水中,走了近40分钟,终于见到了龙凤热电厂的'身影':厂房、设备、干打垒宿舍,都和我们将要从事的事业一样,是全新的。

"宿舍不小,上下铺,住了四五十个姐妹。

"怕味大,简易的厕所设在室外较远的地方。说它简易,就是原地挖个坑,上面搭两块板,周围用苇帘子一挡就成了。就因为这个厕所,我成了姐妹们的香饽饽。为啥呢,这和我的运动员经历有关。

"我的老家在齐齐哈尔,是有名的体育之乡。因为家乡的体育活动开展得红红火火,所以我在中学时,就参加了垒球运动,还因为表现突出,入选进齐齐哈尔体训队,并随队参加了1959年的第一届全运会,取得了全国垒球比赛第八名的好成绩。后来,回到齐齐哈尔的我,因此被特招进了齐齐哈尔市电业局,在那又考上了哈尔滨电力学校。上学期间,还代表哈尔滨电力系统,参加了全市篮球比赛,获得了第一名的好成绩。所以,身强体壮的我,在龙凤热电厂的姐妹们眼中,成了有名的'体育棒子'。

"'体育棒子'也不是白叫的，晚上，室外漆黑一片，胆小的姐妹们要上厕所，需要找人陪着去。而这个人一般都是我，天长日久，就成了我夜间的'常态工作'。这一晚上起夜的可不是一个两个，你想啊，一屋住四五十人，一晚上至少也得有十来个人上厕所的，这个拍拍你，那个拉拉你，我这个觉啊，睡个稀碎……"说到这儿，姜老哈哈笑起来。

参加第一届全运会上的姜淑芹

"老这么叫你，总是睡不好，你不急眼吗？"听到我们问，姜老一本正经地说："急啥呀，那时候觉得自己能为姐妹们做点事儿，很光荣、很自豪，没啥怨言。"

免费练出的"理发师"

几乎与大庆石油会战同步，一场轰轰烈烈的学雷锋活动，在中华大地上铺展开来。学雷锋小组、学雷锋班组等在全国各行各业中建立起来，当年的龙凤热电厂也不例外，姜淑芹等一批年轻人积极报名，成了厂里学雷锋活动小组的成员。

当年，龙凤热电厂远离繁华地带，理发，成了男职工生活中的一大难题。

在电力行业中，头发长不但不被允许，而且还不符合操作规程。出于这一点，姜淑芹把业余时间和精力都用在了学习理发。

姜老说："那时候学雷锋活动刚在全国开展，作为年轻人，谁都不愿意落在后面。我之所以选择理发，也是想为同事们做点力所能及的事儿。理发是个手艺活，看着拿个推子，咔嚓咔嚓挺容易，但理出个适合脸型、长短错落的发型，没点功夫，真就玩不转。

"大家巴不得能有人给理个发，更何况就在本单位。第一次，同事们一个个排着等在那，整得我挺紧张。大家都安慰我，'没关系，大胆来，推平头不成，来个秃头也不埋怨你！'

"大家都听过传统相声画扇面吧，那个假画家，说要给人在扇面上画个宫女，画坏了，改成张飞，又不成，最终涂了个黑扇面。我的理发'功夫'讲起来也和这个差不多。多少同事在我的这双手上，长发变短发，短发最终剃成了秃子。我爱人，当时还在和我谈恋爱，他的头发，在我手里也没能幸免。

"这么多同事的积累，让我的手艺越来越纯熟。从龇牙咧嘴配合，到主动来找我理发的越来越多，我理的发型也从单一的平头，变换出多种时髦超前发式，好多年轻人，也乐于让我给他们设计发型。

"这一理，半个世纪过去了，现在我退休了，可这门手艺一直没丢。一到春夏，我就在小区内为居民们义务理发，发挥点余热吧！"

热锅炉内的"连襟倒"

姜老当年工作在热电厂锅炉分厂本体班。"本体班"是个什么班？姜老对它的解释是，如果把一个锅炉假设为一个罐体，那么"本体班"的工作，就是负责整个罐体内的维修。

"咱们这儿的水含碱高，锅炉管道内壁极易结垢，不及时清理，容易发生暴管停炉、停产的风险。所以，管道酸洗，清除污垢，成了一项常态的工作。

"管道酸洗除垢，是不能等到锅炉完全冷却后再进行的，冷却了，污垢就死死地贴伏在管壁上，清理起来就困难了。"姜老说。

"锅炉的炉温，通常能达到1800摄氏度左右。清理前，要等炉温降到四五十度，人从一个椭圆的口进入炉体内部，然后，将一根根脚手架的铁管送进去，搭成人行通道，方便清污。

"炉内四五十摄氏度是个啥概念，大夏天，气温三十五六摄氏度，与体温相同或高出体温，人就受不了，这还得说是在开放的空间里。炉内的四五十度，是在一个相对封闭的空间里，散热极慢不说，在那种空气中呼吸，人会有要窒息的感觉。"

"那时候，工作不分男女，只要在岗，多恶劣环境下的活儿，都得硬着头皮上。往炉内一钻，一两分钟全身的衣裤就成了贴在身上的'水裤'。男同事还好，进到炉内可以光膀子，女同志没那优势了，只能穿着件叫'连襟倒'的防尘、防静电的衣服。

"这种衣服没有扣，代替扣子的是衣襟两边的两条细带，相互打个活结而已。为啥这么弄？是怕扣子意外掉进炉内的管子中，造成汽轮机报废。

"炉内的管子，正好和人的胳膊粗细相当，酸洗后，如果仍有残渣，就得靠人戴着防腐手套，把污物一点点抠出来。那东西经酸一洗，就像大酱汤，不仅脏，味还大，而且含酸，稍不留神，溅到皮肤上，烧得生痛硬化，但没有一个人因此嫌弃这个工作。"

▶ 红色传承

那个年代的人，真拼

讲述人：孙莉莉（姜淑芹的女儿）

那代人也是真拼，为了保证油田的正常生产，他们没黑没白地工作在岗位上。

我大姐出生后，就是因为父母工作忙，没有照顾她的时间，把她送回齐齐哈尔的姥姥家，一直在那里上学，并在那参加了工作。

我的父亲在热电厂的一次事故中被烧伤，治好后，回到岗位，为不给组织添麻烦，愣是没有报工伤。

父母们就是这样，对那个年代的艰苦工作无怨无悔，因为在他们心里，有一种自豪，有一曲用青春年华谱写的创业之歌。

我也常想，作为他们的后代，要传承他们怎样的精神呢？那应该就是干一行，爱一行，精一行，谱写无愧于油田新时代的奋斗之歌吧。

铁人就像自家大哥

杨凤池

能和自己崇拜的偶像一起工作，是幸福的。杨凤池，就是一个幸福的人。

在老家时，他就总在收音机里听到铁人的事迹，知道他一下火车，不问吃，不问喝，开口就问"钻机到了没有？井位在哪？钻井纪录是多少？"的工作热情；也知道他在没有吊车的情况下，带领全队人拉肩扛，硬是靠肩膀把钻机运到井场，并喊出了"有条件要上，没有条件创造条件也要上"的豪言壮语……年轻的心，被一次次震撼：这才是最该崇拜的偶像。而让他激动不已的是，他通过招工来到大庆，不但见到了自己的人生偶像，而且还工作在他身边。

亲如大哥的铁人

"我1964年来到大庆时，被分配到了钻井装建大队。火车上，我们这帮年轻人都非常兴奋，等安顿好了，身心一放松，一个个躺在那，都呼呼大睡起来……"杨老笑着说。

"大家都起来了！大队长来看你们了！当大伙在叫声中，睡眼惺忪地坐起身子时，一个壮汉掀帘进了帐篷。他看了看大家，笑着说：'小伙子们，都睡得好吗？我是王进喜……'谁？王进喜？我本来眯成一条缝的眼睛，一下子睁大了。'铁人！'我下意识地脱口而出。'什么铁人泥人的，王进喜嘛，和你们一样的人嘛！'没想到铁人这么幽默，这样的平易近人。我们赶紧下了床，围在铁人身边。陪同铁人来的干部说：'大家别挤，也别急，也别围，这是咱们大队长，跑不了，以后咱们就在一个锅里搅马勺，抬头不见低头见。'铁人和我们每个人都使劲地握了握手说：'既然来了，就积极投入工作。现在，咱们这的条件还比较差，但我希望你们能在这艰苦的环境中锻炼自己，别被眼前的困难吓倒，成逃兵！'我们都说，跟着大队长，一定好好干，为建设社会主义添砖加瓦。铁人憨憨地笑着，对大家的回答非常满意。铁人走后,我们还沉浸在热烈的气氛中。一个同伴说:'铁人和我心中想象的那个人对不上号,不是一脸严肃,一点架子也没有,和咱们说话,亲得就像自家大哥。'他这么一说,大家都有同感。

"还有一件事儿,也大大超出了想象。大家都知道,铁人队长在实践中发明了一套钻机整体搬家的方法。

当年井架整体搬家的情景

"原来井位搬家,需要拆井架,然后把井架分段运到井位上,再重新安装,立起井架。这些工序下来,最少也需要3天,而老队长的井架,让我们这些刚入行的小伙子们大开了眼界。"

没有官架的公仆

杨老继续讲道:"来油田时,我们也观摩过钻井队搬家的整个过程,惯性地认为这种分段拆装井架的运输方式,就是一个不可更改的固有程序。可老队长不信这个邪。

"他对我们讲,什么都不是死规矩,有些规矩要由更先进的方式方法来打破。为了尽早拿下大油田,我们要把时间掰成两半甚至三半用才行,这么拆了装、装了拆的搬家方法太耽误时间。他说，在玉门时，他们就成功地搞过钻机整体搬家，但这个方法也不能拿过来不论证就蛮干。他把技术人员、老工人找到一块，说出自己的想法，大家开了'诸葛亮'会，并实地进行了勘察，认为老队长的搬家方法可行。

"试验整体搬家那天，特别热，我们开了12台拖拉机，挂1挡，轰着大油门缓慢前进。你想呀，12台拖拉机一起轰鸣，现场啥也听不见。为了压住阵脚，老队长就拿着两面小红旗，在烈日下指挥。就这样，高大的井架服服帖帖地被我们拽出了300多米，成功地实现了当天搬家、当天开钻的新目标。

"试验成功了，我们这些参战的小伙子们，兴奋得不得了。看到我们热得背心都能拧出水，老队长就命令我们到阴凉的地方休息。我们躺在树荫下，七嘴八舌地聊起来，都为老队长打破常规、敢于实践的精神竖起了大拇哥。一说起老队长，四下一看，老队长呢？我马上站起来去找。眼前的一幕，让我至今记忆犹新。

"老队长正顶着烈日拿着抹布，一台台地抠拖拉机履带里的泥巴呢。'队长，您乘凉休息一会，这活我们来干！'老队长抬头笑笑：'什么你的我的，年轻人多休息，才能更好地工作嘛。我没别的事，闲着也是闲着，干点活，出点汗，更凉快啊……'

"看我半天没找回老队长，同伴们也找过来，看到眼前的一切，大家是既惭愧又自责，抢下老队长手中的棍子，硬是把他拖到阴凉处，才罢手。说句实在话，我们没有想到战区标兵会这样以身作则、体贴下属，不把自己当成官，要求工人做到的，他首先做到，老队长第一次让我看到了，什么是人民公仆。"

维护年轻人的老队长

在党的九大上，铁人王进喜当选为中央委员。地位高了，但他仍然像普通干部一样，下到基层了解工作进展，指挥油田生产。

"那是一个夏天，我们在野外打井，恰巧老队长来我们队了解情况。中午，食堂给每人送来两个面包、一碗汤。因为相互特别熟悉，老队长和我们都蹲在一人多高的芦苇地里，边聊边吃。

"这时候，有两个刚来的毛头小伙子，打饭不时一路打闹，不想被脚下的芦苇绊倒了，碗里盛的汤一下子全泼到了老队长的肩上。这下，不光是小伙子趴在地上懵了，我们现场的这些职工也不由自主地站了起来。

"你要知道，那是大夏天，穿得都少，这一碗热汤泼上去，很容易烫起泡。我们赶紧跑过去，帮老队长把衣服脱下来。

"被推到老队长面前的那个年轻人,这会儿脸也吓得煞白,队领导不停地数落着:'闹也不分场合,还把汤泼到中央委员的肩上,狠狠处理你!'那个年轻人一个劲地道歉,希望老队长原谅他。

"没想到铁人冲着那个干部说:'莫吼吗,他也是不小心!我又不是泥捏的,泼点汤能化了?'说着笑着转向那个年轻人,拍拍他还在颤抖的肩膀,轻描淡写地说:'没关系,下次注意,去吃饭吧。'看到年轻人的碗里没了汤,他还要倒点给他,年轻人更囧了,连忙说:'我家有。'这一弄,现场紧张的气氛一下子被笑声缓解了。"杨老说得很开心。

半个多世纪过去了,杨老经历了许多大事件,他和我们前面所提到的卢雪莹、刘书勤一样,参加了在中国革命历史博物馆举行的《大庆展览》,还曾用轮椅推着张思德的母亲,为她细致讲解石油会战的整个过程。他说,一生中经历的太多太多,但和老队长相处的每一个瞬间,都让他永生难忘。

▶ 红色传承

父亲的教导是传家宝

讲述人:杨 锋(杨凤池的儿子)

父亲给了我很多精神财富。

我刚懂事时,父亲是一名修理工,身上有着一丝不苟的工作态度和不怕苦、不怕累的担当精神,同时还有高标准完成任务的责任感。父亲的教导是"传家宝",无论过去、现在、将来,都是我奋勇前进的精神支柱。

参加工作时,我是一名作业工,在父亲的引导下,内心有了使命感,一步步成长为党支部书记。我不忘初心、牢记使命,带领全队员工,心往一处想,劲往一处使,手挽手、肩并肩勇往前行,我们在 2020 年,获得大庆油田"井控工作先进队"的称号。

父辈的精神是我不竭的前进动力。

"会战黄继光" 扑向燃烧的油罐

奚华亭

在采油六厂的一栋宽大的单元房里,我们如愿以偿地采访了91岁高龄的奚华亭,从寻找到采访到他,整整花了一年的时间。

在这一年中,我们找过采油一厂,问过储运销售,把他可能工作过的地方寻了个遍,但一无所获。有人说,他可能转战到了其他油田,可具体去了哪,谁也不知道。直到有一天,无意间从采油六厂的离退休人员名单中,发现了奚华亭的名字并核实确认后,我们不禁感叹:功夫不负有心人。

他的故事也得以揭开。

脱下棉袄斗坚冰

奚华亭与石油结缘,是伴着中华人民共和国的成立开始的。

他先后在吉林江南石油十厂、大连石油七厂和锦西石油五厂等地工作。

1960年,在东北十大石油企业抽调精兵强将支援大庆石油会战时,作为团支部书记、技术骨干的他,又受上级指派,投入到了萨尔图石油大会战中。当时,奚华亭被分配到了当时任务最为艰巨、承担着大庆首列原油外运任务的东油库,当上了维修队队长。

我们的第一个故事,便从这里开始了。

奚老说:"那年元月的一天,东油库栈桥下,由于天气寒冷,锅炉供气太少,栈桥回水管线被冻裂了十几处,油管也凝住了。眼看油罐车就要进库装油了,铁路部门安排油罐车装油外运是有钟点的,哪趟列车,几点钟发车,一分一秒都不能耽搁。如果装不上原油,油槽车不能准时开出去,对铁路运输来说,可是大事故。

"碰到这样的事儿,等、靠怎么行?铁人王进喜说得好:'有条件要上,没有条件创造条件也要上',我连夜带着维修队伍就上去了。在栈桥下面开始了一场抢时间、与严寒和坚冰的搏斗。维修队的队友们你一镐、我一镐地刨着,冰硬得像石头一样,一镐头下去,只浅浅地留下一个白色斑点。

"我看了看手表,进库装油的火车快到了,这么干,原油外运的任务一定得耽搁。我急了,把棉衣一脱,轮起铁镐,和队友在寒风中拼命地刨起来。厚厚的冰层刚刚刨完,油罐车就轰轰隆隆地开进了油库。看着装油工打开油管的闸门,原油哗哗地流进了油罐车,我这才直起腰,长出了一口气。"

血肉之躯战烈火

第二个故事,要追溯到1961年10月25日。

"那天,我记得风大得很,我和队友正在施工现场维修管道。就听有人喊:'快来人啊!着火了!'我们赶紧跑过去一看,一个正在输油的非金属油罐罐口,火柱喷起一人多高。坏了!我在炼油厂工作过,知道油罐一旦长久燃烧会发生爆炸,这对附近几个装满原油的油罐以及上百号工人的生命将造成严重威胁。我一边跳上罐顶,一边喊我的同事把化油用的蒸气管递过来。"奚老说。

"扑面的热浪险些把我推倒。来不及细想,我双手端住蒸气管,对着火柱猛刺过去。可是火势太猛了,蒸气管太细,非但没法压住火势。大火、浓烟反而还借着大风,回旋升腾,烧得更加凶猛。我站在罐顶,暴露在外的皮肤,被烤得发紧,感觉像往里一起聚一样。

"看到火着得这么猛,领导和队友都喊我下去。下去?这火不想法扑灭,不仅会毁了东油库,在场的每个人都很危险。我当时就想,如果手上有个泡沫灭火器就好了,泡沫喷出,把空气隔绝掉,火不就被灭了吗。虽说想法就那么一闪,'隔绝空气救火'还是启发了我。为了减少罐口处的空气流通,我迎着热浪接近起火点,用穿着棉裤的双腿堵住罐口,并迅速脱下棉衣,在烈火中向着罐口猛力扑打。可是非金属油罐内,油多气足,这点扑打简直起不到作用。

"一招不行,我索性连人带棉袄死死地捂在了罐口,这下火柱一下被堵了回去。但是罐里空气没有完全被隔绝,烈火仍沿着棉袄的缝隙飞蹿着。团团浓烟把我包围起来,热气吸进肺里,感觉要炸开那么难受,眼睛也被烟熏得睁不开,直流眼泪。就在这时,我感觉身下厚厚的三合土油罐顶,被鼓胀得一个劲地抖,罐口也像汽笛一样呜呜直叫,我知道,这是油罐要爆炸的前兆。

"在油罐下面的同事看见火势被我暂时控制住了,马上不顾危险围过来向罐顶扬大块大块的冻土。因为怕伤到我,大伙只能往我的身体两侧扬。我就大喊:'都什么时候了,快往我身上扬。'铺天盖地的土块立刻将我和身下的棉袄一起,死死地捂在了罐口。

"就在大火在罐体内企图反扑时,消防车及时赶到现场,高压水枪向着罐顶喷出强大的水柱,我举起手大喊:'我在这儿,救火要紧,快往我这里喷……'"

甘洒热血写春秋

"强大的水压渐渐控制住了火势,几十个同事抬来一块搭帐篷用的帆布,把油罐顶部的罐口盖上,我才从篷布底下钻出来,又跳到篷布上,用身体紧紧地压在上面,直到大火熄灭,才被同事们扶下油罐。

"据同事们讲,当时,我就像是个'仙人',头发烧焦了,脸和双手烧得发红起泡。浑身上下还燃着无数个火点,风一吹,一明一暗的,袖口和裤腿还冒着余烟……大家急忙帮我灭了身上的火,把我送上了职工医院的救护车。"奚老回忆道。

1962年年初,石油工业部副部长、会战总指挥康世恩从北京来到大庆,在听取工作汇报时知道了奚华亭舍身救火、保护国家财产和人民生命安全的事迹后,十分激动。他动情地说:"这个人真了不起!他是活着的黄继光、活着的邱少云。抗美援朝战争涌现了那么多可歌可泣的英雄人物,志愿军是最可爱的人。我们的石油大会战,也造就了一批令人可亲可敬的英雄模范,从王铁人到奚华亭,他们也是最可爱的人!"

我们问奚老,那么危险的时刻,害怕了吗?

奚老笑了笑说:"救火那会儿,不知道害怕。下来时,真有点后怕,毕竟当时是有妻儿的人,一念之间,可能就阴阳两隔了,能不后怕吗,但我没有后悔。作为这事件的亲历者,我要说的是,我们那代人对待国家和人民生命财产安全,舍生忘死,宁可牺牲自己的生命,也要保住油库安全的那种精神,对现在的年轻人来说,可能难以理解,但这都是真实存在在我们的生活中,不容怀疑的事实。"

▶ 红色传承

让历史告诉未来

讲述人:奚海波(奚华亭的长子)

父亲,为人低调,他做的许多事,连我们子女,也了解得不是很多,他也从来不讲这些发生在他身上的故事,我们只知道他是个石油会战时期的劳模,曾经被誉为"黄继光式的英雄"。

一定要把这些会战英雄的故事记录下来，让他们的功绩被世人所知，让他们真实的创业故事在年轻人中得到传诵，让新一代的石油人，能通过这一个个真实、生动、感人的故事，了解、记住并传承半个世纪以来凝结而成的、有着石油工业鲜明特色的大庆精神铁人精神，让这段不朽的光辉历史，成为这座城市永恒的精神丰碑。

"会战黄继光" 扑向燃烧的油罐

部长让"刘福"有了更深寓意

刘福

刘老看上去,比实际年龄要小,一脸温和,笑容可掬,完全不像一位年近九旬的老人。

半个世纪的东北生活,仍乡音未改。干脆利落、思维敏捷、开门见山、快人快语,保持着山东人特有的侠义豪气。

但是说到那场石油大会战,他却迟疑了,不断地重复着:"从哪说起呢……"

平易近人的好首长

刘福,有福。1960年3月1日,从原济南军区刚刚转业到萨尔图,就被派给了时任石油部党组书记、部长、会战工委书记余秋里做通讯员。

刘老说:"咱也是军人出身,虽然余部长和我们都脱去了军装,但军人服从命令、敢于担当、雷厉风行的作风一点也没忘。

"当年的会战指挥部,就像军队的司令部,会战的整个区域叫战区,生产一线叫前线,厂矿领导叫指挥,小队书记叫指导员,工作上的模范人物叫标兵……我这个替余部长跑腿学舌、送文件、端茶送水的,也和军队一样,叫作通讯员。

"新来乍到,看到首长一天天出门,回来后忙得一脸严肃,摸不准首长是个啥脾气,真有点惧怕他。但工作的神圣感和荣誉感,让我做起事来谨小慎微,生怕做错,让领导批评'退货'。时间长了才发现,其实余部长是位和蔼可亲的首长。我刚做他通讯员不久,一次,他在办公室外散步,看到我从外面急匆匆地赶回来。就叫住我问:'新来的小鬼,莫急,吃得饱不?'我赶忙说:'报告首长,吃得饱。'其实,这是句谎话。那时,全国13路大军一下子聚集到萨尔图,油田粮食供应特别紧张。我这个原本在部队一个月吃45斤粮的人,到油田只能吃上24斤,这点粮食怎么能吃得饱呢?可是那个时期,油田的领导和工人一样,都吃不饱饭,大多饿得身体浮肿,可如果不说谎,实话实说,不是给首长添烦恼吗。所以,这个谎话是善意的。

"听我这么一说，余部长笑了笑，搂着问我：'你是哪里人啊？叫什么名字？'我马上立正说：'报告首长，我是山东人，叫刘福，是新来的通讯员。'他看我这样，笑了。'别这么拘束嘛，这里没什么首长，都是革命同志。'他接着说：'你这个名字起得很喜庆嘛！'我忙说：'不好，听起来有点俗气。'听我这么一说，余部长说：'我看很好，姓和名加在一起，很有些寓意啊。我们这一代石油人，就是要吃得了辛苦，耐得了大劳，在这块松辽大地上，甩开膀子，大干一场，努力开发好这个大油田，甩掉中国贫油的帽子，不再让帝国主义用原油卡我们的脖子，让机器轰鸣起来，让汽车不再背气包，让飞机大炮不再成烧火棍，让国家富强起来，留（刘）福于我们的子孙后代，你说是不是啊？'余部长这么一讲，我高兴地连说：'是，是，这么说，我这名字真不错！'

一个将军，一个士兵，就在这热乎乎的融洽气氛中，结束了对话。

"临走时，余部长还叮嘱我：'棉袄厚不厚，冷不冷，寒流要来了，你们常在外面跑，一定要注意保暖啊！'

"虽然我在余部长身边只待了8个月，但没有架子，平易近人关心下属的他，却深深地印在了我的心底，难以忘怀。"

屡遭算计的采购员

石油大会战初期，粮食、蔬菜、肉供应不上是常有的事儿。

为了在极端困难的条件下，给辛苦工作的会战职工隔三岔五改善一下生活，特别是改善那些油田科技工作者的生活，让他们有精力、有体力、发挥自己的聪明才智，成了各指挥部领导的工作之一。

领导能想出什么办法呢，粮食现种，也不能现收，再说，国家实行统购统销的政策，有钱也没处买东西。

为了让职工们能够吃饱吃好，于是，领导们睁一只眼闭一只眼，打政策的擦边球，派采购员去边远一点的农村，偷偷买回些鸡、蛋、肉等副食品，以满足职工的需要，刘福就是这些采购员中的一个。

刘老说："这是个没人愿意干的活。正常的买卖整得像黑市交易，买点农副产品，就像特务接头一样。要先派人潜入村里，找到一户可靠的人家，然后把需要的东西写成清单，让他们私下去收，收齐了，再通知我去取。说可靠，不是他们诚信实在，可以信任，是因为他们能掩护我们顺利出村，好得到下一回的订单。为了这，我们也曾被贪便宜的人欺负。

"那大概是1961年的冬天，室外的气温达到零下43摄氏度。一大早，天还没亮,我们的大解放车就出发了。我身上带了 2000 多块钱和一把防抢自卫的尖刀。

"你别看 2000 块钱现在算不上什么大钱,在那个职工月收入只有三十四五块的年代,这可是一笔巨款,一旦遭抢,生死先不说,想赔得不吃不喝存上三四年,不敢怠慢啊。

"当天,大约五六点钟,我们的车接近了村子。为了不让巡查的农村工作队发现和被村民举报,我们把车停在村外的树林子里,悄悄地步行进村,找到那个人家,赶紧过秤。

"这家人知道我们是哪来的,干这种事儿也不敢声张,就往冻鸡、冻肉里掺水,粉条过秤时,让人转移我们的注意力,采取用脚踩在称上增大斤数等方法多赚钱,导致我们每次采购回单位的东西,都对不上账。没办法,人家就靠这点猫腻赚钱,那时,有人敢卖给我们东西,已经算是不错的了。

"20 世纪 70 年代拍摄的《创业》电影中,主人公周挺杉为了解决工人吃饱问题,在附近农村买了大量的土豆,遭到举报和批评,反映的就是这一时期的事儿。

"作为亲历者,我确实是感同身受。好在我那时机灵,多次去村屯采购,都没有被抓过,可在各个指挥部的好多同行,就没我这么幸运了。"

"两地分居"的小两口

现在的小两口,真叫幸福。有车有房起点高。可是在石油会战初期,刘福的婚结得那叫个寒酸。

"哈哈,说是'新房',就是个用油毡围起来的小屋,就这,还是领导帮助借来的。结婚花了不到 100 块钱,买了些糖、瓜子、花生在新房里,大家聚到一起,就像今天的茶话会。然后两口子把被子往里一搬,就算幸福地走到一起了。

"可是好景不长,前面咱说过,这新房是借的,刚甜蜜了一个月,'房主'——食堂,就来收房了,因为这原本就是食堂的仓库,我们不搬,好多食品就没地方放了。没办法,我俩恢复了'单身生活',我回我的宿舍,她回她的寝室,每天只有三顿饭时,能在食堂见上面。那时候,人还比较封建,虽然是两口子,但一起散步什么的,还怕同事们笑话。想见面,也得找个避人的地方,偷偷摸摸的,现在想起来都好笑。这种隔窗相视的两地分居,一直到我的大孩子出生,还持续着,直到研究院建了一批北京平房,这场近在咫尺的分居才告结束。

"那时的许多人都是这么过来的。像研究院这样知识分子聚堆、大学生多的单位,我们做后勤工作的就一个字,让!他们为油田做出那么大的贡献,理应让他们的生活优先得到改善,把更多的精力投入到科研工作中,这才是我们的责任,所以，对于这些生活上的小问题，从不争抢，从不抱怨。这也算是为他们做好后盾，间接为油田生产做出贡献吧！"

▶ 红色传承

一块哪里需要哪里搬的砖

讲述人：刘肖荣（刘福的儿子）

父亲在会战年代做过通讯员、保管员、采购员……不管组织上让他做什么，他都认认真真，把交办的任务完成到最好。他总是和我们讲，没有挑人的岗位，只有挑岗位的人。做工作，不要挑挑拣拣，不要说合不合适，任何经验都是从实践中得来的，只有干了，干长了，经验和方法才能摸索出来。

父亲就是这样的人，他就像当年提倡的那样："我是一块砖，哪里需要哪里搬。"父亲的榜样作用，带给我们很多工作上和生活上的启示，让我们懂得了干一行、爱一行的真正意义，这将成为我们这个家庭优良的家风，传承延续下去。

部长让"刘福"有了更深寓意

"泵爷"的旅"油"奋斗史

贾身乾

叫他"泵爷",是因为他这一辈子,专注油田注水工艺,经他革新发明的注水泵,不用污染大的柴油,改用绿色清洁的电能,不仅提高了泵效,由此节约下来的资金,还足够大庆油田再建一整套注水泵站。因此,他获得了"全国五一劳动奖章""全国优秀科技工作者""黑龙江省特级劳模"……

他就是这位气场十足、谈吐幽默、故事精彩的老人,贾身乾。

大学毕业旅"油"开始

20世纪50年代,人们揣着对新中国的美好憧憬和改变祖国落后面貌的雄心壮志,以极大的热情,投身到社会主义建设之中,贾身乾,就是他们中的一位。

1955年,刚从西安石油学院毕业的贾身乾,有着石油人同样的责任感。

"我们着急呀,轰轰烈烈的社会主义建设紧锣密鼓,然而,贫油拖了各行各业的后腿。没有油,机器不能运转;没有油,汽车顶上要背个煤气包;没有油,飞机、大炮都不如烧火棍……我们这些科班出身的大学生,和铁人想的一样,恨不得一拳头砸出个大油田来,把贫油的帽子甩到太平洋里去。"贾老说。

怀着一颗为油奉献的心,贾身乾赶往他石油事业的第一站,被日后称作中国石油工业大学校的玉门油田,在设计研究院从事油田流水系统的研究。这个开发于1939年的老油田,中华人民共和国成立前10年,累计生产原油52万吨,占当时全国原油产量的95%。

"玉门的原油产量低得可怜,不解渴呀!我们不相信祖国贫油的论调,迫切地渴望奔波在全国各地的石油地质工作者,能更快地找到一个能让我们大展身手的大油田。机会终于来了。"

贾身乾他们刚在玉门落脚不足3个月,也就是1955年10月,地处新疆准噶尔盆地西北缘,一个被当地人叫作克拉玛依的地方,经过石油勘探,探井喷出工业油流。这是中华人民共和国成立后,发现的第一个大油田,而且探明的石油储量在贾身乾他们看来,简直就是天文数字。这样,贾身乾和他的同事们又一次打点行装,向克拉玛依进发,依然从事设计研究院油田流水系统的研究工作。

"正在我们想甩开膀子大干一场时,1958年,四川盆地发现了一个预测储量超大的油田,我们又一次打点行囊,开往四川。当时的会战轰轰烈烈,国家专门为此修了两条铁路,而且为了节约成本,方便石油运输,在车辆紧张的情况下,还做出了顺长江'漂油'的方案。可实践证明,这个油田并没有之前预想的那么高产,这让我们多少有些失望,因为,我们对大油田的希望过于强烈了。"

1959年9月,松辽盆地上的松基三井喷出工业油流。

1960年5月,正出差在外购买器材的贾身乾,收到单位的加急电报,让他放下手头一切工作,已购的器材原地存放,立即乘车,前往北方一个叫安达的地方报到。

十天十夜没脱衣

石油会战的日子,对于贾老来说艰苦而又充实。

贾老说:"那会儿,确实艰苦。没有办公室和宿舍之分,醒了,站起来洗把脸就工作;累了、困了,往办公室床上一躺就睡觉,起来再接着干。当时住的板房,四处透风,最怕下雨。积水排不出去,屋里就像个大水池子,鞋呀、盆呀漂得胡乱跑,木板床下,还时不时传来青蛙的叫声。

"我们这些搞设计的,画板是不可少的,这个东西当时没那么多,我们就利用废弃的活动板房的木板,自制一个。屋内没有椅子,我们就搞回来个树墩,像打桩似的,一头楔进地里,一头留在外面当椅子。开会时就有意思了,人都三三两两地分散着,不能往一起集中,因为每个人的椅子都挪不了。

"当时,我们这些年轻人,工作热情非常高,在午夜12点前,几乎没睡过觉。遇到紧急的设计任务,一连几天只睡几个小时,都是常有的事儿。

当年贾身乾半工半住的"宿舍"

"大家都知道一把火烧出岗位责任制的故事,那个因火出名的中1注水站,就是由我设计的。看到自己的设计成果,被烧得体无完肤,我心疼地哭了好几场。当时,在现场指挥的宋振明,把我叫了去,和我讲,一定要在短时间内,拿出新的设计方案,让这个注水站尽快起死回生,投入生产。

"领导急,我更急。当天晚上就着手设计,为了赶时间,在设计过程中,我没日没夜地改进,衣服都来不及脱,困了就在画板上趴一会儿,醒了再干。当年,研究院的宣传干事,还为此事写了一篇《七天七夜不脱衣》的小报道。其实,何止7天7夜啊,10天10夜都有了。那时候就憋着一股劲,早一天完成领导交办的任务,早一天让这个注水站恢复运行,自己什么都不顾了。"

凌晨飞奔 2 个半小时

"我匆匆赶到大庆时,通过火车托运的全部家当,都消失在了堆积如山的行李之中。可在那时,自己没有因为东西的丢失而失落,反而,因为能在这片广阔的天地,找到自己的用武之地,充满了热情。"

会战初期,油田的注水泵站能力小,影响水量均衡注入。为了解决这个问题,贾身乾根据需要,自行设计了一种新型的调压阀。当时只有总机厂可以试制,而总机厂的师傅们很忙,但为配合好贾身乾的试验,计划科一位师傅还是从紧张的工作中抽出时间,约好第 2 天上午 7 点半,把设计图纸送去,研究制作。

"我当时白天要在萨尔图的干打垒房子里做实验,晚上还要赶回让胡路的研究院参加政治学习,学完再坐班车回萨尔图休息。

"就在送图纸的前一天晚上,我和往常一样,赶回让胡路参加政治学习,学习后单位有许多施工图纸需要我审查签字。因工作量大,又有点情况需要和同事们一起商讨,一来二去,才发现末班车的时间就要到了。我赶紧收拾东西,一路飞奔……这里要说一下,我是单位的中距离赛跑运动员,所以,对自己的奔跑速度有自信。可是,那天不知是末班车早发了,还是我的表慢了,反正我在奔跑中,眼看末班车'绝尘'而去。

"末班车没坐上,回萨尔图只能去让湖路火车站坐后半夜 1 点多的那趟火车了。看看还有时间,我又回到研究院的办公室,继续认真审图、签字,等我抬头看表时,吓了我一跳,此时,离火车发车时间还剩 20 多分钟了。跑吧!发挥我的特长,这顿跑呀,等我跑到火车站时,怎么就那么寸,火车刚好也开走了。

"我的汗珠下来了。要回萨尔图已经没车了,不回萨尔图,明天早上 7 点半送图的事就耽搁了,这可是工人师傅硬给我挤出来的时间。要是说话不算数,失去师傅的信任，以后怎么相处呀？想到这，我找到车站值班人员，听他讲还有3趟货车要打车站通过。因为是货车，没有具体的运行时间，是否在让湖路站和萨尔图站停车，也不太清楚。我当时就想，不管停不停，凭着我的身体素质，只要货车降速我就能爬上去，如果在萨尔图站不停，我就冒险跳车。

"没想到这两列货车速度飞快地驶过让湖路站，根本没给我留下爬上火车的机会，所以这个冒险的想法只好作罢。这时，已快凌晨5点了，不能再等了，这样等下去，约好的时间肯定错过了。我心一横，不等了，徒步直奔萨尔图。

"经过2个半小时的奔波，终于在早晨7点半之前，赶到了总机厂，并准时把图纸交到计划科。虽然一夜未眠，又投入到新一天的工作之中，但自己为没能耽误约会的时间而感到高兴。"贾老说。

▶ 红色传承

父辈的精神是我钻研的动力

讲述人：贾　庆（贾身乾的儿子）

从小我就耳濡目染父辈们的光荣事迹，他们在那么艰苦的环境里，加班加点地工作，一次次技术攻关，为油田解决了一个又一个技术难题，有些技术已达到国际领先水平。

我在大庆油田设计院从事科研工作，受父辈的影响在工作上也喜欢钻研。先后获得大庆油田级以上科研成果21项，大庆油田级重大技术革新成果9项，国家专利9件。连续两届被大庆油田授予防腐防垢专业的学术技术带头人。这一切的成就，要得益于大庆精神铁人精神给予的巨大动力。

我的孩子生在会战年代

王孝开

每个人的一生,都不缺少难忘的事、难忘的人,王孝开也一样。虽然岁月更迭50余年,虽然脑海中的一些记忆被无情的年轮抹去,但他对石油大会战的记忆,仍像刀刻般深。

一半师生开赴萨尔图

说玉门油田是中国石油工业的大学校、大试验场、大研究所,一点也不过分。据报道,玉门油田曾先后向全国各油田输送骨干力量十多万人,王孝开和他们那届玉门技校的师生,当然也在其中。这些人,一半去了广东的茂名,一半开赴到了大东北的萨尔图,大家戏称,学校简直就是被"半锅端"来的。

王老说:"那时我们都是20多岁,血气方刚的小伙子,听到国家在东北找到了一个特大油田,都非常兴奋。恨不得立刻登上火车,投入到轰轰烈烈的石油会战中去。

"我对到达萨尔图的日子,记忆特别深。

"那天是1961年8月30日。我迫不及待地跳下火车时,眼前的一切,还是把已有心理准备的我惊呆了。玉门怎么说,也算是个小城镇,有街道、有商铺、有人家,可这里是一眼望不到边的草原。一列列火车把一批批来自四面八方的人送到这里,行李、设备、物资……把萨尔图这个小站的铁道两侧挤得满满的。

"人多,住是问题,吃,更是个问题。好在当时是盛夏,随便住哪里,都凉快儿的,挺舒服的。但根据当时会战工委的要求,为了保证冬季人能入住,设备入库,一场兴建干打垒的活动在全油田开展。我们也不例外,地点就在萨尔图火车站的正对面。经过2个多月的会战,我们这些学生娃终于在入冬前住进了里外一新的打干垒。

"吃的,就难了。在玉门时,还能吃上土豆加鸡蛋,吃饱是没有问题的。但来到萨尔图,一顿一个窝头、一小碗苞米糊糊,菜是炖的冻白菜帮子。饱,是不可能的，但总算是肚子不空。

"20世纪60年代的大庆，冷得极早，刚进10月，大棉袄二棉裤就上了身，下场烟炮雪，也是常有的事。来油田好几个月，不但没沾上油的边，反倒先当了回建筑工人。看着那些钻井、采油工人在我们眼前奔波劳碌，心里别提有多着急了。

"终于有一天，老师告诉我们，油田的总机厂已经建成，正缺少人手，要我们这些学习石油机械的学生，去厂里报到。

"到了工作地点，宽敞高大的全新厂房，机器的轰鸣声，让我们这些第一次走进工厂的学生娃，有一种当上工人、能为油田建设出把力的自豪与荣耀。"

只见一面就定亲

"我当时被分到了铸造车间，这个车间主要负责生产一线急需的抽油机。一线的多口油井同时开钻，为了有力地支援油田生产，早出油，多产油，我们车间的抽油机生产，一刻也不能停歇，几个班连轴转，连回宿舍睡觉的时间都抽不出来，工作台边就成了我们犯困时的临时下榻地。"

女少男多，不仅是总机厂，那个时期，在油田，基本就是男子汉的天下。到了结婚年龄的小伙子们，找对象成了最大难题。

"那年头，大家都把劲头用在工作上，常年在工作一线，出门的机会都没有，找对象就更是个难题。要想找对象，渠道大致有这么两种：一种是老家的亲属帮着定亲，一种是通过同事把自己在外地的亲属介绍过来。

"我找对象的渠道基本属于第二种。我是那个年头相对比较标准的帅哥，而且好学、爱钻研，与大家相处得很融洽，于是，便被我的同事相中了。他找到我，把他的外甥女介绍给我。那时，工厂倡导工人一心扑在工作上，没有什么业余的时间，哪像现在年轻人，可以在一起浪漫地谈谈情、说说爱。我们只是约了个时间，见一面，双方都没有啥意见，婚事就这么定了。就像老电影《李双双》里说的那样，我们属于先结婚，后谈恋爱的那种。

"结婚，新房是爱人舅舅帮助借的一个小仓库。婚礼，没有什么隆重的场面，买了点瓜子、糖，几个要好的同事在一起聚闹一会儿，就算成了。房子是借的，完了婚，仓库并不是长住之地。动荡的搬家就这么开始了。一年间，从仓库搬到当时团结路的第五百货商店附近，后来又搬到如今中林街的森林公园深处，我的大女儿就出生在那里。"

到家就抱上胖孩子

"当时油田的医疗条件刚刚起步,战区内的交通也不发达,今天看从森林公园到油田总医院的路程并不远,可在当时车辆难找的会战时代,这个路程靠两条腿,还是挺艰难的,更何况一个临产的孕妇;加之我工作又忙,没时间陪着,所以决定在家里生孩子。

"当时我们双方的父母都不能前来照顾,一切都得靠自己克服,初为父母的我们,显得手足无措。

"我个性要强,积极要求进步,组织上信任,还在单位负点责任,当时,过年、过节都不休息,更何况平时了。在这种情况下,一头惦记着厂里的工作,一头牵挂着家里待产的老婆,两头放不下,左右为难。

"爱人看出我面带难色,就和我讲,邻居已经帮找了个接生婆,随叫随到,你就别人在曹营心在汉了,去单位吧,有事,我让邻居联系你。

"那时候正赶上单位大会战,看着爱人对我工作这么支持,我就和邻居们交代了一下,赶回单位了。那时候,每家都住平房,门里门外,大家都是抬头不见低头见,而且都在一个大单位,彼此相处得都像一家人。谁家有了难事,大家都自发地过来帮把手,谁家有个好吃的,也一起分享。那时候,乐于助人是一件再平常不过的事儿。所以,照顾一下孕妇,看会孩子的事儿,大家都放心地相互托付。

"当我接到电话,赶回家里,接生婆把胖乎乎的孩子送到我的怀里时,那种幸福的滋味,现在还能感觉得到。"王老说道。

▶ **红色传承**

好家风让我们人生更精彩

讲述人:王 燕(王孝开的女儿)

父亲是对工作极其负责的人,每天早出晚归,所有家务活都落在了母亲身上。

母亲是一名老师,不仅每天上班连夜批改作业,还要担水、做饭、洗衣服、看孩子,每天忙得不可开交。我常和他们开玩笑,见几面就结婚的感情基础,竟然生儿育女,幸福地生活了一辈子。

他们总是淡淡一笑,50多年中,他们没有因为谁对家庭付出多少而争吵,相反,他们默默地相互扶持,为相互在工作中取得的哪怕是一点点的成绩,感到兴奋和自豪。

这已经成了我家的家风,父母成了我们这辈人学习的楷模。我们都按照他们的样子生活,学他们的为人处世,学他们的相互理解、相互扶持,学他们彼此对工作与家庭失衡时的理解与宽容,正是因为这些,才让我们这个大家庭能保持和睦融洽的正能量氛围。

真心地感谢父母给了我们这种优秀的家风,让我们的人生更加精彩。

老师先过筛子当"考生"

姚惠君

已经迁居上海的姚惠君老师,算是叶落归根了。可远在千里之外的她,仍然惦念着大庆,惦念着她的一届届学生,更怀念石油大会战中,激情燃烧的办学时光。

姚老师生在宁波,又曾在上海的姐姐家暂住过,她虽随丈夫在东北居住了几十年,但浓浓的乡愁,仍牵绊她,让她夜夜梦回故乡。

"当时我是作为随军军属,和爱人一同转业到玉门油田的。因为我学的是师范,便被分配到了玉门市第二小学当老师。"姚老师说。

1959年9月,松辽盆地发现了储量巨大的大油田,全国石油系统紧急动员,组织精干的人员和最好设备向东北这块黑土地进发,一场夺油大会战,将在一片叫作萨尔图的土地上,迅速展开。

土堆的教室自编的课本

"1960年的春天,我爱人和铁人王进喜一道随着玉门油田的首批参战队伍,先期开进了萨尔图。在我俩的通信中,他对油田当时的艰苦状况,做了较为细致的描述。所以,当我1961年5月来到油田时,已经做好了应对艰苦生活的心理准备。

"我在萨尔图火车站下车时,满目荒凉。因为当天爱人生病没能来接我,所以,出了站台的我,背着行李,提着一箱罐头,一脸茫然,不知道自己该往哪走,走哪条路能找到报到的地方。

"好在站舍外,都是接站或刚到的石油人,经他们指点,我才好不容易地在那条土路的尽头找到了负责分配的领导。他带着我,徒步在泥泞中找到了我的工作地点——第一采油指挥部机关小学。

"那是一间用土堆起来的房子,棚顶见天,外面下大雨,屋里下小雨,地是泥土地。下雨天，上课的老师学生进入教室，都得穿雨靴。小黑板，是用木板做的，没有镶在墙上，而是挂在一片用高粱秸秆编成的草帘子上。学生们的桌椅板凳，都是用砖木搭起来的。

"学校当时开设了6个年级的课，因为错过了订教科书时间，孩子们没有教材，每一科的教科书，都是老师自己临时编写的。那时，班与班之间因为隔音不好，老师要尽量控制自己讲课的音量，既要让所有的孩子听得清，又不会干扰到隔壁班级，学校的简陋程度可见一斑。

"当时，在各种条件都十分艰苦的情况下，会战工委号召发扬当年延安'抗大'艰苦办学的精神，不等不靠，因陋就简，让这些随着父母来到油田的孩子们，有学可上，将来能够成为一个有文化的劳动者。"

尴尬的帐篷临时的床

"这还不算啥，最尴尬的是住宿！"姚老师笑着说。

"一个帐篷里住了三家人，而且没遮没挡，没啥隐私可言。好在我爱人有块挺厚的油布，算是和那两家人有了分隔，让我们有了夫妻俩的个人小空间。然而，油布挡住了视线，却挡不住声音，吵吵闹闹的环境，对我这个需要备课的老师来说，有些干扰。我只好和爱人商量，搬到教室里住，晚上用木板搭个床，早上上课前，再拆掉这个临时的床。爱人呢，仍然住在帐篷里。现在想想，那些日子虽然艰苦，却很开心。

"那个时候，油田的粮食十分紧缺，基本是"五两保三餐"。能每天吃上苞米糊糊加点野菜，是我们心中的小目标。要是能赶上顿玉米面饼子，那就算是大餐了。吃不饱，饿肚子，让许多男老师出现了浮肿的情况，这时候，我那箱金贵的鱼肉、黄豆、水果罐头，就成了大家共同渡过难关的有力保障。那时候没有人自私地躲起来吃独食。分享，成了那个困难时期每一个人最优秀的品质。生病的，送去水果罐头，缺少营养的，送鱼肉、黄豆罐头。我那个箱子在同事们看来，就像个百宝箱，要啥有啥，看上一眼，都那么的让人满足。这也成了不少同事，至今还提起的难寻的美味。

"那会儿，大庆雪多，秋季就开始下雪，而且下得非常大。一夜的风吹雪，早上都推不开门。为了不让孩子们上学发生危险，雪天，老师要早些起床，然后一家一家把孩子接出来，一路护送到学校上课。放学时，老师再一个个把孩子送回家，才能拖着疲惫的身体回家休息。"

严格的校长过硬的兵

"当时,张国连校长对学校的管理相当严格,他把不少油田的先进经验,用到学校的日常管理中。比如在学习'三老四严''四个一样'中,校长要求每位老师在下班前,要对班级内的天然气炉子巡检,老师离开办公室前,要把桌上的物品收拾干净。校长每天离校前,要逐一对每个点位进行复检,发现问题,不管老师在哪,都要回到学校,把应该做到的事完成并验收合格后才能离开。

"一次,我因为着急去开会,书桌上的教案没来得及收,开完会,正在家吃晚饭,学校里的值班老师来叫我,说校长让我去学校一趟。这下,我才想起桌子上的教案。饭也没吃完,一路小跑,来到教室。校长啥也不说,一直看着我把教案放进抽屉,才让我回家。"

和孩子们在一起的姚老师

"大庆的管理经验中有这么一条,那就是,'要求群众做到的,领导要带头做到'。学校把这一条引申为'要求学生做到的,老师要带头做到'。校长总讲,我们总要求学生写字要工整,我们做老师的应当做标杆、当表率。于是,老师们开始比教案的书写工整程度,比黑板板书、比铅笔、钢笔书写,学生们也学着我们的样子,一笔一画地认真书写,这个传统一直保持到我做了校长以后,成为学校素质教育的样板。

"还不仅如此,在课堂上要求学生背诵的课文、诗词,学校要求老师要先背下来,而且要背得流畅,不管从哪起头,张口就来。当时学校旁边,有个小树林,每天早上，成了老师背诵课文的好去处。这可不是做做样子，背得如何，校长是要一个个过'筛子'的。哪个老师敢在校长面前出洋相？篇篇文章都很过硬。自己有了底气，要求学生背诵，才能让孩子们口服心服。就这样背来背去，学校的背诵专业水平名扬战区，别的学校的老师，想亲自验证一下，慕名前来。学生、老师随便你挑，课文任你选，从哪开头你说了算。事实面前，这些来自各个学校的老师们真服了，学校也因此成了战区背诵、朗诵的样板校。我这个在严格环境下培养出的老师，也连续被评为战区标兵。"

回望过往，姚老师十分感慨："从教半个世纪，非常庆幸石油大会战的艰难岁月，给了我历练，培养了我积极向上的人生态度，让我在这块英雄的土地上桃李芬芳。感谢大庆，感恩那些一起工作的老师和孩子们！"

▶ 红色传承

妈妈是一位好老师

讲述人：李　霞（姚惠君的女儿）

妈妈是一个好老师。她在一线教学岗位上，不放弃任何一个所谓的差生，把自己的业余时间，全部用在义务为这些孩子的补习上。

不同的学生，不同的教法，一把钥匙开一把锁，让这些孩子在努力学习中找到乐趣，找回自尊，最终跟上班级学习的步伐。

她当校长，创新了教学模式，在大庆首开第二课堂，开阔了孩子们的眼界，丰富了孩子的校园生活，也给他们的童年增添了许多的美好回忆。

受妈妈的影响，我们姊妹都从事幼儿教育工作，沿着她的足迹，学着她的样子，认真务实工作，让妈妈传承下来的教育之花，常开不败。

二十勇士的"管道之战"

田维家

这位身材清瘦、貌不惊人的老人是田维家。然而,就是这样一位看似普通的老人,会战时期与他的工友们,做了件了不起的大事,他的事迹还被收录到石油会战的经典故事中。

水管阻塞

1962年4月,大庆炼油厂正式上马。一条由萨尔图至大庆炼油厂,长达4.8千米的大型输水管道建设也随之列入日程。

9月初,一批经过防腐预制、口径为16英寸、长达44米的螺纹钢管陆续运抵施工现场,焊工们准备把一根根的钢管焊接起来。

田老说:"那条输水管道的两侧,全长着一人来高的荒草。钢管运到这里,一下子成了野兔、野鸡、狍子、狐狸、蛇甚至小鸟们寄居的避风港。再加上荒原风大,飞沙走石,管道里也吹进了不少的泥土、石头。

"管道内的这些杂物如果不清干净就焊接,一旦通水,杂物会被水冲到一起,像'血栓'一样堵塞输水管道。水通不过去,憋在原地,巨大的水压,管道会有爆裂的危险,炼油厂更会因此停水,造成巨大的生产损失。即便没形成'血栓',这些杂物随水进入设备中,造成的安全隐患也是无法想象的。做事,就要经得起子孙后代检验,清不干净就施工,那不是我们工程指挥部二大队五中队的作风。

"光喊口号没用,难题摆在我们管工小队面前。

"咋清?这个口径,这个长度,常用的清管器根本用不上。其实,这在今天,不是个难事儿。只要有个吊车,吊起管子的一头,杂物基本上就都倒出去了。可是,在那个吊装设备奇缺的时期,这个想法,只能是天方夜谭。办法是等不来的,我们管工小队一连几天召开'诸葛亮会',挖空心思,绞尽脑汁,试验了许多方法,都失败了,大家为此茶饭不思。

"说书的总讲,踏破铁鞋无觅处,得来全不费工夫。一天,小组长杨永胜从管工张和平钻进管子捉野兔得到启示，人能钻进管子里捉野兔，也能钻进管子里清理杂物呀！他把这个点子一说，沉闷的气氛一下子活跃起来，大家都觉得这个办法不错。

"办法有了，大家摩拳擦掌，准备钻管道，就想试试，人工清扫管壁是否可行。"

血染管道

"'我先来！'小组长杨永胜拿着一个带柄的半圆形铁铲，先是趴在地上，然后双臂前伸，两脚用力一蹬，上半身就钻进了管道中。可是刚要继续往里爬，粗壮的身体被管口卡住了，一半在管口里，一半在管口外，进退两难，急得他双脚在管道外一顿乱蹬。大家一看这情况，马上七手八脚地把他从管道里拖了出来。一旁的管工许协光说：'让我试试，我比老杨瘦，八成进得去。'

"当时正是中午，太阳把钢管晒得烫手。许协光学着老杨的样子，像条鱼似的，在大家的帮助下，摇摆一下便钻进了管道中，这让大家松了一口气。

"老许是第一个钻进管子的人，在里面怎么清？清到了哪？身体能不能承受？能不能成功地从另一头出来？都是个未知数。

"为了让我们知道他大致的位置，按照事先约定，他每爬一段，就敲下管壁。我们呢，就随着声音，一点点地跟着。就这么走走停停20多分钟，我们终于在管子的另一端，成功地把老许拉了出来。

当年管工在现场研究如何清理管道杂物

"再一看大口喘着粗气的老许,同钻进管道前已判若两人。满头满脸沾满了污泥、铁锈,全身的衣服被汗水浸透,袖子、裤腿都被磨成了布条,肩膀、胳膊肘、膝盖、臀部,都被管壁上的毛刺和碎石刮破,留下了道道血痕。但坐在地上的他,没叫一声痛,还握紧了拳头,高兴地大喊:'我成功了!'在他这种精神的感染下,我们都找到各自的'阵地',向着一根根管道发起了'冲锋'。

"不进不知道,一进才体验到老许遭了多大的罪。44米长的管道,从这头望到那头,就是个亮点。

"你可以想象一下,管子被太阳晒得滚烫,人在狭窄的管道里,没有一点多余的空间,双腿不能弯曲,脚蹬用不上力,还得全程保持一个姿势一寸一寸向前蠕动,爬一步,用前面的手盲扫一下,再往前挪一点,再扫一下……头上的汗水顺着额头往眼睛里淌,让你睁不开眼,又没法擦,只能硬挺着。那种空间上的压抑感和时时呼进肺里的热气,让人有一种马上要窒息的感觉。"

二十勇士

田老说:"我的一位同事叫刘家元,身体比较瘦弱,在管道里昏迷过三次,可每次醒来他都咬紧牙关坚持前进,他这种精神,是我们努力完成任务的动力。

"那场钻管子会战,每个人至少钻了十四五根管子,遇到的情况也千奇百怪。管子内的杂物少的还好,推到尽头时,能有管径一半的量;遇到杂物多的,到了管道的中间,就堆满了。

"这样的事,就让我赶上了。没办法,只能原地倒着挪出来。钻管道,我遇到的更大困难是积水。本来清理杂物就很难了,再遇到管子里有半下子水,就是难上加难了。管道内,我必须把头抬出水面,否则就会呛着污水。最难受的还是身上那些被钢铁毛刺划破的伤口,被污水一浸,疼得钻心,但还得咬着牙往前奔。

"就这么着,我们20个兄弟,在管道内奋战了6天,将所有管道内的杂物都清扫干净,使这条输水管道提前21天完成了铺设焊接。"

感谢我们的新闻前辈,在他们当年的新闻报道中,留下了这20位勇士的名字,他们是:

许协光、刘家元、马贤德、刘瑞春、田维家、孙连仲、张前德、陈家春、许咸燕、陈钦言、张和平、王炳高、崔玉祥、秦书荣、赵炳平、易明荣、邓元正、陈富、孙学殿、祈有才。

▶ 红色传承

课本中的姥爷让孩子自豪

讲述人：田贵花（田维家的女儿）

孩子小时有一次问我，课本中有篇《二十勇士》的文章，有个人和姥爷重名。

我笑着说："什么重名，那就是你姥爷。"孩子惊讶了好一阵，才骄傲地跑去告诉同学。这在孩子的心里，是件自豪的大事，可在我们的心里，这是再平常不过了。

小时候，爸爸工作忙，简直成了家里的"稀客"。每次回家，我们都要去翻他的工具兜，看看有没有好吃的，可是失望多于惊喜。一年到头，父亲就是老三样，杠服棉袄、一把铁锹、一个铝饭盒。那个年代，大庆昼夜温差大，杠服棉袄成了四季常穿的必备衣服。铁锹就不用说了，随时干活，随时用，回家放在门口，上班扛起来直奔工地。饭盒，是他走哪吃哪的饭碗。他们那代人就是这样，把工作看得比什么都重要，把每一项工作，都做得对得起良心，不管遇到多大的困难，吃多大的辛苦，为油田负责一辈子的精神，始终是他们心中最朴素的信条。

作为一名石油人，在他们身边成长，受他们的影响，也自然有了传承前辈优良传统、发誓为油田负责一辈子的主人翁责任感。在新的历史时期，我们有责任让石油会战之花越开越美。

王思钧凭双脚走成油田"活地图"

王思钧

王思钧生活的那个年代,投身石油事业的知识分子,为了迅速改变中国贫油的帽子,四海为家,以"哪里有石油,哪里就有我"的精神,克服了难以想象的艰辛困苦,把自己的青春和一腔热血,都倾注在了为油田的奉献之中。

最高档的年夜大餐

1961年7月,王思钧离开他工作了近3年的克拉玛依,向着正在进行石油大会战的萨尔图开进。

王老说:"我们这代人,一切服从祖国的需要。当时大庆油田的开发紧锣密鼓,急需注水方面的专家,作为兄弟单位,克拉玛依油田设计院把我们这个有实践、有经验的团队,派到石油会战的最前沿。

"脚跟还没站稳,迎头就撞上了两大下马威:一个是吃不饱肚子,一个是全身浮肿。

"当时正是粮食最为紧张的时期,原来30多斤的定量,来到大庆时减到了28斤。整天吃的是一顿只有一块的玉米面发糕和稀薄的苞米糊糊。几个月下来,身体就出现了浮肿,脸上非常明显。

"有一次,我出差去北京石油部汇报工作,路上遇见了在克拉玛依工作的老同事。他第一句话就笑着对我说:'哎呀,几个月没见,你胖了不少啊。'我自己用手按给他看,一按一个坑,好久都没弹起来,他这才知道,因为营养不好,'胖'是假象。

"到了1962年,浮肿病越发严重。从脸、躯干向四肢蔓延,常常是晚上脱了鞋睡下,第二天,脚就肿得穿不上鞋了。但为了油田的总体规划,我们都拖着虚弱的身体,咬牙坚持画图。油田设计院的领导看了非常心疼,紧急请示,将单位病得最严重的,包括我在内的六七位同事,送到了当时煤炭部所属的北戴河疗养院疗养。

"那时正遇三年自然灾害,疗养院想尽了办法,伙食比起大庆相当不错。除了窝窝头之外，还能吃上白面花卷和馒头。

"1962年春节，因为病害没有好，我们只能在北戴河的疗养院里度过。远在千里之外的领导，没有忘记我们几个病号，在当时副食极为紧张的情况下，给我们寄来了几块鸡肉。这个意外的礼物，成了我们几个异乡人，在疗养院吃到的最高档的年夜大餐。"

吃一块月饼好奢侈

人是铁，饭是钢，一顿不吃饿得慌。食堂里吃不饱，那就得八仙过海，各想高招。

我们问王老，在饥饿实在无法抵抗的时候，当年的会战职工想了许多的办法。比如到草原上找草籽做代食品，去草原深处挖黄花菜、野百合之类的东西吃……那当时大庆的科技人员在填饱肚子方面，是否有什么过人的办法？

王老笑了："能有什么好办法？办法都一个样。大家几乎把地上树上的，能吃的，不能吃的都吃了个遍，好多人因为这还中了毒，险些丢了命。巧妇难为无米之炊呀，那个年头你就是个大厨，把全身的劲都使出来，啥东西也没有，也白搭。

王老说："我开始也遭了罪。我是人先到了大庆，但粮食关系还在新疆没有转过来。在靠国家供应的年代，粮食关系、粮票可是个硬通货，有粮食关系都不一定吃饱，更何况粮食关系没在这儿的。

"虽然当时黑龙江省和一些部队支援给了大庆些粮食，但是这么庞大的群体，那些粮食基本是杯水车薪。

"粮票更了不得了，没有它，你光有钱，是买不到东西的。只有一手钱，一手有粮票，才能在饿得受不了的情况下，去商店里买点点心或偷偷地游荡到油田周边的农民那里，买些'计划外'的吃食。比如一根熟苞米，要价5毛钱，比如硬得掉到地上都不掉渣的月饼，一块卖到四五块钱。

"当时一般的会战职工，一个月的工资也才三四十块，吃块月饼花去工资的十分之一，这么看还是挺奢侈的啊。因为我是从克拉玛依来，那的工资相对要高。我来之前，一个月的工资就达到了一百多块钱，比起当时大庆的会战职工，我算是个有钱人。

"你也别说这些吃的东西贵，卖的就是这个缺。套用赵本山的话说，最最痛苦的事儿，就是钱抓在手里，东西却卖没了。哪还有啥挑挑拣拣的份儿，人饿急眼了，啥都是身外之物，只有肚子吃饱才是硬道理。

"那时候，许多玉门、克拉玛依等地来的石油兄弟，为了填饱肚子，拿着罗马

王思钧凭双脚走成油田"活地图"

手表、收音机换吃喝的,是常有的事,并不稀奇。"

用双脚踏遍油田

王思钧工作在油田设计院的总体规划室,主要负责油田每年的地面工程规划,如何选址更为科学合理,更能达到最佳的生产效果。他每设计一个联合站、转运站、脱水站、变电站以及油气处理装置,在当时没有精准定位的情况下,都亲自步行踏查选址。几年下来,他用双脚走遍了油田的各个角落,只要你说出个名字,他马上就能说出大致的位置,被同事们称作油田"活地图"。

王老说:"会战初期流传着这样一句话:'设计一条线,工人满身汗,挥金千百万'。石油大会战时期,国家还很穷,油田建设方面的资金也十分紧张。这就要求我们这些规划设计工作者,不能大手大脚凭经验,不能用这种粗线条的工作方式办事。只能从实际出发,亲临现场,亲自测量,从实践中得出科学的数据,指导我们的设计规划。

"那时候,各单位没有那么多车,上哪儿,凭的就是两条腿,早上怀里揣个馒头就出发了。一天中,如果在路上遇到个井队,可能能喝口热乎水,吃上口热乎饭。要是遇不到,就只能啃带在身上的干馒头了。

"我们当时的设计规划是超前的,在钻井的井位确定、开钻时,我们的规划设计人员就上去了。从周围的几口井开始测量,找到相对适合的站址位置,然后就争分夺秒着手进行计量站、转油站、原油脱水站、油库外输的设计,大大缩短了设计施工的工期。几年下来,鞋没少坏,我就凭着这双脚,几乎走遍了整个油田。如果采油厂想在某个地方建站,我会凭着记忆,说出那个地方的土质如何,是否沼泽地,是否适合建站的要求。同事们到现场勘察,果真如此,这样一来二去的,大家都说,有事找王工,他是'活地图',外号就这么传开了。

"老虎也有打盹的时候,'活地图'也有迷路的囧事。有一年,油田突降大风雪,鹅毛大雪一下子就把干黄的草原变成银白一片。四周一个样,我一下子就迷路了。在风雪中走了2个

王思钧(持笔者)和同事们在研究图纸

多小时,才找到了铁轨,回到了单位。"

▶ 红色传承

认真严谨不走过场

讲述人:王 焰(王思钧的儿子)

对待科学技术,来不得半点马虎。父亲那代科技工作者给我们做出了榜样。他们为了甩掉我国贫油的帽子,高速度、高水平地拿下了大油田,超越世界先进水平。

他们不为名,不为利,不讲工作条件好坏,在艰苦的环境下,保持着一丝不苟、严细认真的科学态度。本着为油田负责一辈子的精神,不管多小的事,都亲力亲为,不走过场,亲自到现场调查研究,一切从实践中来,为我们新一代科技人留下了非常宝贵的精神财富。

今天,工作条件、环境好了,但父辈们传承下来的认真、严谨、不走过场的实干精神,时刻留存在我们的工作中。

王思钧凭双脚走成油田"活地图"

好司机步行接妻女出院

金绍康

上半身遭受强直性脊柱炎的苦痛,下半身饱受双腿静脉血管炎的折磨,石油会战时期,被誉为"雷锋式好司机"的铮铮铁汉,如今只能躺在床上,保持着一个固定的姿势,讲述他的会战故事。

他,叫金绍康,这个名字对于现在的人来说,可能比较陌生。然而,半个多世纪前,这个名字在大庆油田整个战区几乎家喻户晓。当年的会战工委机关报《战报》,曾调用四个版的篇幅,对他的先进事迹进行过专题的全方位报道!

风雪中跋涉的妻女

直到今天,金绍康的爱人王淑芹,仍然对60年前的一件事儿耿耿于怀。

金老一个劲地表示:"我真的对不起她们娘俩儿。"

这个对不起,从何而来呢?

1964年12月4日这天,金绍康的爱人生下大女儿不久,准备出院。

王老说:"那时候电话机少,出院前,好不容易托人带信儿给丈夫,让他这天来医院接我们娘俩。挺好,他还真的请假来了。出了医院大门,我才知道他是走来的,没有开车,这下把我气着了。当天,外面狂风怒号,下着大雪,孩子又是新生儿肺炎大病初愈,更不用说,我还在月子里。老金看我生气,就说队里私事不让出车。他呢,也没好意思和调度打招呼,就迈开双脚走来了。其实,他要是如实和领导讲,这个车不是不能出,但他是党员,又是战区的标兵,不想因为这样的私事儿,在队里开个不好的头。我数落他是数落,但我知道他就是这么个讲原则、死认真的人。出院的手续都办完了,也不能因为他没开车接我们娘俩,再住回去吧。我只好穿上厚棉衣,把女儿的小被裹得紧紧的,抱上孩子,迎着风雪往家走。

"那天,出奇的冷,得有零下40摄氏度左右的样儿,老金怕我冷,把棉帽给我戴上了,他自己双手拿着行李和洗漱用具,腾不出手来护耳朵,结果耳朵上生生被冻起了泡。等冒着风雪走了40多分钟到家时，这么冷的天，我俩硬是走出了一身汗。"

开车的人，妻儿却搭不上车，这种有些"不近人情"的做法，却绝无虚构，是有着那个时代印记的事实。

那么，金绍康是不是就是那种不近人情的人呢？当然不是，要不怎么会称他为"雷锋式好司机"呢。

在一篇名为《雷锋式司机》的文章中，记述了这样两个故事：

一天，金绍康给当时的运输指挥部

石油会战时期的金绍康

生活基地送货物，完成任务后，停在路边检车。听到旁边往农田里运肥的家属们叨咕："要是有台汽车帮咱们拉一趟就快啦。"

金绍康听到这话，心想，刚送完货还有点时间，这些家属都是运输指挥部的，大多是孩子妈妈，靠肩扛手推运送肥料太累了，而且天又快黑了。于是，他决定少休息一会儿，帮助家属拉化肥。他喊家属们装车，帮她们往地里运了两趟化肥才赶回单位。

还有一次，他都准备收车了，见一位医生慌慌张张地迎面跑来，原来是一个工人得了急病，要找个车送到医院去。金绍康二话没说，立即掉转车头把病人扶进驾驶室，向医院疾驶而去。到了职工医院，他又帮助安排入院就诊，直到深夜才回家。

文中有这样的一句评价："金绍康把汽车当成是为人民服务的工具，只要是对人民、对革命有益的事，他不放过一切机会。"这就是金绍康心中秉承的"内外有别"吧！

吓哭女儿的老爸

这听起来让人心酸。

金绍康干起工作，就是个拼命三郎。

工作时间以内的，他忙着干。工作时间以外的，他抢着干。每天起早贪黑，常常是后半夜回家，天不亮又走了。

有这么一天，他回家早了……

金老笑着说:"平时,我晚上回家怎么也得十一二点,那天特殊了,回家不到晚上 8 点。当时,我的两个女儿,一个 6 岁,一个 4 岁,还没睡着。我这一进屋,她俩一下子哭了。这可不是说,我长时间不回家,她们想我想哭了,而是因为这些年,她们睡了,我才回家。她俩醒时,我已经上班去了。这个时间差,让我们长年见不上一面,我成了她们眼中的陌生人。

"好不容易早回次家,就想着早睡一会儿,可是两个女儿不容我待在屋里。说我走错门了,快点出去,不要待在她们家。虽然两个孩子困得上下眼皮直打架,可我不走,她们就不睡。妻子和她们怎么说也说不通,于是就让我去邻居家'躲躲',等孩子们睡了,再叫我回去。

"当年,还没有电视,许多人家早早就睡下了,小半夜的,上谁家躲呢?正巧和我住在一户干打垒里的同事还没睡,把我叫去聊天,算是解了围。直到女儿们睡着,我才悄悄回家睡觉。"

说到这,金老一脸的苦涩。

他说:"现在想起来,心里都是愧疚。那些年,我们为了早日拿下大油田,把全身心都投入到了工作中,缺少对孩子们的关心、呵护,以及对妻子生活重担的分担。

"当时,我妻子的工作也很忙,因为我不着家,她一个人担起了家庭的全部重担。每天不但要背着抱着孩子们去托儿所,还要完成自己的那摊工作,真是难为她了、劳累她了。

"年轻时,孩子们拖累她,年老了,我这一身病,更是让她受累,她也是 80 几岁的人了……"

冰水中落下的腿疾

金老说:"那年,我已经调到了当时的客运公司。那是 11 月的一天,我刚跑完夜班车,正准备回家休息。突然接到上级的指示,要求我们公司派人参加钻井指挥部某个井场的生产会战。还没有回家的我,随着单位的队伍一起前往。

"这个井位地势低洼,周围积成了很深的冰水泡子。当时因为走得急,也不知道这个井场是这么个状况,就没有带雨靴。

"当天,我们负责抬土垫高井场。井场和土堆分别在泡子两侧,每抬一筐土,都要卷起裤腿,蹚过泡子,运到井位上。

"冰水刺骨的凉,我就咬牙坚持着,一次次,蹚着蹚着,腿就没有知觉了,也不知道水凉了。我当时不知道,还以为腿适应了冰水的温度,其时,双腿已经严重冻伤了。

"回家的路上，感觉两条小腿不听使唤，自己也没想到是冻坏了。回到家，卷起裤腿才发现，脚和小腿部分皮肤已经发黑了，没过几天，小腿的发黑部位很快向上蔓延。我才意识到问题的严重性，赶到医院。医生一看就急了：'怎么才来呀，都这么严重了，不好救了，看样子得截肢。'

"这下子，把我吓坏了！当司机的没了脚和小腿，还咋开车呀，这不彻底残废了吗！老伴不信邪，拒不在截肢手术的单子上签字，于是，改为中医治疗。虽然经过老伴的细心照料，冻伤坏死的血管起死回生，发黑的皮肤，也逐渐恢复正常的颜色，但双腿还是留下了残疾，成了今天这个样子。"

老有一伴，幸福有盼。金老总在夸老伴："如果没有她，我早就没了。年轻时，我亏欠她，年纪大了，我还拖累她，这笔恩情账，我恐怕永远也还不清了。"

▶ 红色传承

小家和大家

讲述人：徐伏虎

金老他们这代人，公私分明，知道小家和大家的分量，所以，他们从来不把个人的利益放在前面，而是把民族和人民群众的利益看得比什么都重。正是基于这个出发点，他们才有舍小家，为大家，把自己的青春年华，都奉献给了心中最壮丽的事业的人生。

许多人会说他们傻，说他们为了荣誉舍弃了人情味，也许正是他们这种执着的"傻气"，才让我们这块黑土地上，诞生了大庆精神铁人精神；也许正因为他们舍弃了人情味，才让中国甩掉了贫油的帽子，实现了原油自给，挺起了奋发图强、不怕困难、忘我牺牲的民族脊梁。这，是最伟大的人情味。

我们感谢金老那代石油人，给我们留下了这么丰富、让世人仰视的精神财富，正是因为他们当年的牺牲奉献，才有了一代代大庆人传承不息的根基！

张新兰的天平　总是偏向事业

张新兰

谈起50多年前那段难忘的会战经历，这位巾帼英雄，昔日"全国五一劳动奖章"获得者、当年采油二厂油水井岗位倒班时间最长的女工，感慨万千。

采油工，对于当年的许多小伙子来说，都是很辛苦的工种；对一个女人来说，其繁重更是难以想象。

作为女人要面临结婚、生子、家务、工作的相互平衡，然而，事业、家庭真的能够两全吗？

孩子被独自锁在家

没有什么比一个小生命降临，更让父母欢天喜地了。可是，孩子的到来，却让独自顶岗的张新兰犯愁了。那是在1968年，56天产假进入倒计时，怀中婴儿安置在哪，成了张新兰和爱人面临的最大问题。

"当时，还没有托儿所，双方的老人因年龄的问题，暂时还不能过来帮忙。背着孩子上班？又不符合岗位制度要求，左想也不行，右想也没有合适的办法，万般无奈，我只好选择了下下策，把孩子锁在家里。"张老叹了口气说。

"当妈的，能不时刻惦记被独自锁在家的孩子吗？可是这是没办法的办法。惦记是惦记，但工作上不能分神，别看采油工整天重复着量油测气、清蜡扫地的工作，但需要从每天记录数据的细微变化上，分析出原油生产量的高低。所以，在工作程序上不能有一点马虎。

"那是个寒冷的冬天，忙乎完了井上的工作，正赶上有半个小时的送奶时间，我紧跑慢跑回了家，一看孩子刚刚3个多月的孩子，脸朝下缩成一团趴在屋里的沙土地上，小脸被沙子硌出了好多的小坑。因为脸紧贴在冰凉的地面上，娇嫩的皮肤已经出现了冻伤。

"看着怀中进入梦乡的女儿，我心痛得不行，可是一头是我独自管理的油井，一头是我需要呵护的孩子。孰轻孰重，我还是能掂出分量的。当时，一狠心，我把孩子放在床上，在她的周围搭起更高的保护层，不让她再因蹬踢滚落到地上，看一切都安全了，我才流着泪向着自己的油井走去……"

不容含糊的交接班

"孩子趴在地上的一幕，在眼前晃动，心酸、委曲、心疼，一路走一路哭，泪水不住地滴落在我那件48道杠的棉服上，冻成了一个个的冰珠。就这么勉强又撑了5个多月，公公知道了我们的情况，过来帮忙，这才解了我们的燃眉之急。"

这是一张张新兰年轻时的工作照，照片上她正聚精会神用卡尺测量着刮蜡片。

张老说："那是一次交接班前测量刮蜡片时留下的照片。采油工的交接班可不是签个字，换个人就结束了。交接班时，都沿袭严细认真、一丝不苟的三老四严精神。交班的人，有问题的要在解决问题后再交接，绝不把问题留给下一个班的同事；接班的，也严格按照规定，对井上的每一个数据核对无误后，才能接班。

"别的咱不说，就说这个刮蜡片。油田的原油含蜡高，清蜡成了采油工每天必须做的工作之一。

"会战初期，清蜡需要人工用绞车将拴在钢丝上的刮蜡片下到井中清蜡，到1966年前后，人工绞车就被电动绞车取代了。这个刮蜡片从井底升上时，会受到温度以及其他因素的影响，出现微小的误差。当时规定这个误差要小于1毫米。到交接班时，测量刮蜡片是否存在误差是一个重要的环节，只有双方都认可无误，这个交接班的过程才算结束。就像这样的交接班，最长时，要进行一个多小时，可见当时交接的严格和认真程度。

"一丝不苟的工作态度，随处可见。比如为了取准原油含水的数值，每到雨季，我们都会用塑料布或雨衣遮挡，以确保数据准确无误。

"再比如，当时采油工采集的油气数据，每10秒记录一次，而且在油井房外。夏天蹲在那记录，蚊虫叮咬；冬天在零下三四十摄氏度的低温下，往那一蹲，不但腿麻，脚也被冻得发痒。

"来了例假的女同事，在清蜡摇绞车时，累得满身都是汗水，卫生纸上的经血

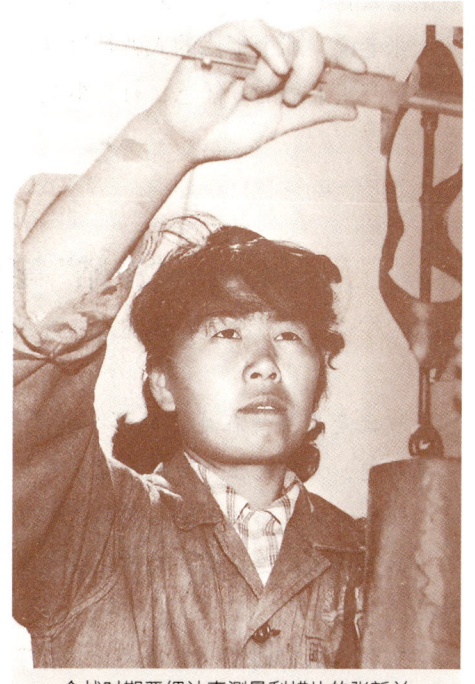

会战时期严细认真测量刮蜡片的张新兰

都冻成了冰疙瘩,走路时,一块块顺着裤腿掉在地上,但没有一位采油女工叫苦。"

冻成两半的大头鞋

石油会战时期,许多工人师傅一年四季杠杠服不离身。天热时,用它铺在地上席地而坐;夜晚接班冷了,就穿在身上。

那时的 10 月中旬,大庆就已经下雪了,寒冷的天气里,男女老幼都早早地穿起杠服棉袄,蹬上大头鞋,戴上狗皮帽子,就真正进入冬天了。

张老说:"是啊,那时候冷得早,冬天零下四五十摄氏度是很平常的事儿。那年,我管理一口水泡子井。按理说,水泡子井到了冬季,一结冰,比起其他季节巡井要好走得多。可是在这口井的附近,建了个浴池,常把污水排在这个泡子里,形成冰下暗流,在杂草和积雪下很难发现。

"虽然我天天过来巡井,但一直没有注意到这个情况。那天,从冰上走过去,冰面突然塌了,我整个人往下一沉,大头鞋和半截棉裤都浸在水中。好不容易从冰窟窿里爬出来,寒风一吹,不仅棉裤冻得打不了弯,大头鞋也冻成了冰疙瘩。我要是说出来,你可能说我玄乎,没有几步,大头鞋硬是被冻得裂开了。周围的人一看我是个女的,都叫我赶紧回来换下衣服,要不然会冻坏的。可是井就在眼前,不采完数据怎么能走了呢。我就这么坚持着,在井上采完数据,才艰难地一步步往家挪。"

张老说,那个年代的人就是这样,把工作看得比任何事儿都重要,因为在他们心中,有主人翁的责任感,有为祖国石油事业多做贡献的豪情。

▶ 红色传承

"冷酷"老妈最"多情"

讲述人:周 丽(张新兰的女儿)

我就是当年掉在地上的那个"受害者",也是那场石油会战中出生的油二代。从记事起,父母就在为会战忙碌,我与他们在一起的时间很少。

长大一点,听别人讲,妈妈是个了不起的人,荣获过"全国五一劳动奖章"。

我不知道,这个荣誉对于她意味着什么,那时我只知道,我需要她,需要她的母爱。

可能人只有到了一定的年龄,有了一定的阅历,才会真正理解妈妈那代人的想法和做法。

我有时会想，如果我和妈妈换一下角色，从她的角度去探寻家庭和事业这对矛盾的平衡点，我会想通许多事儿，理解许多事儿。

他们并非冷酷无情，而正是因为心中有大爱，才更懂得如何取舍。

在那个火红的年代，他们为了多产油，为了有力支持新中国的经济建设，只能舍小家，顾大家，用自己的无私奉献，为国家原油自给贡献力量。

正是他们高度的主人翁责任感，他们不忘初心的坚守与奋斗，才创造出了举世瞩目的奇迹，也为后人留下了大庆精神铁人精神这样宝贵的精神财富。

母亲那一辈人是我的榜样，激励我在工作和生活中脚踏实地。党的优良传统和大庆精神铁人精神将代代传承，永不过时。

张新兰的天平　总是偏向事业

"愣小伙"被吓到"腿发软"

张志良

为了准备接受采访，前一晚，张老几乎彻夜未眠。他花了不少工夫，把可能涉及的故事的佐证，一一找出来，放在手边，再次体现了一位科技工作者严谨认真的态度。

"小药铺卖出大人参"

1964年5月，已经担任采油指挥部第七油矿维修队队长的张志良，被矿长王喜山找了去。开门见山，王矿长把一件令他苦恼已久、更是让采油工们整天担惊受怕的任务，交到了他的手上。

"王矿长一脸严肃地给我下了死命令，'这事儿呀，只能靠你了，别辜负了组织和同志们对你的信任啊！'"张老说到这里，复原着当年听到那句话的表情，"我当时一愣，虽然我这些年，革新发明改造了不少机械设备和实用的零部件，但这样一个与油田生产关系重大的攻关项目，对我来说依然压力山大。"

这个任务是啥？为啥会选择张志良来担此重任？又为啥会让张志良觉得如此棘手？

这个任务就是设计制造一款弹性好、不变形、刮蜡锋利的全新刮蜡片。

张老说："咱们油田生产的原油含蜡高，当年采油工每天最重要的工作就是清蜡。可是，当时我们用的刮蜡片，是通用件，壁厚，表面粗糙，叶片宽，刚性和弹性差，受蜡的挤压容易变形，不禁用。一般五六天就得换一个，不仅成本高，刮蜡效果也不好，采油工普遍反映不实用。这样，从领导到职工，都迫切盼望能用上适合大庆原油生产特点的专用刮蜡片。

"至于当年为什么会选择我，或具体说，为什么选择我们七矿维修队来承担这个重任，当然是有原因的。

"一个原因，是因为我在大学学的就是矿机专业，设计新型刮蜡片相对比较对口；还有一个呢，在当时的几个矿的维修队中，只有我一个科班出身的技术员，而且维修队里有台"独一无二"的机床，钳工、车工、电工样样全；再一个，早在玉门油田时，我就是个有点名气的革新能手，曾在一无图纸，二无经验可借鉴的情况下，对油田机电车间的高温锻造炉，成功地进行了碳改油改造，这让我一下子在玉门油田出了名，也让许多从玉门来大庆参加石油会战的人有了很深的印象。

"要造出不同以往的刮蜡片，选材是重要的环节。可是在会战那个艰苦的年代，需要的试验金属材料不可能信手拈来，只能靠我们发扬铁人回收队精神，走遍油田的各个角落，去找来相对合适的材料，废物利用。

"我们发现，井场上废弃的油管，在材质上比较接近设计的要求。但油管壁厚，我们按照刮蜡片的形状，把多余的材质去掉，在上面钻出孔，然后，再将半成品用锉刀一刀刀人工打磨到需要的厚度。我们以忐忑的心情，把第一批5个新型刮蜡片试验品送交井上检验，采油工们的反馈效果超过预期，获得一次性成功，并批量生产，在采油指挥部内广泛推广使用，解决了当年采油工清蜡工作的大问题。矿长特意召开大会，表彰我们的成绩，并评价我们小'作坊'造出'精品'为'小药铺卖出大人参'。"

乐观主义的"小礼堂"

1964年11月下旬，七矿维修队负责新建的209采油队的天然气管线安装。

张老说："从队里到新建的209采油队，大概有10多里路。会战初期，矿里的汽车少，要赶到施工地点，就靠两条腿和一辆装着电焊机、氧气瓶等工具设备的手推式架子车。

"那些年，寒流、下雪、大烟炮是常有的事儿，我们虽然穿着厚厚的杠杠服，但走在荒野上，几分钟就被冷风吹透。狗皮帽子从不敢掀起护耳，因为那样，一会儿的工夫，耳朵便会冻起透亮的白泡。领鞋时，都要大一号，方便冻脚时，脚能在鞋里活动一下，促进血液流通，不至于冻僵、冻伤。如果光着手推车，皮肤很快会被寒风吹得像要裂开似的疼。

"那时候，油田上是军事化管理，接到施工的'命令'，为不影响采油队投产，都要在规定的时间内无条件地赶到指定的地点，一点不能含糊。所以，我们几个管工、电气焊工在这样的大冷天，艰难地在坑洼的道路上行走了近一个多小时，终于在规定的时间赶到了209队。

"来不及休息，队友们就投入到天然气管线的安装施工中。气焊要用到水，新建的采油队也没有可用的水源，这可咋办呢？要是干等着接水管线，我们施工的时间一定会拖整个进度的后腿。大家都说,咱们不能这么等,要学习铁人'有条件要上,没有条件创造条件也要上'的精神,就是像铁人队那样,一盆盆地端水,也要保证工期。发动大家四下一找,发现离施工现场不远,有口人工挖的水井,可是里面的水已经冻成了厚厚的冰。用镐,使不上劲,只好找来施工剩下的大石头,硬是砸开了冰层,取出了冰凉的水,保证了安装工作在短时间内开工。

"前面我提到,施工地点与维修队相距较远,天天往来,一定会浪费许多时间。我们就把刚刚建起、还没有来得及上玻璃的 209 队队舍,当成了临时宿舍。没有被褥,就在草原上割些现成的干草,一半铺在冰凉刺骨的地面上,一半盖在身上。大家谁也没觉得苦,经常睡前还来场歌舞表演,欢笑声在空旷的草原上传出老远。许多巡井的工人师傅也不再寂寞,都说我们这个临时的住所是'乐观主义的小礼堂'"。

奋不顾身的"愣小伙"

1964 年 12 月,七矿在一次岗位责任大检查中,发现北Ⅱ-1 联合站加热炉 20 米高的烟囱上,三根不同方向的绷绳断了一根,存在安全隐患,必须马上重新安装好。

可是矿里没有吊车,也没有爬高的工具,只能自己想办法,解决问题。

张老说:"12 月的天冷得要命,而且风大,高空作业尤其艰难。但任务分派下来了,就是徒手爬,也得把它完成。看看这一人都抱不住、在大风中左右晃动的粗烟囱,再瞅瞅自己的鞋和堆在地下的简单工具,大家都有点胆怯。

"可是,作为队长的我,这时候不能耍熊。我当年 26 岁,血气方刚,心里没个怕字,就对大家说,我上,你们在下面打个下手。

"这么高的烟囱没有工具,不借助点东西是爬不上去的。我找来两块和我鞋差不多的木板,做成简易的脚踏板,把一根粗绳子的一头从烟囱底部螺旋向上缠,用它增加摩擦力,另一头在我手里,就这样,绳子缠一圈,我上一阶,在没有安全带保护的情况下,小心地一点点爬到了断绳的位置。

"下面的同事,在烟囱下围了个圈,以防我掉下来时,能有个缓冲。就这样,在寒风中,我几乎是在悬空的状态下,单手将钢丝绷绳固定好,才一点点地滑下来。

"站在烟囱下,再往上看时,后怕让我腿软得几乎要跪下,那次实在是太危险了!"

▶ 红色传承

乐观是战胜困难的法宝

讲述人：张 伟（张志良的儿子）

父亲爱把自己在会战中的经历讲给我们听，他还珍藏着当年获得的荣誉证书，我家数次搬家，这些珍贵的传家宝一件也没有丢。

在那个艰苦的年代，大庆的第一代石油人没有被困难吓倒，他们以乐观的心态，以为国分忧的责任感，给我们后来人留下了许多精神财富。

作为他们的下一代，在生活富足、条件优越的新时代，我们仍然不能忘记艰苦奋斗的优良传统，仍要学习他们在逆境面前，想尽办法，战胜困难的乐观精神和良好的心态，让大庆精神铁人精神的光荣传统，继续发扬传承下去。

"愣小伙"被吓到"腿发软"

临时救场　范桂林成了女主角

范桂林

说到她，不能不提起那部曾闻名全国的话剧《初升的太阳》；不能不提起她担纲主演的，以"五把铁锹闹革命"带头人薛桂芳为原型塑造的人物郭德英；更不能不提起那年那月，在中南海演出时，周总理与她的那次亲切握手……

她，叫范桂林，出色的表演曾受到金山、孙维世夫妇的肯定。这样一个好苗子，为啥没有继续从事话剧？为啥选择回到学校当了一名教师？她是否会因此感到遗憾……

"夭折"的话剧梦

范桂林随丈夫来大庆前，在文化活动活跃的老家辽宁海城西柳公社，是名气不小的文艺骨干。演评剧、当主角，一路从公社演到县、市，她和其他几位主要演员，被乡长列入不准挖走人才"名单"。

在范桂林的心里，一直对话剧表演有着浓厚兴趣。海城文工团的一位导演非常支持她，特意找来斯坦尼斯拉夫斯基的表演理论给她看。1958年，鞍山话剧团来海城招演员，范桂林报考，直接被录取。

范老说："我当时特别高兴，拿着通知，一路小跑去了乡里开介绍信。文书一看我的名字，忙去看玻璃板下面的一张名单，从上往下一捋，停住了。看了看我说：'不行啊，这个介绍信，不能给你开。'我急了，问他为什么？他指着那个名单说：'你是乡长点名不准放走的人才之一，不信你看，这个名单是乡长亲自写的……'我一听，心凉半截。就这么着，我的话剧梦'夭折'了。

"1963年，我随爱人来到萨尔图参加石油大会战，在总机厂王家围子生产基地参加生产劳动。当时的条件相当艰苦，基地没有像样的房子，就那么个简易的板房。妇女带着孩子住在里面，白天下地前，把孩子送到托儿所，晚上收工，再把孩子们接回家，天天与土地、粪肥、秧苗打交道，脸朝黄土背朝天，没有什么节假日。我是个挺能吃苦的人，在老家时，这些农活也没少干，可我个子小、清瘦，干了一天活，还是累得倒头就睡。领导看我身体弱，就派我去基地的商店，当了售货员。自此，我离心中的话剧梦越来越远了……"

金山相中的"老大妈"

说到圆梦话剧，这里不能不说到范老的爱人。

1965年秋，范桂林的爱人在总机厂当调度。一天，一群人聊天时，他听有人说，当晚总机厂的话剧《康庄大道》接到汇报演出的紧急通知，可其中一位重要的女演员，回老家探亲，还没有B角色换，事儿挺挠头。

范老说："我爱人一听，就说我老婆会演戏，有文化，在老家很红的，能行不？这话一出，对那几位领导来说，像抓住了救命稻草，着急忙慌地同意了。可是，当这个难得的救场机会摆在我面前时，我还真有点发蒙。有剧本吗？演哪个角色？台词是啥？我爱人一问三不知。晚上就演？我爱人点点头，这不是开玩笑吗？可是爱人都答应人家了，看情况再说吧。

"我提前一个小时赶到演出地点。看剧本来不及了，导演就简单地给我讲了讲戏，我演的是个老妈妈，读了两遍台词，连台都没来得及走，时间就到了。导演告诉我，别担心，有人会在侧幕后提词。

"我这人，记忆力好，特别对台词，几乎过目不忘，而且有在老家演评剧的基础，所以，上台并不怯场。和未曾谋面的一个个角色对戏，竟然没出啥纰漏。

"顺利演完了，我在后台卸妆。一个叫黄大志的人跑过来问我：'你演得太好了，连金山都相中你了！'谁？哪个金山？我不经意地问。他急了：'中国还有几个金山，大导演金山啊！''是电影《风暴》中演施洋大律师的金山吗？'我一下站了起来。'可不是，他和爱人孙维世今天都来了，都夸你这个老妈妈演得最好，最自然。'他这么一说，我心里还真有些小激动……"

总理夸奖的好演员

让范老没想到的是，这次意外的"替补"，让她与渐行渐远的话剧梦想，一下子近在咫尺。

范老说："没多久，总机厂政治部通知我去'大庆职工家属业余演出队'报到。在这里，我才第一次近距离地接触到了金山、孙维世夫妇。

"我们这个演出队，一开始只是排练一些反映职工、家属在会战中的新人新事的小型歌舞节目。让我不解的是，每到节目联排时，金山、孙维世夫妇都要参加审查,一个是著名的表演艺术家,一个是著名女导演,为啥会对我们这些表演唱、诗朗诵、快板之类的小节目这么感兴趣?后来才知道,从那时起,他们已经在物色话剧《初升的太阳》的演员了。

"1965年12月12日,时任大庆家属政治部主任的钟珊,召开演出队全体会议,宣布了将要排演话剧《初升的太阳》的消息,在参演的演员表中,我是主角,以薛妈妈为原型的郭德英,取自'过得硬'的谐音,是家属生产队的指导员。

"这部话剧,由顶级剧作家、著名大导演孙维世亲自操刀,表演艺术家金山手把手传授,我们这班舞台经验几乎为零的演员们,那种幸福和喜悦就不必说了。但另一方面也压力大,虽然我们这些'演员'有生活,但不懂表演,更不知道如何塑造人物。可是孙维世对我们排练中出现的问题,从来都是温文尔雅、慢声细语、循循善诱,从不说我们听不懂的专业术语,点到、给出建议、教会为止。她的温柔,一下子把我们紧张的心情打消了,敢问、敢演、敢发挥,排演氛围上了个新台阶。

"比如,我的一场排演,是郭德英与丈夫的一场对手戏。我体会作为妻子,要演出一种温柔感。孙维世笑着说:'作为妻子的角色,你演得非常好。但你的角色是个有原则的家属指导员,话语要显出你个性的坚定。'在她的点拨下,我改变了一下声调,这样再说起台词,就完全适合角色的要求了。孙维世笑着说:'你小范就是有灵性,一点就通。'

"这样,经过短短17天的排练,1965年12月30日,《初升的太阳》在采油一部礼堂首次公演,获得圆满成功。1966年元月,又在战区内连演3场,好评如潮。就在我们还沉浸于演出成功的喜悦中时,又一个好消息传来,《初升的太阳》剧组将同一台歌舞节目一道,赴首都北京汇报演出。

"1966年1月,剧组在石油部俱乐部、国务院小礼堂演出了8场,当年全国知名的文艺界人士郭沫若、刘白羽、曹禺等,都观看了《初升的太阳》,给出了很高评价。

"1966年2月1日,剧组仍旧在国务院小礼堂演出,但我却觉得非比寻常。化妆,由我自己改成了金山。工作人员也神情紧张地来来往往,经验告诉我,这次演出一定来了大首长。可那时候,纪律很严,不该知道的不许打听,就连一些在场的领导,也不知道来的究竟是谁。

"直到六场话剧落幕,孙维世和钟珊才跑过来激动地告诉我们,来看话剧的首长是敬爱的周总理,而且,他老人家一会将要接见我们。

"'总理来了!'在孙维世的陪同下,总理与全体演员一一握手。当总理握住我的手时,笑着说:'你是郭德英!'我连忙向总理问好。

"全体演员与总理照完合影,总理又风趣地和我们一起合唱起《初升的太阳》的主题歌《大庆家属闹革命》,我特别佩服总理惊人的记忆力,他只和我们唱了一遍,词就全部记住了。"

在范老的日记里,清楚地记录着,那年他们在全国各地演出了310多场,观众达35万多人次。

1977年4月,为了庆祝工业学大庆会议在大庆召开,《初升的太阳》在金山的指导下,又开始了复排和公演,范老当时仍被召回剧组,再次出演郭德英。可是,当这部话剧再次落幕时,范老却没选择了回到总机厂,当了一名老师。

我们问她,失去这样的机会,今天想来,是否后悔?她笑着回答:"没有后悔过!"

▶ 红色传承

一部让母亲自豪的人生大戏

讲述人:杨 冰(范桂林的女儿)

多牛的演员,在一部大戏中,能幸运地同时遇上名剧、名导和名角儿?母亲遇到了!有多少演员,一生只演一部大戏,而且一演就是四五百场,母亲和她当年参演的剧组做到了。这对有话剧情怀的母亲来说,还后悔啥?遗憾啥?

她常对我们讲,她是幸运的,幸运的是她不但圆了演戏的梦,而且跟着全国顶尖的孙维世、金山两位先生学了戏,更学会了做人。她把从两位先生那里学到的温柔、体贴和严谨,运用到了她后来的教学中,因人施教,传道授业,不厌其烦,不放弃一个孩子。因此她给了许多孩子深刻的记忆,也使我继续她的脚步,成了一名教育工作者。

临时救场 范桂林成了女主角

"孩子王"建起延安式"保育院"

陈惠兰

虽然和陈老初次见面,但她的温文尔雅和灿烂纯真,让我们之间的陌生感,消失得无影无踪。

我们谈她千里来大庆,弃教从农,我们聊她临危受命,组建托儿所,直说到她参加会战20年后的经历,但让她不能忘怀的,还是那个艰苦的会战年代。

陈惠兰和爱人没来大庆前,一直两地分居。她师范毕业后,留在山西太原的一所小学教书,而爱人却在千里之外的青海冷湖油田工作。因为都是骨干,两地又没有较为适合双方的对调单位,结婚后的两个人,只能鸿雁传情,偶尔相会……

简陋茅草屋建起托儿所

1961年9月,陈惠兰的爱人从青海来到萨尔图,支援油田建设,两个人才开始考虑在油田安个家。可是陈惠兰来到这片荒原上,心却一下子凉了半截。当看到整天忙忙碌碌、吃不饱饭、身体又不好、还没人照顾生活的爱人,她觉得自己不能再那么自私了,无论如何要给爱人一个温暖的家。于是,她回到了太原,向校长提出辞职。

陈惠兰说:"因为当时太突然,校长没一点的心理准备,好说歹说,就不松这个口。当他问清了我要辞职的来龙去脉,想了许久才和我讲,职先别辞,你先去看看,实在太艰苦,生活条件太差,想回来,还能回得来。当时,我只当这是句挽留的托词。

"我铁了心要走,辞别了同事们,1962年年底,便义无反顾地登上了北上的火车。

"当时,会战工委正号召各指挥部的家属,向薛妈妈为首的钻井指挥部家属学习,发扬南泥湾精神,像革命战争时期那样,走出家门,自己动手,参加劳动生产，解决油田粮食紧缺的问题。刚来到大庆的我，也参加到了采油指挥部组织的大生产活动中。

"很快，一个问题凸显出来。因为许多家属都是孩子妈妈，丈夫在一线忙，家属下地生产，大一点的孩子，在家属区里疯跑，常常因父母不能及时回来，吃不上饭；小一点的孩子，只能锁在家里，床周围用枕头、被子一围，基本处在无人管理的状态。好多家属一边干着活，心里还惦记着家中的孩子。

"一天，家属生产队的领导找到我，知道我以前当过老师，就征求我的意见，能不能把这些孩子统一管起来。其实姐妹们的这种忧虑，我也感同身受，能帮助她们去块心病，也是我的愿望，我就痛快地答应了。

"看孩子总得有个屋呀，队领导腾出队部的一间茅草房，中间用油毡纸一隔，这个简陋得不能再简陋的托儿所就成立了。

"领导对我说，现在就这个条件，要学习延安保育院艰苦奋斗、多想方法、克服困难的精神，把托儿所办得让职工家属放心。"

每家拿袋米汇集做午饭

陈老说："十来个孩子，大小不一，都躺在用木板钉的大木床上。我就在过道上穿梭，哭了抱起哄一哄，哄睡了放床上，再抱下一个，再哄睡。那时候，我的孩子也在其中，如果两个孩子同时哭，我总是先去抱别人家的孩子。姐妹们把孩子交给我，我一定要把他们看得比自家的孩子更好，才对得起大家对我的信任。

"可是，在托儿所工作过的人都知道，一个孩子哭了，会引起连锁效应，光靠抱着哄睡，一个人根本忙不过来。幸好，托儿所紧邻一个油矿的维修队，工人师傅们找了些废旧的钢筋，给我们焊了些摇篮，这下子，解决了我的大问题。

"看孩子们在我这看得好，一些观望的家属，也都把孩子放心地送过来。

"孩子多了，保育员也从我1个人变成了3个人。孩子们的入托时间，也从早上送中午接走，下午再送晚上接走，改成了中午不接。这样，我们的服务也从单纯地看孩子，增加到了还要给孩子们做午饭。

"做午饭，粮食怎么来呢？都是孩子家长交来的。每周或每月，每个孩子家长要背袋米给托儿所，托儿所把这些米放到一起，给孩子做这顿午饭。

"很快天气暖和了，一些大点的孩子也不能总圈在屋里，可是到室外，让他们玩什么呢？我想起在太原时，托儿所院子里有那种人工推着转圈的"悠车"，就去求助工人师傅。他们按照我的描述，设计了一个有油田特色的转塔"悠车"，往空地上一安,孩子在这个新奇的玩具上转了一圈又一圈。我们累得够呛,孩子们却开心得谁也不想下来。"

儿歌自己编,黄豆当零食

孩子们一天天地长大,要求也不仅限于看好、吃饱,要听故事,还要学点东西。

陈老说:"那时候的孩子,没啥像样的零食,我们常把队里分给我们的黄豆炒熟,把胡萝卜和土豆烀熟,放在厨房。哪个孩子表现好,就奖励一把炒黄豆,哪个孩子饿了,就给块胡萝卜或土豆,那时,这些可是孩子们的美味。

"听故事,是孩子最喜欢的事情。为了让孩子们有正能量的故事可听,我就把手头一些大人看的书,编成孩子能听懂的话讲给他们听,比如雷锋送大娘回家、黄继光堵枪眼等故事,在他们幼小的心中,树立起了许多英雄形象。

"此外,教给他们儿歌,让他们学东西,成了我们探索的新目标。那时候,也没有什么像样的教材,我就自己编些儿歌。比如:'小皮球,圆又圆,我要去上幼儿园……'孩子们回家背给家长听,家长都说编得好。

"一传十,十传百,我们在战区出了名。当年的采油指挥部还专门把各个托儿所的阿姨请到我们所,听儿歌,看玩具,学经验,开样板推广会,就连薛桂芳妈妈,也来这参观。当年的会战工委机关报《战报》,两次对我们所的经验进行宣传,我们所还被采油指挥部评为先进所。

"直到 3 年后,采油指挥部有部分职工支援胜利油田开发,所里的许多孩子随家长外迁,我们托儿所的使命才告结束。"

陈老说:"最让她意想不到的是,在大庆待了 20 多年,想起当年校长的那句话,她回了趟太原。那个昔日的校长也没有食言,在他的帮助下,找到工作关系,并顺利转到大庆。"

▶ 红色传承

我接过了母亲的教育接力棒

讲述人:李丽娟(陈惠兰的女儿)

母亲是油田幼儿教育的先驱者之一,为了支持父亲的工作,她放弃了相对优越的生活条件,来到当时还处于创业中的大庆油田。

在那个艰苦的年代，那么简陋的条件下，她们克服困难，建起托儿所，为会战的职工家属解决了后顾之忧。

虽然后来母亲没有机会再从事她喜爱的教育事业，但她的接力棒却传到了我的手上。现在，我已在教师岗位上工作了整整35年，培养了一批又一批品学兼优的油娃，虽然有苦有累，但是父辈们的谆谆教诲和对油田的这份热爱，一直鼓舞鞭策着我不断前行！

「孩子王」建起延安式「保育院」

他的事迹 上了《人民日报》

张学玉

毕竟是五十多年前的事儿了,哪怕对于一个健康的人来说,回忆起来都会相当吃力,更何况患了重病的张老。据他的老伴讲,自从得了病,许多事儿,他都记不起来了……

可是,当看到刊载在1964年5月6日《人民日报》上,由新华社记者袁木、冯健采写的《在岗位上——大庆油田李天照采油井组纪事》时,他凝视许久,开口说:"有这事!"

被揪秃的老榆树

张学玉1962年从依兰招工到油田之前,在当地的农场已经有了工作。在三年困难时期,守着大粮仓的农场职工,吃饱,还是不成问题的。

可是,他却在油田前往农场招工时,毅然选择了来油田吃苦创业。

"说句老实话,对当时油田初创时的艰苦情况,我还是估计不足。心里想着,顶多一日三餐,吃个粗茶淡饭呗。可是,没想到,傍晚在萨尔图火车站一下车,第一顿晚饭是一碗稀得不能再稀的玉米粥,三口两口下了肚,再去盛,才知道一人就一碗。原以为这是次临时餐,正式到了工作岗位就好了,没想到,吃不饱是经常的事儿。

"我们从农场一起来的小伙伴,因为扛不住饿,偷偷跑了回去,我也有点动摇了。在给哥哥的信中,我把大庆的艰苦生活条件都写了进去。哥哥回信相当严厉,和我讲,油田创业期间,艰苦是一定的,既然去了,就不要打退堂鼓,一定要坚持,不要遇到困难就当逃兵,幸福的生活,要靠勤劳的双手实现。我觉得哥哥说的在理,就横下一条心,决定扎根油田。

"决心好下,肚子难填。大小伙子整天吃不饱,干啥都没精神头。粮食定量少,那就得想办法,弄点代食品。后来,我被分到当时的采油指挥部二矿五队。队部外,有两棵大榆树,这成了我们添补主食的最好零食。榆钱吃完了,就吃新鲜的树叶子，架不住春、夏、秋三季大家一起吃。可怜这两棵原本枝叶茂盛的大榆树，长出叶子都赶不上我们吃的速度，三季下来，被揪得只剩光秃的树枝，一点绿色也没有了。"

"四个一样"的出炉

后来，张学玉去了"李天照井组"。张老回忆说："李天照井长当时比我大个八九岁，为人很热情，是个实干的人。当时我们井组有11名职工，管理着3口油井。

"会战初期，中1注水站发生一场火灾，会战工委结合这次事故，查找问题，完善管理，一把火烧出了岗位责任制。我们井组当然也不例外。李井长当时也结合采油工特点，制定出了有采油工人特色的岗位责任制，要求井组同事严格执行。

"1963年7月的一天，下着暴雨，一小时一次的油井巡回检查时间到了，雨还没停。那天是学徒工刘玉智的班。他看外面下了这么大的雨，就想等雨停再去检查，可李井长却冒着雨冲出了值班室。

"经检查，一口油井的加热炉底部已经进水，火苗挟着黑烟从炉口往外喷，眼看就要呛灭了。李井长及时排出积水，在大雨中观察，直到加热炉恢复正常后才回到值班室。

"他一边脱衣服拧雨水，一边对小刘说：'下雨为啥就不巡井了？越是坏天气越是容易出问题，咱们干工作，要坏天气和好天气一个样才行呀。'打那以后，我们井组又在工作实践中把'夜班和白班一个样，领导在和不在一个样，查和不查一个样'写进井组的纪律中。

"当年，上级领导20多次大检查和明察暗访，从未发现我们井组有一次脱岗、串岗、睡岗的现象。井上录取的2134个地质数据也无一差错，油井各种设备上的862道焊口、70个大小闸门，没有一处漏油、漏气，1851套螺丝全部完整无缺，83件工具、仪表件件完好，从未损坏过1个玻璃管、1支温度计。被评为战区'五好红旗井组'。

"1964年初，新华社记者袁木、冯健来到井组，和我们工人同吃同住同劳动，把井组的做法总结归纳为'四个一样'即'黑天和白天一个样；坏天气和好天气一个样；领导不在场和领导在场一个样；没有人检查和有人检查一个样。'当年，会战工委多次在我们井组召开现场经验交流会，把"四个一样"推广到全战区。石油工业部也授予我们井组'李天照井组'的称号。后来，李井长调到矿里，当了副矿长,又支援兄弟油田建设去了大港油田,当了副指挥。"

一颗螺丝的故事

说到新华社记者袁木、冯健,就不能不提到由他们采写的通讯《在岗位上——大庆油田李天照采油井组纪事》,这篇文章的第一个故事,就与张老有关。

文章中这样记述:

"不久前,李天照采油井组突然收到了一封远方来信。封皮上贴着'双挂号'的红签签,里面装着一颗米粒大小的螺丝钉。信上写道:'你们自觉地爱护设备,在自己的岗位上严肃认真,一丝不苟,这种作风值得我们很好地学习。'

"这是怎么回事呢?

"原来,新工人张学玉有一次操作不小心,把千分卡上的一颗小螺丝弄丢了。他立刻报告了井长,作了检讨。当天,他从下午找到傍黑,没有找到。第二天,天刚蒙蒙亮,他又赶到井场去找,还是没有找到。

"'我可不能损坏咱井组的集体荣誉!'张学玉想。

"第三天,他请了半天假,跑到附近的小镇上,问遍所有的自行车修理行、钟表、收音机修理店,想买一颗小螺丝配上。结果,不是没有,就是规格不合适,都未如愿。

"张学玉想来想去,终于想出了一个办法。他工工整整写了一封信,说明原委,请技术员按照螺丝的形状画了一张草图,标明尺寸,并附上一块钱,寄给制造千分卡的工厂,恳求工厂破例卖给他们井组一颗螺丝。

"制造千分卡的工厂,显然被一个普通工人对建设事业高度负责的赤心感动了,决定送给李天照井组一颗螺丝。他们扣去寄信用的两角钱邮费,把多余的钱,附在一封热情洋溢的回信里,寄给了李天照井组。

"对一颗小小的螺丝负责到底的故事,从此在采油工人中传开了。

有人丢失或损坏一件工具,漫不经心地向上级打个报告,重新领一件,这不是我们生活中常见的事吗?新工人张学玉来到李天照井组,为什么对一颗米粒大小的螺丝这样认真?

"23岁的张学玉腼腆地说:'跟着好人学好人,我不过是学了咱井长和老师傅们的样呗!'"

张老拿着这篇文章看了许久,说:"有这事!"他说,但还是有点出入,当时他给厂家寄去的不是一元钱,而是十元钱,那是他当年工资的四分之一,所以,他对这件事印象很深。

▶ 红色传承

父亲的严细认真让我钦佩

讲述人：张 锐（张学玉的儿子）

读了《一颗米粒大小的螺丝》，真的心生敬意，不光是对父亲，也是对那个年代认真负责、一丝不苟的油田前辈们。

他们心里装着企业、装着国家，不允许自己犯一丁点的错误，哪怕是一颗小到米粒的螺丝，丢了去找，找不到自己出钱想办法也要配回来，不让公家的财产成为躺进材料库的废品。

时代变了，但艰苦奋斗的优良传统不能丢。

工作上，手头的工具能修的尽量修好再用；生活上，响应国家号召，不浪费一粒粮食。让前辈们留下的严细认真、一丝不苟的红色遗产，像接力棒一样，在我们的手中世代相传。

他的事迹 上了《人民日报》

李广余是油田上的"蓝领发明家"

李广余

李广余,牛!当初被分派到还在筹建中的兰州炼油厂时,因为暂时无工作可干,许多伙伴都逛街、看电影,可他却没有荒废这段大好的时光,埋头看书学习。

1956年,全国工资改革,实行工人考级制,李广余考过了二级、考三级、考过了三级、考四级……19岁的他,差点考了个通关!

李广余牛的还不止这些,他发明创造无数,清华大学的毕业生都曾工作于他的麾下;在知识分子成堆的科研单位,他仍能成为行业大拿,是油田名副其实的"蓝领发明家"。

虱子多了不咬

1961年9月,还在辽宁老家探亲的李广余,接到了赶赴东北松辽石油勘探局的调令,登上了列车。

萨尔图火车站,因为行李房太小,随车运来的行李,在站台边堆成了小山。下了车的人,三三两两跑到行李堆前翻找着,直到有人喊:"大家往这聚一下,报一下你从哪来,是啥工种。"

没有找到行李的李广余,这才直起腰,随着人流向前涌去。

李老说:"一个站在高处的干部,冲我说:'这小伙子,你从哪来呀?啥工种?'我这还惦记着行李呢,他冷不丁一问,愣了一下说,青海来,电工。那人笑了,对我说巧了,他们缺的就是电工。就这样,我稀里糊涂地上了敞篷卡车,到了地方才知道,单位叫采油指挥部输油大队电工班。

"分了帐篷宿舍,可行李没运来,大庆那时的9月,夜晚已经很冷了,没铺没盖,也不能就这么躺在光板通铺上呀!我正发愁,来看望新同事的队长和指导员进了帐篷,一瞅我这还是个光板铺,就问我咋回事。我一五一十地一说,两位领导一人送过来一件皮大衣,一件当褥子,一件盖身上,终于可以睡觉了。

"躺在被窝里的我，身上暖和，心里更温暖。没想到在人生地不熟的新环境，能遇上这样关心体贴下属的领导。

"会战时期的工作和生活很紧张，每天早上3点就上班，晚上要在一起学'两论'，回到宿舍，没说上两句话，就睡着了。第二天大鼓一敲，立即爬起来工作。工作9天休1天，如果忙起来，根本就没有休息日。

"就这么着，我整整一个月没脱衣裳睡觉，等行李运到了，脱下毛衣用开水一烫，脸盆上面一层白花花的东西，啥？虱子呀。我还和同事们开玩笑，这么多虱子咋没咬我呀？有经验的同事告诉我，听过'虱子多了不咬'的说法没？你长时间不洗澡，身上的微生物啥的，虱子都吃不过来，哪有闲工夫吃你？再说了，咱宋振明指挥不是说了吗，'身上没虱子，干劲不足！'这一盆的虱子，说明你的干劲太足了！"

小发明搞出大名堂

1962年，李广余被调到采油指挥部四矿维修队。一天，李广余和矿长史权碰了个对面。

史矿长瞟了他一眼说："整天挎着个工具袋子，你小子是几级电工呀？"

李老说："我小声说六级。史矿长有点不太相信：'再说一遍，多少级？'当他听清我是六级电工时，一把拉住我：'哎呀，小伙子行呀，年纪不大，能耐不小呀。我得给你找点有难度的活干。'这个有难度的活，是让我发明井口加热器。

"原来的每口注水井，都用煤炉子取暖，来保证注水口及压力表的温度，极容易发生火灾。史矿长给我一个星期，让我发明个用电取代煤炉子加热的装置，把火灾风险降到最低。

"那时候，要啥没啥，翻遍废料堆，我发现了一卷清蜡用的废钢丝，又捡回钢筋、石棉管子和石棉绳。一个星期后，我用废钢丝做成电阻丝，再加个护罩，还配了个架子。东西做好了，拿到中3排13井上一试验，成功达到了史矿长的预设目标。

"时任采油指挥部指挥的宋振明，听到我们矿发明出了井口加热器，亲自前来验收。看后连连说好，拍着我的肩膀说：'小李，你为油田搞了个大名堂！'

"之后，采油指挥部开了个现场会，把这个"注水井热保温"的发明，在全指挥部推广。年底，我还评上了'技术革新能手'和'五好红旗手'，涨了一级工资。

"四矿就此成立了18人的'技术攻关队'，让我主管，分来一位清华大学毕业的工程师给我做帮手，这让我受宠若惊。

"一天,史矿长领我到中二注水站,叫我看2位师傅,一位转动闸门,一位看压力表,压力高了,就开一开,压力低了,就关一关,这来来回回,把两位师傅忙够呛。史矿长给我下了第二个任务,发明个'机器人',把这2位师傅解放出来。

"这可比之前的发明要烦琐得多,我整天琢磨着设计方案,就连做梦,都会突然坐起来。功夫不负有心人,我在废料堆里拣来了个废清蜡绞车当变速箱,利用电动机正反转的原理带动闸门,再用电话继电器作触点,制成了一个电触点压力表。试验一次成功,用自动化的'机器人',把两位注水师傅彻底解放了。"

一碗香喷喷的鸡蛋面

1964年年底,周总理在第三届全国人大《政府工作报告》中提出:"我们不能走世界各国技术发展的老路,跟在别人后面一步一步地爬行。我们必须打破常规,尽量采用先进技术,在一个不长的历史时期内,把我国建设成一个社会主义的现代化强国。"

号召一下,大庆会战工委轰轰烈烈地开展了"两高两发展"活动,即"高度自动化、高度机械化,发展新工艺,发展新技术"。

李老说:"就在这一年,油田成立了自动化研究所,领导亲自点我的将,让我负责攻关南一矿'两站一线远程自动化控制装置'的研发。我和油田设计院、井下研究所等多家单位的20多名技术人员,边干边设计。就在最关键时刻,我爱人给我打来电话,说家里的干打垒倒了,差一点砸到睡在床上还不到一周岁的女儿。我一听,汗都下来了。正巧,矿里的领导来工地慰问,告诉我别着急,他们帮我去办。

"怎么办?办成啥样,我当时根本无暇去问。事后,我才知道,矿长亲自安排,把我的家搬进了红砖平房。我还有啥理由不好好工作呢?困了,往行李卷上一躺,醒了,继续工作,行李卷就一直绑着都没解开过,20多天苦战后,终于完成攻关任务。为了祝贺我们的成功,宋振明指挥半夜给我们一人送来一碗热乎乎的鸡蛋面条!"

这之后,李广余的名气越来越大,发明创造层出不穷,被调到了知识分子聚堆的油田设计院。在这里,依然风生水起。至今,李广余还存有不少的发明专利,有待开发。

▶ 红色传承

最服父亲那股劲儿

讲述人：李怀志（李广余的儿子）

父亲是个非常爱钻研的人，他把业余时间都用在学习上，25岁时，已经是六级电工了。听他讲，那时候，他的许多徒弟不是比他年纪大，就是比他学历高，但没有一个人不服他，没有一个人不敬佩他。

他有股子不服输的劲儿，每次领导交给他的攻关项目，他都想尽一切办法，利用大家熟知的、没想到的科学原理，解决油田上的大问题。

这股劲儿，让他持续创新。直到退休，仍然保持着，他发明了许多实用的新技术、新设备，不少发明都获得了国家实用新型专利。

父亲是我们学习的榜样。让我们在工作时，不怕困难，勇敢创新；我们的后代，也正传承着这种精神，在新时代为中华民族的伟大复兴贡献力量。

李广余是油田上的"蓝领发明家"

才子徐志良的"红歌记忆"

徐志良

说徐老是奇才,一点也不过分。就连他的女儿徐海都说:"我非常佩服父亲,因为搞文艺创作,专业扔了那么多年,没想到他回归角色,很快就能得心应手。"

这话听得越多,我们的遗憾也越多。2017年1月19日,徐老因病去世,遗憾没能在他的有生之年,与他畅聊,聊聊《石油工人硬骨头》的创作,聊聊连周总理都会随口唱起的《大庆家属闹革命》。幸运的是,虽与徐老无缘谋面,但著名作家宫柯先生提供的一段采访录像,以及对徐老当年一些老同事的专访,基本上复原了这一段历史,也算弥补上了这一缺憾。

"抢"来的人才

人才,不止现在,在任何时候,都是被争抢的重要资源,徐老就是这样的资源。也正因为他散发出的浓厚的文艺气质,让他一走上工作岗位,就没务上"正业"。

录像中,徐老说:"1958年,我从北京石油学院采油专业毕业,分到了新疆石油管理局克拉玛依油田,在修井队一队当实习员。后来,新疆石油管理局成立了文工团,叫新石油工程文工团。因为那个时期,经常搞群众性文艺活动,如赛诗会呀什么的,领导看我挺能写,就把我调过去,安排到了新疆石油工程文工团创作组。

"1960年,大庆石油会战时,工人们在前线的工作、生活都很艰苦,吃不饱而且劳动量大,生活也很枯燥。当时的大庆会战工委就决定把各石油局、矿的文工团,调到大庆来为石油工人慰问演出。

"当年,青海、抚顺、新疆、四川等地很多文工团都调过来了,要搞一次大规模的演出活动。1960年4月,我随团来到了大庆。

"到大庆那天，正好赶上会战领导小组在安达工人俱乐部召开第一次技术座谈会。我们从安达站下车后，就直奔会场演出。

　　"我记得当时有一个节目类型，叫说'对口词'，就是两个人你一句我一句对着说，里边还要加些'包袱'。我是当场编、当场写、当场演，所以到现在印象还是很深。当时，我在新疆工作时的老领导，已经调到会战领导小组任第一副组长的张文彬，听了'石油工人不怕苦，要把困难当豆腐'的词句后，哈哈大笑。在场的其他领导也对我们的即兴创作给予了高度评价，认为我们新疆文工团在这次会演中表现比较'接地气'，效果特别好，就留下我们在全战区巡回演出，直到当年9月才回到新疆。

　　"1960年年底，刚回到新疆不久的我，意外地接到了石油部给我下的调令，调我到大庆文工团，担任创作组组长。

　　"我当时还纳闷，为啥要调我呢？团里的领导也不想放，毕竟团里也缺少创作这方面的人。可是，军令如山，全国石油系统全力支持大庆石油会战，啥好贡献啥，要人给人，要物给物，不能有半点含糊。这样，我们洒泪而别，同事们依依不舍地把我们一家送走。

　　"那时候大庆生活还相当艰苦，我和爱人吃不饱饭，又没地方住，不得已只好把刚出生不久的孩子送到了北京的姥姥家。

　　"有一天，我正在工作，突然接到通知，说老首长张文彬让我找他一趟，我就赶紧去了。

　　"张文彬一见我就说：'你这个小徐，怎么回事，到了大庆怎么不来找我呀？'我说：'我怎么敢来找你呢，你这么大的官。'张文彬笑着说：'你知道谁把你调过来的吗？是我花了大力气把你抢来的。'这时才知道，调我来大庆的是张文彬。"

一歌定"乾坤"

　　为啥大老远地把徐志良从新疆调来大庆？

　　在一篇当年的回忆录中给出了这样的答案：一是他们新疆文工团在大庆会演中获得了巨大成功，让在现场观看演出的张文彬动了心。另一个原因是当年的会战工委领导觉得大庆文工团创作力量薄弱，急需能人，加强宣传创作实力。

　　徐老说："那次去，和张文彬不是叙旧，也不是简单的上下级相聚，而是交给我一个任务。他说，会战职工每次开大会前，各指挥部之间都要来个拉歌比赛。可是，左唱支歌，右唱支歌，没有一首能体现咱石油工人力量的歌，希望我能接下这个重任。

"我压力大呀,既要朗朗上口,又要符合石油工人的气质与战天斗地的精神。什么样的词句能充分、准确地表达出这种精神的实质?我整天苦思冥想,一晃3个月过去了。当时正值寒冬,一天深夜,我躺在棉帐篷里,脑袋里回忆着石油大会战中一幕幕高光时刻。突然,灵感迸发,我想起了毛主席说的话,说鲁迅是中国人中骨头最硬的。是啊,当时大会战正赶上国内三年自然灾害,国际形势也很严峻,各方面条件都特别艰苦。这个时候,中国人就需要像鲁迅先生一样,做挺直腰杆的硬骨头。石油工人不正是中国硬骨头的代表吗?我越想越兴奋,立刻从床上蹦起来,伴着昏暗的油灯,提笔写下了'石油工人硬骨头,哪里有困难往哪走……'头两句写出来了,下面的就顺畅了,整首歌词很快写完,压在我胸口的那块大石头终于落地了。

"我拿着歌词兴奋地去找文工团的手风琴手赵正林,他是海军文工团转业来大庆的。他一看我的歌词,也特别喜欢,边哼边谱,没多久,一首由大庆人自己创作的第一首歌曲——《石油工人硬骨头》出炉了。就连交派任务的张文彬听了都说:'你这个写得好呦!'旋即,这首歌在大庆、在全国的石油系统被广泛传唱。"

周总理会唱他的歌

在大庆的文化历史中,话剧《初升的太阳》举足轻重,因而,对于这部话剧的记载也特别丰富。同样,在大庆的歌曲中,《大庆家属闹革命》广为传诵,而且连周总理也会唱,他还曾亲自指挥大庆的职工家属一起唱过这首歌。然而,许多人并不知道,《大庆家属闹革命》是专为话剧《初升的太阳》创作的主题歌,这首歌的词曲作者也正是徐志良和赵正林。

说到这首歌的创作过程,当年话剧的参演者孙兆利回忆:"话剧《初升的太阳》遴选演员时,孙维世、金山就总来看大庆职工家属业余演出队排演的一些表演唱、朗诵之类的小节目,主要是看谁适合出演哪个角色。这些小节目中间,会有主持人说些串场词,常常是随说随改,越改越精。这引起了孙维世的注意,而这个写串场词的人,正是从当时大庆文工团抽调来的徐志良。

"徐志良是《初升的太阳》创作组的成员之一。当时,在排练中发现,每幕话剧落幕更换实物布景时,都要空出一段时间,这段时间,既无音乐,又无人串场,冷清的五六分钟,观众聊天、走动,很杂乱,这大大影响了话剧的整体观看效果。为了解决这一问题,孙维世导演提出要在过场安排一些比如施肥、收割等与剧情相关的演唱做串接。唱,就得有个贯穿全剧的主题歌呀,这个写歌的任务,自然就落在了徐志良身上。他也不负众望,在《初升的太阳》公演前,也就是1965年年底,写出了《大庆家属闹革命》这首歌曲。

"1966年2月1日,敬爱的周总理在国务院小礼堂,观看了《初升的太阳》演出,并上台与每名演员亲切握手,还现场指挥全体演员一起演唱了《大庆家属闹革命》这首歌。而且我们发现,周总理的声音很高,每一句歌词竟然都唱得非常准确,这让我们不能不佩服总理惊人的记忆力。"

周总理对《大庆家属闹革命》这首歌非常喜欢,在1990年出版的《大庆企业文化辞典》第641页上,就记述了周总理1966年5月3日,陪同阿尔巴尼亚领导人谢胡来到大庆,参观丰收村时,指挥家属们一起唱了这首歌的详细过程。

岁月流转,光阴穿梭,这两首曾经红极油田的英雄战歌,已成久远的回忆。然而,这段应该记入大庆石油会战文化史册的名曲,仍将传承于我们的心中,历久弥新。

▶ 红色传承

一首大庆油田的时代战歌

讲述人:徐 海(徐志良的女儿)

才子徐志良的「红歌记忆」

据知情人讲,《石油工人硬骨头》,是最早歌颂大庆工人的歌曲,也是那时每遇大会,拉歌必唱的歌曲之一。因为唱词铿锵,朗朗上口,深受油田职工家属的欢迎,并随着大庆人转战各大油田,流传很广,影响较大。当年的"硬骨头十三车队"命名以及当年井下作业指挥部选树的"硬骨头"石油战士王武臣,都与这首歌曲有关。这些都是父亲去世后,我从别人那里听来的,他自己从未和我们讲过,我们也遗憾从没问起。

父亲就是这样一个人,听党的话,不计较个人得失。因为他爱好文艺,所以曾暂时搁置专业,从事文艺创作,并小有成绩。直到领导考虑到他的职称评定问题,才把他调回自己的专业领域。让人敬佩的是,他很快就被评为教授级高级工程师。

战歌回响天际,遥祭先父英灵,踏着前辈足迹,共创百年油田!

后记

六十多年来，高唱"我为祖国献石油"，激发为国争光、为民族争气的爱国主义精神；誓言"有条件要上，没有条件创造条件也要上"，砥砺独立自主、自力更生的艰苦创业精神；坚持在苦干的同时注重巧干，彰显讲究科学、"三老四严"的求实精神；笃信"宁肯把心血熬干，也要让油田稳产再高产"，展现胸怀全局、为国分忧的奉献精神……以铁人王进喜为代表的广大职工以高度的主人翁责任感和强烈的历史使命感，战天斗地、拼搏奉献，谱写了一曲曲建设社会主义的激越赞歌，让大庆精神铁人精神穿越时空、历久弥新，成为团结凝聚百万石油人的强大精神动力，集中展现了我国工人阶级的崇高品质和精神风貌。

时光荏苒，斗转星移，当年的创业者、奠基人已成为令人尊重敬仰的"老会战"。他们中的很多人已到耄耋之年，那些弥足珍贵的会战记忆已化作一座精神富矿，静待我们去寻访和挖掘。

为了更好地传承和弘扬大庆精神铁人精神，抢救"老会战"的珍贵记忆，推进大庆石油会战史的挖掘、阐释和宣传，大庆晚报与大庆师范学院大庆精神研究基地合作创办了"会战红色家谱"专栏，系列纪实作品在《大庆晚报》连载至今并最终结集出版。这是一幅石油会战者的群像，是一篇大庆精神的英雄谱，是一首时代的恢宏史诗。动人的记忆永不褪色，伟大的精神将跨越时空、历久弥新。展卷阅读，相信会带给您温暖与力量。

《会战红色家谱》的编辑和出版是集体智慧的结晶，得到了中共大庆市委宣传部、大庆师范学院、大庆晚报以及石油工业出版社等单位领导的高度重视，获得了"老会战"和家人们的大力支持，受到了专家学者的悉心指导。在文稿创作和整理过程中参阅了《大庆油田的发现》《大庆石油会战》《铁人王进喜》《铁人传》《大庆石油会战口述实录》《会战是怎样打赢的》《大庆油田企业文化辞典》等著作和文史资料。在此,向一切为本书的最终出版提供帮助、指导的各位支持者们致以崇高的敬礼和衷心的感谢。

  本书是大庆师范学院大庆精神研究基地科研成果和国家社科基金项目"大庆精神铁人精神口述历史研究"(编号 20BDJ077)阶段性成果。由于课题组的理论修养、学术水平和语言功底有待提升,疏漏不足之处恳请广大读者不吝赐教,批评指正。

大庆晚报

大庆师范学院大庆精神研究基地

2023 年 10 月 8 日